国家哲学社会科学成果文库
NATIONAL ACHIEVEMENTS LIBRARY
OF PHILOSOPHY AND SOCIAL SCIENCES

实施扩大就业的
发展战略研究

赖德胜　李长安　等著

人民出版社

作者简介

赖德胜 北京师范大学经济与工商管理学院院长，劳动力市场研究中心主任，教授，博士生导师。北京师范大学经济学学士（1988）和经济学硕士（1991），中国社会科学院研究生院经济学博士（1994）。主要学术兴趣为劳动经济学和教育经济学。享受国务院政府特殊津贴，兼任国家社会科学基金学科评审组成员、中国劳动学会劳动科学教育分会副会长、中国教育经济学会常务理事、北京市劳动保障学会副会长等。获北京市哲学社会科学优秀成果一等奖、霍英东基金青年教师奖（研究类）二等奖、北京市"五四"奖章等，并入选教育部首届"新世纪优秀人才支持计划"。

《国家哲学社会科学成果文库》
出版说明

为充分发挥哲学社会科学研究优秀成果和优秀人才的示范带动作用，促进我国哲学社会科学繁荣发展，全国哲学社会科学规划领导小组决定自 2010 年始，设立《国家哲学社会科学成果文库》，每年评审一次。入选成果经过了同行专家严格评审，代表当前相关领域学术研究的前沿水平，体现我国哲学社会科学界的学术创造力，按照"统一标识、统一封面、统一版式、统一标准"的总体要求组织出版。

全国哲学社会科学规划办公室
2011 年 3 月

目　　录

CONTENTS

前　言

党的十八大报告强调指出，就业是民生之本。要顺利实现全面建成小康社会的宏伟目标，必须实施就业优先战略和更加积极的就业政策，推动实现更高质量的就业。

客观地说，改革开放 30 多年来，伴随着国民经济的高速增长，中国在解决和安置劳动力就业方面取得了巨大成绩。但目前我国劳动力市场的就业形势仍很严峻，劳动力供大于求的格局尚未根本改变。因此，集中智力资源，系统深入地分析就业领域的各种问题，探求转轨中国劳动力市场的运行规律，刻不容缓。同时，转轨中国还有一些特殊的劳动力市场现象，需要予以关注及进行理论解释。本书从供给、需求和供需匹配等研究视角出发，通过理论研究和经验分析来解释转轨中国就业问题的特殊性，从而为正确认识和解决就业问题提供重要依据。

本书的主要内容包括：

1. 在总结历史经验的基础上，对实施扩大就业发展战略的目标、途径、任务和措施进行了详细科学的论证，提出了实施扩大就业发展战略的基本框架。回顾和总结了积极就业政策实施十多年来的经验教训，归纳了当前我国就业领域面临的主要矛盾和问题，揭示了产生各种矛盾和问题的根源，进而提出了相应的解决之道。本书认为，转轨就业、青年就业和转移就业是目前就业领域的重点和难点，这也决定了我国就业政策的多重性和复杂性。目前我国就业战略的主要特点表现在：一是强调经济增长优先，加强增长带动就业的作用；二是重视政府主导和发挥国有企业稳定就业作用；三是重视以出口导向型发展模式发展劳动密集型产业；四是采取不平衡的劳动力市场政策。当前我国就业领域的主要矛盾表现在：经济增长与就业增长的矛盾、国民经济重型化与扩大就业的矛盾、流动人口增加与城市就业压力增大的矛盾、就业难与技工荒并存的矛盾。

我国积极就业政策取得了一些成效，但也存在着诸多的问题，包括：积极就业政策与宏观经济政策协调性有待加强；积极就业政策的重点不突出；一些具体措施落实不力，缺乏可操作性；积极就业政策的配套措施不全，影响了贯彻落实的效果；等等。

在总结国内外经验的基础上提出了实施扩大就业发展战略的具体举措，其原则与目标可以概括为"实施一项战略，做好两项统筹，实现三大目标"，即实施就业优先的发展战略，做好"城乡统筹就业"和"地区统筹就业"，实现"规模扩大、结构优化、质量提高"三大目标。

2. 研究了经济发展方式对就业的影响。本书认为，经济增长和扩大就业的关系如下：经济增长是扩大就业的必要但不充分条件，经济增长并不必然或自动地促进就业增长。经济高增长、资本高投入能否带来就业增长和扩大就业机会，不仅仅依赖于经济增长率，还取决于采用何种增长模式。投资是我国经济增长的主要动力，2000 年以后资本深化对就业负效应显著增长，资本正在加快替代劳动，这是 2000 年以后就业增长缓慢的原因之一。消费是影响就业的关键因素，消费需求不足是就业困难的根本原因；在出口与就业方面，在包含了出口和投资的方程之中，投资的效应再一次变得不显著，出口成为影响就业的主要变量。

3. 研究了创业带动就业的效应及其政策选择。鼓励劳动者自主创业缓解就业问题是一种行之有效的方法。创业型就业的最大特点，就是突破了传统的"一人一岗"的就业模式，形成"一人带动一群岗位"的就业模式。从地区经济发展来看，凡是创业活动比较活跃的地方，其失业问题也相对较轻。而在大多数私营企业和个体工商户不太发达的地区，失业问题则显得较为突出。创业不足是我国失业形势日益严峻的主因之一。本书在收集2003—2009 年数据的基础上，运用广义线性模型，对影响我国各地区创业活动及其带动就业状况的经济发展水平、产业结构、人口素质等宏观因素进行了实证分析。研究结果表明，首先，与经济发展水平相一致，我国的创业人数呈东、中、西部地区依次递减的区域分布，东部地区的创业活动明显要高于中西部地区。在每名创业者带动就业的人数方面，各地区之间的差别并不大，大致在5—6人之间。但值得注意的是，各地区创业带动就业的人数在近几年均出现了不同程度的下降。其次，以人均GDP衡量的经济发展水平无论是对创业人数，还是对创业带动就业人数，在各地区均有正面效应，但对创业人数的正面影响稍大；对创业带动就业人数的影响除东部外，对中西部地区的影响不太明显。这说明总体而言，经济发展水平提高是有利于创业活动的。再次，以第三产业比重来衡量的产业结构优化状况的提高对创业人数及创业带动就业人数均有积极的作用，且作用要大于人均GDP的影响。这意味着经济结构的调整在鼓励创业带动就业方面要起着更为积极的作用。最后，16岁及以上人口中大学生的比例与创业人数及创业带动就业人数在各地区要么呈负相关，要么不显著，这说明大学生数量上的增长似乎并没有为创业带动就业作出多大贡献，这不能不说是一件值得深思的问题。

创业教育和培训不足是创业型人才严重缺乏的重要原因。目前我国的整个教育体制，依然没有摆脱应试教育的框架。另外，创业教育的另一个源头职业技术教育的发展不尽如人意。由于社会对职业技术教育的认可程度不够高，职业技术学校的生源状况不佳，学生素质低。再加上国家对于职业技术教育的投资仍远远低于普通教育，富有技能实践经验的教师数量不足，致使许多职业技术学校的毕业生质量不高，缺乏创业所必需的基本素质。因此，创业教育的实施和创业型人才的培养需要一个庞大的教育教学组织系统，各级各类学校要把培养创业型人才放到教育工作的首要位置，努力构建科学合理、运转协调有效的组织管理体系，为创业型人才培养提供组织保障与环境条件。

4. 研究了教育与扩大就业的关系。该部分关注的是教育规模扩张对毕业生就业状况的影响。利用四个年份的全国性的抽样调查数据（CNPC，2000；CHIP，2002；1% SPC，2005；CHIP，2007），以失业率作为核心指标，考察了各级教育毕业生的就业状况，主要内容包括两个方面：第一，通过描绘年龄—失业率曲线，分析了不同年份各级教育程度个体在2000—2007年的失业率。主要发现是，失业率随年龄的增长有一个自然的变化：不论对于哪级教育程度的个体，自其进入劳动力市场开始至28岁左右，经历了一个高失业率到低失业率的转变，28岁以后，失业率相对保持稳定。

在各个年龄阶段，教育程度越高，失业率也越低。第二，以 23—25 岁个体为对象，考察了大学毕业生与高中毕业生就业状况的差异。我们关注的核心问题是：对于一个大学毕业生，如果他不上大学，就业状况会有什么差异？对就业状况的衡量，除去主要用失业率外，还用了劳动力参与率、签订劳动合同以及是否有三种社会保险。在研究方法上，采用了基于倾向分的匹配法，试图识别处理者的处理效应。得到的主要结果是：对于一个大学毕业生，如果他不上大学，其失业率会更高，劳动参与率会更低，更不会得到一份劳动合同以及社会保险。这些结果说明，教育扩展并没有使得个体就业状况变得更糟糕。

5. 研究了农村劳动力转移过程中的就业问题。人力资本的多少和质量对农村劳动力转移就业有着决定性的影响，是影响农村剩余劳动力是否能够成功地在城市就业的首要因素。本书通过利用"中国城乡移民调查"2007年入户调查中的样本数据，首先，通过描述性统计分析发现，农村迁移劳动力是否接受培训，其工资水平存在明显差异，同时在接受培训的样本种类主要以企业内部生产培训为主，培训类型与工作相关、技能型较强，且培训周期较短，以一个月以内的短期培训为主。在实证研究部分，从基本的 Mincer 工资方程出发，估计得到的教育回报率为 5.9%，当加入培训这一解释变量以及一系列其他控制变量之后，我们得到教育回报率降为 4.9%，并且男性教育回报略低于女性，但经验回报明显高于女性，培训的回报率为 7.0%，可以认为，培训对农村迁移劳动力的工资回报有显著积极作用，并且考虑性别差异之后，培训对女性农村迁移劳动力的作用要更大于男性。与此同时，户口差异对于总体及男性、女性都无显著影响；婚姻状况会显著改变男性群体的工资；而迁入地经济条件的改善对于工资的增加在女性群体上更为明显与有效。其次，通过对培训内部的样本进行深入分析，发现对于农村迁移劳动力而言，不同的培训种类对于工资的改善作用不显著，即相对不同种类而言，农村迁移劳动力是否参加过培训显得更为重要。同时研究注意到，在接受培训的子样本内部婚姻对工资的影响被消除了，性别对工资造成的差异也得以减弱。另外，不同培训的出资方对于总体以及男性而言其工资回报并不明显，然而对于女性而言，相对于雇主出资，政府出资将大幅度提高女性农村迁移劳动力的潜在工资水平。最后，通过概率响应模型发现，性别、受教育年限、初次迁移的年龄、子女数目、户口状况都对是否选择参加培训有显著性影响，而婚姻状况对培训的选择无影响——即培训的选择存在内生性，通过平均处理效应模型对培训的自选择进行纠正之后，得到修正后的培训回报率高达92.3%，说明培训将极大地提高农村迁移劳动力的人力资本存量从而提高其工资水平。总之，与教育相比，培训对于改善农村迁移劳动力的工资水平有着更为重要的积极意义。而且，对于农村迁移劳动力而言，培训种类并不会对工资造成显著影响，因此政府的支持培训政策应该更多关注"面"而非不同的"点"；同时研究也发现，政府出资对于提高女性培训回报率有着极为重要的影响，而这种对于女性的政策倾斜显然也有利于减轻社会就业中的性别歧视现象。本书还探讨了语言歧视对外来劳动力收入的影响，主要分析了普通话水平和当地方言的掌握情况的作用。语言能力作为一种人力资本，可能带来劳动力工资的差异。基于5个样本城市的实证分析表明，普通话是否标准对外来劳动力工资水平起到了显著的影响，标准的人群比不标准的平均收入要高13%到17%左右，但当地方言的掌握情况并不带来显著差异，不存在通过方言进行语言歧视的证据，外来劳动力迁移的距离和对当地的熟悉程度才是造成工资差异的原因。

6. 研究了劳动力市场的完善对扩大就业的促进作用。该部分使用劳动力市场信息的相关指标，对劳动力市场信息完善程度与失业率的关系进行计量研究。考虑到中国劳动力市场分割的现状和特点，本书还将在计量模型中加入劳动力市场分割的变量，同时分析劳动力市场分割和发育对就业的影响。本书选取了劳动力市场信息完善、劳动力市场分割、经济增长、产业结构、外商直接投资五个变量作为失业率的影响因素。劳动力市场信息是本章的关键解释变量。根据前述关于中国劳动力市场信息环境变化的主要特征，这里选择职业介绍机构数、职业介绍机构人数、网民比例三个指标。前两个指标对应于职业介绍服务对劳动力市场信息完善的贡献，网民是反映网络信息技术发展的指标。经济增长用人均GDP来表示，产业结构使用第三产业占GDP的比重来表示，外商直接投资用各地区外商直接投资占全国外商直接投资的比例来表示，劳动力市场分割用国有企业职工占全体就业人员的比例来表示。在模型的设定上，采用半对数线性回归模型。研究结果表明：（1）劳动力市场信息完善程度与失业率负相关，市场信息越完善，失业率越低。从劳动力市场信息指标看，职业介绍从业人数和职业介绍机构平均从业人数的回归系数均为负数，并且通过显著性检验，说明二者的增加有助于降低失业率。而职业介绍机构的系数为正且通过显著性检验，说明职业介绍机构数量的增多不利于失业的减少。网民数量的增多有助于降低失业率，说明网络信息对失业状况的改善起到了积极的作用，但是在部分方程中，该变量的系数没有通过显著性检验，说明它的稳健性还不太强。（2）经济增长与失业率的变动呈正向变动，第三产业的发展对失业率没有显著影响。（3）劳动力市场分割越严重，失业率越高。这也从宏观层面验证了劳动力市场分割与失业持续期的关系。

7. 研究了特殊人群的就业问题。该部分主要关注大学生、失地农民和残疾人的就业问题。基于公开的统计年鉴数据，本书利用描述性统计方法分析了扩招以来我国大学毕业生的供给与配置状况，得出如下发现：第一，从供给结构来看，本科、研究生学历毕业生占比逐年增加，大专学历占比相对下降；学科结构发展比较平衡；大专（高职）院校和地方所属院校培养的毕业生占比快速上升，这隐含着质量下滑的风险。第二，与扩招以来我国各学历层次大学毕业生供给迅速增加的状况相对，劳动力市场对大学毕业生的需求却相对下降，这造成了大学生就业出现了困难，而且，与其他群体相比，大学毕业生群体的就业更容易受经济周期的影响。第三，扩招并未显著改变我国就业人口的学历结构，与其他金砖国家以及一些转轨国家、东亚国家、人口大国相比，目前我国的大学生数量仍然不是太多了，而是太少了。第四，扩招并未改变大学毕业生偏好于城镇部门就业的倾向，就业于城镇部门的大学毕业生所占比重一直相当高，并没有呈现向农村部门发散的趋势。第五，大学毕业生在行业、职业、地区间的分布，仍然呈现很高的集中性，但是近年来也表现出一定的发散趋势。

失地农民是指在农村城市化进程中，由于城乡建设征占农用土地（包括耕地、园地、林地、牧草及其他农用地等）所产生的失去土地集体所有权或经营权的农业人口。本书首先从我国失地农民总量和所在的区域进行了总体分析，然后以北京地区为个案，对北京地区失地农民的就业情况开展抽样调查，从人力资本、社会资本和社会保障的视角分析失地农民的就业情况。主要结论包括：失地农民的就业率较低，他们的主要就业领域在第三产业，且在非国有企业，主要担任普通工人和临时工；失地农民之间收入差异明显，与城市居民之间差异显著，与郊区农民的收入水平相当。通过分析原因发现，失地农民人力资本因素对其就业有一定的促进作用，不过社会资本对其就业的作用更为明显，失地农民社会保障体系不健全，增加了失地农民的就业压力，自身因素也制约了他们的二次就业。

残疾人就业服务体系是帮助他们实现就业的重要政策工具。发达国家的残疾人就业政策主要集中在收入支持、就业计划和康复计划三个方面。对于大多数国家而言，政府促进残疾人就业的做法大致可分为以下三种：法规管制型政策、平衡型政策和替代型政策。我国目前所实施的残疾人就业政策中，同时从供给和需求两个方面来促进残疾人就业的政策，即平衡型政策较少。构建残疾人就业服务体系需从以下两方面来考虑：第一，从提高残疾人的就业能力方面建设就业服务体系，重点加强平衡型政策的实施，如职业康复和培训、支持性就业等；第二，采用法规管制型政策、平衡型政策和替代型政策的合理组合，并结合残疾人的社会保障制定合理的政策实施标准，保持残疾人的就业动力。总之，法规型政策是基础，平衡型政策是重点，替代型政策是补充，残疾人社会保障是关键，只有找到这些政策的有效组合，将就业服务体系与社会保障服务体系有机结合在一起，才可能建设一个从全局出发的、比较完善的、合理的残疾人服务体系，从而促进残疾人融入社会经济生活，建立一个残疾人和非残疾人完全融合的和谐社会。

8. 研究了扩大就业的政策演变与战略选择。该部分首先回顾了新中国成立以来我国各个时期扩大就业的政策演变过程，分析了各个时期就业战略的不同特征和作用。研究认为，为了落实扩大就业的发展战略，实现充分就业，保证经济快速发展与扩大就业双重目标的实现，进而促进经济社会协调发展，真正做到发展为了人民、发展依靠人民、发展成果由人民共享，就必须着眼长远，立足当前，落实好以下几项任务：一是数量增加是基础，保证质量；二是和谐劳动是前提，依法落实；三是促进创业是手段，政策扶持；四是提高素质是方法，转变观念；五是制度完善是保证，注重保障。根据"十二五"及未来十年的就业形势分析，结合扩大就业发展战略目标和任务，要实现扩大就业，需要从量质齐升、和谐劳动、促进创业、提高素质，制度完善五个方面来落实。

　　我们始终认为，研究就业问题不应拘泥于就业问题本身，而应该从更为宏观的战略角度加以审视。这是因为就业涉及宏观经济增长的态势，涉及产业结构的优化与调整，还涉及人口变动的趋势等等。但只要在纷繁复杂的经济社会发展过程中，紧紧抓住扩大就业这个"牛鼻子"，稳增长、保民生的目标就能顺利实现。

第 一 章

当前就业领域的主要矛盾与战略选择

改革开放以来，中国的就业问题开始逐步上升到国家战略的高度。随着社会经济形势的改变，就业领域的主要矛盾也随之发生了诸多的变化。本章在总结历史经验的基础上，对实施扩大就业发展战略的目标、途径、任务和措施进行了详细科学的论证，提出了实施扩大就业发展战略的基本框架。回顾和总结了积极就业政策实施近十年来的经验教训，归纳了当前我国就业领域面临的主要矛盾和问题，揭示了产生各种矛盾和问题的根源，进而提出了相应的解决之道。

第一节 当前的就业形势与主要矛盾

一、"十一五"以来的经济发展与就业形势

（一）影响经济增长的不确定性因素增加

进入 21 世纪以后，中国的政治、经济和社会发展形势发生了深刻的变化。2001 年 12 月，中国正式加入了 WTO，这标志着中国的改革开放事业进入了一个新的阶段。随着科学发展观的提出并被确认为新时期改革开放的指导思想，我国的就业工作也发生了重大的转折。

延续"十五"期间国民经济进入一个新的景气循环的态势，"十一五"的前半期，我国国民经济的发展继续保持了又快又稳的高速增长势头。但"十一五"的下半期，即从 2008 年下半年开始，受全球金融危机的影响，我国的经济增长速度明显放缓。

$$E(y_1 \mid D = 1) - E(y_0 \mid D = 0)$$

$$= \underbrace{E(y_1 \mid D = 1) - E(y_0 \mid D = 1)}_{ATT} + \underbrace{E(y_0 \mid D = 1) - E(y_0 \mid D = 0)}_{选择性偏差}$$

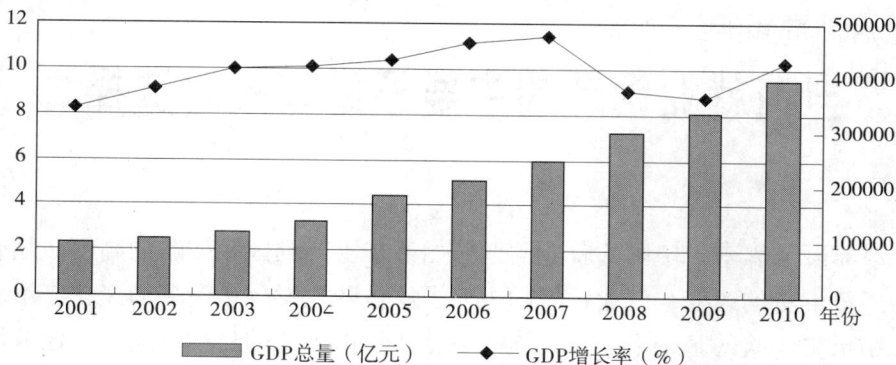

图 1.1　2001—2010 年中国经济增长

　　从图 1.1 可以看出，2001—2007 年，是我国国民经济又一轮经济景气时期。GDP 增长率节节攀升，从 2001 年的 8.3%，至 2007 年达到 11.4% 的高点。2008 年以后，随着全球金融危机的影响，我国的经济增长率出现了一定程度的下降。

　　根据世界银行的测算，在过去 3 次美国经济衰退时期，美国经济增长率每降低 1 个百分点，东亚经济则会相应降低 0.5 个百分点。中国的出口对美国严重依赖，而美国经济减速引发的内需不足，必然会对中国的出口产生重大的影响。事实上，自 2008 年以来，我国的经济增长率就开始逐渐放缓。2009 年的增长率已经下滑到了 8.7%。

　　由于经济刺激计划开始发挥效果，2010 年的经济增长率反弹到 10.3%，国民经济初步企稳回升。但与此同时，各种影响经济增长的不利因素在不断增加，美欧债务危机所造成的国际经济形势日趋严峻，国内紧缩政策的实施以及原材料价格、劳动工资和人民币汇率的上涨，使得拉动经济增长的投资、消费和出口"三驾马车"均面临着重大的挑战。

（二）就业形势受到短时冲击但总体平稳

　　"十一五"以来，我国的就业形势虽然遭受了经济结构调整、自然灾害等一系列因素的挑战，但总体情况一直比较稳定。据国家统计局统计，2008年上半年，全国累计实现城镇新增就业640万人，实现全年目标的64%。截至当年6月底，全国城镇登记失业人员835万人，城镇登记失业率为4%。但2008年下半年以来，随着经济增长速度的减缓，就业形势急转直下。

从世界范围来看，金融危机对全球经济冲击最大的就是就业问题。国际劳工组织指出，目前的就业危机对建筑、汽车、金融、服务和房地产部门的就业所产生的影响最为严重，到2009年末，全球将失去5100万个工作机会，失业人口总数将达到2.3亿。以此次金融危机的重灾区美国为例，美国劳工部公布的报告显示，2008年12月，全美非农部门工作岗位削减52.4万个，失业率上升至7.2%。2008年全年，全美新增失业人口260万，创1945年第二次世界大战结束以来最高纪录。到2009年3月，美国非农业部门就业岗位再减少66.3万个，失业率上升至8.5%，为1983年以来的最高水平。① 英国国家统计局的数据显示，英国的工作岗位空缺数到2009年1月已减少至50.4万个，是2001年以来的最低点。欧盟委员会经济预测报告显示，2011年欧盟失业率已达到9.8%，且长期失业人数不断增加，欧元区失业率也将从7.5%升至9.3%。

劳动力需求是一种引致需求，经济增长的减缓必然对就业需求产生负面影响。由于世界经济形势的恶化，对外依存度超过60%的中国经济也遭受到较为明显的冲击。从产业类型来看，受冲击较为直接和明显的包括制造业、金融证券业、房地产业、汽车业等。一些出口加工企业较为集中的地区出现了企业纷纷倒闭的现象，企业用工需求大幅减少。根据人力资源和社会保障部在全国部分城市收集的劳动力市场供求信息，劳动力市场求人倍率（岗位供给数与岗位需求数之比）从2001年的0.75大幅度逐年回升，并持续到2007年的0.98。但是，到2008年的第四季度，求人倍率急剧下降到0.85，系2002年以来的最低点。可见，我国实体经济增长显著减缓的后果，主要表现为就业增长的减速，以及真实失业率的上升。

在实施经济刺激计划之后，我国的就业形势开始稳定。城镇登记失业率

---

① 《美国3月份失业率升至8.5%》，见 http://news.xinhuanet.com/world/2009-04/03/content_11129046.htm。

依然保持在较低的水平。2009 年，城镇登记失业率为 4.3%，比 2008 年略微上升了 0.1 个百分点；2010 年则下降到 4.1%。这说明经济刺激计划在减少失业人数方面取得了一定的成效。

（三）就业"三碰头"是当前就业领域的重点和难点

从当前的情况来看，转轨失业、青年失业和农民工就业是目前就业领域的重点和难点，这也决定了我国就业政策的多重性和复杂性。

1. 转轨失业

进入 21 世纪后，我国的体制转轨和国有企业改革进一步深化。在国有经济"有进有退、有所为有所不为"的基本原则下，国有企业的改革从过去重视数量上的优势转变为更加重视质量上的优势。在这种思想的指导下，我国的国有企业数量不断减少，由此带动就业人数持续下降。

根据国家统计局的统计，1998 年，全国国有工商企业共有 23.8 万户，而到 2006 年，国有企业户数减少至 11.9 万户，正好减少了一半。2001 年，由中央管理的国有重要骨干企业有 180 家，有职工近 900 万。仅在 2008 年一年中，就有 8 组 17 家中央企业进行了联合重组，企业户数从 2007 年底的 151 家调整到 143 家。而按照国务院的总体要求，2009 年将继续沿产业链和价值链方向，加快推进中央企业联合重组和资源整合，到 2010 年中央企业减少到 80 至 100家，并努力培育 30 至 50 家具有国际竞争力的大公司大企业集团。

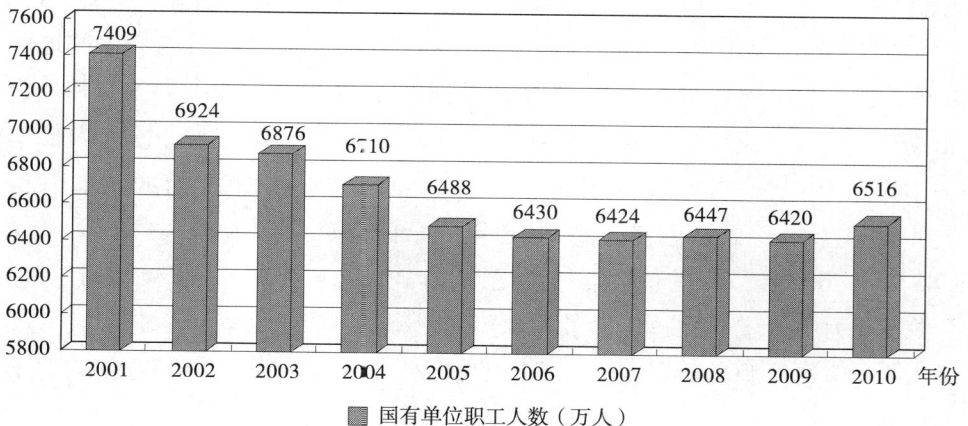

图 1.2　2001—2010 年国有单位职工人数

随着国有企业兼并重组力度的加强，国有企业重组改制和关闭破产过程中职工分流安置的任务依然繁重。目前，国有企业政策性关闭破产需安置的职工、集体企业下岗失业人员以及积存的部分国有企业下岗失业人员还有近千万人，帮助他们实现再就业并稳定就业，仍需要付出巨大努力。

《中共中央关于构建社会主义和谐社会若干重大问题的决定》中提出："扩大再就业政策扶持范围，健全再就业援助制度，着力帮助零就业家庭和就业困难人员就业"，劳动部门加强了对于零就业家庭的扶持力度。2007年，劳动和社会保障部发布了《关于全面推进零就业家庭就业援助工作的通知》（劳社部发［2007］24号），提出到当年年底基本消除城镇现有零就业家庭。其中，有条件的地区要力争全部消除，不具备条件的地区年底前要大部分消除，并力争在2008年上半年全部消除。其具体要求和做法包括：

多渠道开发就业岗位，为零就业家庭人员提供免费的有针对性的职业介绍、职业培训等就业服务和公益性岗位援助，通过多种形式帮扶他们实现就业。对各类企业招用就业困难人员，签订劳动合同并缴纳社会保险费的，在相应期限内给予基本养老保险、基本医疗保险和失业保险补贴；各地政府投资开发的公益性岗位，要优先安排符合岗位要求的就业困难人员，并视其缴纳社会保险费的情况，在相应期限内给予基本养老保险、基本医疗保险和失业保险补贴以及适当的岗位补贴；对就业困难人员灵活就业后申报就业并缴纳社会保险费的，给予一定数额的社会保险补贴。社会保险补贴和岗位补贴期限，除对距法定退休年龄不足五年的人员可延长至退休外，其余人员最长不超过三年。

帮助零就业家庭解决就业困难，还要建立动态管理、动态援助的长效工作机制，确保城市有就业需求的家庭至少有一人就业。探索推行"出现一户、帮扶一户、解决一户"的动态管理机制。要求街道、社区公共就业服务机构定期上门调查走访，准确掌握零就业家庭的总量、具体情况和就业愿望等，建立统一的登记台账和数据库，指定专人负责，跟踪服务。同时，制定即时援助预案，对新出现的零就业家庭，及时启动援助预案，实现有效的就业援助，确保一定期限内实现就业，逐步形成援助零就业家庭和困难群体再就业的长效机制。

对于转轨时期的就业再就业工作，中国政府推出一系列积极的就业政策，取得了良好的效果。数据显示，2009 年，全国实现下岗失业人员再就业 514 万人，就业困难对象再就业 164 万人。全年全国共帮助 6.9 万户零就业家庭实现每户至少一人就业。①

2. 青年失业②

青年大量失业现象是世界许多国家面临的一个共同问题。在许多国家，青年都是失业人群的主体。不仅如此，青年还往往容易成为金融危机的最大受害者。国际劳工组织发表的《2012 年劳动世界报告》指出，从 2007 年到 2012 年，有 5000 多万人加入失业大军。报告还特别指出，经济危机对于年轻人就业造成巨大影响。2008 年至 2009 年，失业青年的人数已接近 2000 万。根据欧盟统计局公布的数据显示，2008—2011 年，青年失业率在欧洲范围内上升到 26.5%，其中西班牙等国青年失业率超过 50%。

在我国，青年失业问题也十分突出。根据 2000 年人口普查资料和 2005 年 1%人口抽样调查资料的数据，我们可以对我国青年失业情况做一个了解。2000 年到 2005 年，中国青年失业数量和失业率都出现了显著的下降，失业数量从 1057 万人下降到 622 万人，失业率从 8.8%下降到 6.6%。其中的原因，主要是因为这几年正处在我国宏观经济又一轮景气循环的上升时期。但是，青年失业率始终要高于城镇登记失业率，2000 年，青年失业占全部失业人数的 42.6%，到 2005 年仍占 33.3%。在此次金融危机中，受到冲击最大的也是青年劳动力，特别是青年大学生和以青年为主体的农民工群体。

大学生就业问题是青年就业问题的核心。其实早在大规模扩招之前，我国大学生的就业形势就已经出现了日益严峻的态势。不过，大学生就业难问题真正演变成一个明显的社会问题，起始于高校扩招之后的 2002 年。这一年，大批扩招后的专科生开始进入劳动力市场，给本已压力十分沉重的就业形势形成了不小的冲击。到 2003 年，第一批扩招的本科生也开始毕业进入

---

① 人力资源和社会保障部、国家统计局：《2009 年度人力资源和社会保障事业发展统计公报》。

② 按照联合国系统的定义，青年指 15—24 岁的人群，其中 15—20 岁被视为青少年，20—24 岁为青年成人。根据目前使用最为广泛的国际劳工组织的定义，失业者可以定义为那些每天工作不足 1 小时但能胜任并积极寻找工作的人。因此，青年失业主要是指在 15 至 24 岁的劳动力中，每天工作不足 1 小时但能胜任并积极寻找工作的人。

劳动力市场，大学生就业难的问题开始成为社会广泛关注的一个焦点。而全球金融危机爆发后，我国大学生就业难的问题开始上升为就业领域的主要矛盾之一。

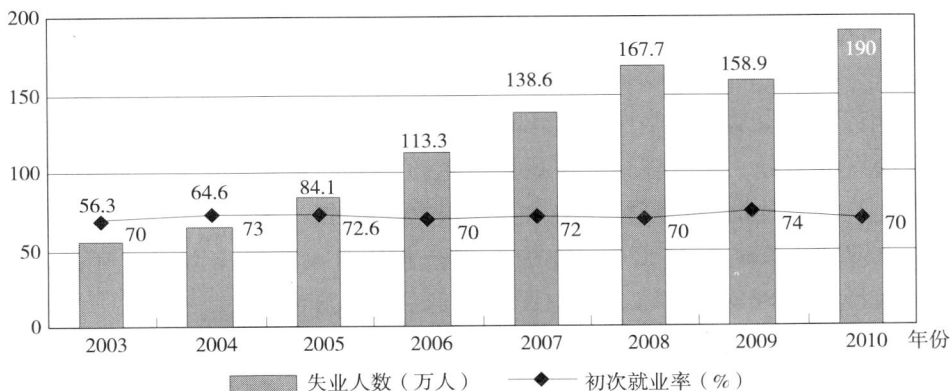

图 1.3　2003—2010 年大学生初次就业率和失业人数

资料来源：根据教育部历年的统计。其中 2010 年为估计数。初次就业率的计算方法：本年度 7 月份高校毕业生就业率＝（毕业生总人数−7 月末未就业毕业生人数）/毕业生总人数×100%。其中到 7 月末未就业毕业生人数包括到当年 7 月仍没有落实就业单位的毕业生和已申请不参加本年度就业的毕业生人数。

从图 1.3 来看，自 2003 年以来，我国大学生的初次就业率就一直在 70% 左右徘徊。但从绝对量上来说，数量却在不断增长。2003 年，按初次就业率计算的大学生失业人数为 64.6 万人，在 2006 年则首次突破了 100 万人，到 2010 年，大学生迈出校门尚未找到工作的数量已接近 200 万人之多。[1] 如果加上 2009 年结存的尚未就业的大学生，则失业大学生总量超过 300 万人。

从相关资料来看，我国大学生就业状况还呈现出以下几个特点：发达省区毕业生就业率要远远高于全国水平，比如北京、江苏、浙江、广东等地区，平均就业率大都在 80% 以上，有的甚至达到 90% 以上，原因是一方面这些地区经济发达，对人才的需求量大，另一方面当地就业措施和用人环境

---

① 　不过，如果按照毕业半年后统计的就业率，则大学生失业率和失业人数将大大降低。以 2007 年为例，毕业半年后大学生的就业率达到 87.5%，比刚毕业时的就业率上升了 15.5 个百分点。也就是说，毕业半年后的大学生失业人数将会比刚出校门时大幅下降 26 万人。

较好，有力地促进了毕业生的就业工作；重点高校毕业生就业率要高于非重点高校毕业生，特别是教育部直属重点高校、"211"工程院校，这些高校毕业生一方面得益于高校良好的培养和品牌优势，另一方面也得益于他们自身的素质；此外，应用型专业毕业生就业状况要好于研究型专业毕业生。

3. 农民工就业

自 20 世纪 80 年代以来，我国农业生产力得到了很大的提高，数以亿计的农村劳动力也从土地当中解放出来。目前，农民工已经成为我国产业大军的重要组成部分，在诸多行业中比重已经超过城镇职工的总量，如加工制造业、建筑业以及批发、零售、餐饮业。根据第五次人口普查资料，农民工在第二产业从业人员中占 52%，在加工制造业从业人员中占 68%，在建筑业从业人员中占 80%。所以，称农民工为当代工人阶级的"主力军"可以说是名至实归。

农民工是直接受到金融危机冲击的主要群体之一。根据人力资源和社会保障部的调查，金融危机造成了至少 2000 万农民工就业困难。而根据国家统计局的抽样调查，在返乡的 7000 万农民工中，大约有 1100 万人工作没有着落。分行业看，从外出农民工从业比例最高的两个行业即制造业和建筑业返回的农民工人数占返乡总人数的比例分别为 36.1% 和 28.2%。在制造业和建筑业中，返乡农民工占外出农民工的比例分别为 46.2% 和 73.3%，均高于全国的平均水平。和城镇职工相比，农民工就业面临的主要问题包括：

一是工资水平低下。改革开放以来，我国的国民经济取得了快速发展，年均 GDP 以 10% 左右的速度增长。与之相适应，城镇职工的平均工资收入也由 1980 年的人均 762 元增加到 2004 年的 16024 元，增长了 21.02 倍。但与之形成鲜明对照的是，农民工的工资收入水平却没有得到相应的增长。由于农民工工资增长缓慢，以及大多数农民工在低端劳动力市场就业，导致农民工工资水平普遍较低。农民工工作时间长也加剧了收入低下的严重性。据国务院研究室课题组对湖南、四川和河南三省的抽样调查，农民工月实际劳动时间超过城镇职工的 50%，但月平均收入不到城镇职工平均工资的 60%，实际劳动小时工资只相当于城镇职工的 1/4。此外，农民工不仅工资水平低，而且还经常被拖欠。尽管国家采取了追讨工资专项行动，取得了一定的成效，但拖欠工资问题仍未得到根本解决，前清后欠现象仍较普遍。

二是社会保障不全。从法律上来看，我国现行的社会保障制度并没有排斥正规就业的农民工。对于在用人单位正规就业的农民工参加社会保障问题，虽然国家尚未为其建立专门的制度，但在《劳动法》实施后，进入城镇用人单位的农民工原则上也同样适用该法，应当参加法定的基本养老、医疗、失业、工伤等社会保险。可以说，现行城镇职工基本社会保险制度在制度层面上并不排斥正规就业的农民工，这部分人员参加各种险种的通道是敞开的。虽然农民工参保的通道是敞开的，但因多方面的原因，他们的总体参保率不超过20%，这说明大多数农民工并未参保。而且，现行城镇社会救助体系只覆盖城镇户籍人口，农民工没有本地户口，虽然与当地人同样为当地的经济发展做贡献，却享受不到最低生活保障或者其他方面的任何救助，在因失业、疾病、意外伤害使生活陷入困境时，往往陷入孤立无援的境地。

4. 就业不公平是当前就业领域的主要矛盾

就业公平是和谐劳动关系的重要体现。但不可否认的是，在当前我国的劳动就业领域，就业不公平的现象仍然存在，在某些方面甚至还比较严重。就业不公平或就业歧视主要表现在以下几个方面：

一是性别歧视。长期以来，我国在就业领域为消除性别歧视问题做了不懈的努力。比如《劳动法》第十三条规定：妇女享有与男子平等的就业权利。在录用职工时，除国家规定的不适合妇女的工种或者岗位外，不得以性别为由拒绝录用妇女或者提高对妇女的录用标准。同时中国也加入了国际劳工组织《有关男女劳工同工同酬》公约。然而现实中，男女就业不平等问题仍十分突出。

二是户籍歧视。由于城乡户籍制度与不同地域户籍制度的差异，非本地户口的人员在就业、就学、买房、办理保险，甚至办理银行业务等方面都存在着不同程度的户籍歧视。事实上，户籍制度是导致当前我国劳动力市场分割和劳动力就业歧视的制度性根源。

三是身体歧视。在劳动力市场中，普遍存在劳动者因身高、相貌、血型、乙肝等身体因素而受歧视的现象，损害了劳动者平等就业的权益。对残疾人就业歧视则是当前就业领域较为突出的一个问题。据第二次全国残疾人抽样调查结果，截至 2006 年 4 月 1 日，我国有各类残疾人 8296 万人。但和非残疾人相比，残疾人具有就业率低、就业层次低的特点。统计结果显示，残疾人的就业率仅相当于非残疾人的 72.7%，而且有 77.46% 的残疾人集中在农、林、牧、渔、水利业。其结果，残疾人家庭的人均收入要显著低于非残疾人家庭，前者的家庭年人均收入仅相当于后者的 63.4%。[①]

四是年龄歧视。目前国内的招聘广告中大都有年龄方面的要求，比如招聘文秘人员，一般要求是女性，年龄在 25 岁以下，招聘许多部门经理职位一般都要求在 35 岁以下，甚至招聘具有博士学位的大学教授、副教授（有些大学甚至指明要 35 岁以下的副教授）也必须在 40 岁以下。如果年龄在 40 岁甚至 50 岁以上，在劳动力市场或人才市场上就很少有人问津，以至于难以找到适合自己的工作岗位。

此外，就业歧视还有地域歧视、婚姻状况歧视、经验资历歧视等。就业不公平会加剧劳资矛盾。可以说，就业不公平已成为我国实现就业公平和劳动和谐目标必须尽快消除的重大障碍。

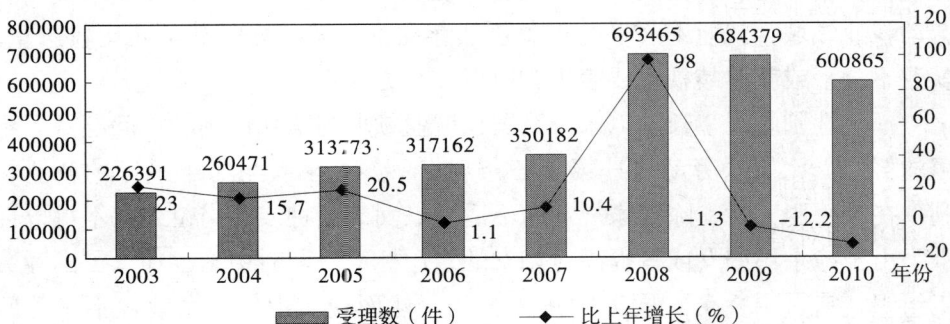

图 1.4 2003—2010 年全国劳动争议案件受理情况

从图 1.4 可以看出，我国每年受理的劳动争议案件呈逐年上升的趋势，2003—2010 年的 8 年间，绝对数量已经从 226391 件增长到 600865 件，增长幅度除 2006 年、2009 年、2010 年出现下降外，大部分年份都要高于 GDP 增长的速度，显示我国的劳动关系状况尚需引起有关部门的高

① 赖德胜、廖娟、胡仲明：《残疾人的就业现状与就业扶助》，见蔡昉主编：《人口与劳动绿皮书（2008）》，社会科学文献出版社 2008 年版。

度关注。

之所以会存在就业不公平现象，除了观念上的偏见外，法律体系的不健全是其中的主要原因。从反就业歧视的领域看，现行法律中禁止就业歧视的范围太窄，以致很多歧视可以大行其道。劳动法只规定了"民族、种族、性别、宗教信仰"四种领域的歧视，但我国现实中一些相当严重的就业歧视现象仍没有法律明令禁止。此外，现有的反就业歧视法律制度缺少有效的救助机制。如歧视女性是宪法、劳动法、妇女权益保障法都禁止的，但当用人单位拒绝雇用女性时，受害者除了向有关妇联机构投诉外，毫无办法。而妇联不是一个处理纠纷的机构，投诉也很难取得实际的效果。

二、就业领域的主要矛盾及原因分析

新中国成立六十多年特别是改革开放以来，我国的就业工作取得了很大的成绩。但是，在就业领域存在的各种矛盾，如经济增长与就业增长的矛盾、国民经济重型化与扩大就业的矛盾、流动人口增加与城市就业压力增大的矛盾、就业难与技工荒并存的矛盾等，成为实施扩大就业发展战略的主要困难和障碍。因此，只有在认真分析这些阻碍就业扩大的矛盾及其原因的基础上，才能制定出正确的就业发展战略。

（一）经济增长与就业增长的矛盾

"奥肯法则"[①] 根据美国的经验，描述了经济增长与失业变动的关系，即 GDP 相对潜在 GDP 每下降 3%（后来经济增长率修改为 2% 或 2.5%），失业率就会上升一个百分点。这一法则揭示了产出市场和劳动力市场之间的重要联系，即实际 GDP 必须保持与潜在 GDP 同步增长，才能避免失业率攀升，即 GDP 必须增长才能保证失业率稳定在某一水平；如果要使失业率下降，实际 GDP 的增长必须快于潜在 GDP 的增长。

然而，中国的经验似乎与"奥肯法则"出现了较为明显的冲突。虽然经济增长速度长期保持在较高的水平，中国的就业状况却并没有得到有效的改善。这种情况的出现无论是在理论界还是在决策层都引发了较大的

---

① Okun, Arthur M. (1962), "Potential GNP: Its Measurement and Significance", *Proceedings, Business and Economic Statistics Section of the American Statistical Association*, pp. 89-104.

争论。

有的学者分析认为，20 世纪 80 年代以来我国经济增长的就业弹性系数显著下降的说法，实际上是由于统计指标测算未能全面客观地反映我国就业体制、就业方式以及历年来的隐性失业和隐性就业变化情况，使得就业弹性数值被缩小了，从而也就使得经济增长的实际就业吸纳能力被人为低估了。就业与经济增长之间存在着一种互为因果的关系。一方面，就业是经济增长的派生需求，社会就业机会的变化从根本上取决于经济增长和经济结构的变化；另一方面，劳动力又是重要的生产要素，是经济增长的重要推动力量。把握好就业与经济增长的数量关系，比较准确地测算经济增长的就业吸纳能力，对于搞好就业规划，制定好就业发展战略，具有重要意义。刘军运用两种不同估算方法，对我国经济增长的就业吸纳能力进行估算的结果都是基本一致的，表明当前经济增长的就业吸纳能力不是 800 万人，而应是每年 1400 万人左右。尽管劳动力市场依然呈现供大于求的特征，但劳动力供求的总量矛盾要比通常估计的严重程度有所缓和。[1]

有的学者则认为，中国的 GDP 增长率和城镇登记失业率除了 1993—1997 年这五年间，两者呈现负相关关系，与"奥肯法则"相吻合外，从 1998—2006 年，先是失业率对 GDP 增长率的变动没反应，后又和 GDP 增长率的变动同方向变动。故从总体来讲，用"奥肯法则"来分析中国的经济运行情况，效果不是很理想。但如果利用修正后的失业率指标，即考虑没有登记的城镇失业人员、大量下岗职工中尚未重新就业人员、农村农业劳动力隐蔽失业人员，从 GDP 增长率和城镇实际失业率的对比情况来看，两者的变化趋势与"奥肯法则"相符：从 1993 年到 1999 年，当 GDP 增长率持续下跌的时候，城镇实际失业率持续上升；而在 1999 年以后，当 GDP 增长率持续上升时，城镇实际失业率又持续下跌。[2]

① 刘军：《不能低估经济增长的就业弹性》，《经济日报》2003 年 6 月 7 日。
② 胡鞍钢、杨韵新：《21 世纪的最大挑战：中国就业状况分析（1952—2000 年）》，见胡鞍钢、程永宏、杨韵新：《扩大就业与挑战失业——中国就业政策评估（1949—2001 年）》，中国劳动社会保障出版社 2002 年版。

表 1.1 我国不同时期的经济增长与就业增长

年　份	GDP 平均年增长率（%）	就业人员平均年增长率（%）	平均就业弹性系数
"六五"期间（1981—1985 年）	10.82	2.81	0.26
"七五"期间（1986—1990 年）	7.94	5.25	0.66
"八五"期间（1991—1995 年）	11.58	0.79	0.07
"九五"期间（1996—2000 年）	8.36	0.91	0.11
"十五"期间（2001—2005 年）	9.58	0.77	0.08
"十一五"期间（2006—2010 年）	9.92	0.54	0.05

注：就业弹性系数是指就业增长速度与经济增长速度的比值，即经济增长 1 个百分点，相应地带动就业增长的百分点。

资料来源：根据历年《中国统计年鉴》数据推算。其中 2009 年和 2010 年均为估算值。

从表 1.1 我们可以看出，我国经济增长的就业弹性在 20 世纪 80 年代处于较高的水平，特别是 80 年代下半期，就业弹性达到了一个高峰，GDP 每增长一个百分点，就能带动就业增长 0.66 个百分点。但在"八五"期间，经济增长的就业弹性突然出现了剧烈的下降，经济增长带动就业的弹性几乎下降了十倍。这种变化跟 20 世纪 60 年代出现的生育高峰、而 70 年代开始实行计划生育有直接关系。从 90 年代中期开始，我国的经济增长的就业弹性就开始出现了持续的下降。"九五"期间就业弹性为 0.11，而到了"十一五"期间则下降到 0.05，降幅达到一半以上。这就说明，从就业总量的角度来看，经济增长带动就业的能力确实出现了比较明显的下降。

至于经济增长未能有效带动就业增长的最主要原因，可以归结为增长模式缺陷引发的经济增长与就业扩大之间的失衡。概括起来，我国经济增长模式的缺陷包括：一是投资推动型的增长模式压制了消费特别是国内消费的扩大；二是出口导向型增长模式的强化放大了国内就业对国际经济形势波动的影响；三是城乡分割的增长模式加大了流动人口就业的困难和城市化进程的障碍。增长模式决定了社会投资的结构，因此，增长模式的特点也直接影响到投资结构的选择。

我国是典型的投资推动型经济增长的发展模式，投资对国民经济增长的贡献率高达 40%以上。但是，引人关注的是，投资结构的偏差使得高投资增长率在带动经济快速增长的同时，并没有带动相应的就业增长。这主要表现在：

一是固定资产投资在三次产业结构的分布出现偏差。第三产业向来被认为是吸收劳动力能力最强的领域，但是我国第三产业的发展速度相对迟缓，第三产业投资的滞后成为阻碍就业扩大的主要因素。从表 1.2 中我们可以看出，我国固定资产投资在三次产业当中的分配与三次产业的结构优化和调整出现了背离。比如第二产业的固定资产投资所占的比重从 2001 年 34.5%不但没有下降，反而逐年上升至 2010 年的 48.9%；令人吃惊的是，城镇固定资产投资在第三产业的比重不升反降，从 2001 年的 62.6%下降到 2010 年的 47.8%，十年间下降了近 15 个百分点。这与大力发展第三产业解决就业问题的提法显然不相符合。

表 1.2　2001—2010 年城镇固定资产投资在三次产业的分布

单位:%

年　份	第一产业	第二产业	第三产业
2001	2.9	34.5	62.6
2002	3.3	35.2	61.5
2003	1.8	34.4	63.8
2004	1.1	38.7	60.2
2005	1.1	42.1	56.8
2006	1.2	42.5	56.3
2007	1.2	43.5	55.3
2008	1.5	43.9	54.6
2009	3.6	49.6	46.8
2010	3.3	48.9	47.8

资料来源：根据历年国家统计局《国民经济和社会发展统计公报》整理。

由于投资相对不足，我国的第三产业在国民经济中的地位始终没有得到实质性的提高和巩固。从图 1.5 我们可以看出，从 2001 年到 2003 年，第三产业对 GDP 的贡献率出现了比较明显的下降，此后就一直在 40%左右徘徊。

这表明第三产业的发展程度不仅低于发达国家平均 70% 的水平，也低于印度、巴西等发展中国家 60% 左右的水平。结果，我国目前第三产业吸纳的劳动力人数不足全部劳动力的三分之一，而发达国家这一比例普遍都在60% 以上。特别需要指出的是，第三产业中的教育、医疗等方面的投资严重不足，不仅减少了这些领域吸纳就业的能力，而且直接影响劳动者素质的提高。

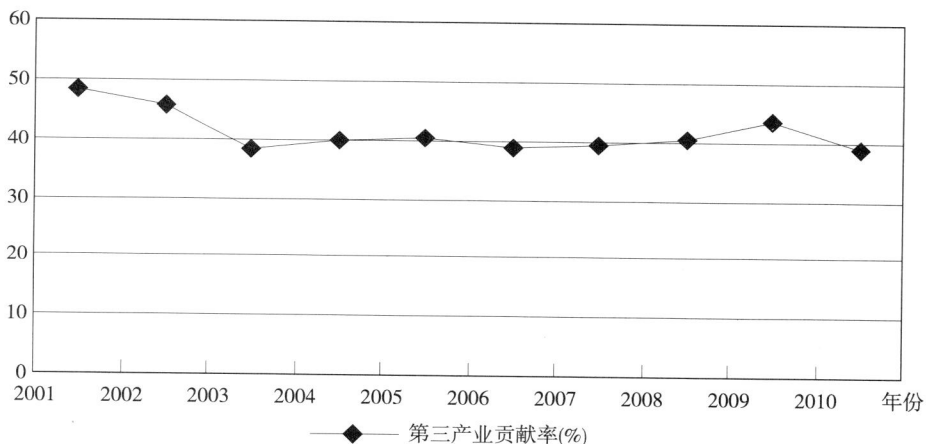

图 1.5　2001—2010 年第三产业贡献率

注：产业贡献率指各产业增加值增量与 GDP 增量之比。

二是投资结构的偏差还表现在所有制方面，即投资在国有经济部门和非国有经济部门的不平衡现象虽有所变化，但就业的滞后效应依然存在。国有经济一直是全社会固定资产投资的主体，在固定资产投资中占有重要的地位。一方面，国有及国有控股企业的数量逐年减少，其就业人数也逐年降低。但另一方面，国有及国有控股企业在固定资产投资中所占的比例依然居高不下，而且固定资产投资比例的下降速度要小于其就业人口下降的速度。表 1.3 表明，从 2001—2010 年国有及国有控股企业固定资产投资占城镇固定资产投资的比例从 47.3% 下降到 2010 年的 42.3%，仅仅下降了 5 个百分点；而在国有经济的就业人员却从占城镇就业人员的 31.9% 下降到 18.9%，下降幅度达到 13 个百分点。

表 1.3 2001—2010 年国有及国有控股企业固定资产投资与就业人数占比情况

年 份	占城镇固定资产投资的比例（%）	就业人数占城镇就业人口的比例（%）
2001	47.3	31.9
2002	43.4	28.9
2003	39.0	26.8
2004	35.5	25.3
2005	53.3	23.7
2006	48.4	22.7
2007	43.2	21.9
2008	43.0	20.1
2009	44.6	19.3
2010	42.3	18.9

资料来源：根据历年《中国统计年鉴》计算。其中 2001—2004 年为国有经济固定资产投资占全社会固定资产投资的比例。

可是，在就业吸纳能力方面，国有经济却大大低于非国有经济。与此相对应的是，国有企业就业"主力军"的地位早已被非国有企业所取代。目前在我国城镇新增上千万的劳动力中，绝大部分都被非国有企业所吸纳。然而，非国有企业的投资却受制于融资体系的不健全。非国有企业普遍存在的"贷款难"问题，已经成为阻碍它们健康发展的"瓶颈"。这势必使得它们吸纳就业的能力受到极大的限制。

从失业结构来看，我国的失业率中有很大的部分是自然失业率，主要由于劳动力市场不健全、产业结构调整和各种不利于就业扩大的规制而产生。这个失业组成部分并不能通过宏观反周期政策予以消除。而在宏观经济政策可以有所作为的范围内，又由于政策导向不是就业最大化，以致当宏观经济政策刺激经济增长时，就业增长效果并不显著。[1]

（二）国民经济"重型化"与就业扩大的矛盾

中国本来是个劳动力丰富而资本稀缺的国家，但国民经济的重化工业倾

---

[1] 蔡昉、都阳、高文书：《就业弹性、自然失业和宏观经济政策——为什么经济增长没有带来显性就业》，《经济研究》2004 年第 9 期。

向与资本密集型经济的提早到来，恰恰与这种比较优势发生了冲突。

新中国成立之后不久，我国就确立了"重工业优先"的发展战略。此后，我国一直呈现重工业增速明显快于轻工业的扩张期的特征。近些年来虽然增速差距有所缩小，但基本格局仍未根本改变。其结果，重工业在工业中的比重不断上升，目前已经超过70%，而轻工业的比重则下降到不足30%，一升一降，对比十分鲜明。随着经济的发展和技术水平的提高，资本替代劳动的趋势日益明显，将使就业形势变得更加严峻（见表1.4）。

表 1.4　轻重工业在工业总产值中的比例

单位:%

年　份	重工业总产值（亿元）①	轻工业总产值（亿元）②	占比差①-②
2001	60.6	39.4	21.2
2002	60.9	39.1	21.8
2003	64.5	35.5	29.0
2004	66.5	33.5	33.0
2005	67.6	32.4	35.2
2006	70.0	30.0	40.0
2007	70.5	29.5	41.0
2008	71.3	28.7	42.6
2009	70.5	29.5	41.0
2010	71.4	28.6	42.8

资料来源：根据历年《中国统计年鉴》计算。

表 1.5　国有工业、外资及港澳台工业和其他工业资本劳动比率

单位：万元/人

年　份	国有	其他	外资及港澳台
1991	3.69	1.09	5.91
1992	3.56	1.10	5.30
1993	3.69	1.37	5.21
1994	3.62	1.54	6.11
1995	4.08	1.78	6.57
1996	5.11	2.07	7.75
1997	6.06	2.53	9.02

年　份	国有	其他	外资及港澳台
1998	7.71	5.08	10.59
1999	10.09	2.67	11.55
2000	12.32	2.98	11.50
2001	14.38	3.27	11.86
2002	16.67	3.81	11.67
2003	18.93	4.27	10.60

资料来源：国家发改委宏观经济研究院课题组：《我国固定资产投资的宏观效益研究》，研究报告，2006 年。

从表 1.5 我们可以看出，改革开放以来，各种所有制经济的资本劳动比率均出现了不断上升的趋势。劳动力市场中的资本取代劳动的"资本深化"现象十分明显。其中国有经济的资本劳动比率从 1991 年的 3.69 万元/人迅速上升到 2003 年的 18.93 万元/人，12 年间上升了 5 倍多；其他经济的资本劳动比率从 1.09 万元/人上升到 4.27 万元/人，上升了近 4 倍，而外资及港澳台经济的资本劳动比率也从 5.91 万元/人上升到 10.60 万元/人，上升了差不多 1.8 倍。

（三）流动人口增加与城市就业压力增大的矛盾

城市化是我国实现现代化的重要目标之一，也是经济社会发展的必然结果。农村剩余劳动力大量涌入城市，是社会"推力"与"拉力"这两种力量同时作用的结果。所谓"推力"是指人口与土地的矛盾日益突出和农村劳动生产率的不断提高，成为农民工向城市流动的"推力"。据国土资源部统计，截至 2008 年 12 月 31 日，中国耕地总面积为 18.2574 亿亩。人均耕地面积已由 2001 年的 1.51 亩和 2004 年的 1.41 亩，逐年减少到 1.4 亩，不到世界平均水平的 40%。所谓"拉力"是指地区经济发展不平衡、城乡收入差距的不断扩大，则成为吸引农民工流动的巨大"拉力"。据统计，2005 年东部、中部、西部和东北地区城镇居民人均可支配收入分别为 13375 元、8809 元、8783 元和 8730 元，东部分别是中部、西部和东北地区的 1.52 倍、1.52 倍和 1.53 倍。而城乡收入差距更为明显，这就对农村劳动人口产生了巨大的吸引力。

目前，我国的城市化进程每年都在以平均 1%的速度推进。与此同时，每年涌入城镇的农村转移人口大约有 1000 万以上。而在城镇内部，每年还有近千万的新增劳动力，另外还有上千万下岗失业人员需要再就业。城市化带来的人口转移无疑给本来就紧张的城镇就业带来了更大的压力（见表 1.6）。

表 1.6　2001—2010 年中国城市化率

年　份	城镇人口（万人）	占总人口比重（%）
2001	48064	37.7
2002	50212	39.1
2003	52376	40.5
2004	54283	41.8
2005	56212	43.0
2006	57706	43.9
2007	59379	44.9
2008	60667	45.7
2009	62186	46.6
2010	66557	49.7

资料来源：历年中国统计年鉴。2010 年数据来源于第六次人口普查公告。

（四）就业难与"技工荒"现象并存的矛盾

从我国的就业状况来看，目前依然没有摆脱低层次劳动密集型的就业格局。大量低素质劳动力的存在以及职业技术教育的严重滞后，使我国的就业呈现出典型摩擦性失业的特征。一方面农民工、大学毕业生的就业难问题日益凸显，另一方面我国某些地区却面临着严重的"技工荒"。

如果说农民工是由于自身素质不高而难以适应产业结构的变化的话，那么大学生就业难与"技工荒"现象的并存则反映了我国教育体制的缺陷。目前国内的教育分成两条线，一条是教育部门的学科教育，而另一条是劳动保障部门的职业技能教育。在很多情况下，这两条教育路线"各行其道"，缺乏融合点，不但浪费了大量的教育资源，而且使许多大学生缺乏实践经验和一技之长。

随着我国国民经济实现了长期的经济高速增长，使得社会经济对技能型人才的需求始终比较旺盛。据中国劳动力市场信息网监测中心对全国 93 个城市的劳动力市场职业供求信息进行的统计分析表明，在 2008 年第四季度，即使是在劳动力市场明显受到金融危机的冲击之时，各技术等级的求人倍率（职位空缺数与求职者数之比）均大于 1，劳动力需求仍大于供给，其中高级技师、技师和高级工程师的求人倍率较大，分别为 1.94、1.81、1.57。[①]然而，我国的技能型人才短缺的现象却长期存在。据统计，当前中国获得国家职业资格证书及具有相当水平的技能劳动者仅占所有城镇从业人员的 33%，包括高级技师、技师、高级技工在内的高技能人才则仅占技能劳动者的 21%；而发达国家的这两个比例分别是 50% 以上和 30%。与此同时，高技能人才老龄化趋势已经显现，不少老企业的核心技术掌握在 40 岁以上的工人手中，更有甚者，必须返聘退休职工才能完成订单，技能人才严重"青黄不接"。中国高技能人才总量不足、结构不合理的现状已经无法适应飞速发展的经济社会要求。

根据人力资源和社会保障部 2007 年颁布的《高技能人才培养体系建设"十一五"规划纲要（2006—2010 年）》，到"十一五"期末，全国技能劳动者总量达到 1.1 亿人，高级工水平以上的高技能人才占技能劳动者的比例达到 25% 以上，其中，技师、高级技师占技能劳动者的比例达到 5% 以上，并带动中、初级技能劳动者队伍梯次发展。力争到 2020 年，使我国高、中、初级技能劳动者的比例达到中等发达国家水平。但即使这个目标能够顺利实现，我国技工短缺的问题也不能得到根本解决。

第二节　扩大就业战略的实施与成效

一、国外就业战略及其效果

（一）国外就业战略的主要特点

就业战略是一个国家整个经济社会发展战略的重要组成部分。概括来讲，国外的就业战略包括以下主要特点：

[①]　莫荣：《2008—2009 年就业形势分析与预测》，见汝信、陆学艺、李培林主编：《2009 年中国社会形势分析与预测》，社会科学文献出版社 2008 年版。

1. 将扩大就业作为经济社会发展的首要目标

早在 1946 年美国颁布的《就业法案》中，就曾把联邦政府的责任界定为：第一，最大化就业；第二，最大化产出；第三，最大化购买力。在此次全球金融危机爆发后，美国总统奥巴马就一再申明，确保就业是经济刺激计划的"底线"，而联邦政府是激活经济的中坚力量。在欧盟历年的关于就业的协调性文件中，扩大就业同样一直被列为各国经济社会发展的首要目标。从20 世纪 90 年代起，随着欧洲一体化市场的加快建设和欧洲联盟的深化和扩大，欧洲国家开始了就业政策目标与宏观经济政策之间的协调和整合行动，将创造就业岗位和解决就业问题逐渐提升为欧盟首要的社会经济政策目标之一。

2. 正确处理经济增长与扩大就业的关系

世界各国的经验证明，经济增长并不必然带来就业的扩大。不是所有的经济增长都有助于增加就业，也不是所有的就业增加都有利于推动经济增长。对决策者而言，只有把"促增长"和"增就业"设置为同等重要的目标来综合考量，才能从根本上解决失业问题。早在 1993 年，欧盟委员会就在《增长、竞争力和就业》白皮书中提出，经济增长应以创造就业为基础，倡导劳动密集的增长模式。2000 年，欧盟"里斯本战略"提出以加速经济发展推动就业增长，在 10 年内创造 3000 万个就业机会，到 2010 年把欧洲的平均就业率从 2000 年的 61% 提高到 70%。由于实施效果不佳，2005 年欧盟决定以经济增长和增加就业为优先目标重启"里斯本战略"，使其成为欧盟经济改革的政策基点。

3. 强调政府的积极作用

政府干预劳动力市场不仅有可能，也有必要。其理论依据是：一方面，劳动力市场无法自行有效运转，必然会带来失业等社会问题。通常情况下，劳动力总供给会大于总需求。因此，劳动力仅仅依靠市场的自行调节是无法实现供需平衡的，当劳动力供大于求，并不断累积时，失业率也就会逐渐攀升。另一方面，从社会的角度看，失业者失去了生活来源，会造成大量的社会问题，尤其是长期失业者，对社会的潜在危害可能更大。而失业问题在不同的社会群体之间的严重程度和分布情况是很不相同的，这也必将滋生多种社会问题。在社会总失业人数处于较低水平时，社会上总还有一部分人长期失业或者临时性地失业。因此，劳动力市场能否正常运转，是一个复杂的社会经济问题，需要政府采取相应措施才能加以解决。在西方国家实施的积极就业政策中，政府始终起主导和宏观调控的作用，并为各种就业服务和项目提供免费服务和各种补贴。

（二）国外就业战略的实施：积极就业政策

积极就业政策（也称为"积极劳动力市场政策"或"积极劳动力市场计划"）起源于 20 世纪六七十年代的欧洲。相对于保护型和救济型的被动就业政策，积极就业政策更注重加强对劳动者进行培训以提高劳动力的供给质量，通过刺激经济来提高劳动力的需求。概括来讲，国外的积极就业政策主要包括三个方面的要点：通过积极的经济政策促进经济增长以带动全社会的岗位创造；通过建立完善的就业服务体系以降低劳动力的搜寻成本；通过建立有效的培训机制以提高劳动者的职业技术能力。其具体政策和做法有：

1. 增加劳动者的进修与再培训的权利

许多国家从 20 世纪 60 年代开始实施促进夕阳产业工人职业转换和区域流动的政策。在这一时期，欧洲各国纷纷通过有关法律，使劳动者获得了带薪脱产培训、进修和再培训权，并使这种权利成为整个工业化经济的一种基本规则。在经济周期过程中，利用衰退时期提高劳动者的技能和职业资格，发挥培训的"蓄水池"作用，经济一旦恢复后使劳动者增强对劳动力市场的适应性，从而使就业状况在经济周期的变化中呈现良好的循环趋势。

2. 通过各种政策、法律，用强制及非强制的方式维持劳动者与雇佣他的雇主之间的契约关系

对面临经营困难和濒临破产的企业，采取预算措施来改善企业财务状况，或以贷款来维持企业的正常经济活动，避免过多的失业，以维持就业量。同时，注重照顾处境不利的特殊就业群体。这些人包括没有工作经历的年轻人、青年失业者、长期失业者、残疾人、老年人和家庭主妇等。

3. 注重社会保障的公平与效率相结合

欧洲福利国家的实践证明，对失业人员仅仅发放失业保险金是被动的，也创造不了就业岗位。如果标准过高，还可能引起被保护人员的惰性。因此，积极就业政策把单纯靠失业保险解决失业人员的生活问题，与采取措施促进他们就业结合起来。适当降低财政投入用于失业保险的支出，拿出更多的钱用来促进就业，用于培训、实习、创业补贴等，显示了积极的促进就业作用。

4. 对提供新增就业进行援助

扩大公用事业部门就业，对私营部门创造就业机会进行一般性的和地区政策性的财政鼓励，如将对企业的地区就业奖励金与就业的增加数挂钩，或对私人投资的资助取决于其提供的就业岗位，通过工资补贴、减少社会开支等鼓励企业招聘失业者特别是长期失业者。

5. 加强劳动力市场的信息网络建设

比如瑞典在 20 世纪 80 年代初就开始将计算机技术应用到劳动力市场的职业介绍工作当中。建在首都斯德哥尔摩市的全国劳动力市场信息网络中心，通过分组网与各州的劳动力市场管理局和职业介绍机构本地节点机相连，数据的存储采用的是集中式。信息网络系统中有三个主要数据库：雇主数据库、岗位空缺数据库、求职人员数据库。只要雇主在职业介绍机构中登记过，其信息就在雇主数据库中永远保留。岗位空缺数据库与雇主数据库相关联，只要岗位还在空缺，该信息就永远有效，一旦空缺被补充上，雇主会马上打电话给职业介绍机构，职业介绍机构工作人员马上在计算机中做处理，该岗位空缺在系统中将会消失，不能够再查询到。工作人员也积极地打电话跟踪被推荐过的求职者，询问其就业状况，并在系统中做相应处理。个人信息的录入既可由工作人员完成，也可由求职者自己通过自我服务系统进行，但必须经过工作人员检查，方可确认进入系统。雇主和岗位空缺信息完全由工作人员录入。计算机网络系统的信息统计分析是问卷调查预测劳动力市场供求信息的一种补充，同时也是检验各州、各职业介绍机构实际工作的强有力措施。

6. 采用灵活就业方式，增加就业机会

近十年来，欧盟各国承认和保护灵活就业方式，如非全日制就业、自营就业、临时就业、派遣就业、远程就业等，从而使更多的人实现就业。欧盟在《非全日制工人指南》中规定，非全日制雇员与全日制雇员如从事同样的工作应得到同等的小时工资，并在病假、生育工资、职业年金等方面获得平等待遇。

7. 微型企业开发/自雇用帮助①

这些计划旨在帮助那些准备创建自己的企业的失业者提供帮助。微型企

---

① 该计划和我国实行的"鼓励以创业带动就业"政策类似。

业开发/自雇用帮助计划包括向计划参与者提供开办企业所需要的资金帮助或者咨询服务，还包括向小企业提供运营成本方面的支持。这些计划既有面向社会广泛提供的，也有针对某些特殊群体（例如刚刚失业的人和长期失业者）专门提供的。

（三）国外应对金融危机的就业战略

西方国家在扩大就业、减少失业现象方面具有丰富的实践经验。他们的经验和教训，对于我国这么一个市场化改革刚刚三十多年的发展中国家来说，无疑具有很大的借鉴意义。

此次金融危机爆发后，美国、欧盟、日本等国家和地区纷纷出台了金额庞大的金融救援计划。以美国为例，2009 年 2 月，美国总统奥巴马签署了总额为 7870 亿美元的经济刺激计划，该计划是第二次世界大战以来美国政府最庞大的开支计划。经济刺激计划几乎涵盖美国所有经济领域，资金总额中约 35%将用于减税，约 65%用于投资。在减税项目中，每个美国劳动者最高可获得 400 美元退税，每个美国家庭最高可获得 800 美元的退税；在投资项目上，基础设施建设和新能源将是两大投资重点。据测算，该计划将为美国保住和创造约 350 万个工作岗位。

金融危机对全球经济冲击最大的就是就业问题。国际劳工组织指出，目前的就业危机对建筑、汽车、金融、服务和房地产部门的就业所产生的影响最为严重，到 2009 年末，全球已经失去 5000 多万个工作机会，失业人口总数超过 2.3 亿。以此次金融危机的重灾区美国为例，美国劳工部公布的报告显示，2008 年 12 月，全美非农部门工作岗位削减 52.4 万个，失业率上升至 7.2%。2008 年全年，全美新增失业人口 260 万，创 1945 年第二次世界大战结束以来最高纪录。到 2009 年 3 月，美国非农业部门就业岗位再减少 66.3 万个，失业率上升至 8.5%，为 1983 年以来的最高水平。[①] 英国国家统计局的数据显示，英国的工作岗位空缺数到 2009 年 1 月已减少至 50.4 万个，是 2001 年来的最低点。欧盟委员会经济预测报告显示，2013 年欧盟失业率将达到最高，其中欧盟略低于 11%，而欧元区将达到 12%。

---

① 《美国 3 月份失业率升至 8.5%》，见 http://news.xinhuanet.com/world/2009 - 04/03/content_11129046.htm。

为了应付日益严重的失业问题，各国均把拯救就业作为经济刺激计划的核心任务。概括来说，这些拯救就业计划主要包括以下措施：

一是强调刺激经济增长以增加就业岗位。奥巴马的经济刺激计划几乎是为就业目标"量身定做"的，刺激计划今后两年的就业目标相当于使失业率每年少增长两个百分点。诺贝尔经济学奖得主、美国经济学家保罗·克鲁格曼则认为，若要失业率降低一个百分点，每年大约需要 2000 亿美元。[①] 据此推算，刺激计划至少需要 8000 亿美元左右，这与国会最终批准的 7870 亿美元相差无几。欧盟委员会于 2008 年 11 月通过了总额为 2000 亿欧元的经济复兴计划，试图通过向战略性能源和科技进行投资，在短期内创造出数以百万的工作机会。

二是偏重于非公共部门创造就业岗位。在美国经济刺激计划中，一方面重视公共部门创造就业岗位，但更强调非公共部门在增加就业方面的作用。在 400 万个新增岗位中有 90% 将产生在民营企业，只有 10% 产生在公共领域，例如教师、警官、消防队员等。

三是既重视保护传统部门的就业岗位，也鼓励发展新兴产业创造更多就业机会。比如通过向金融系统注资的办法，防止金融部门大幅裁员的行为；通过大规模的基础设施建设投资，拉动建筑行业的发展。经测算，政府每在基础设施上投入 10 亿美元，就会创造 2.8 万个工作岗位。其中，有 1/4 的岗位是建筑工作，1/4"分配"给配套的供应商；建筑工人手里有钱后，还会间接增加零售等"花钱"部门的工作岗位；对于汽车行业，虽然救援方案未能通过，但奥巴马政府也明确表示不会袖手旁观；此外，通过投资清洁能源、加倍生产可替代能源、改善政府和居民办公生活的节能措施等方法，可以创造 50 万个就业机会。

四是重视投资"民生工程"带动就业，并提高就业质量。美国总统奥巴马在经济刺激计划中就明确提出，提高教育质量是扩大就业和发展经济的关键所在，所以将教育与能源、医疗等一起纳入重点投资对象。据测算，仅仅在教育领域的刺激计划就将至少给美国创造 50 万个新的就业岗位。卫生

---

① 《就业：奥巴马经济刺激计划关键词》，见 http://news.xinhuanet.com/world/2009-02/16/content_10828120.htm。

保健特别是通过构建遍及全国的医疗信息电脑系统，也可以创造 20 多万个就业机会。奥巴马还签署了加强工会作用的多个法案，并强调此举将更好地保护美国工人权利。

五是重视发挥中小企业的就业功能，鼓励以创业带动就业。小企业被誉为美国经济的"心脏"。为了帮助小企业，美国联邦小企业署已经在通过对社区银行贷款的支持来为小企业提供帮助。而且小企业署扩大了这一项目，并降低了贷款费用。目前其向单笔金额最高 15 万美元的小企业贷款提供的担保比例为 85%，15 万美元以上的最高担保比例则为 75%。政府表示，将把这两种比例均提高至 90%，以降低贷款商因提供贷款所面临的风险，并将借款人所需支付的费用最多减免 7.5 万美元。在美国纽约市，市长布隆伯格宣布了 11 项应对金融危机的措施，主要用于增加就业。根据计划，纽约市政府将设立专项资金，为创业人员提供风险投资，以帮助金融业失业人员重新就业。目前，纽约市政府已经拨出第一笔专款 300 万美元用于这项工作。纽约市政府希望尽快筹措到 3000 万美元，以向更多创业人员每人提供 2 万至 25 万美元不等的启动资金。此外，纽约市政府将为个人创业人员提供租金比较低廉的办公场所，并为创业人员提供一些基本的办公设备以及相关服务。

（四）国外就业战略与积极就业政策的效果评价

国外就业战略与积极就业政策对缓解相关国家的失业问题起到了一定的正面作用。20 世纪 80 年代，欧盟各国的平均失业率大约为 8%，90 年代上升到 10%以上。从 20 世纪 90 年代后期开始，欧盟的失业情况有了较大的缓解，欧盟各国失业率呈总体下降趋势。根据 2008 年欧盟公布的数据，2007 年 27 个欧盟成员国平均失业率已经下降到 7.5%左右。

不过，国外积极就业政策的实施并非都是效果斐然。特别是在具体采取的促进就业的政策措施方面，效果则存在着较大的差异。世界银行根据对一些发达国家和发展中国家实施积极就业政策的政策评价，可以看出这些具体措施的政策效果（见表 1.7）。[①]

---

① 戈登·贝彻曼、卡琳娜·奥利瓦斯、艾米特达：《积极的劳动力市场计划所产生的效果：从重点针对发展中国家和转轨国家的评价中所获得的新证据》，世界银行社会保护部，2003 年 9 月。

表 1.7　对各种积极的劳动力市场计划的效果所做评价的总结

劳动力市场 干预措施	整体效果综述	评　价
工作搜寻帮助	在发达国家和转轨国家通常能够在就业和劳动收入方面产生正面的效果。 成本相对较低，所以成本收益率通常为正。 来自发展中国家的证据非常少。	当经济状况比较好时，计划所产生的效果是最好的。 在发展中国家，由于存在规模较大的非正规劳动力市场，所以对于这种计划的覆盖面及其有效性存在争论。
针对失业者的培训	在发达国家，对促进就业产生了正面的效果，但是对参与者的收入总的来说没有产生影响。 在转轨国家，对就业和收入两个方面都产生了积极的效果。 对发展中国家的此类计划所进行的评价没有得出产生了正面效果的结论（基于在这方面非常少的研究）。 需要更多的成本方面的信息。	在职培训和雇主的参与对于提高培训计划的有效性是非常有利的。 女性比男性似乎常常能够从培训计划中获得更大的收益。 在经济状况好的时候，培训计划往往是最为成功的。
针对在大规模裁员中被解雇者的培训	对这些失业者的就业和收入通常没有正面的影响，但是也有一些例外。 来自转轨国家和发展中国家的证据非常少。	将培训和就业服务结合在一起实施可能会导致更好的效果出现。
针对青年人的培训	在发达国家，该计划对于参与者的就业和收入产生了非常显著的负面效果。 在发展中国家（拉丁美洲）产生了正面的效果，尽管这方面的研究非常少。 没有来自转轨国家的研究证据。	通过一些早期的与正规教育有关的措施来解决青年人的就业问题可能会更为有效。 如果能够将培训与其他一些就业服务、基础教育服务以及其他社会服务结合起来，则培训计划的效果会更好。 成功的培训计划要求密集的服务，但是这样做的成本会很高。
工资和就业补贴	在发达国家和转轨国家，该计划对参与者的就业和收入所产生的总体效果为负。 来自发展中国家的评价证据很少。	最近对发达国家的情况所做的评价得出了一些更有利的结论（例如从工作到福利计划）。 如果在提供这种补贴的同时提供培训服务，则该计划会更为有效。 净损失和替代效应很可能非常重要，但是却常常没有被充分考虑到。

续表

劳动力市场 干预措施	整体效果综述	评　价
公共工程建设	在发达国家和转轨国家中对参与者的就业和收入所产生的总体效果为负。 虽然很多发展中国家也采用这项计划，但是对于这一计划在这些国家所产生的劳动力市场效果却很少进行评价。	作为一种为贫困群体提供的安全网是有效的，但作为一项改善参与者的未来劳动力市场前景的计划来说，则是无效的。
微型企业开发/自雇用帮助	没有足够的以劳动力市场效果为导向的评价，因此还不能确定这一计划对于参与者所产生的就业和收入效果。	接受该计划的比率非常低。 一些证据表明，该计划对于那些年龄较大、受教育水平较高的人产生了积极的效果。 如果能够在提供资金帮助的同时，还提供技术和咨询方面的服务，则该计划的效果会更好。

从这次金融危机爆发后西方国家采取的应对措施来看，也对防止就业问题恶化起到了一定的积极作用。比如美国劳工部公布的数据显示，2009 年 8 月份的失业率为 9.7%，为 1983 年 6 月以来的最高位，但目前的失业率已经降到了 8% 左右。在欧盟国家内部，也扭转了失业单边增多的趋势，有部分国家如比利时等国的失业状况就有所缓解。英国政府则表示，如果没有政府财政刺激计划的话，英国的失业人数至少会多增加 50 万人。

二、我国就业战略与积极就业政策的实施与成效

（一）我国就业战略的主要特点

1. 强调经济增长优先，加强增长带动就业的作用

长期以来，我国政府都将经济增长置于宏观调控的首要目标。"以经济建设为中心"演变成了"以经济增长为中心"，并由此产生了"唯 GDP 论"的片面认识。在这种观念指导下，我国的经济增长方式选择了以"高投入、高消耗、高污染"为主要特征的发展模式。其结果就是投资效率低下、环境污染严重、资源浪费突出。随着科学发展观理论的提出，这种局面有所改观，以"经济社会全面发展"取代单纯的"经济增长"、重视"就业为民生之本"的思想开始渗透到政府的宏观调控和市场经济的活动之中。但由于

传统发展模式的惯性，依靠增长带动就业的目标并未完全得到实现。

2. 重视政府主导和发挥国有企业稳定就业作用

在社会主义市场经济体制的框架中，虽然强调了市场对劳动力供求的基础调节功能，但政府始终扮演着积极而主动的干预角色。政府除了运用宏观调控的经济手段影响劳动力市场外，还通过政策法规等手段直接干预劳动力市场的运行（比较典型的就是户籍制度以及 20 世纪末和 21 世纪初各地出台的限制农民工工种的规定等）。此外，政府还通过国有企业来对劳动力市场的波动起到稳定作用（比如此次金融危机爆发后，政府就强调国有企业不准随意裁员，这样做的结果固然能起到稳定劳动力市场的带头作用，但却要以牺牲国有企业的效率为代价）。

3. 重视以出口导向型发展模式发展劳动密集型产业

改革开放以来，我国发展战略最大的一个变化，就是从进口替代型发展战略转变为出口导向型发展战略。在"十五"期间（2001—2005 年），我国对外贸易年均增长 24.6%，是改革开放以来外贸发展最快纪录，远高于同期世界贸易和我国经济的增长水平。在"十一五"期间（2006—2010 年），虽然受全球金融危机的冲击，但我国的对外贸易总体上保持了不断的增长。仅仅在2002—2007 年入世 6 年间，进出口贸易总额合计已超过 1979—2001 年即从改革开放到入世之前 23 年的总和。与此同时，我国的出口贸易总值占 GDP 的比率逐年升高，2001 年为五分之一左右，但到了 2008 年已近三分之一。

表 1.8　2001—2008 年出口占 GDP 比重

年　份	GDP 总量（亿元）	出口总值（亿元）	出口占 GDP 比率（%）
2001	109655.2	22024.4	20.1
2002	120332.7	26947.9	22.4
2003	135822.8	36287.9	26.7
2004	159878.3	49103.3	30.7
2005	183867.9	62648.1	34.1
2006	210871.0	77594.6	36.8
2007	246619.0	91614.3	37.1
2008	300670.0	99255.7	33.0

资料来源：据历年《中国统计年鉴》计算，出口总值按当年人民币兑美元的平均汇价折算。

对外贸易的快速增长，使我国以劳动密集型为主要特征的出口加工业得到迅猛发展，吸纳了数以千万计的劳动力就业。但过度依赖外国需求的出口导向型发展模式，极容易受到国外经济波动的影响。国外需求一旦由于各种原因出现下降，势必对我国的就业造成直接的冲击。

4. 采取不平衡的劳动力市场政策

由于城乡分割的户籍制度，我国的劳动力市场呈现出典型的二元分割状态。与此相适应，劳动力市场也针对城市和农村采取了不同的政策。在改革开放后的绝大部分时间里，政府把解决城镇职工的就业问题当作重中之重。直到 2006 年 1 月，才形成了国家层面的做好农民工就业工作的系统性文件。但由于城乡分割的制度性因素没有彻底消除，劳动力市场不平衡发展的局面依然存在。

（二）我国积极就业政策的实施

就业是民生之本。用科学发展观指导就业工作，就是要以实现人的全面发展为目标，按照以人为本的要求，统筹促进全方位就业协调增长。正是在这种大背景下，我国的就业政策就必须顺应新时期的要求，从传统的防御被动型的就业政策向积极主动型的就业政策转变。

2002 年 9 月，中共中央、国务院下发了《关于进一步做好下岗失业人员再就业工作的通知》（中发〔2002〕12 号），中央 12 号文件在全面总结我国就业和再就业工作经验的基础上，针对当前及今后一个时期就业和再就业的新形势和新特点，提出了积极就业政策的基本框架，是指导我国新世纪就业和再就业工作的纲领性文件。

第一阶段的积极就业政策实施期限为三年，即从 2003—2005 年。这期间，全国年均新增城镇就业人员 900 多万人，与 2002 年之前相比，每年多增加 200 万人。通过政策扶持和就业援助，截至 2005 年 11 月底，全国累计新增就业人员 2765 万人，帮助 1425 万下岗失业人员实现再就业，其中"4050"就业困难人员实现再就业 370 万人，城镇登记失业率控制在 4.3%以内。

由于 2002 年确定的积极就业政策期限原定执行到 2005 年底，为保持政策的连续性，解决好转轨时期历史遗留问题，并为建立市场就业机制奠定基础，国务院于 2005 年 11 月下发了《关于进一步加强就业再就业工作的通知》，根据新情况对原有政策做了"延续、扩展、调整、充实"。调整后的积极就业政策从 2006 年开始实施，期限仍暂定为三年。这些政策进一步扩大了扶持范围，增加扶持内容，改进操作办法，延长执行期限。同时对积极就业政策作出梳理，总结行之有效的经验，以备进一步推广成适合所有群体的"普惠制"政策。作为对 2002 年积极就业政策的调整性文件，新的积极就业政策在继续突出再就业和企业职工安置这个工作重点的同时，扩大了政策覆盖范围，增强了政策的可操作性，增加了投入力度，从而使失业者得到了更多的服务和实惠，呈现出承前启后的突出特点。

与此同时，我国的劳动就业法律体系与社会保障体系进一步完善。党的十五大和十六大都提出了"2010 年形成中国特色社会主义法律体系"的目标。就业作为民生之本，完善有关劳动就业的法律法规体系就显得格外迫切。此外，构建和谐劳动关系要解决影响建立和谐劳动关系的矛盾，保障职工的合法权益不受侵犯，最根本的是健全劳动法律体系，从法律上严格地规范用人单位的行为，使他们钻不了法律的空子。因此，建立与健全劳动法律体系成为一个关键性问题。按照这个要求，劳动部门在本世纪初就劳动和社会保险法律体系框架的构成进行了研究，初步提出由《劳动法》、《社会保险法》、《就业促进法》、《劳动合同法》、《集体合同法》、《职业教育法》、《民办教育促进法》、《工资法》、《劳动标准法》、《劳动争议处理法》等 10部法律，《劳动力市场管理条例》、《劳动保障监察条例》等 30 部行政法规以及 90 余部行政规章组成。

1994 年 7 月 5 日颁布的《中华人民共和国劳动法》，是新中国成立以来的第一部保护劳动者合法权益的法律，1995 年 1 月 1 日起正式实施。其各项规定主要是针对全民所有制的劳动关系制定的，当时刚刚提出建立市场经济问题，对于劳动关系的调整还侧重于以过去的经验为依据，内容过于简单，许多只是政策性规定，缺乏可操作性。

进入 21 世纪以后，我国加快了劳动立法的进程。2002 年以后相继颁行了《安全生产法》、《民办教育促进法》和《劳动争议调解仲裁法》等法律，此外，截至 2006 年底，劳动保障部门的部颁规章已经颁布实施的有 57部，待制定 33 部。而 2008 年开始实施的《就业促进法》、《劳动合同法》则是我国劳动就业法律体系建设取得重大进展的标志性法律。

　　社会保障体系的建设也取得了很大的进展。经过多年的努力，到 21 世纪初期，我国的社会保障得到了进一步完善。到 2000 年底，我国养老保险和失业保险的覆盖人数突破 1 亿大关，医疗保险覆盖人数达到 9400 万，形成了三大险种齐头并进、协调发展的新格局。"十五"期末，全国参加基本养老保险、基本医疗保险、失业保险、工伤保险、生育保险人数分别达到 1.75 亿人、1.38 亿人、1.06 亿人和 8478 万人、5408 万人，参加农村社会养老保险的人数达到 5442 万人。2005 年，社会保险基金收入 6968 亿元，支出 5401 亿元。在此期间，还将"建立健全同经济发展水平相适应的社会保障制度"写入《宪法》，国务院修订公布了《禁止使用童工规定》、制定公布了《工伤保险条例》和《劳动保障监察条例》，劳动保障部公布了《工伤认定办法》、《最低工资规定》、《集体合同规定》、《企业年金试行办法》等 16 个部门规章，各地出台 110 多部地方性劳动保障法规和规章，适应社会主义市场经济体制的劳动保障法律体系框架初步形成。

　　2006 年 10 月，党的十六届六中全会作出了《中共中央关于构建社会主义和谐社会若干重大问题的决定》（以下简称《决定》）。《决定》对社会保障的重视达到了空前的高度，提出到 2020 年要基本建立覆盖城乡居民的社会保障体系，标志着我国社会保障事业进入一个由城镇为主向城乡统筹、由城镇职工向城乡全体居民发展的新阶段。同时，劳动和社会保障部发布了《劳动和社会保障事业发展"十一五"规划纲要（2006—2010 年）》，提出了实现就业持续增长、劳动者素质不断提高、社会保障体系比较完善、劳动关系基本保持和谐稳定、劳动保障法制比较健全等五大发展目标。

　　至 2008 年，城镇职工基本养老保险、基本医疗保险参保人数分别增加 1753 万和 2028 万，失业、工伤、生育保险参保人数持续增加。城乡居民最低生活保障救助人数达到 6619 万人。参加新型农村合作医疗的人口 8.14 亿，参合率 91.5%。城镇居民基本医疗保险试点城市增加到 317 个，参保人数增加 7359 万，总计达到 1.17 亿。

　　2009 年，社会保障体系改革和建设步伐明显加快。《中共中央　国务院关于深化医药卫生体制改革的意见》和《医药卫生体制改革近期重点实施方案（2009—2011 年）》（以下简称《实施方案》）两份文件 4 月 6 日至 7 日相继公布。《实施方案》明确提出以下主要措施：一是用两年左右时间，将关闭破产企业退休人员和困难企业职工纳入城镇职工医保，确有困难的，经省级人民政府批准后，参加城镇居民医保。二是 2009 年全面推行城镇居民基本医疗保险制度，将在校大学生全部纳入城镇居民医保范围。三是积极推进城镇非公有制经济组织从业人员、灵活就业人员和农民工参加城镇职工医保。四是完善城乡医疗救助体系，资助城乡低保家庭成员、五保户参加城镇居民医保或新农合，逐步提高对经济困难家庭成员自负医疗费用的补助标准。

（三）应对金融危机的就业战略调整

2007 年美国次贷危机开始全面爆发，为了防患于未然，2008 年 2 月，国务院发布了《关于做好促进就业工作的通知》（国发〔2008〕5 号）（以下简称《通知》）。与现行政策相比，《通知》在对象、范围、内容、时效等方面，做了调整和充实，并将工作重点从着力解决下岗失业人员的再就业问题，拓展到统筹做好城乡各类群体的就业工作。

2008 年下半年，全球金融危机对我国的影响开始显现。这个时期的就业战略有以下几个特点：

1. 通过"保增长"来达到"保就业"的目的

面对金融危机的严峻挑战，2008 年下半年以来，国家出台了一系列扩大内需刺激经济发展的措施，在力保经济增长的同时，努力创造新的就业增长点，拉动就业岗位的增加。

2008 年 11 月，国务院提出实行积极的财政政策和适度宽松的货币政策，并确定了当前进一步扩大内需、促进经济增长的十项措施：加快建设保障性安居工程；提高城乡居民收入；提高明年粮食最低收购价格；提高低收入群体等社保对象待遇水平；增加城市和农村低保补助；继续提高企业退休人员基本养老金水平和优抚对象生活补助标准；在全国所有地区、所有行业全面实施增值税转型改革；鼓励企业技术改造；减轻企业负担 1200 亿元；加大金融对经济增长的支持力度，取消对商业银行的信贷规模限制。

针对不少企业出现经营困难，甚至破产倒闭，由此导致部分劳动者失去就业岗位的新情况，人力资源和社会保障部、财政部以及国家税务总局三部门联合出台了"五缓四减三补两协商"政策，通过落实缓缴五项社会保险费，降低四项社会保险费费率，实行社会保险补贴、岗位补贴、职业培训补贴，推行企业与工会或者职工双方平等协商等措施，减轻企业负担。此外，在扩张性的宏观调控政策下，政府通过提高部分商品的出口退税率、降低企业税率、增加中小企业信贷规模等为企业减负、刺激经济增长的举措，也为稳定现有就业岗位和扩大就业需求提供了保障。

2. 出台针对性政策重点解决大学生和农民工就业

针对金融危机导致的就业难问题，中央还专门出台了针对性的政策加以应对。这其中，大学生就业和农民工就业被摆到了就业工作的中心位置。

2008 年 12 月，国务院办公厅发出的《关于切实做好当前农民工工作的通知》，要求采取多种措施促进农民工就业、加强农民工技能培训和职业教育、大力支持农民工返乡创业和投身新农村建设、确保农民工工资按时足额发放、做好农民工社会保障和公共服务、切实保障返乡农民工土地承包权益。

2009 年 1 月，国务院召开常务会议，专题研究部署做好高校毕业生就业工作。同年 1 月 19 日，国务院办公厅下发了《关于加强普通高等学校毕业生就业工作的通知》，提出必须把高校毕业生就业摆在当前就业工作的首位，制定了鼓励毕业生到城乡基层就业等七个方面的重要措施。

2009 年 2 月，《国务院关于做好当前经济形势下就业工作的通知》（国发〔2009〕4 号）明确把就业工作摆在了更加突出的重要位置，努力确保就业形势基本稳定，提出着重做好企业职工稳定就业、高校毕业生就业、失业人员再就业、农民工流动就业和复转军人安置就业工作。在这一框架下，政府还出台了一系列有针对性的就业扶持政策和措施，包括旨在对就业困难群体加强培训的《实施特别职业培训计划》，以及解决高校毕业生和农民工就业难的专项举措等。

3. 加强对受金融危机冲击群体的社会保障建设

社会保障制度不仅是一国重要的社会制度之一，而且也是决定一国消费行为的重要因素。社会保障水平的高低将直接决定人们的消费行为。应对金融危机的冲击，政府大力发展医疗保险、完善住房保障，以免除城乡居民在医疗、住房消费支出上的后顾之忧。在 4 万亿经济刺激计划中，专门安排了一定资金投向社会保障建设方面。为了基本实现全民医保的目标，国家还安排 8500 亿元资金用于未来三年的医疗卫生体制改革。此外，从 2009 年 1 月

1 日起，我国提高了企业退休人员基本养老金的水平，这是自 2005 年以来连续第 5 年调整企业退休人员基本养老金水平；2009 年 1 月 9 日，为改善困难群众生活，拉动群众消费需求，中央财政紧急拨付城乡困难群众及优抚对象一次性生活补贴资金 90 余亿元，惠及全国城乡低保对象、农村五保对象、优抚对象等人员共 7400 多万人。

政府还通过临时性的社会保障政策调整降低社会保险缴费负担，降低成本，促进企业发展。《关于采取积极措施减轻企业负担稳定就业局势的通知》还要求，失业保险基金结余较多的统筹地区，可开展扩大失业保险基金使用范围试点，对采取在岗培训、轮班工作、协商薪酬等办法稳定员工队伍，并保证不裁员或少裁员的困难企业，使用失业保险基金支付社会保险补贴和岗位补贴。

（四）我国就业战略与积极就业政策的效果与评价

总的来说，我国的就业战略取得了较大的成绩。从实施积极就业政策到实施更为积极的就业政策，对缓解我国的就业压力、应对金融危机冲击下我国的就业难问题起到了非常积极的作用。这是我国继续保持较低的城镇失业率的制度和政策保证。

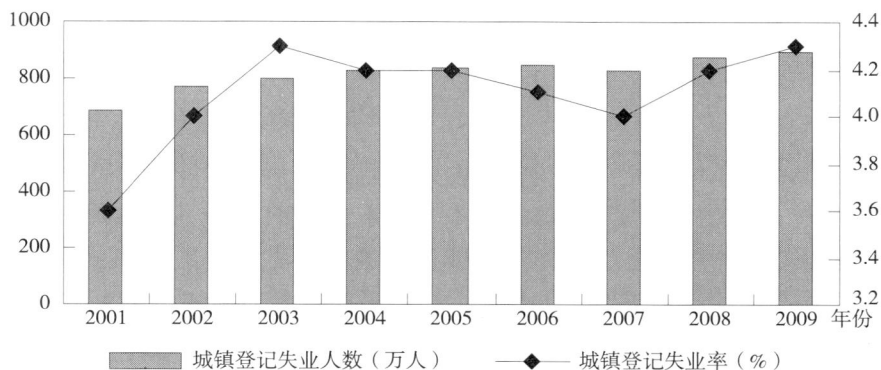

图 1.6　2001—2009 年城镇登记失业人数及登记失业率（年末数）

图 1.6 表明，从 2001 年以来，虽然我国的失业情况有所波动，但失业人数和失业率大致保持了比较平稳的状态，城镇登记失业人数大致在800 多万，而城镇登记失业率则始终保持在 4% 左右的水平，即使是在遭

受金融危机冲击明显的 2009 年，我国的城镇登记失业率也依然只有 4.3%。①

为了应对全球金融危机的冲击，我国在 2008 年底推出了规模高达 4 万亿元的经济刺激计划。但这 4 万亿投资究竟能带动多少就业，也是一个大家关注的问题。根据国家发改委社会发展研究所的测算，4 万亿投资能创造 5600 万左右的直接就业岗位，其中项目建成后的长期性就业岗位 560 万个左右，项目建设期间的阶段性就业岗位 5000 万左右。

不过，这种估计显然过于乐观。其中的原因，除了该研究所应用的统计数据缺陷和可能带来的就业减损效应外，还取决于经济刺激计划的执行和落实情况。从现在的执行情况看并不能令人乐观。根据中央检查组的检查，在第二批新增 1300 亿元的投资中，地方配套资金到位率仅为 30.7%，个别省份地方配套资金甚至不足 10%。特别应该注意的是，由于实体经济并未完全复苏，大量的信贷资金并没有进入实体经济，而是涌入房地产市场和股市逐利，其规模大概在 1 万亿元之多。如此之多的资金不到位和更改投向，无疑会对经济增长和就业扩大带来负面影响。

而且，就业战略与积极就业政策在实施过程中，还存在着不少的问题和争议。这突出表现在：

一是积极就业政策与宏观经济政策协调性有待加强。虽然积极就业政策针对劳动力市场本身提出了很好的建议，但与产业发展政策、区域发展政策以及劳动力市场的管理政策仍有诸多的不协调甚至矛盾。

二是积极就业政策的重点不突出。从西方国家的经验来看，重视以培训改善人力资源水准和职业服务体系、采取措施鼓励雇主扩大雇佣规模以及对劳动者进行创业激励是其积极就业政策的核心，虽然我国的就业政策也对上述措施有所提及，但在实施时却普遍存在缺乏重点、轻重不分的问题。

三是一些具体措施落实不力，缺乏可操作性。比如就业培训流于泛泛的书本知识讲解，与市场实际需要相差甚远；创业教育基础薄弱，创业环境与创业政策不健全；鼓励企业多雇人员的政策上行政思维明显，缺乏从市场自

---

① 当然，由于我国失业统计方法的严重缺陷，该指标毫无疑问大大低估了实际失业的情况。

身的角度考虑；不能正确处理发展民营经济、中小企业与维护国有经济的主导地位的关系，政策执行上存在着明显的偏差；等等。

四是积极就业政策的配套措施不全，影响了贯彻落实的效果。特别是在财政金融政策等配套政策方面，比如虽然政府有专门针对大学生创业项目的小额贷款，但大学生往往因手续复杂、担保困难而作罢。因此，随着经济形势的变化和就业形势的变化，如何进一步调整和完善积极就业政策及其配套措施，是提高政策实施效果的关键。

第三节　未来的就业形势与就业战略选择

一、未来的就业形势判断

（一）关于劳动力数量

从劳动力供求情况来看，我国的劳动力数量虽然增量逐渐减少，但总量依然十分庞大，因此就业紧张的压力并不会消除。未来十年，每年新成长的城镇劳动力约 1000 多万，失业人员约 1000 万，国有集体企业下岗职工 600 多万，城镇每年需要安置就业的人数大约为 2600 万人。

从需求情况来看，按照经济增长年均 8% 和现有经济增长对就业拉动的能力测算，城镇每年新增就业岗位数大约只有 800 万个，再加上自然减员腾出的岗位，城镇就业岗位也只有 1100 万个左右。如果再考虑到我国三次产业结构的进一步调整和优化，城镇就业岗位将平均每年提高到 1200 万个左右，供需缺口将保持在大约 1400 万人。相应地，城镇登记失业率将维持在 4%—5% 之间。

值得注意的是，从 2010—2020 年，我国的劳动力供给将会出现重大的转折。根据预测，从表 1.9 中可以看出：在 2015 年左右，我国 15—64 岁之间的劳动力人口年净增加额将会由正数转为负数，即减少 32 万人。到 2020 年，劳动力的年减少量将达到 177 万人。相应地，该年龄段的劳动人口占总人口的比重将从 2010 年以后逐年下降，由 71.59% 下降到 2015 年的 71.15%，到 2020 年将进一步下降到 69.49%。这标志着我国的"人口红利"将逐渐消失。

表 1. 9　2010—2020 年我国劳动力人口的增减趋势

年份	0—14 岁人口所占比重（%）	15—64 岁劳动力人口年净增加额（万人）	15—64 岁之间人口所占比重（%）	65 岁以上人口所占比重（%）
2010	19. 28	616	71. 59	9. 13
2011	19. 22	537	71. 61	9. 17
2012	19. 17	445	71. 62	9. 21
2013	19. 16	353	71. 61	9. 23
2014	19. 19	106	71. 57	9. 24
2015	19. 25	−32	71. 15	9. 60
2016	19. 16	179	70. 91	9. 93
2017	19. 11	−204	70. 47	10. 42
2018	18. 96	−13	70. 18	10. 86
2019	18. 78	−172	69. 83	11. 39
2020	18. 59	−177	69. 49	11. 92

资料来源：张翼：《中国未来劳动力人口的供给与需求》，见汝信、陆学艺、李培林主编：《2009 年中国社会形势分析与预测》，社会科学文献出版社 2008 年版。

不过，由于就业人口的基数庞大，即使保持现有的失业水平，失业总人数也会不断攀升。按照城镇登记失业率 4% 的静态最低水平预计，2009 年我国的城镇登记失业人数将超过 900 万人，2012 年将突破 1000 万人，2015 年将达到 1100 万人。因此，从人口规律来分析，目前至 2015 年前，无疑是我国就业压力最大的时期。

（二）关于劳动力质量

从质量上来看，我国劳动力的素质逐渐上升，但结构性知识失业问题依然严峻。劳动力的供给质量体现为劳动者的文化水平、技能水平和整体素质的高低，主要通过劳动者的受教育程度以及受教育年限指标体现出来。新中国成立特别是改革开放以来，中国政府通过多种途径，积极发展各类教育与培训事业，实行学历证书和职业资格证书并重的制度，全面提高劳动者的就业能力、创业能力和适应职业变化的能力，使我国的劳动力供给质量有了很大提高。

第六次全国人口普查数据显示，在全部人口中，具有大学（指大专以上）文化程度的人口为 119636790 人；具有高中（含中专）文化程度的人口为 187985979 人；具有初中文化程度的人口为 519656445 人；具有小学文化程度的人口为 358764003 人（以上各种受教育程度的人包括各类学校的毕业生、肄业生和在校生）。同 2000 年第五次全国人口普查相比，每 10 万人中具有大学文化程度的由 3611 人上升为 8930 人；具有高中文化程度的由 11146 人上升为 14032 人；具有初中文化程度的由 33961 人上升为 38788 人；具有小学文化程度的由 35701 人下降为 26779 人。据预测，到 2020 年，从业人员中具有高中及以上文化程度的比例，将进一步提高到 50% 左右；大专及以上文化程度所占比例将提高到 20% 以上。大专及以上文化程度的从业人数总量增加到 1.4 亿人，届时将大大超过美国高等教育文化程度人才的总量规模，跃居世界首位。[①] 但由于我国产业结构和劳动力市场的制度性缺陷短时间难以消失，大学生的就业难问题仍将继续存在。

从大学生的毕业数量来看，由于扩招的步伐仍在继续，未来大学生毕业的人数总量也在不断增加。2009 年，我国大学毕业生的总量首次突破了 600 万人，达到 611 万。到 2015 年，大学毕业生的数量将保持在 700 万人以上。如果按照目前的大学生就业率来测算，则大学生的失业总数将会日益庞大，就业压力更为沉重。

表 1.10　2010—2015 年大学生毕业数量及初次就业率预测

年份	大学生毕业数量	初次失业率及失业人数预测值		
		高（35%）	中（30%）	低（25%）
2010	652（万人）	228.2（万人）	195.6（万人）	163（万人）
2011	660（万人）	231（万人）	198（万人）	165（万人）
2015	>700（万人）	>245（万人）	>210（万人）	>175（万人）

注：初次失业率（%）＝1-初次就业率（%）。

从表 1.10 来看，按照高初次失业率来测算，在 2010 年至 2015 年期间，我国大学生的失业人数每年都将超过 200 万人，即使按照低初次失业率来测算，大学生失业数量也将接近 200 万人的规模。这就表明在未来的一段时

---

① 　胡瑞文：《迈向全面小康：2020 中国教育展望》，《人才开发》2006 年第 4 期。

间，我国大学生就业难的问题依然十分严重。

（三）关于劳动力结构

从城乡结构上来看，我国劳动力的城乡结构更为合理，但流动人口就业问题将长期存在。

2010年，我国的城市化率接近50%，按照平均每年提高大约1%的速度，预计到2015年将提高到50%左右，到2020年为55%左右。这样的水平离中等发达国家平均70%左右的城市化率仍有较大的差距。这也意味着随着现代化和城市化水平的进一步提高，每年仍有数量超过1000万的农村剩余劳动力需要往城镇转移。不仅如此，户籍制度改革的缓慢和我国社会保障能力的限制，也将在一定程度上延长我国农村劳动力转移的进程。所以，在未来的一段时期，如何做好流动人口的就业工作，仍是就业工作一个很大的挑战。

从就业的产业结构来看，我国劳动力在三次产业结构中的分布更为合理，但产业结构调整的步伐依然滞后于劳动力市场的变化速度。

随着我国在本世纪初人均GDP首次突破1000美元，这标志着我国经济社会开始步入"小康"水平。经验表明，小康社会阶段的消费结构将会向发展型、享受型升级，汽车、电脑、高档电器迅速进入家庭，人们对改善住房条件的需求、旅游需求、医疗养老需求，以及文化生活的需求都会明显增强，由此推动产业结构的升级和服务业的加速发展。由此我国的就业结构也相应地发生了改变。

从图1.7可以看出，从总量上来说，我国三次产业就业存量的顺序依次为一、三、二，第二、第三产业就业存量比重呈逐年上升趋势，第一产业就业存量比重则呈逐年下降趋势。各产业就业增量在不同年份的顺序有所不同，但从2004年起，第一产业就业增量持续为负，即就业存量持续减少；第二产业就业增量在1998年后连续出现了多年的负增长，从2003年开始就业增量逐年加快，而且在2005—2007年连续三年保持了就业增量第一的位置；第三产业就业增量始终保持正增长，在1997年以来的多数年份保持就业增量第一的位置，从2005年开始就业增量出现下降趋势，由就业增量第一变为第二。2005—2007年，我国就业增量从高到低排列顺序依次为二、三、一。2007年，我国第一、第二、第三产业就业人员分别为31444万、

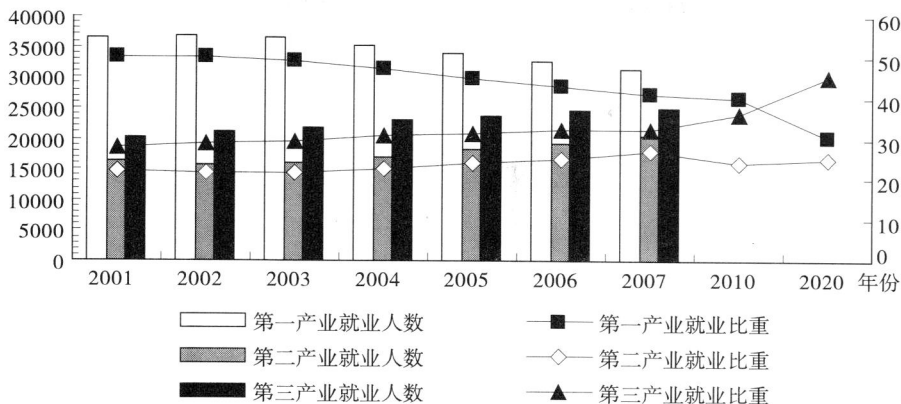

图 1.7　就业人员在三次产业结构中的分布

资料来源：根据《中国劳动统计年鉴》绘制，其中 2010 年和 2020 年的数据为估计值。

20629 万和 24917 万人，所占比重分别为 40.8%、26.8% 和 32.4%，当年新增就业人数分别为 -1117 万、1404 万和 303 万人，第二产业成为吸纳新增就业的最重要产业。第二产业的就业人数增长之所以会呈现加速的情况，无疑跟我国的制造业特别是出口加工制造业的迅猛发展有直接关系。这其中，制造业吸纳了大量的农民工，已经成为农民工就业的主渠道。

　　根据预测，到"十一五"期末，三次产业的就业比重将为 40：24：36，到 2020 年三次产业的就业比重将进一步变化为 30：25：45。[①] 但是，这种产业结构调整的速度要慢于劳动力市场变化的速度，也和国外发达国家的平均水平有不少差距。事实上，中国的就业问题在结构方面的困境要比总量方面的困境更应该引起有关部门的关注。

（四）关于劳动力成本

　　从劳动力成本上来看，我国劳动力的成本将持续上升，廉价劳动力时代正逐渐消失。一方面，劳动力的显性工资上涨已成为一种趋势和惯性，另一方面，随着社会保障体制的推进，劳动者的隐性收入也将大幅上升，企业的用工成本必然随之而提高，这又对企业的用工需求形成抑制。如何处理好劳

---

　　① 莫荣：《未来 20 年我国就业结构将发生重大变化》，见 http：//news.xinhuanet.com/fortune/2005-03/30/content_ 2764637. htm。

动成本上升与扩大就业之间的关系，将是未来就业政策必须着重考虑的关键。

二、实施扩大就业战略的选择

我国实施扩大就业战略的原则与目标可以概括为"实施一项战略，做好两项统筹，实现三大目标"，具体来说，包括以下内容：

（一）实施就业优先的发展战略

就业是民生之本，保障全体劳动者就业权益也是科学发展观的核心内容之一。要始终把就业工作放在各项工作的首要位置考虑，并将就业再就业这件关系国计民生的大事纳入经济社会发展规划，纳入干部政绩考核体系，进一步强化落实就业目标责任制。"十二五"规划纲要明确指出：要实施就业优先战略，坚持把促进就业放在经济社会发展的优先位置，健全劳动者自主择业、市场调节就业、政府促进就业相结合的机制，创造平等就业机会，提高就业质量，努力实现充分就业。其主要内容包括：实施更加积极的就业政策、加强公共就业服务、构建和谐劳动关系等。

具体来说，实施就业优先的发展战略必须做好以下几项工作：

第一，将扩大就业作为政府的首要任务，强化政府促进就业的责任。在我国，虽然就业是民生之本，但大多数地方政府并未将扩大就业作为其首要的任务。如果政府不能最大限度地保证居民充分就业，不仅会影响国民福祉，也将延误中国经济结构从投资向消费的转型。因此，可以考虑实行经济增长、就业增长、工资增长相兼容的经济发展模式，使国民经济进入经济增长带动就业增长—就业增长推动工资增长—工资增长带动消费增长—消费增长拉动经济增长的良性循环中。严格按照《就业促进法》对政府的要求，加强政府在发展经济和调整产业结构增加就业岗位、制定实施积极的就业政策、规范人力资源市场、完善就业服务、加强职业教育和培训、提供就业援助等方面的职责。同时，建立和完善政府促进就业的目标责任制，对各级政府部门进行考核和监督。

第二，坚持实施以经济增长带动就业的基本战略。经济增长是带动就业增长的基本动力，测算结果表明，目前我国的 GDP 每增长 1 个百分点，大体能带动 80 万—100 万人的就业。因此，要将"保增长"与"保就业"有机协调起来，努力实现经济平稳增长与就业稳步扩大的双重目标。优化拉动经济增长的消费、投资、出口三大动力的结构，转变经济增长方式，逐步由投资、出口拉动型经济转变为消费拉动型经济。同时，注重调整投资的产业结构、所有制结构等，将投资带动就业的效果纳入评价投资效益的指标体系之中。

第三，坚持从劳动力比较优势的基本国情出发。鉴于中国劳动力的存量巨大，在未来的很长一段时期内，劳动力丰富并且相对便宜的情况不会发生改变。要正确处理产业升级、技术改造与扩大就业之间的关系。在引进技术方面，切忌片面地追求"高精尖"技术，要从中国经济发展的基本需求出发，以引进和采用适用技术为主。必须从中国现在乃至未来长期都存在的比较优势出发，制定与之相适应的产业发展规划。

第四，改善投资结构，注重轻重工业和三次产业之间的结构调整和优化。要避免国民经济的进一步重型化对轻工业和第三产业形成更大的挤压。以科学发展观为指导，下决心压缩"高污染、高消耗"的重化工业生产规模，将投资更多地用在此类企业的技术改造、节能减排方面。同时，注重发展与重化工业有关的现代金融、信息服务、后勤保障等第三产业，提高重化工业产业链的就业吸纳能力。

（二）做好"城乡统筹就业"和"地区统筹就业"

改变劳动力市场不平衡发展的局面，实施城乡统筹就业和地区统筹就业。城乡统筹就业是消除城乡劳动力市场分割的重要举措。根据 2006 年《国务院关于解决农民工问题的若干意见》中逐步实行城乡平等的就业制度的精神，我国开始了城乡统筹就业的试点工作。当年 7 月底，下发了《关于印发统筹城乡就业试点工作指导意见的通知》（劳社部发［2006］27 号），明确了试点任务：建立健全管理城乡就业的组织体系，统筹规划和管理城乡就业工作；建立覆盖城乡的职业培训体系，为城乡劳动者提升职业技能提供有效服务；建立覆盖城乡的公共就业服务体系，为城乡劳动者就业、再就业、转移就业提供有效服务；健全劳动用工管理制度，切实维护城乡劳动者权益；完善社会保障制度，妥善解决农村劳动者的社会保障问题。

推进城乡统筹就业必须抓住主要矛盾，从户籍制度改革入手，尽快在全国范围内建立起覆盖城乡的就业、失业登记制度和城乡统一的劳动力市场，引导劳动力在城乡之间合理有序流动。统筹管理城乡劳动力资源和就业工作，健全城乡就业管理服务平台和网络，建立城乡劳动力就业的公平竞争、同工同酬、同等待遇制度，实现城乡劳动者平等就业。

地区统筹就业是根据我国各地区经济发展水平与产业结构的特点，合理配置劳动力资源的一种就业战略。其目的在于解决劳动力配置地区失衡的现状。其作用在于能有效减少劳动力的跨区流动，同时又能缓解大学生就业集中于少数发达大城市的困境，从而缓解少数中心城市特别是东部发达城市的就业压力，提高劳动力配置的效率。

从目前的情况来看，我国的劳动力流动表现为数量上和质量上的地区失衡，呈现出典型的"东高西低"的不均衡分配。根据国家统计局 2009 年的调查，在外出务工的 14041 万农民工中，按输出地分，来自中部、西部和东部地区外出农民工数量比例分别为 37.6%、32.7%、29.7%。按输入地分，东部地区吸纳外出农民工占外出农民工总数的 71%，中部占 13.2%，西部占 15.4%。在本地就业的 8510 万农民工主要集中在东部地区，占 62.1%，中部地区占 22.8%，西部地区占 15.1%。这说明东部发达地区是农村劳动力流入的主要目的地。

从劳动力素质地区分布来看，则呈现出巨大的落差。最高的北京每百名劳动者中拥有大学及以上（大学专科、大学本科、研究生）学历的高达 35.71 人，几乎是贵州、甘肃、云南、四川、安徽等中西部地区的 10 倍。令人担忧的是，即使是广东、浙江、福建、江苏等制造业发达的地区，劳动力素质也依然相对偏低。这是制约我国成为"制造业强国"的重要原因。

区域统筹就业可以配合主体功能区的规划与建设，形成若干个"区域就业中心"。根据《国务院关于编制全国主体功能区规划的意见》（国发 [2007] 21 号）的要求，"就是要根据不同区域的资源环境承载能力、现有开发密度和发展潜力，统筹谋划未来人口分布、经济布局、国土利用和城镇化格局，将国土空间划分为优化开发、重点开发、限制开发和禁止开发四类，确定主体功能定位，明确开发方向，控制开发强度，规范开发秩序，完善开发政策，逐步形成人口、经济、资源环境相协调的空间开发格局"。"为农村人口进入城市提供必要的空间"。在"十一五"规划纲要中，又提出了在优先开发区域"要改变依靠大量占用土地、大量消耗资源和大量排

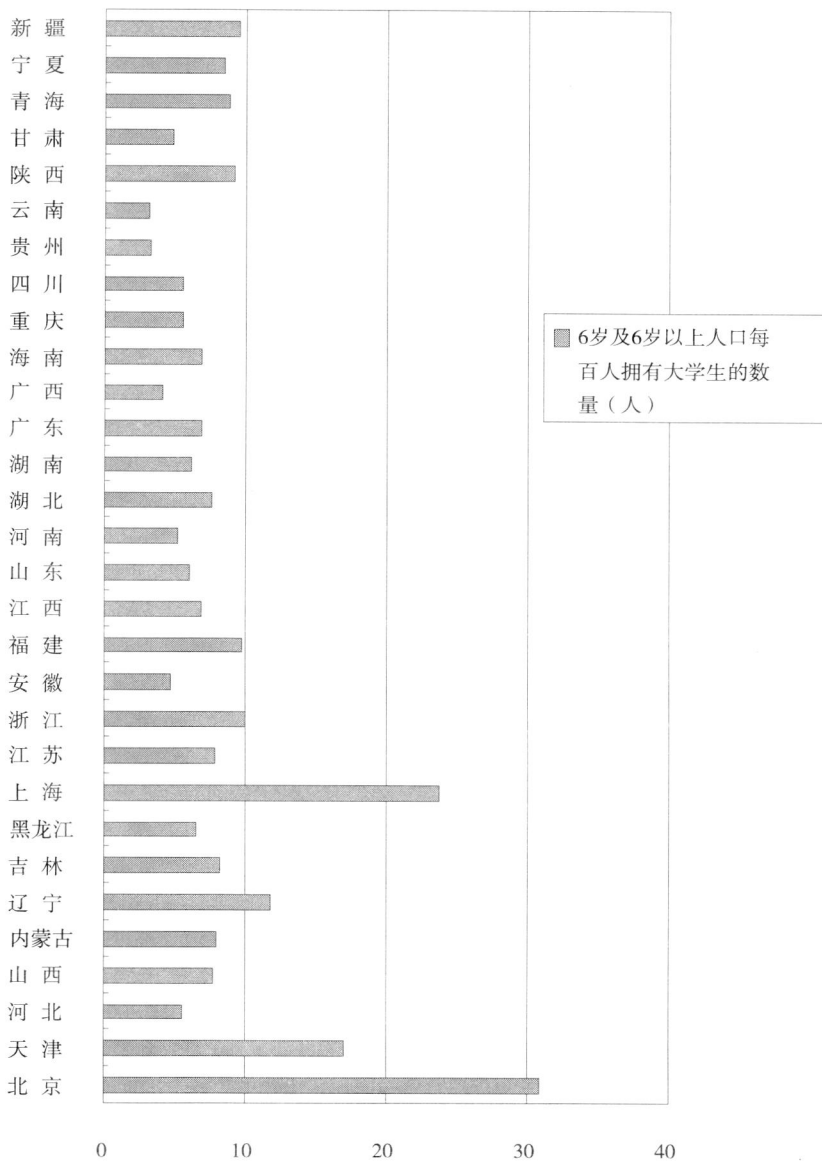

图 1.8 分地区 6 岁及 6 岁以上人口大学生构成状况

资料来源：根据《2009 中国劳动统计年鉴》绘制。

放污染实现经济较快增长的模式，把提高增长质量和效益放在首位，提升参与全球分工与竞争的层次，继续成为带动全国经济社会发展的龙头和我国参与经济全球化的主体区域。"因此，在主体功能区域可以考虑大力发展技术密集型产业和服务业，大量吸引大学生群体就业。在重点开发区域"承接优化开发区域的产业转移，承接限制开发区域和禁止开发区域的人口转移，逐步成为支撑全国经济发展和人口集聚的重要载体"。

（三）实现"规模扩大、结构优化、质量提高"三大目标

评价一个社会的就业状况，有三个标准：一是充分就业，二是结构合理，三是质量提高。这就要求我们从传统的仅仅强调就业数量增加的单一型就业目标，向强调就业数量和就业质量相结合的复合型就业目标转变。

就业规模扩大是实现充分就业的前提条件。在中国现阶段，不断扩大就业规模，不仅意味着城镇职工的就业人数增加、失业现象减少，还意味着能够吸纳越来越多的农村转移劳动力进城就业。具体来说，就业规模扩大与社会充分就业的目标至少包括以下几项内容：一是劳动力资源得到更加充分的开发和利用。就业岗位与有效劳动力资源大体平衡，绝大部分劳动者可以顺利实现就业。二是就业渠道通畅，劳动者自主择业、自由流动、自主创业的环境良好。三是有就业能力和就业愿望的劳动者都能享有平等的就业机会，社会失业率和平均失业周期控制在社会能承受的范围内。

就业结构合理要求产业结构的变化必须适应就业结构的变化，具体来说，就是第一产业的就业人数逐步减少，第二产业的就业人数稳中有降，第三产业的就业人数不断增加；从城乡结构看，就是城镇就业人数不断增加，农村就业人数不断减少。

注重扩大就业规模和提高就业质量"两手抓"。随着经济社会的不断发展，在不断扩大就业规模的同时，必须在提高就业质量方面下大力气。扩大就业、增加劳动就业岗位，不仅仅是只为劳动者找到一份工作，还必须使劳动者职业岗位相对稳定、劳动环境舒适安全、就业保障完善。尽快消除一部分劳动者就业不稳定、工资低下、工作生活环境脏乱差且不安全、缺乏社会保障或者保障不完全的境况。因此，提高就业质量就要求努力提高劳动者就业的稳定性、重视就业环境的改善，做好就业保障工作。同时注重完善劳动就业的法律法规，促进就业公平，强化企业的社会责任，夯实构建和谐劳动

关系的基础。

就业公平是就业质量提高的重要内容。现阶段劳动就业的不平等现象日益突出，不仅制约了经济的健康发展，也严重影响了社会稳定。实现公平就业的途径包括加大户籍制度改革力度，彻底消除城乡分割的制度根源；实行就业扶助与法律援助，保护弱势群体的合法权益；提高劳动者自身素质及企业家的社会道义感等。在扩大就业的同时更加注重就业公平。消除劳动力市场的就业不公平现象，不仅需要完善公平就业的各项法律法规，还需要相应的组织保障。可以考虑设立反就业歧视的专门机构，如"就业公平委员会"，具体承担对就业歧视作出认定，对就业歧视申诉案件进行调查、协商、调解，研究公平就业政策并提出建议，提供有关就业歧视的咨询服务等职责，并可为受害人准备起诉书，代表参加诉讼等。

（四）实施扩大就业战略的具体措施

从中国目前的经济发展与就业形势以及未来的发展趋势出发，在充分借鉴国际经验的同时，我国扩大就业战略的选择应该采取以下措施：

1. 大力发展非公经济和中小企业

非公经济和中小企业是吸纳就业的重要渠道，解决就业问题离不开非公经济的蓬勃发展和中小企业的不断涌现。要改变过去解决就业片面依靠国有、大型企业的做法，真正强化非公经济和中小企业就业"主渠道"的地位和功能。要将各项非公经济与中小企业发展的鼓励扶持政策的真正落实作为一项重要工作来抓。发展非公经济和中小企业，还必须进一步完善市场竞争体系，消除市场垄断现象，为非公经济和中小企业的发展拓展更大的空间，最大限度地发挥它们吸纳就业的潜能。

2. 加大对劳动者的人力资本投资

人力资本投资是提升劳动者就业能力的关键。辩证看待当前大学扩招引发的大学生就业难问题，国外的经验证明，印度和美国虽然在20世纪六七十年代都遭遇过大学生就业难和过度教育等问题，但最后都成功地将这种暂时的人才压力转化成了产业创新的动力，这是在网络经济时期印度成为软件强国、美国成为互联网经济领头羊的重要原因。因此，注重人才储备、强化创业和创新意识，加大财政金融政策的扶持力度，有利于加快我国创新型国家的建设，也能有效推动我国由人口大国向人力资源强国的转变。

3. 加快统一劳动力市场建设

建立统一的劳动力市场，必须尽快消除劳动力市场分割的现象。我国劳动力市场的分割不仅表现为城乡劳动力市场的分割，还表现为城市内部劳动力市场的分割。其背后的制度性根源就在于城乡分割和地区分割的户籍制度。户籍制度的改革要把依附在户籍制度之上的福利保障剥离，还原户籍制度人口登记的基本功能。同时发挥公共财政的"普惠性"特点，使全体劳动者在公开、公平、公正的劳动力市场中竞争，实现劳动力配置的最优效率。

4. 进一步完善公共就业服务体系，提高公共就业服务质量和效率

加强公共就业服务机构建设，充分发挥各级各类劳动保障机构在促进就业方面的作用，健全就业服务内容，规范就业服务程序，努力为劳动者提供技能培训、就业指导、职业介绍、保障代理、法律咨询等综合系列、便捷高效、"一站式"的服务，不断提高就业服务制度化、专业化、社会化水平。规范和鼓励民间就业服务机构，实行政府民间在扩大就业之间的有效对接。在积极推进民间非营利性就业服务机构建设的同时，还要尽快建立起政府与民间各类就业服务机构的合作机制，以充分发挥民间就业服务机构的补充作用。

5. 建立和完善失业预警机制

为应对突发事件对就业产生的冲击，各国政府均采取了一些类似的做法，包括运用财政资金、税收减免、信贷扩张、社会保险费减免等手段扶持企业，以稳定就业，对受到影响的劳动者提供工资补贴、失业援助津贴、培训补贴、专门的就业服务、减免自营人员的税费和开办公共工程创造公益性岗位等帮助。早在2002年9月《中共中央关于进一步做好下岗失业人员再就业工作的通知》（中发［2002］12号）就指出："建立失业预警机制，在下岗失业总量接近或超过警戒线时，各级政府要及时采取措施缓解矛盾。"因此，应当把这次金融危机对就业的冲击及其延伸的影响，也看作是我国就业领域的突发事件和失业的紧急状况，抓紧建立失业预警机制，提高就业管理的应急调控能力。

6. 大力推进以创业带动就业的"就业倍增"计划

实践证明，越是经济困难、就业形势严峻的时期，实施促进以创业带动

就业的发展战略就显得格外迫切。创业型就业的最大特点，就是突破了传统的"一人一岗"的就业模式，形成"一人带动一群岗位"的就业模式。创业行为之所以能够在带动就业方面起到巨大作用，主要原因是创业企业大多数设立门槛低、创设成本小，而且具有普适性，适合各类群体的劳动者。在当前就业形势日益严峻的时期，对政府而言，大力鼓励劳动者自主创业，既是一项成本较低的就业措施，又能够起到"事半功倍"的效果。促进创业带动就业的发展战略选择包括组织协调机制的建立、完善的市场竞争环境、差异性的政策扶持政策体系和有针对性的创业教育培训机制。加强对创业的组织领导和机构建设，建议成立"创业促进局"，负责对劳动者创业的咨询服务、组织培训和政策指导。

7. 加快产业结构的调整

产业结构的变化速度慢于劳动力结构的转变，结构性失业是当前我国就业领域内的主要特点之一。要变挑战为机遇，在金融危机冲击下加快产业结构调整的步伐，尽快实现产业结构的调整和升级。利用财税政策，推动产业结构的地区转移，以此来改善劳动力区域分布的合理性，减少劳动力流动和工作搜寻的成本。

8. 建立和完善面向特殊困难群体的就业援助和就业促进体系

要把就业再就业扶持政策覆盖包括广大农民工在内的城乡所有失业人员。如进城务工、自谋职业中的就业困难人员，经个人申请，开展调查确认，实施就业援助。特别是对零就业家庭要进行实名制，建立长效管理机制，确保动态消除零就业家庭。高度重视残疾人就业问题，残疾人就业不能市场化，政府应负担起促进残疾人就业的主要责任，财政应加大对残疾人就业的扶持力度。失地农民是另一个需要引起高度重视的就业群体。目前，全国失地农民总数估计在4000万—5000万人左右，每年还要新增200多万人。解决失地农民的就业问题，除了加强对他们的就业培训、外出务工指导外，还应该在鼓励自主创业、完善留地安置等方面给予财税金融方面的优惠和扶持。

9. 大力开发社区工作岗位，充分发挥社区在解决就业问题中的作用

社区组织联系千家万户，了解社情民意，是开展就业工作的重要基础。据初步测算，我国的社区服务岗位至少还有数千万个需要补充人员，就业安

置的能力十分强大。① 要充分发挥社区在促进劳动就业中的重要作用，还必须进一步加强社区组织建设、制度建设和基础设施建设。各地街道、社区应尽快在原有基层就业管理站等组织形式的基础上，设立相应工作机构，配备专门人员，完善工作制度，妥善解决资金来源，加强基础设施建设，形成一个能够覆盖整个城镇社区的服务网络和工作平台，并在最短时间内将责任落实到人，以确保其承担起包括就业服务在内的社区社会保障任务。

---

① 比如根据民政部的测算，随着老龄化社会的到来，未来我国养老护理员的缺口就有 1000 万人之多；社工人员需求 300 万人，但每年高校培养的社工专业的人才仅 1 万人。

第　二　章
经济发展方式转变与扩大就业

如何协调经济增长和就业增长之间的关系，以期实现二者的良性互动，是各国政府无法回避的重大问题之一。本章基于对相关研究成果的梳理，以及对多个国家经济增长和就业的相互影响过程的回顾，认为经济增长是扩大就业的必要但不充分条件，经济增长并不必然或自动地促进就业增长。经济增长是就业扩大的前提，但 20 世纪 90 年代以来我国经济增长、投资增长与扩大就业之间的联系被大大削弱了。经济高增长、资本高投入并不一定必然带来较高的就业增长，也不会自动转化为就业机会的扩大。经济高增长、资本高投入能否带来就业增长和扩大就业机会，不仅仅依赖于经济增长率，还取决于采用何种增长模式。

第一节　经济增长与扩大就业的关系

经济增长和充分就业是一个国家宏观经济政策的主要目标。长期以来，经济增长和充分就业在各国政府宏观经济政策体系中占据着相当重要的地位，而如何协调经济增长和就业增长之间的关系，以期实现二者的良性互动，也构成了各国政府无法回避的重大问题之一。目前，我国正处于经济转型时期，随着经济结构和产业结构的调整，就业与经济增长的矛盾日益突出，探讨如何保证经济持续、快速发展又能够缓解就业压力具有很强的现实意义。

联合国计划开发署的《人类发展报告》指出："就业机会的扩展依赖于经济增长。但是如果不实施某些辅助政策，经济增长是不会主动转化为就业机会的扩大的。"因此，要解决就业问题，不仅要强调经济的快速发展，还要选择有利于扩大就业的经济增长方式。

正是由于这个命题的重大现实意义，学者们进行了大量的研究，并由此形成了卷帙浩繁的理论成果。本书将首先对这些成果进行系统梳理和评述，回顾其他国家在第二次世界大战后经济增长和就业的相互影响过程，以及学者就我国经济增长和就业关系提出的各种观点，提炼出经济增长和扩大就业的关系，以利于展开更具针对性的后续研究。

一、经济增长与就业关系的理论分析

西方经济学对就业问题的研究由来已久，但是就业作为一个重大的理论问题而受到西方经济学界的高度重视，则始于 20 世纪 30 年代经济大危机时期。20 世纪的又一次经济危机（20 世纪 70 年代）使得学者对于经济增长与就业关系的研究也日益深入，至今逐渐形成了比较系统的理论，这些理论对于我们认识和解决目前的失业问题具有一定的借鉴意义。

（一）20 世纪 70 年代前

新古典经济学。自亚当·斯密开始，学者们就对经济中的失业现象进行了广泛研究，但无论是马歇尔还是庇古，作为新古典经济学的代表人物，均认为自由竞争的市场机制会通过工资水平的自发调整而自动地促使劳动供给和需求实现平衡，因此，在 20 世纪 30 年代以前的一个多世纪里，西方经济理论把失业当作局部的或暂时的现象，认为失业问题并不构成经济生活中的常态。

凯恩斯理论。1929—1933 年，资本主义世界爆发了严重的经济危机，这次经济危机影响之大、范围之广、破坏力之强都是空前的。它导致股市暴跌、企业大批破产、银行纷纷倒闭、失业人员激增。凯恩斯经济学理论把失业作为核心问题进行研究，把实现充分就业作为实现经济政策的主要目标。凯恩斯在接受了新古典学派摩擦性失业和自愿性失业观点的同时，对该学派关于"供给会自创需求"的"萨伊定律"进行了全面批判，提出了基于"有效需求不足"而引发的失业理论，实际上是通过扩大需求来推动经济增长，作为扩大就业的主要途径。凯恩斯经济理论的主要结论是经济中不存在向完全就业方向发展的强大的自动机制，只有政府干预才能消除生产过剩和失业。

哈罗德—多马模型。"哈罗德—多马经济增长模型"出现于 1929—1933 年大危机之后不久，哈罗德和多马将凯恩斯的分析长期化和动态化，他们从凯恩斯的储蓄等于投资出发，提出了现代经济学的第一个经济增长模型，该模型说明，经济增长率取决于储蓄率（或投资率）。要实现充分就业，就必须使投资保持某种程度的增长，从而推动经济的相应增长。哈罗德—多马模型揭示了经济增长与就业之间的密切关系以及投资在经济增长中的决定作用，同时还提出了经济增长要适度的问题，只有适度的经济增长率，才能既实现充分就业，又防止通货膨胀，使经济持续、稳定地增长下去。

菲利普斯曲线。菲利普斯曲线显示了失业率与经济增长率之间此消彼长的变动关系。反之，它也显示了经济增长与就业变动之间的同向变动关系。1958 年，菲利普斯根据英国 1867—1957 年间失业率和货币工资变动率的经验统计资料，提出了一条用以表示失业率和货币工资变动率之间交替关系的曲线。这条曲线表明：当失业率较低时，货币工资增长率较高；反之，当失业率较高时，货币工资增长率较低，甚至是负数。

奥肯定律。1962 年，美国经济学家阿瑟·奥肯在对美国经济所进行的实证分析的基础上，提出经济增长与失业之间内在变动关系的经验规则，这一规则被学者们称为"奥肯定律"。奥肯定律表明，失业率与实际 GNP 增长率之间呈反向变动关系：经济增长率提高，则失业率将下降；经济增长率降低，则失业率将提高。奥肯认为：经济增长是解决失业问题的根本出路，只有经济增长了，就业才有可能增长，经济增长与就业增长之间存在互动机制。截至目前，尽管世界各国经济增长率和失业率之间的变动特点各有区别，但经济增长与就业同方向变动、与失业反向变动的数据关系，已经被广泛证实。正因如此，奥肯定律已经得到了学者们的普遍认同。

（二）20 世纪 70 年代后

通常认为，高通货膨胀率和高失业率是不可能并存的。因为，通常情况下，通货膨胀可以使得就业率上升。但是，20 世纪 70 年代的一次经济危机中，西方国家出现"高通货膨胀率和高失业率并存"这个事实，而使得该理论观点被否认。

货币主义学派。凯恩斯学派的需求管理思想曾经一度盛行于西方世界，其就业促进方案也自然得到了广泛应用。不过，面对 20 世纪 70 年代各主要资本主义国家中所出现的"滞胀"局面，凯恩斯学派却显得束手无策。正是在这种背景下，以弗里德曼为代表的货币主义学派逐渐崛起。该学派认为，"滞胀"困境的出现与政府盲目推行赤字财政政策关系密切，"自然失业率"其实是无法避免的，盲目追求凯恩斯所提倡的充分就业目标，只能导致高通货膨胀和高失业率并存的局面。真正有效的就业促进方案，就应该是通过采取"单一规则"的货币政策，即政府需要根据本国经济发展的具体情况，实行"有计划的不变的货币供给量的增长"的货币政策，来保证经济增长的稳定性，并以此带动就业需求的上升。

新凯恩斯主义学派。在经过西方经济的"停滞膨胀"局面的现实挑战后，为了维护凯恩斯学派经济理论的领导地位，以劳伦斯·萨默斯、格雷戈里·曼丘、约瑟夫·斯蒂格利茨、奥利维尔·布兰查德、戴维·罗默等学者为核心的新凯恩斯主义学派在 20 世纪 80 年代后开始崛起，其就业理论观点逐渐得到了学术界的认同。新凯恩斯主义表明，在现实经济运行过程中，工资本身难以在劳动需求变动的情况下自由波动，存在着只能上升、不能下降的"黏性"。因此，在有效需求不足的情况下，政府其实并不能通过降低工资的政策或措施来有效提高劳动需求量，需求管理政策的必要性就是不容置疑的。

西方经济学关于增长与就业的理论也是在西方国家失业这个困扰各国社会经济的突出问题在长期治理实践中产生和发展起来的，该理论关于经济增长在扩大就业中起着决定性作用的论述，揭示了增长与就业之间的内在联系，已为各国就业发展史所证实。该理论对于促进增长和就业政策的研究也有不少可取之处，例如凯恩斯提出通过扩张性财政与货币政策来扩大需求，实现经济增长和充分就业；新古典模型重视劳动密集型生产方式实现扩大就业等。这些无疑增强了失业理论对于现实经济活动的解释分析能力，对于探索和发现不同经济制度下就业变动的共性规律具有明显的理论参考价值。

不过，由于上述各个流派的失业理论均是以成熟市场经济为背景的，在这样的背景下，劳动的供给和需求变动显然会与我国现阶段的劳动供给和需求以及二者的变动机制存在较大差异，因此在分析我国就业变动问题时，就只能采取审慎的态度来认识和应用上述失业理论及其相关的政策建议。

二、经济增长与就业关系的国际考察

从世界就业发展史可以看出，持续的经济增长创造出新的劳动力需求，在消化不断增加的劳动力供给和扩大就业方面起了决定性作用。一般来说，经济增长率与失业率大体上呈反方向变动：在经济增长较快时期，失业率呈下降趋势；在经济停滞或衰退时期，失业率则呈上升趋势。当然，不同国家失业特点、经济增长及其对就业的影响不尽相同，下面我们对第二次世界大战后发达市场经济国家、发展中国家、经济转轨国家经济增长与就业的关系分别进行考察。

（一）第二次世界大战后西方发达国家经济波动与就业变化

第二次世界大战后西方发达国家的经济发展经历了三个时期：经济高速增长时期、经济滞胀时期、经济调整时期。各阶段经济增长与就业的关系呈现明显的特点。

第一个时期：经济高速增长与充分就业（1945—1973年）。

在第二次世界大战后特别是20世纪50年代初经济恢复之后，西方发达国家进入了一个经济高速增长的时期，这个时期一直持续到70年代初，被称作资本主义经济发展的"黄金时代"，其增长速度之高超过了以往任何历史时期。1950—1970年，主要资本主义国家的国民生产总值年均增长率为4.9%，超过了1913—1950年期间1.9%的年均增长率。西方几乎所有国家都加入经济增长的行列。第二次世界大战后西方发达国家经济的持续增长，主要是由于第二次世界大战后发生了第三次科技革命，以及资本主义生产关系在资本主义制度许可的范围内做了有利于生产力发展的调整。

在经济高速增长的拉动下，发达国家基本上实现了充分就业，有的国家甚至出现了劳动力短缺。根据有关统计资料，1945—1973年，美国失业率在2.9%—6.8%之间，平均值为4.8%；英国失业率在1.2%—3.8%之间，平均值为2.5%，都基本上实现了充分就业。1951—1973年日本的失业率在0.8%—1.6%之间，平均值为1.2%；1959—1973年，联邦德国的失业率在0.6%—2.4%之间，平均值为1.4%，都出现了一定程度的劳动力短缺。

第二个时期：经济滞胀与失业剧增（1974—1982年）。

由于凯恩斯主义政策的负作用和两次石油冲击等因素的影响，西方发达国家经济在 1974—1975 年经济危机之后，从高速增长转入低速增长或停滞，同时又伴随着严重的通货膨胀，这种"滞胀"现象一直持续到 20 世纪 80 年代。

1974—1982 年西方主要发达国家经济增长率在 0.5%—4.7% 之间，平均值为 2.1%，还不到高速增长时期的一半，处于经济增长的低速阶段。而同期通货膨胀率在 6.8%—13.2% 之间，平均值为 9.5%，远远超过经济高速增长时期的通货膨胀率。

在经济滞胀的影响下，发达国家的失业人数大增，失业率居高不下。1974—1982 年西方主要发达国家的失业率在 3.7%—7.8% 之间，平均值为 5.6%。各国的失业率均比经济高速增长时期有明显上升，其中美国失业率在 4.9%—9.7% 之间，平均值为 7.3%，上升 2.5 个百分点；日本失业率在 1.4%—2.4% 之间，平均值为 1.9%，上升 0.7 个百分点；联邦德国在 2.6%—7.7% 之间，平均值为 5.1%，上升 3.7 个百分点。

第三个时期：经济调整与失业率居高不下，出现结构性失业（1983 年以后）。

1982 年底，西方经济在摆脱第三次世界性经济危机后，开始出现回升。与此同时，西方国家不得不对经济进行调整和改革，主要是放弃凯恩斯主义的经济政策，重新发挥市场的基础性调节作用，但是在 20 世纪 80 年代仍然是低速增长。1980—1985 年发达国家国内生产总值增长率年均为 2.4%，1986 年为 2.7%，1987 年为 2.9%，1990 年为 2.8%。不过，严重困扰西方经济的通货膨胀得到了有效控制，1980 年经合组织国家的通货膨胀率为 12.9%，1988 年降至 3.9%。由于经济增长一直维持在低水平，20 世纪 80 年代发达国家的就业状况继续趋于恶化，危机年份的失业更是达到创纪录的水平。1982 年美国失业率为 9.7%，英国为 10.9%，意大利为 9.1%，法国为 8.2%，联邦德国为 0.75%。1987 年美国失业率缓慢降至 6.2%，而西欧国家却并未减少。1988 年，美国平均失业率为 5.4%，联邦德国为 6.1%，法国为 10%，英国为 6.7%，意大利为 11.3%。

进入 20 世纪 90 年代，失业率依然居高不下，结构性失业现象明显。据美国劳工部统计，1995 年上半年，美国失业人数已从 1990 年的 687 万增加到 767 万，但据联合国贸发会议专家估计，算上隐性失业的人数，美国失业人数至少有 1300 万。欧盟自从 1992 年以来，平均失业率一直在 9.6% 以上，至 1999 年上半年，失业率高达 11.4%，失业人数达到 1800 万。西方国家一方面是大规模失业，另一方面是高技术人员的需求增加，许多失业者不能适应高技术、高知识的岗位。西方国家能够大规模地吸纳就业人员的传统制造业，如冶金、服装、化工、机械、电子、汽车制造等，因竞争、环保、结构升级等原因而迅速外移或处于不景气状态，这些行业的就业仅占西方发达国家的 20%；而增长较快的知识密集型产业，如高新技术产业等，因需要的是知识性和技能性专业人才，使一般劳动者难以胜任。

（二）第二次世界大战后东亚经济增长与就业扩大

第二次世界大战后初期，东亚发展中国家和地区除新加坡和中国香港外，都是典型的二元经济结构，人口绝大部分居住在农村。农业劳动力占社会总劳动力的比重，韩国在 60% 以上，中国台湾为 51.4%，泰国和印度尼西亚则在 85% 以上。不仅农村存在大量隐性失业人口，城市失业问题也十分严重。

20 世纪 60 年代以后，东亚发展中国家和地区除菲律宾在 20 世纪 80 年代以后因政权更迭，经济增长速度放慢外，都保持着较高的经济增长速度，各个年代的经济增长率一般都在 6% 以上，尤其是亚洲"四小龙"多数年份的经济增长率在 8%—10%。东亚经济持续高速增长，主要是由于高积累、高投入，以及积极实施外向型经济发展战略，大力推动出口和引进外资。

经济增长创造了大量就业岗位，极大地推动了就业的增加。如韩国在 1966—1985 年企业数量增长了 94%，就业人数增长了 3 倍多；中国台湾在 1966—1976 年企业数量增长了 1.5 倍，就业人数增长了 2.2 倍；中国香港制造业 1960—1980 年企业数量增长了 7 倍多，就业人数增长了 2.8 倍。

由于经济的持续高速增长，一方面，使东亚地区就业水平大大提高。如"四小龙"的失业率大幅下降，20 世纪 70 年代开始陆续实现了充分就业，有的时期甚至出现了劳动力短缺。韩国的失业率由 20 世纪 50 年代的两位数下降到 20 世纪 90 年代初的 2% 左右；中国台湾的失业率由 20 世纪 50 年代初的 6.5% 下降到 90 年代初的 1% 左右；新加坡和中国香港的失业率 20 世纪 60 年代以后一般在 2.5% 至 5% 的水平上下波动，到 20 世纪 90 年代，新加坡的失业率下降到 1% 左右，中国香港的失业率 1989 年下降到 1%，此后由于制造业大量移至内地和服务业不景气，失业率有所上升，但是到 1995 年也只有 3.3%。另一方面，东亚地区的就业结构也发生明显变化。具体表现为劳动力由农业向工业和服务业大规模转移。1960—1990 年，东亚发展中国家和地区农业就业人数占就业总人数的比重，韩国由 66% 降至 18%，中国台湾由 52% 降至 10.9%，中国香港由 8% 降至 1%，新加坡由 8% 降至 0，其他国家也都有不同程度的下降。同期工业和服务业就业人数占就业总人数的比重大都有所上升，韩国由 9% 和 25% 分别增至 35% 和 47%，中国台湾由 20% 和 28% 分别增至 39.2% 和 49.9%。

三、我国经济增长与就业关系的研究与判定

尽管我国政府始终非常关注居民就业问题，但当前各级政府对就业的关注度却是任何历史时期所无法比拟的。

（一）我国经济增长与就业关系的研究现状

究其原因在于，自 20 世纪 90 年代以来，我国的经济增长虽然一直保持了较高的水平，但就业增长却波动不大，甚至在总体上呈现出一定的下降趋势，并由此引发了一系列相关研究成果的出现。近年来，随着我国经济体制的改革和社会主义市场经济体系的建立，经济增长与劳动就业关系问题日益凸显，"有增长，无就业"的困境自然得到了国内学者们的极大关注，国内不少学者开始对我国经济增长与就业增长之间的关系进行了探讨。

总体而言，学者们的关注点和主要研究成果集中体现在三个方面：第一，我国经济增长与就业变动是否存在非一致性；第二，如果我国的经济增长同就业变动确实存在非一致性内在关系，那么其具体的原因何在；第三，应该采取哪些措施来促进就业增长以确保我国经济增长与就业变动的一致性。

依据对我国经济增长的就业弹性的考察，学者们就此形成了两种基本观点：第一种观点认为我国就业弹性不断趋于下降，即就业增长落后于经济的增长；第二种观点认为我国就业弹性基本保持不变，即就业增长与经济增长非一致性不明显。虽然使用名义就业弹性与实际就业弹性计算数据有些差别，但通过现有研究成果的汇总和梳理，基本可以形成下述共识：自 20 世纪 90 年代以来，我国的经济增长虽然一直保持了较高的水平，但就业增长

却波动不大，甚至在总体上呈现出一定的下降趋势。

至于经济增长与就业变动非一致的原因，国内学者进行了分析，主要观点有：

经济结构调节论。即快速的经济结构调整导致经济增长与就业变动的非一致性。我国经济增长和就业增长不一致性是由于经济结构的快速调整所引起的。随着改革开放以来产业结构和所有制结构的不断调整，就业结构也不断的调整。在就业结构不断变动的过程中，劳动力需求结构和就业状况受到了较大影响，失业人数不断攀升，即在经济迅速增长的同时，就业并没有协同性地快速增长。

技术进步论。即技术进步的广泛发生导致经济增长与就业变动的非一致性。相当一部分学者认为，技术进步可以有效地解释我国经济增长与就业变动非一致性。但其中的关键在于，技术进步对就业变动的影响包含了正负双重效应，其正、负效应的力量对比关系决定了总效应的大小和方向。一方面，新技术能扩大产品需求、增加产出，从而增加就业需求；另一方面，新技术在生产过程中的使用又通过提高劳动生产率，提高资本有机构成，从而减少就业需求量。我国从 20 世纪 90 年代初期提出转变经济增长方式以来，经济增长因素中科技进步作用的贡献率不断提高，因此，必然导致就业增长的下降趋势。

第三产业和城市化发展论。即第三产业发展和城市化滞后导致经济增长与就业变动的非一致性。

随着科学技术的进步和社会生产力水平的提高，当社会经济发展到一定阶段时，必然出现第一产业劳动力不断减少、第二和第三产业劳动力不断增加的趋势。而我国第三产业产值比重和就业比重相对偏低，发展速度相对缓慢，降低了经济增长对就业的拉动作用。我国目前城市化水平较低，刚刚超过 50%（目前世界平均城市化水平为 50%，发达国家在 70% 以上），城市辐射能力弱。城市通过聚集效应、规模经济使其成为区域经济增长极，具有极化效应和扩散效应，这两者都造成城市的扩张，从而广开就业门路，扩张就业总量，对就业增长形成很大的推动作用。

（二）我国经济增长与就业关系的判定

基于对相关研究成果的梳理，以及对多个国家经济增长和就业的相互影响过程的回顾，笔者认为，经济增长和扩大就业的关系如下：

经济增长是扩大就业的必要但不充分条件，经济增长并不必然或自动地促进就业增长。经济增长是就业扩大的前提，但是，20世纪90年代以来我国经济增长、投资增长与扩大就业之间的联系被大大削弱了。经济高增长、资本高投入并不一定必然带来较高的就业增长，也不会自动转化为就业机会的扩大。经济高增长、资本高投入能否带来就业增长和扩大就业机会，不仅仅依赖于经济增长率，还取决于采用何种增长模式。

基于同样经济增长率的不同经济增长战略可能产生不同的就业扩大效果。加快经济增长是实现有效就业持续增加的关键，经济增长与就业增长的关系极为重要。国际经验表明，一国实行不同的经济、社会、技术发展战略，必然形成不同的经济增长模式，带来不同的就业结果，经济增长与就业增长之间会表现出不同的互动模式。

可以通过研究经济增长规律，制定有利于扩大就业的经济增长战略，才能形成经济增长和就业增长的良性循环。增长是手段，最终目的是扩大就业，增加人民收入，从而扩大内需，增加经济增长的原动力。在其他条件不变的情况下，经济增长率越高，劳动力需求越大。反之，经济低迷会导致就业岗位减少，就业减少会影响收入水平，进而减少当期消费，消费萎缩会进一步降低有效需求，最终拖累经济增长。这个循环充分说明，经济增长与就业是一荣俱荣、一损俱损的关系。没有经济的增长，就业的扩大就会成为无源之水。而就业则是人们获得物质生活条件的基本途径，能否实现充分就业是关系经济、社会和政治的一个重大问题。因此，保就业和促增长同等重要。

对此，我们提出如下问题：

对我国来说，经济增长就业效应有哪些特点？在不同的产业和地区有何差异？资本和劳动这两个经济增长最重要的投入因素，分别对我国就业增长起到了什么样的作用？投资、消费和出口是拉动经济的三驾马车，三者对我国就业的影响如何？劳动力市场的调整起到了什么作用？对我国收入分配格局有什么影响？我们能够从这种分析中找到未来就业增长的经济发展途径吗？

本书的主要目标是通过定量研究，结合部分定性分析，归纳我国经济增长过程中的主要发展规律，分析发展过程中的经验和教训，进而根据未来就业需求特点，提出扩大就业的经济增长发展战略选择思路和措施。

第二节　经济增长与就业弹性

就业弹性是经济增长与就业之间关系的直接定义和度量标准，是我们研究经济增长就业效应的起点。就业弹性有一个好处是可以用于预测。比如，在 2009 年预测未来 5 年的就业增长状况，假定 GDP 增长率是 8%，就业弹性是 3%，就能够计算出经济增长每年拉动新增的就业量。用这种办法做长期的趋势预测，尤其是在宏观上讨论劳动力市场的供求情况的时候非常有用。

一、就业弹性的理论基础

就业弹性的定义是产值变化一个百分点所带来的就业变化的比率。就业弹性的本质是测量经济增长对就业的带动作用，而且其定义也给我们带来了两个命题：其一，就业弹性的计算方法问题；其二，经济增长与就业之间的经济内在联系问题，从就业弹性的定义来看，似乎把就业增长完全归结于 GDP 的增长，而忽略了其他因素的影响。因此，不论多么复杂的计算模型和方法，最终必须解决两个问题，其一是测算的就业弹性是否准确可靠，其二是就业弹性的经济意义是否得到论证。

（一）就业弹性的测算方法

从计算方法的准确性出发，就业弹性计量方法逐渐衍生出点弹性、弧弹性、双对数模型，以及根据数据类型来看，从时间序列发展到面板数据模型。

1. 点弹性

根据定义，直接计算具体年份的就业变化率对产值变化率的比率即可得到就业弹性，这就是点弹性的方法，但是该方法主要的缺陷在于年份间数据经常出现剧烈波动，难以得出统一的结论（Kumar，1982）。国内早期的研究多数使用点弹性（邓志旺等，2002；张车伟、蔡昉，2002；龚玉泉、袁志刚，2002；程连升，2006 等）。[①]

---

① 邓志旺、蔡晓帆、郑椿华等：《就业弹性系数急剧下降：事实还是假象》，《人口与经济》2002 年第 5 期；张车伟、蔡昉：《就业弹性的变化趋势研究》，《中国工业经济》2002 年第 5 期；龚玉泉、袁志刚：《中国经济增长与就业增长的非一致性及其形成机理》，《经济学动态》2002 年第 10 期；程连升：《超时加班与就业困难：1991—2005 年中国经济就业弹性下降分析》，《中国经济史研究》2006 年第 4 期。

2. 弧弹性

为了克服点弹性的缺点，计算连续多年内经济增长率和就业增长率的平均比率，称为弧弹性。弧弹性最大的问题是，结算结果高度依赖于计算时期的选择。国内有不少学者使用弧弹性概念并采用长期趋势的方法计算就业弹性（齐建国，2000；阎革，2002；赵建国，2003）。[①]

3. 双对数模型

为了克服弧弹性计算方法的缺陷，研究者逐渐采用双对数回归的方法来计算就业弹性，从数学公式上来看，双对数等同于弹性概念，但是如果使用计量回归的方法就可以去除因为时期选择带来的就业弹性的波动，故而在实证研究中广泛使用。近年发表的文章中，使用了回归分析的方法计算就业弹性的文章逐渐增多，他们主要使用双对数模型（唐代剑、李莉，2005；王春雷，2007）。[②]

4. 双对数模型的扩展

双对数模型虽然从计算方法上解决了计算可靠性问题，但是该方法使用计量回归进行测算，计算过程中没有控制其他任何变量，把就业增长完全依赖于经济增长，实际上存在遗漏变量的风险，从而导致估计的结果出现偏误。从经济理论的角度出发，学者们逐渐认识到运用简单的双对数模型可能出现把就业人数增长完全归因于经济的增长，不考虑其他因素的影响，经济意义不完备，逐渐增加控制变量，但是选择什么样的控制变量，千差万别，难以统一。皮科恩（Pehkonen，2000）在研究芬兰就业弹性时，为避免遗漏变量所带来的问题，引入了就业和产值的滞后变量。骚特尔（Sawtelle，2007）在分析美国的就业弹性时，引入了人均收入、雇佣成本指数和利率等变量。在我国国内的研究中，模型的选择更是千差万别。

5. 面板数据模型

在使用点弹性和弧弹性计算的时候，只能使用时间序列数据，一旦使用

---

①　齐建国：《2000 年中国经济的最大威胁是就业弹性急剧下降》，《世界经济》2000 年第 3 期；阎革：《我国就业弹性系数迅速下降的原因》，《广西社会科学》2002 年第 6 期；赵建国：《经济增长促进就业的实证分析》，《财经问题研究》2003 年第 5 期。

②　唐代剑、李莉：《双对数模型，对旅游就业弹性测量的实证研究——以浙江省为例》，《旅游科学》2005 年第 19 卷第 2 期；王春雷：《促进扩大就业税收政策的路径选择——基于就业弹性方面的考察》，《财经问题研究》2007 年第 12 期。

回归的方法进行测算的时候，就可以使用时间序列数据和面板数据。目前使用面板数据的研究越来越多（张江雪，2005；陆梦龙，2007；丁守海、刘昕、蒋家亮，2009）。[①] 结合时间序列和截面数据的面板数据模型，具有以下优点：第一，面板数据模型既可以分析某一时期各省（区、市）经济增长对就业增长带动作用的差异，还考虑了时间因素的影响；第二，面板数据模型能区分各省（区、市）这些个体间的差异并进行控制，更多地体现不同经济地带内部各省（区、市）的就业弹性能否用统一的参数表示；第三，从统计角度看，与单纯的截面数据模型或时间序列模型相比，面板数据模型不仅大大增加了观测样本量，提高了样本自由度，使就业弹性的估计值更加可靠，而且可以减弱解释变量多重共线性的影响，降低估计误差。

6. 真实就业弹性

关于中国就业弹性的估计始终存在一个问题，就是关于隐蔽性失业的争论，也就是对使用何种就业数据进行就业弹性的估计。绝大多数文章在计算就业弹性的时候，以名义就业量为基础（张车伟、蔡昉，2002；齐建国，2000；张本波，2002；赵建国，2003），但是张本波（2002）指出由于忽略了农村转移劳动力的双重就业、下岗人员的"制度性失业"和隐性就业，就业弹性可能被低估，并初步提出了真实就业弹性系数计算的构想。[②] 龚玉泉、袁志刚（2002）提供了计算真实就业弹性的理论基础，并推导出一个简单的数理模型：

有效就业量 = 名义就业人数×就业效率指数

邓志旺等（2002）从名义就业量中扣除城乡隐性失业量得出有效就业量：

真实就业数 Pr = 名义就业数 Pt − 隐性失业人数 Pd

（二）就业弹性的基本观点

不论计算就业弹性的方法如何，绝大多数文章（张车伟、蔡昉，2002；

---

① 张江雪：《我国三大经济地带就业弹性的比较——基于面板数据模型（Panel data model）的实证研究》，《数量经济技术经济研究》2005 年第 10 期；陆梦龙：《经济演进与就业弹性测算——基于变截距模型的分析》，《经济与管理》2007 年第 21 卷第 11 期；丁守海、刘昕、蒋家亮：《中国就业弹性的再估算》，《四川大学学报（哲学社会科学版）》2009 年第 2 期。

② 张本波：《解读我国经济增长的就业弹性》，《宏观经济研究》2002 年第 10 期。

张本波，2002；赵建国，2003；冯煜，2002；龚玉泉、袁志刚，2002；李红松，2003）得到的基本结论是一致的：20 世纪 80 年代是高就业弹性阶段，经济增长对就业的拉动作用较大，但到了 20 世纪 90 年代，这种拉动作用逐步减小，就业弹性出现较大程度的下降。[①]

对各个产业就业弹性的分析，张车伟、蔡昉（2002）、赵建国（2003）、常进雄（2005）[②] 认为，第一产业就业弹性总体水平较低，20 世纪 90 年代降为负值，波动较大；第二产业就业弹性也呈现下降的趋势，并逐步稳定在一个较低水平，1998 年以来也一直呈现负值；第三产业的就业弹性最大，虽然也存在总体下降趋势，但下降幅度较小，仍维持在一个较高的水平，因而成为当前增加就业的主要拉动力。赵建国（2003）认为第三产业中的房地产业、批发和零售贸易餐饮业增加就业潜力最大，其次是第二产业的建筑业、第三产业中的交通运输、仓储、邮电通信、社会服务和金融保险业。

对前面的文献的回顾，有两个问题值得深入研究：第一，模型中到底应该控制什么样的变量？如何从经济理论入手得出一个完备的计量模型？第二，在涉及行业的讨论中，绝大多数文献都是仅对本行业进行分析，割断了本行业与其他行业之间的联系，我们不知道第二产业对三产业就业有何影响，我们不知道哪个行业对总体就业的贡献更大？

本章试图解决上面的两个问题，同时在模型中引入劳动迁移变量，分析我国的就业弹性在空间上的异质性和时间趋势上的演化路径，这是深入理解我国就业弹性下降的两个重要纬度。

二、就业弹性的模型推导

（一）就业弹性估计方程

就业弹性的本质是劳动需求，实际上劳动需求弹性概念就是出现在劳动经济学的劳动需求理论中。

假定企业使用资本和劳动进行生产 F（K，L），劳动需求必须区分短期需求和长期需求，在短期，资本是确定不变的，企业只能通过调整劳动进行

---

① 冯煜：《中国经济发展中的就业问题及其对策研究》，经济科学出版社 2002 年版；李红松：《我国经济增长与就业弹性问题研究》，《财经研究》2003 年第 29 卷第 4 期。

② 常进雄：《中国就业弹性的决定因素及就业影响》，《财经研究》2005 年第 31 卷第 5 期。

生产调节，此时通过利润最大化，可以得到短期劳动需求函数。在长期，劳动和资本两种生产要素的使用数量都是可变的，因此企业通过调整劳动和资本的使用量来达到其长期的均衡。在长期资本是可以变化的，也可以通过利润最大化得到长期劳动需求函数。假定科布　道格拉斯生产函数，可以得到下面的短期和长期劳动需求函数。

企业生产函数和成本函数为：

$$Y = AL^{\alpha} K^{\beta} \tag{2.1}$$

$$C = rK + wL \tag{2.2}$$

短期劳动需求函数求解过程为：

$$\max \quad PAL^{\alpha} K^{\beta} - wL \tag{2.3}$$

$$L(Y, w) = \left(\frac{P\alpha}{W}\right) Y \tag{2.4}$$

长期需求函数的求解过程为：

$$\max \quad PAL^{\alpha} K^{\beta} - (wL + rK) \tag{2.5}$$

$$L(Y, r, w) = A^{-\frac{1}{\alpha+\beta}} \left(\frac{\beta}{W}\right) \left(\frac{\gamma}{\alpha}\right)^{\frac{\alpha}{\alpha+\beta}} Y^{\frac{1}{\alpha+\beta}}$$

从方程（2.4）可以看出，如果忽略工资上涨，那么它就是双对数模型，因此用双对数模型估计就业弹性存在两个问题：第一，忽略了工资的影响；第二，双对数估计的是短期劳动需求函数，如果对较长时间的数据进行回归，可能存在较大的误差。

实际上方程（2.4）适当变形得到 $wL = \alpha PY$，也就是说，如果企业的产品或者 GDP 增加的时候，企业增加对劳动成本 wL 支出，但是如果企业通过提高工资的方式实现劳动调整，那么劳动需求也不一定增加。因此，如果回归方程中忽略了工资，就会高估就业弹性，会把工资的贡献计算在 GDP 的贡献中。同理，点弹性和弧弹性的估计也存在类似的偏差。

方程（2.5）是长期劳动需求函数，它在短期劳动需求函数的基础上，增加了利率变量，在工资和利率的对比中，企业实现资本和劳动之间的替代和转换，从而实现长期的最优生产。

（二）产业关联与就业弹性估计方程

如果要估计各行业的就业弹性，我们必须考虑到行业或者产业之间的关联。比如，高速经济增长带来需求的旺盛，不仅会带来对农业产品需求的增加，会扩大农业的就业，而且会带来服务业和工业产品需求的增加，从而会吸引农民从第一产业向第二产业转移，因此在估计过程中必须要能够分离这两种效应。比较简单的方式就是在估计各个行业的就业弹性的时候，在控制变量 Z 中加入全社会 GDP 作为控制变量。GDP 必须是可比价格的，不能使用名义 GDP。

下面我们用公式推导不同行业经济增长对总体就业的影响。假定劳动需求增长率与产量增长率存在如下关系：

$$\dot{L} = \beta_0 + \beta_1 \dot{Y} + \beta_2 other + \varepsilon \tag{2.6}$$

$$\dot{Y} = dY/Y = (d Y_1 + d Y_2 + d Y_3)/Y$$

$$= \frac{Y_1}{Y}\frac{dY_1}{Y_1} + \frac{Y_2}{Y}\frac{dY_2}{Y_2} + \frac{Y_3}{Y}\frac{dY_3}{Y_3}$$

$$= \alpha_1 \dot{Y_1} + \alpha_2 \dot{Y_2} + \alpha_3 \dot{Y_3} \tag{2.7}$$

$$\dot{L} = \beta_0 + \beta_1^1 \alpha_1 \dot{Y_1} + \beta_1^2 \dot{Y_2} + \beta_1^3 \dot{Y_3} + \beta_2 other + \varepsilon \tag{2.8}$$

$$\dot{L}_{it} = \beta_0 + \beta_1^1 \alpha_1 \dot{Y}_{1it} + \beta_1^2 \dot{Y}_{2it} + \beta_1^3 \dot{Y}_{3it} + \beta_2 + \beta_2 other + \varepsilon \tag{2.9}$$

根据方程（2.9），我们就可以估计各产业经济增长率对总的就业增长率的贡献，从而了解各产业发展对就业的影响。

此外，我们前面的分析仅从劳动需求的角度估计就业弹性，实际上我们在回归模型中还应该加入劳动供给的变量，才能全面、准确地估计就业弹性。

三、就业弹性的实证分析

（一）各省就业弹性的横截面回归分析

本部分使用的主要数据来源于《新中国 60 年统计资料汇编》和各年的《中国统计年鉴》。每年 31 个省、自治区、直辖市可以作为 31 个样本，对这 31 个样本使用双对数模型，可以估计出每年的就业弹性，参见图 2.1。从图 2.1 中可以看到这种方法的效果不是很好，不过我们依然可以看到存在以下几个特征：第一，在 1980—1990 年、1990—2000 年、2000 年以后这三个时期之内，就业弹性有显著的差异，因此以后的回归分析可以使用分时间段的回归。第二，2000 年以后的就业弹性逐年降低，经济增长对就业的吸纳能力减弱。第三，2002 年前后我国的经济发展出现了新的特征，进入了新的经济发展阶段。

第一产业的就业弹性出现了负数的特征，第三产业的就业弹性也呈现下降趋势，第二产业的就业弹性呈现上升的趋势，在 2004 年前后，第二产业的就业弹性高于第三产业的弹性。我们可以这样认为，2002 年以后我国经济的高速发展主要得益于第二产业的高速发展，从第一产业获得了大量的农村劳动力，使得第一产业的就业弹性出现了负数，这是积极的有效的经济发展模式，但是第三产业的发展滞后，就业吸纳能力没有体现出来，出现就业困难。

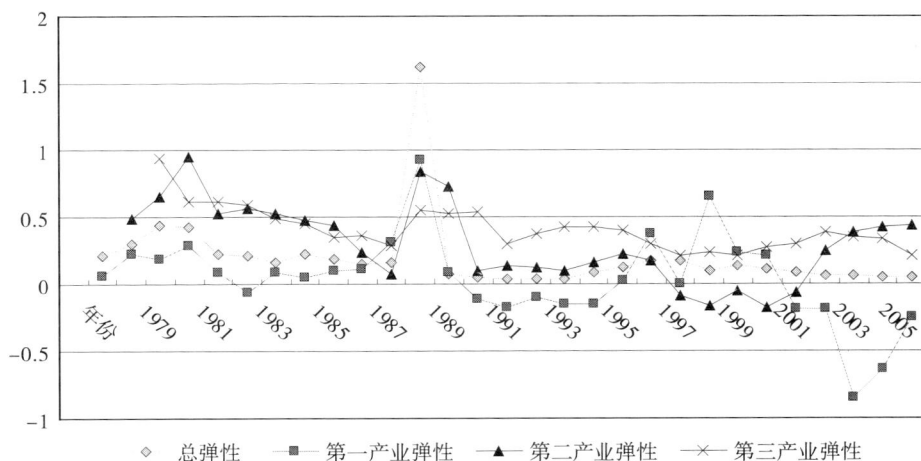

图 2.1 就业弹性

（二）各省平均就业弹性的面板回归分析

运用各省的数据，使用固定效应模型，估计出各省的平均就业弹性。模型分为三个时间段，而且分为引入工资（方程 2.5）和不引入工资（方程 2.4）两种方式进行回归分析，回归结果参见表 2.1。

表 2.1 1980—2008 年的我国总就业弹性

	1980—2008	1980—1990	1990—2000	2000—2008	1980—2008	1980—1990	1990—2000	2000—2008
GDP 对数	0.196	0.316	0.044	0.137	0.438	0.418	0.173	0.217
	(90.58)**	(95.60)**	(7.26)**	(17.04)**	(67.32)**	(57.46)**	(4.70)**	(5.90)**
工资对数					-0.366	-0.268	-0.149	-0.093
					(41.19)**	(17.25)**	(3.54)**	(2.24)**
常数	5.884	5.411	6.952	6.224	7.300	6.745	7.310	6.458
	(486.50)**	(382.64)**	(163.88)**	(96.17)**	(223.03)**	(88.60)**	(66.87)**	(52.74)**
观测值	1503	980	306	217	1243	720	306	217
样本	31	31	31	31	31	31	31	31
R^2	0.85	0.91	0.16	0.61	0.92	0.92	0.20	0.62

资料来源：作者根据《新中国 60 年统计年鉴》数据回归得到。

在没有加入工资的模型中，我们可以看到 1990 年以前就业弹性最大，为 0.316，1990 到 2000 年的弹性最小，为 0.044，2000 年以后就业弹性有所上升，为 0.137。在加入工资的模型中，1990 年以前就业弹性也是最大，为 0.438，1990 到 2000 年的弹性最小，为 0.173，2000 年以后就业弹性有所上升，为 0.217。

从三个时期的就业弹性来看，1990—2000 年期间的就业弹性最小，这主要是由于 1998 年期间国有企业改革导致的大量职工下岗引起的，2000 年以后就业弹性有一定幅度的上升，但是仍然远远地低于 1990 年的水平，这表明 2000 年以后就业弹性确实有不同幅度的下降。

从不引入工资和引入工资模型的对比来看，加入工资后就业弹性有较大幅度的上升，这说明在不加入工资的模型中，低估了就业弹性，在加入工资后，模型的误差得到修订，我们得到的就业弹性更为准确。

（三）三次产业就业弹性回归分析

对三次产业就业弹性的分析，使用了三种模型，第一种直接使用第一产业 GDP 的对数，第二种是加入全部 GDP 的对数，第三种模型是加入工资的对数。同样，把模型按时间区分三个段落，用固定效应模型进行估计。

1. 第一产业就业弹性的基本结论

第一产业就业弹性的回归结果参见表 2.2。从模型的稳定性来看，在控制了工资变量之后，第一产业的就业弹性在三个时期没有呈现出较大幅度的波动，在引入 GDP 对数之后的模型更为稳定和可靠，就业弹性也较为可靠，三个时期的就业弹性在 0.16—0.18 之间。

表 2.2　1980—2008 年第一产业就业弹性

	第一产业 GDP 对数		GDP 对数		工资 对数		Cons		Obs	R-2
1980—2008	0.094	(18.89)**					6.045	(279.08)**	1337	0.21
1980—1990	0.21	(30.13)**					5.713	(251.03)**	813	0.54
1990—2000	−0.051	−1.37					6.81	(34.51)**	307	0.01
2000—2008	−0.136	(7.44)**					7.306	(66.15)**	217	0.23
1980—2008	0.388	(10.67)**	−0.232	(8.15)**			6.108	(271.37)**	1337	0.25
1980—1990	0.066	(2.09)*	0.123	(4.73)**			5.648	(214.36)**	813	0.55
1990—2000	0.202	−1.19	−0.206	−1.53			6.892	(33.78)**	307	0.02
2000—2008	0.159	(3.95)**	−0.205	(7.99)**			7.184	(74.32)**	217	0.43
1980—2008	0.27	(7.59)**	0.124	(3.56)**	−0.394	(17.74)**	7.587	(95.84)**	1139	0.35
1980—1990	0.163	(5.11)**	0.202	(7.53)**	−0.422	(15.18)**	7.79	(56.38)**	615	0.58
1990—2000	0.206	−1.2	−0.236	−0.97	0.031	−0.15	6.818	(12.60)**	307	0.012
2000—2008	0.184	(4.46)**	−0.113	(2.37)*	−0.122	(2.26)*	7.46	(48.02)**	217	0.5

资料来源：作者根据《新中国 60 年统计年鉴》数据回归得到。

　　GDP 对数的系数在三个时期出现了显著的变化，在 1990 年前为正数，在 1990 年以后出现了负数，因此该系数经历了从正到负的过程。这恰好说明了第一产业与全社会经济增长之间的关系，即在 1990 年以前，全社会经济增长会导致农业就业的增长，当时的农村劳动力还主要在农村从事生产劳动，在 1990 年以后，农村劳动力逐步向城市转移，因此全社会的经济增长代表了城镇经济的高速发展，从而把农村劳动力从农村吸引到城市，出现了农村劳动力向城镇就业的转变。这是一个好的、积极的转变过程。除了 1990—2000 年这段时期不显著以外，工资的系数为负，这也很有意义，说明城镇工资水平越高，农村劳动力减少越多，这恰好证明工资差异是农村劳动力向城镇转移的内在动机。

2. 第二产业就业弹性的基本结论

第二产业就业弹性的回归结果参见表2.3。从模型的稳定性来看，在加入了全社会GDP对数之后，模型的稳定性和拟合性有所提高，控制了工资的对数之后，模型更加稳定，因此加入GDP对数和工资对数之后的回归结果可信度较高。不过1990—2000年模型的拟合结果始终不理想，有两个原因：第一，20世纪90年代中后期的国有企业改革造成了第二产业就业的剧烈波动，因此数据的稳定性不好；第二，1998年以后，工业企业的生产总值的统计口径发生了较大的变化，数据出现了不同程度的跳跃变动。

表2.3 1980—2008年第二产业就业弹性

	第二产业GDP对数		GDP对数		工资对数		Cons		Obs	R-2
1980—2008	0.334	(57.67)**					3.576	(125.65)**	1315	0.72
1980—1990	0.577	(79.30)**					2.849	(114.26)**	791	0.89
1990—2000	0.032	−0.86					5.457	(24.26)**	307	0
2000—2008	0.327	(20.38)**					3.311	(28.38)**	217	0.69
1980—2008	1.034	(25.87)**	−0.774	(17.66)**			4.654	(70.36)**	1315	0.78
1980—1990	0.584	(17.64)**	−0.009	−0.21			2.864	(36.97)**	791	0.89
1990—2000	1.199	(4.41)**	−1.26	(4.33)**			7.144	(16.02)**	307	0.07
2000—2008	0.48	(4.23)**	−0.17	−1.36			3.574	(15.85)**	217	0.69
1980—2008	0.562	(11.01)**	0.279	(3.91)**	−0.783	(22.02)**	6.868	(63.42)**	1117	0.8
1980—1990	0.631	(14.47)**	0.081	−1.24	−0.31	(6.29)**	4.354	(20.79)**	593	0.91
1990—2000	1.135	(4.12)**	−0.878	(2.15)*	−0.364	−1.33	7.938	(10.67)**	307	0.07
2000—2008	0.47	(4.13)**	−0.244	−1.7	0.097	−1.05	3.314	(9.89)**	217	0.7

资料来源：作者根据《新中国60年统计年鉴》数据回归得到。

从三个时期中第二产业的就业弹性来看，经历了一个先上升再下降的过程，如果仅仅考虑1990年以来的情况，第二产业的就业弹性也是逐步下降的，大约下降了一半，从1.19下降到0.47。

全社会GDP对数的系数只有在1990—2000年这段时期之内是显著的，而且这个系数为负。从表面来看很难理解，但是实际上我国的经济增长主要依靠工业行业的增长，因此工业的 GDP 和全社会的 GDP 之间存在高度的相关性，因此使得模型存在一定的线性相关，导致了 GDP 对数的系数为负。

工资的系数不显著，因此可以认为工资不是影响第二产业就业的主要因素，这主要是因为从长期需求曲线变得越来越平坦之后，工资对就业的影响越来越小。同时，还有可能是我国的经济处于快速发展的时期，经济增长和就业增长快于工资增长，因此工资对就业就没有影响。

3. 第三产业就业弹性的基本结论

第三产业就业弹性的回归结果参见表2.4。在只有第三产业 GDP 对数的情况下，回归结果比较好，在加入了全社会 GDP 对数之后，模型没有显著的提高，不过 GDP 对数基本都是显著的，因此模型应该加入 GDP 对数变量。但是在加入工资对数之后，工资对数基本不显著，因此模型中不应该加入工资变量。工资的系数不显著，因为第三产业是服务业，它们的工资水平比较高，我们使用的是城镇职工的平均工资水平，因此该工资对服务业的就业没有显著的影响。1990—2000 年的模型的拟合结果也不是很理想，原因也是 20 世纪 90 年代中期的国有企业改革。

表 2.4　1980—2008 年第三产业就业弹性

	第三产业GDP对数		GDP对数		工资对数		Cons		Obs	R-2
1980—2008	0.384	(88.41)**					3.508	(175.08)**	1315	0.86
1980—1990	0.508	(50.15)**					3.18	(106.94)**	791	0.77
1990—2000	0.307	(10.63)**					3.983	(23.47)**	307	0.29
2000—2008	0.294	(21.38)**					4.051	(41.32)**	217	0.71
1980—2008	-0.012	-0.26	0.451	(8.82)**			2.686	(28.20)**	1315	0.87
1980—1990	0.153	(3.31)**	0.397	(7.89)**			2.472	(26.21)**	791	0.79
1990—2000	-0.529	-1.87	0.909	(2.97)**			2.575	(5.13)**	307	0.31
2000—2008	0.376	(3.87)**	-0.084	-0.85			4.149	(27.44)**	217	0.71
1980—2008	0.324	(6.04)**	0.232	(4.31)**	-0.272	(8.77)**	4.563	(24.32)**	1117	0.86
1980—1990	0.285	(4.25)**	0.209	(3.57)**	-0.042	-0.61	3.253	(7.82)**	593	0.75

续表

	第三产业GDP对数		GDP对数		工资对数		Cons		Obs	R-2
1990—2000	-0.486	-1.61	0.946	(2.97)**	-0.095	-0.42	2.874	(3.27)**	307	0.31
2000—2008	0.373	(3.80)**	-0.101	-0.89	0.023	-0.31	4.088	(16.45)**	217	0.71

资料来源：作者根据《新中国60年统计十年鉴》数据回归得到。

由于各模型的估计结果相差比较大，而且 1990—2000 年的结果不是很稳定，因此不能确定在这三个时期之内第三产业的就业弹性的变化趋势。不过综合三种模型的估计结果来看，我们可以看到，2000 年以后第三产业的就业弹性基本在 0.3—0.37 之间，比第二产业的就业弹性要低一些。

全社会 GDP 对数的系数在 2000 年以前为正，在 2000 年以后不显著了。2000 年以前，全社会经济的高速增长能够带来第三产业的就业发展，从而导致第三产业的就业上升，但是在 2000 年以后，全社会 GDP 的增长没有带来第三产业就业的增加，这一点从前面的图中也可以看到。因此，2000 年以后我国的第三产业发展滞后，没有与整个经济发展协调一致，这也可能是 2000 年以后高度重视工业特别是重工业发展的结果。

（四）各产业对总就业弹性贡献分析

为了分析三次产业对就业弹性的影响，我们用方程（2.9）进行回归分析，在模型中我们加入了城市化水平、人口迁移率、人口抚养比三个指标，反映劳动供给方面的因素对就业弹性的影响，结果参见表 2.5。由于该模型的系数不能直接进行解释，我们需要根据推导过程进行转换才能测算三次产业对就业弹性的贡献率。

表 2.5　三次产业对城镇就业的贡献

	1990—2000				2000—2008			
	全部	东部	中部	西部	全部	东部	中部	西部
第一产业就业贡献	0.214 (2.86)**	0.031 (0.16)	0._74 (1.47)	0.141 (1.36)	0.402 (1.51)	-0.830 (1.38)	1.344 (2.95)**	0.473 (1.23)

续表

	1990—2000				2000—2008			
	全部	东部	中部	西部	全部	东部	中部	西部
第二产业就业贡献	0.144 (2.92)**	0.227 (2.95)**	0.153 (1.22)	0.018 (0.26)	0.342 (3.65)**	0.681 (3.88)**	0.238 (1.52)	0.144 (0.85)
第三产业就业贡献	0.157* (1.96)	0.022 (0.21)	0.294 (1.23)	0.205 (1.32)	0.029 (0.39)	−0.061 (0.52)	−0.064 (0.27)	0.212 (1.77)
城市化水平	−0.270 (7.37)**	−0.219 (4.49)**	−0.852 (7.26)**	−0.548 (5.56)**	−0.033 (0.59)	−0.103 (1.08)	−0.081 (0.44)	−0.037 (0.29)
省级人口迁移率	−0.001 (0.48)	−0.001 (0.27)	−0.008 (0.78)	−0.008 (2.34)*	0.002 (0.56)	−0.002 (0.38)	0.003 (0.27)	0.005 (1.15)
人口抚养比	0.329 (6.19)**	0.252 (4.16)**	1.062 (6.31)**	0.649 (5.06)**	0.216 (2.21)*	0.311 (2.51)*	0.228 (0.59)	0.130 (0.64)
常数	−0.016 (1.77)	−0.001 (0.08)	−0.014 (0.61)	−0.008 (0.54)	−0.040 (2.22)*	−0.021 (0.47)	−0.039 (1.15)	−0.018 (0.61)
观测值	324	121	78	125	279	99	72	108
样本	31	11	8	12	31	11	8	12

资料来源：作者根据《新中国60年统计年鉴》数据回归得到。第 i 产业就业贡献＝第 i 产业比重×第 i 产业的增长率。

从模型的回归结果来看，首先在最近10年以来三次产业的比重分别为：0.14、0.47、0.39，把各产业的比重乘以回归方程系数即可以得到各产业经济增长一个百分点，那么就业增长率为：

2000年以前，第一产业经济增长对就业有一定的促进作用，其弹性为0.214×0.14＝0.03；第二产业经济增长对就业的弹性为0.14×0.46＝0.06；第三产业经济增长对就业的贡献为0.157×0.39＝0.06。

2000年以后，第一产业和第三产业经济增长对就业带动作用不显著，仅有第二产业对就业有显著的促进作用，第二产业经济增长对就业的弹性为0.34×0.46＝0.15。

实际上，计算各产业的就业弹性的时候，我们可以以该产业增长10%来计算总就业的增长率：2000年以前，第一产业增长10%，城镇就业增加0.3个百分点；第二产业增长10%，城镇就业增加0.6个百分点；第三产业增长 10%，就业增加 0.6 个百分点。2000 年以后，第二产业增长 10%，就业增加 1.5 个百分点。

从三次产业 2000 年前后对就业贡献来看，2000 年以前三次产业对就业增长都有一定的促进作用，经济增长对就业的带动作用比较均衡，但是在 2000 年以后，三次产业中仅有第二产业对就业增长有显著的带动作用，这加重了就业增长对第二产业发展的依赖性，这是我国 2000 年后就业增长缓慢的重要原因之一。

四、就业弹性的研究结论

综合各种估计方法的测算结果，可以得到这样的结论：2000 年以后，全社会经济增长的就业弹性为 0.13—0.21 之间，第一产业的就业弹性在 0.16—0.18 之间，第二产业的就业弹性在 0.47—0.48 之间，第三产业的就业弹性在 0.3—0.37 之间。

如果分解各产业经济增长对城镇就业的贡献，我们发现，2000 年以前三次产业对就业增长都有显著的促进作用，但是 2000 年以后，仅有工业行业对城镇就业有显著的促进作用，我国的经济增长越来越依赖于第二产业的发展，使得我国的就业增长越来越困难。

根据这些就业弹性，我们可以认为，第二产业的就业弹性最高，且第二产业对城镇就业的贡献是显著的，而第三产业的就业弹性相对较低，因此第三产业的发展相对滞后，不利于就业增长。

第三节　产业结构与就业结构

在经济发展过程中，就业结构的变化和产业结构的演进具有极强的相关性。一方面，由于不同产业的收益不同，其吸纳就业的能力也不同，就业弹性系数存在较大差异，因此，产业结构的调整必然带来就业结构的变动，即就业结构在一定程度上取决于产业结构；另一方面，劳动力的数量、质量结构及流动方式，决定了产业劳动力的分布及其变动，从而影响着产业结构的变动方式和方向，因此，就业结构也会对产业结构产生影响，合理的就业结构对于促进产业结构的高度化演进具有重要作用。分析产业结构和就业结构的相关性特别是产业结构变动对就业结构的影响程度，对于制定和实施旨在促进就业结构合理化的政策措施，具有重要的意义。

一、产业结构与就业结构的理论基础

（一）产业结构与就业结构的变动趋势

产业结构是指生产要素在各产业部门间的比例构成和它们之间相互依存、相互制约的关系，一般以产业增加值在 GDP 中的比重和产业就业人数在总就业人数中的比重来表示。从这一定义可以看出，就业结构与产业结构之所以具有相关性，是因为就业结构本身就是产业结构的一部分，其发展变化应与产业结构的变动相一致。

"配第—克拉克定理"是研究产业结构变动和劳动力转移最重要的理论依据。根据这一理论，在产业结构演进过程中，劳动力会按照三次产业的顺序顺次转移，就业结构的变化始终与产业结构的变化保持着相关性。美国经济学家西蒙·库兹涅茨在继承克拉克研究成果的基础上，进一步发现了产业结构的变动趋势，即在工业化初期，第一产业产值比重不断下降，第二、第三产业产值比重不断上升；当工业化进入中期阶段以后，第三产业产值比重逐渐超过第二产业。与此同时，就业结构的变动趋势是，在工业化初期，第一产业就业比重不断下降，第二产业比重变化不显著，大量劳动力开始向第三产业转移，并导致第一产业劳动力比重持续下降，同时第三产业劳动力比重持续上升。

从各国产业结构和就业结构的发展过程看，一般也经过了一个第一产业不断下降，第三产业持续上升，第二产业先升后降然后趋于稳定的过程。这种规律性的变动实际上反映了经济发展的客观要求：随着经济增长和消费水平的提高，在收入弹性的影响下，消费结构必然发生相应的变化。随着经济增长和收入水平的提高，人们的需求结构发生变化，消费结构升级，导致投资结构和产业结构变化，进而导致就业结构发生变化。

（二）产业与就业变化的内在驱动

就业在不同产业之间转移的内在驱动力是各产业劳动生产率差异。在劳动生产率存在差异的情况下，劳动力会从第一产业向第二和第三产业转移。

第一产业和第二产业之间，技术进步有很大差别，由于农业的生产周期长，农业生产技术的进步比工业要困难得多，因此，对农业的投资会出现一个限度，出现"报酬递减"的情况。而工业的技术进步要比农业迅速得多，工业投资多处于"报酬递增"的情况，随着工业投资的增加，产量的加大，单位成本下降的潜力很大，必将进一步推动工业的更大发展。

在一个统一开放的劳动力市场中，由于第一产业部门的边际劳动生产率较第二、第三产业部门低，由此决定的第一产业部门的工资水平也较第二、第三产业低，部门之间的收入差距促使劳动力不断地由第一产业向第二和第三产业转移，最终在三个产业间达到平衡，此时总产出为最大。可见，只要三部门的边际劳动生产率不等，劳动力在部门之间将不断处于调整之中，劳动力的再配置效应亦将持续存在。

二、产业结构与就业结构的分析方法

（一）结构偏离系数

结构偏离的定义有以下四种：某一产业的就业比重与产值增加值比重之差；某一产业的产值增加值比重与就业比重之差；某一产业的产值增加值比重与就业比重之差的绝对值；某一产业的产值增加值比重除以产业的就业比重减去 1。

虽然这些定义各有不同，但实质是一样的，我们使用最后一种定义。因此结构偏离系数就是 $d_i = \dfrac{y_i}{x_i} - 1$，其中 d_i 表示第 i 产业的结构偏离系数，y_i 表示第 i 产业的产值占 GDP 的比重，x_i 表示第 i 产业的就业人数占全部就业人数的比重。当结构偏离度为零时，该产业的产业结构与就业结构在总量上达到均衡状态。这也意味着：当结构偏离度越接近零，该产业结构与就业结构也就越合理。当结构偏离度大于零，该产业应该吸纳更多的劳动力，使产业的发展与就业吸纳能力保持一致。当结构偏离度小于零，意味着该产业已存在大量的隐性失业者，应该促使劳动力从该产业流出，转移到其他部门。

（二）结构偏离度

不仅如此，可以把某产业计算期 GDP 的比重除以同期该产业从业人员比重，视为相对劳动生产率，即 $product_i = \dfrac{y_i}{x_i}$。当产业就业和就业结构在三个部门之间到达平衡的时候，我们有 $product_1 = product_2 = product_3$，即三个部门劳动生产率相等。如果国民经济各产业都是开放的，产业间没有行政壁垒，那么通过市场对劳动力资源的重新配置，会使各产业的生产率逐步趋于一致，各产业的结构偏离度也就逐步趋于零。结构偏离系数仅反映某一产业的就业比重和产值比重是否协调一致。

而结构偏离度可以反映产业整体的发展质量，考察产业结构是否合理，产业发展速度是否具有均衡性以及产业结构是否具有协调性。

结构偏离度定义为 $E = \sum_{i=1}^{n} |Y_i - x_i|$，其中 Y_i 是第 i 产业的 GDP 占全部 GDP 的比重，x_i 是第 i 产业就业占全部就业的比重。实际上，偏离数为三次产业的劳动力就业比重与不变价格产出比重的差距。偏离度是三次产业结构偏离数的绝对值之和。当结构偏离度趋近于零时，说明产业结构相对合理；当结构偏离度比较大的时候，说明产业结构不够协调，还需要进一步调整。

根据库兹涅茨的研究，在人均收入为 300 美元、500 美元、1000 美元时，偏离度分别为 40、25、12，即随着人均收入的增长，偏离度越来越小。

（三）结构变化的协同系数

$S = \dfrac{\sum y_i x_i}{\sqrt{\sum y_i^2 x_i^2}}$ 是为了刻画两种结构之间的协同性，也是为了考察就业结构和产业结构变动之间是否具有协同性，因此 y_i 表示 i 产业的产值在产业结构中的比重，x_i 表示在产业 i 中的劳动力在劳动力结构中的比重，因此 $0 \leqslant S \leqslant 1$。$S$ 越靠近 1，表示两种结构的变动具有较好的协同性，表明劳动力结构的变动对产业结构变动反应敏感，具有很好的灵活性和产业适应性。

我国就业结构与产业结构变动的协同系数多年来没有太大变化，[①] 基本都维持在 0.70—0.80 的水平，这与一些发达国家如美国、德国和法国等平均为 0.99 的协同系数有很大差距。这说明我国就业结构和产业结构的变化并不协同，就业结构对产业结构的反应不敏感。同时，也说明我国就业人员的职业转换能力较差、劳动者的产业适应性比较弱，而这恰恰可能是劳动力

---

① 梁向东、殷允杰：《对我国产业结构变化之就业效应的分析》，《生产力研究》2005 年第 9 期。

市场流动性不强的缘故。这也从一个方面解释了，尽管我国的 GDP 有了巨大的增长，但第一产业的就业人员在目前仍然保持着如此巨大数量的原因。

三、我国产业结构和就业结构的实证分析

（一）我国产业结构的变化趋势

我国的经济结构发生巨大的变化。从图 2.2 可以看出，在 2000 年第一产业的比重为 15.1%，到 2007 年的时候，下降到 11.3%，因此第一产业的产值比重在逐年下降，这是符合经济发展过程中产业结构变化的规律的。

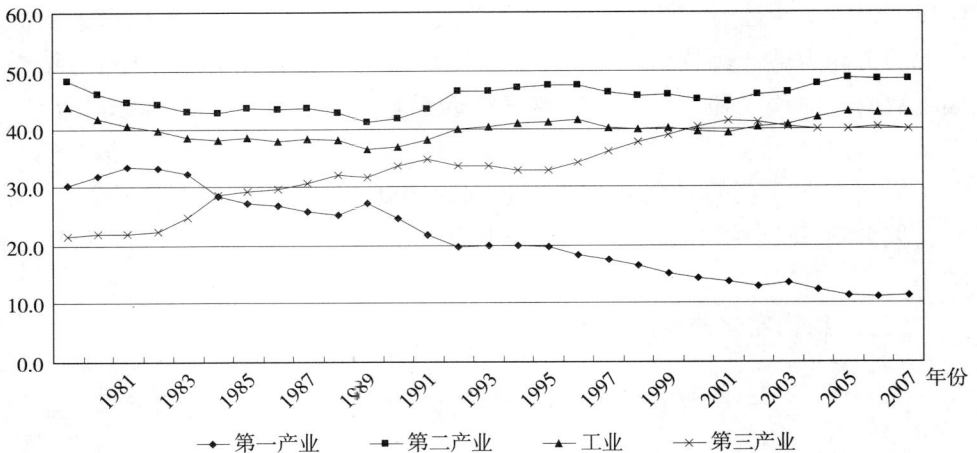

图 2.2　三次产业比重变化趋势

在 2000 年，第二产业的比重为 45.9%，到 2008 年的时候，上升到了 48.6%；与此相反的是，第三产业比重在 2002 年到达最高比重 41.5% 以后，逐年下降，虽然下降的幅度不大，但这是不符合世界各国经济发展过程中的产业结构变化的规律的。我国经济发展过程中出现的主要问题是第三产业发展滞后，依然是依靠工业发展作为经济发展的支撑点。

为了进一步分析我国第三产业内各产业的变化趋势，根据第三产业的增加值，我们画出了第三产业内各行业生产总值的变化趋势图，见图 2.3。观察 1978—2007 年期间整个第三产业结构的变化规律，可以发现，在 1993 年以后，各行业的比重变化趋势趋于平稳，意味着我国的经济结构比较稳定。

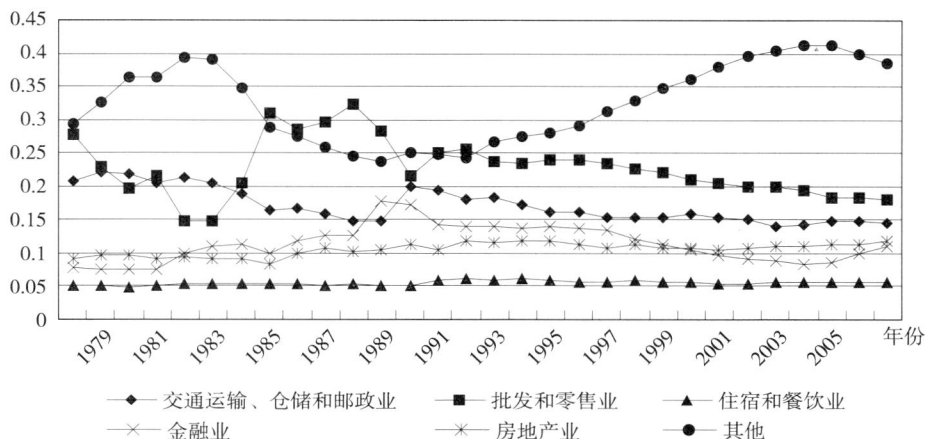

图 2.3　第三产业各行业生产总值的变化趋势

从图 2.3 可以看出，从 1993 年以后，交通运输、仓储和邮政业、批发和零售业、住宿和餐饮业、金融业、房地产业的比重基本上在逐年下降，这些行业是传统的第三产业，它们产值下降也是合理的，符合经济发展过程中产业结构的调整规律。

"其他行业"的比重在 1993 年以后逐年上升，不过在 2003 年以后，出现了下降的趋势，因此我国的产业结构在 2003 年以后没有进一步向更好的产业结构模式转变。"其他行业"在第三产业中是指租赁和商务服务业、科学研究、技术服务和地质勘查业、水利、环境和公共设施管理业、居民服务和其他服务业、教育卫生、社会保障和社会福利业、文化、体育和娱乐业、公共管理和社会组织，这些新兴的服务业在我国没有得到充分的发展。

（二）各产业就业比重的变化趋势

在分析我国产业结构调整对就业的影响之前，首先对我国的各行业的就业趋势做分析，然后再分析产业结构变化对我国各行业就业的影响。我国 1978 年至 2008 年三次产业就业比重的变化趋势，参见图 2.4。

1993 年以后，第三产业就业比重超过了第二产业，1993 到 2002 年的十年中，第二产业就业比重在逐年下降，但是从 2003 年以后第二产业的就业比重出现了上升的趋势。从 1978—2008 年期间，第三产业的就业比重在逐年上升，而且上升得非常平稳，近 5 年内也基本保持了 1993—2003 年期间的增长势头。因此总的看来，第二产业就业比重的增加来自于第一产业就业人数的减少，也可以认为近年来，农村劳动力还是主要转移到了城市第二产业。

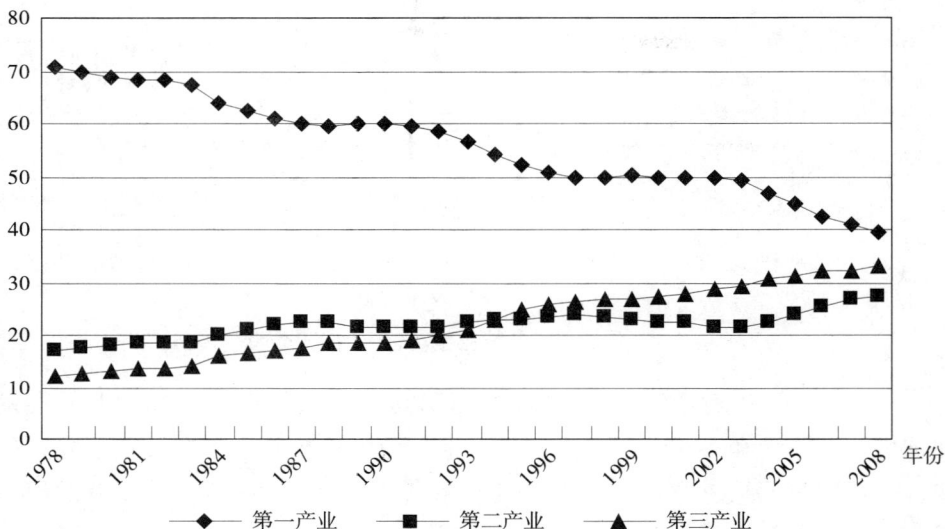

图 2.4 三次产业就业比重变化趋势

资料来源：作者根据历年统计年鉴计算得到。

因 2002 年行业统计口径调整，无法进行行业就业比重的全景研究。因此，我们根据 2003 到 2007 年的统计年鉴，得出我国 19 个行业城镇职工就业比重变化情况，参见表 2.6。

在 2003 年调整口径之后，各行业就业的比重不断下降的行业有：教育、交通运输、仓储、批发和邮政业、批发和零售业、农、林、牧、渔业、电力、燃气及水的生产和供应业和文化、体育和娱乐业。其中，交通运输、仓储和邮政业以及批发、零售业、农、林、牧、渔业的比重下降幅度最大。

各行业的就业比重不断上升的有：制造业、建筑业、卫生、社会保障和社会福利业、租赁和商务服务业、水利、环境和公共设施管理业、房地产业、信息传输、计算机服务和软件业，其中租赁和商务服务业上升幅度最大，达近 4 个百分点，房地产上升幅度也较大，达近 3 个百分点。其他行业上升幅度都非常小，在 1 到 2 个百分点左右。

各行业就业基本保持不变的有：公共管理和社会组织、采矿业、金融业、科学研究、技术服务和地质勘查业、住宿和餐饮业、居民服务和其他服务业。

在 2003 年调整口径之后，各行业的就业比重的排序，见表2.6。其中制造业、教育、公共管理和社会组织、建筑业、交通运输、仓储和邮政业这六个行业所占的比重最大，达近66%，因此传统产业的就业比重最大。

而金融业、电力、燃气及水的生产和供应业、租赁和商务服务业、科学研究、技术服务和地质勘查业、水利、环境和公共设施管理业、住宿和餐饮业、房地产业信息传输、计算机服务和软件业、文化、体育和娱乐业、居民服务和其他服务业这些新兴的第三产业的就业比重仅占17%，我国第三产业中新兴产业还不是很发达。

表 2.6　2003—2007 年我国城镇职工各行业就业比重变化趋势

年　份	2003	2004	2005	2006	2007	排序
制造业	0.272	0.275	0.282	0.286	0.288	1
教育	0.132	0.132	0.130	0.128	0.126	2
公共管理和社会组织	0.107	0.108	0.109	0.108	0.107	3
建筑业	0.076	0.076	0.081	0.084	0.087	4
交通运输、仓储和邮政业	0.058	0.057	0.054	0.052	0.052	5
卫生、社会保障和社会福利业	0.044	0.045	0.045	0.045	0.045	6
采矿业	0.045	0.045	0.045	0.045	0.044	7
批发和零售业	0.057	0.053	0.048	0.044	0.042	8
农、林、牧、渔业	0.044	0.042	0.039	0.037	0.035	9
金融业	0.032	0.032	0.032	0.031	0.032	10
电力、燃气及水的生产和供应业	0.027	0.027	0.026	0.026	0.025	11
租赁和商务服务业	0.017	0.018	0.019	0.020	0.021	12
科学研究、技术服务和地质勘查业	0.020	0.020	0.020	0.020	0.020	13
水利、环境和公共设施管理业	0.016	0.016	0.016	0.016	0.016	14
住宿和餐饮业	0.016	0.016	0.016	0.016	0.015	15
房地产业	0.011	0.012	0.013	0.013	0.014	16
信息传输、计算机服务和软件业	0.011	0.011	0.011	0.012	0.012	17
文化、体育和娱乐业	0.012	0.011	0.011	0.010	0.010	18
居民服务和其他服务业	0.005	0.005	0.005	0.005	0.005	19

资料来源：作者根据历年统计年鉴计算得到。

（三）各产业劳动生产率变化趋势

不同行业的技术含量和生产技术水平是不一样的，为了准确地衡量各行业的就业大小，我们应该使用劳动生产率的方法来衡量。本章使用各行业 1 亿元产值需要的就业人员（人/亿元）来衡量不同行业的就业带动力。用公式表示就是：

$$l_i = \frac{L_i}{Y_i}$$，其中 L_i 是各产业从业人员的总数；Y_i 是各产业的生产总值。

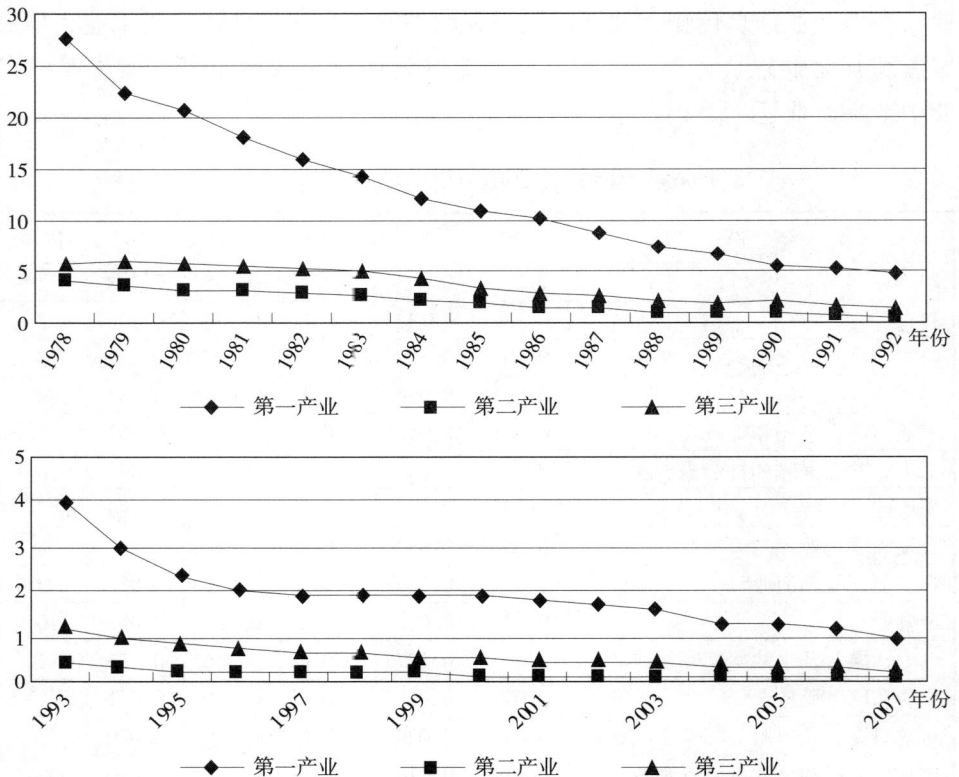

图 2.5　1978—2007 年单位产值带动就业量

如果 1 亿元产值需要的就业人员比较多，那么该行业的生产总值越大，对就业的带动力就越强。从图 2.5 可以看到，我国三次产业单位产值的就业需求量从 1978 年以来逐步下降，特别是 1993 年以来三次产业的就业带动能力出现了大幅度的下降。

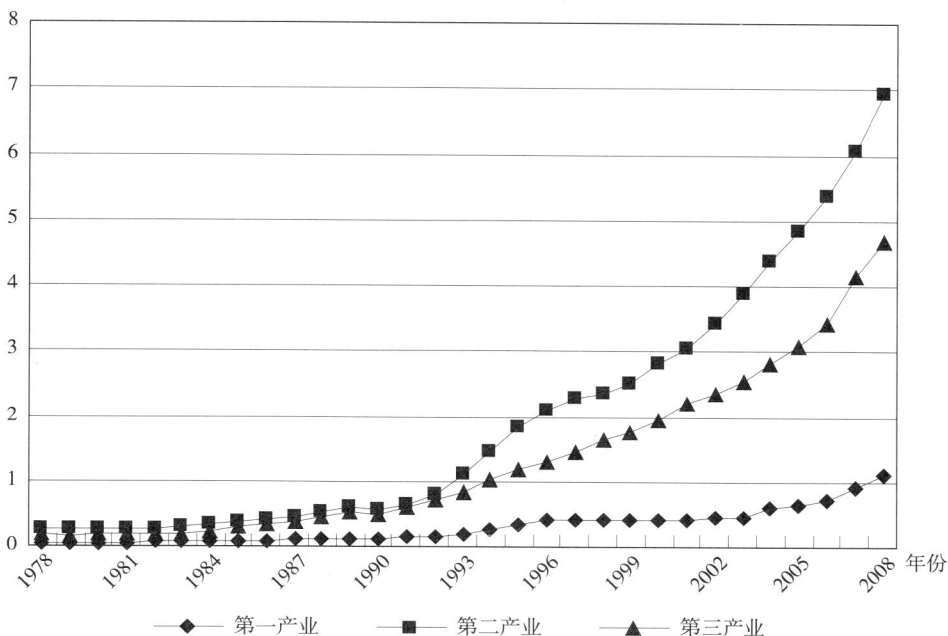

图 2.6　三次产业劳动生产率变化

根据劳动生产率的变化（见图 2.6），可以看出，第二产业是劳动生产率提高最快的部门，特别是在 2002 年以后，与第一、第三产业劳动生产率之间的差异越来越大。

因第二产业的劳动报酬相对较高，第二产业的从业人员不愿意向第三产业转移，富余的第一产业劳动力在转移的时候，也会优先考虑第二产业。

（四）我国就业结构的偏离度

根据前面的公式，可以计算各个产业的结构偏离系数，画出图 2.7。

从就业结构的偏离系数来看，第一产业的偏离系数是负数，而且绝对值越来越大，特别是 2003 年以后，偏离系数越来越偏离 X 轴。第二产业和第三产业的结构偏离度呈现逐步下降的趋势，特别是在 2003 年以后，第二、第三产业的偏离度下降较大，如果仅仅从这一点观察，可以认为我国的就业结构是越来越合理了。但是，第三产业的曲线在第二产业曲线之下，而且第三产业和第二产业之间的距离一直没有缩小的趋势。

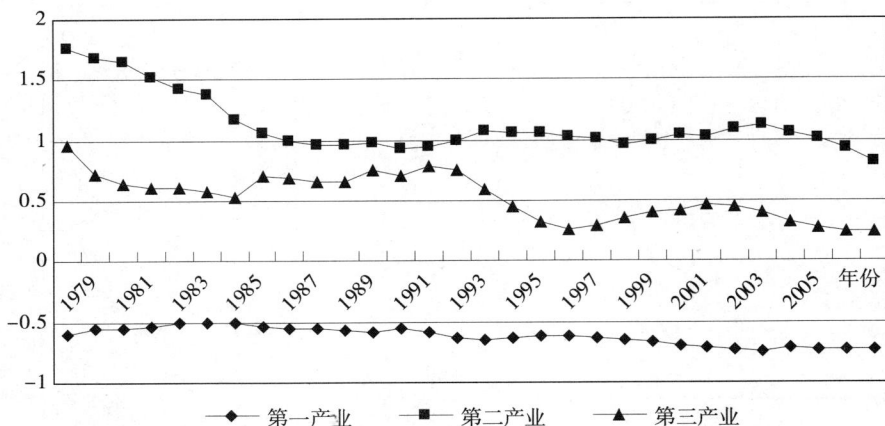

图 2.7　就业结构偏离度

　　根据前面的分析，经济水平的提高，产业结构和就业结构会向第三产业转移，那么第三产业应该是吸纳就业最多的产业，因此第三产业的偏离系数应该比第二产业的产业偏离系数大，也就是图中的第三产业的曲线在第二产业之上。但是我们看到的是我国的第二产业的就业结构偏离度远远在第三产业就业结构偏离度之上。因此，我国第三产业发展滞后。

　　从就业结构偏离系数已经能够观察出我国产业结构和就业结构之间的矛盾，因此没有必要运用更加复杂的就业结构偏离度和就业结构变化的协同系数进行分析。

　　（五）第三产业的就业偏离系数

　　比较遗憾的是，2003 年前后，国家统计局对行业名称做了调整，2003 年后的很多行业没有公布生产总值，因此不能准确地计算第三产业内各行业的就业结构偏离度，我们只找到交通运输、仓储和邮政业、批发和零售业、住宿和餐饮业、金融业、房地产业等几个行业的数据，计算出这些行业就业结构偏离度，参见表 2.7。可以看到房地产业的结构偏离度最高，也就是说最近五年以来，房地产业在第三产业中发展最为迅速，生产总值增加非常迅速，这与最近几年以来我国房地产业的蓬勃发展有极大的关系。

　　但是除了房地产以外，其他第三产业的就业结构偏离系数都非常低，这依然说明我国的第三产业发展滞后，对就业的吸纳能力没有表现出来。

表 2.7　2003—2008 年我国第三产业就业偏离度

年份	交通运输、仓储和邮政业	批发和零售业	住宿和餐饮业	金融业	房地产业
2003	0.30	0.70	—	0.25	2.37
2004	0.30	0.72	—	0.17	1.98
2005	0.05	0.77	0.35	0.05	2.31
2006	0.08	0.85	0.37	0.12	2.27
2007	0.05	0.88	0.37	0.32	2.13
2008	0.05	0.90	0.38	0.34	2.23

资料来源：作者根据历年统计年鉴计算得到。

四、产业结构与就业结构的研究结论

从前面的分析可以看出，最近五年以来，第二产业发展迅速，但是第三产业发展相对较慢。各产业就业结构的变化也是如此，近年来第二产业的就业增加幅度很大，有赶超第三产业就业人数的趋势，正因为这两个方面的原因，导致第二产业的就业偏离系数远远地高于第三产业的就业偏离系数。事实上，根据我国目前的经济发展水平，应该是第三产业的就业比重、产值和就业偏离系数逐步提高，在国民经济中的比重越来越高，这才是符合经济发展产业转移的规律。

由于我国产业结构和就业结构都出现了第二产业发展较快的趋势，但是第二产业的劳动生产率最高，远高于第一、第三产业，单位 GDP 需要的就业人数非常少，因此导致第二产业就业吸纳能力很低，最后的表现就是，经济增长率很好，但是就业创造率很低。这就从产业结构转移理论中找到了我国就业困难的内在问题。

进一步考察第三产业内部各行业的产值和就业变化趋势，传统的第三产业就业比重占66%，而金融业、电力、燃气及水的生产和供应业、租赁和商务服务业、科学研究、技术服务和地质勘查业、水利、环境和公共设施管理业、住宿和餐饮业、房地产业信息传输、计算机服务和软件业等新兴的第三

产业的就业比重仅占 17%，因此我国第三产业依然是以传统的第三产业为主，新兴的第三产业没有发展起来。

第四节　资本、投资、消费、出口与就业增长

经济增长从供给的角度来看，可以从资本和劳动投入要素的角度进行研究，即研究资本和劳动之间的替代关系，研究资本深化对就业的影响。经济增长从需求的角度来看，可以从投资、消费、出口的角度进行研究。本章中的投资是每年的固定资产投资，是流量概念。固定资产投资额是以货币表现的建造和购置固定资产活动的工作量，它是反映固定资产投资规模、速度、比例关系和使用方向的综合性指标。资本是每年的固定资产投资形成的资本存量，是存量概念，是与劳动相对应的生产要素。下文第一部分是从资本与劳动之间的关系研究资本深化对就业的影响，第二、三、四部分是研究投资、消费和出口对就业的影响。

一、资本、技术进步与就业增长之间的关系

（一）资本、技术进步与就业增长的理论基础

资本深化这一概念由萨缪尔森（Samuelson，1962）等人首次提出。萨缪尔森认为资本深化是指人均资本量随时间推移而增长的过程。在长期的经济发展中，人口的增长慢于资本的增长，资本与劳动的比例将不断提高，即发生资本深化。美国麻省理工学院经济学家阿西莫格鲁（1999）对美国第二次世界大战后 60 年的资本深化进程的研究表明，随着资本深化的发展，资本密集部门的真实 GDP 增长率会更快，与此同时，非资本密集型部门或者劳动密集型部门如服务业，就业增长则更快。阿西莫格鲁的研究结果说明资本深化对不同产业部门具有不同的就业效用，资本深化对资本密集部门有就业挤出效应，而对服务业部门有就业带动效应。

在劳动力成本普遍较低的情况下，厂商依然愿意使用资本，主要源于资本市场的定价机制存在问题。由于政府控制了土地、资源和银行，可以以低于市场价格的方式向企业提供资本，从而使得企业偏向于资本深化的路径，而舍弃劳动密集型的路径。

　　张军（2002）在研究中国的经济增长与资本形成关系时发现，如果投资的增长能够持续有效地驱动更多的劳动投入生产过程，使资本—劳动比总是保持稳定，资本—产出比就不会随经济的增长而上升。这意味着只要技术的效率不断改善，技术就不会过分向资本替代劳动的路径偏移，经济增长就会更持久。相反，若技术的选择不断向资本替代劳动的路径偏移，投资的增长导致资本—劳动比的上升，就将加速资本深化的趋势，结果由于资本的增长持续快于劳动的增长，导致资本的边际回报率减低，最终导致经济增长率下降与就业增长缓慢。可见，可以通过资本—产出比及资本—劳动比两个指标的分析，考察经济增长中的资本深化过程。

　　如果只考虑劳动与资本两个生产要素，技术进步可以分成三种类型：

　　希克斯技术进步（替代率不变）：在资本与劳动的比率既定的条件下，劳动的边际生产力与资本的边际生产力同比例上升。

　　资本密集型技术进步（劳动节约型）：技术进步在资本与劳动比率给定的条件下，资本边际生产力的增加超过劳动边际生产力的增加。如果资本与劳动的相对价格不变，资本装备率上升。

　　劳动密集型技术进步（资本节约型）：劳动边际生产力的上升超过资本边际生产力的上升。在这种情况下，即使资本与劳动的相对价格相同，也需要相对多的使用劳动。

　　这说明，技术进步最终会通过资本选择的路径来实现对就业的影响。

（二）资本、技术进步与就业增长的分析模型

　　假定生产函数为柯布—道格拉斯生产函数 $y = AL^{\alpha} K^{\beta}$，$y$ 是产出，A 是全要素生产率，即技术进步，L 是劳动投入，K 是资本。我们运用标准的经济增长的分解模型，可以得到就业增长的模型：

$$\frac{\mathrm{d}l}{\mathrm{d}t} = \frac{\mathrm{d}y}{\mathrm{d}t} - \frac{\mathrm{d}\alpha}{\mathrm{d}t} - \beta \frac{\mathrm{d}\left[\ln(K/L)\right]}{\mathrm{d}t}$$

　　该结果把就业增长分解为三个部分，第一部分为产出增长，第二部分为全要素增长，第三部分为人均资本增长，我们从总的产出增长中减去全要素增长和人均资本的增长就可以得到就业增长率，实际上我们通过这个模型就可以分解成产出、资本和技术进步对就业增长的贡献。

　　模型主要使用就业、资本存量、GDP 三个指标，其中资本存量是以

1952 年为基础，按照永续存盘的方法进行计算，并全部折算为 2000 年可比价格。有关 GDP 的数据也是折算为 2000 年可比价格计算。同时，为消除就业的非连续性，避免呈现跳跃或者间断的情况，我们对使用数据进行修订，以保证使用数据的可靠性。

在分解方程中，最重要的是估计出 β。本书直接使用《中国统计年鉴》中各地区资本形成总额及构成计算资本占 GDP 的比重，该比重代表了资本收益占 GDP 的比重，近似等于 β 系数。

（三）资本、技术进步与就业增长的实证分析

1. 2000 年以前资本、技术进步对就业增长的贡献

首先，我们观察 1980—2000 年各省就业增长率的排序情况，见图 2.8。由图可知，各省的就业增长率存在非常大的差异，最大的年均增长率为 3.5，最小的年均增长率为 0.5，除个别省份外，其他各省的就业增长差异不是很大。

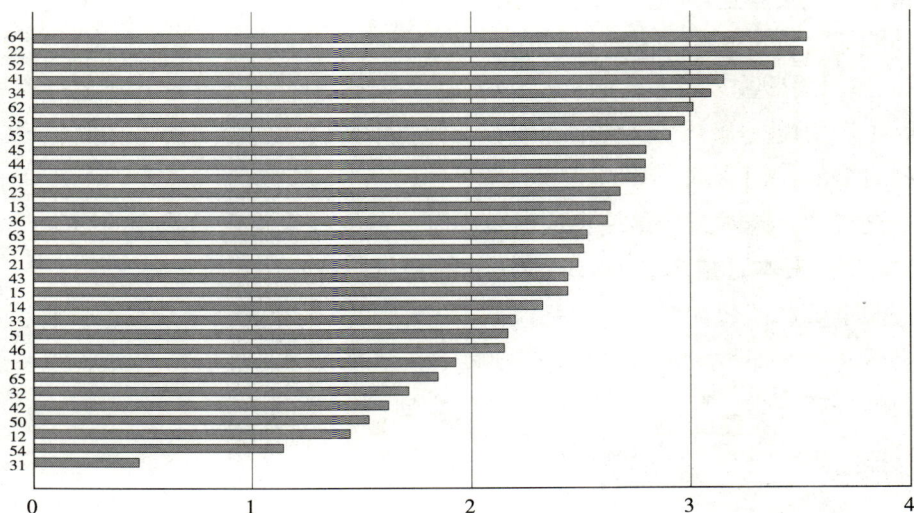

图 2.8　1990—2000 年各省就业平均增长率排序

注：图中每条横轴表示每个省份 1980—2000 年间的就业平均增长率，图中纵轴数字表示每个省份代码，
　　比如 31 代表上海，见下表（下同）。

11	12	13	14	15	21	22	23	31	32	33	34	35	36	37	41	42	43	44	45	46	50	51	52	53	54	61	62	63	64	65
北京	天津	河北	山西	内蒙古	辽宁	吉林	黑龙江	上海	江苏	浙江	安徽	福建	江西	山东	河南	湖北	湖南	广东	广西	海南	重庆	四川	贵州	云南	西藏	陕西	甘肃	青海	宁夏	新疆

其次，根据上面就业增长的排序，再分解出影响各省就业增长的构成，参见图 2.9。我们只看到经济增长率对就业有正的影响作用，技术进步率和资本深化对就业增长有负的影响。因此，2000 年以前各省就业增长率主要取决于经济增长率与技术进步率、资本深化水平之间的相互关系，经济增长率本身并不能完全决定就业增长的高低。比如，甘肃省经济增长率较慢，但是技术进步和资本深化对经济增长的抵消作用较弱，从而使得甘肃省的就业增长较快。

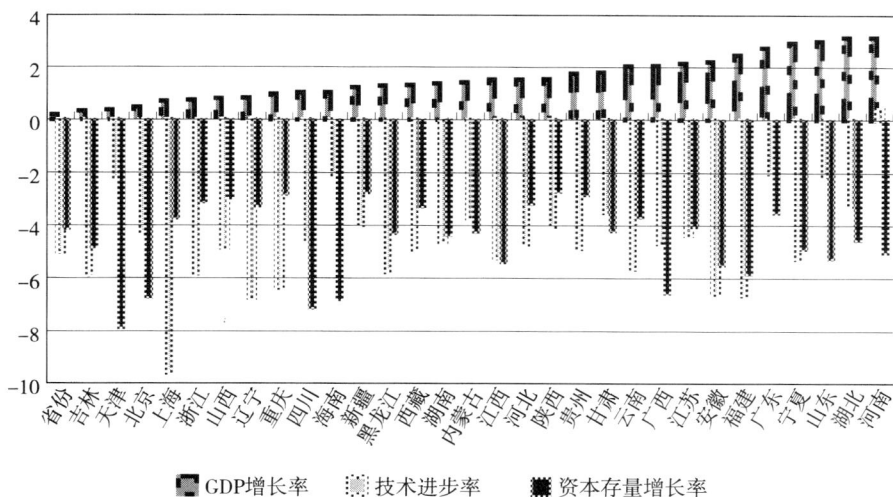

图 2.9 1990—2000 年各省就业增长的分解

图 2.9 上边是各省的经济增长率对就业增长的贡献，从各省的分布来看，经济增长率差异不是很大，所以我们不能认为经济增长是决定就业效应的最重要的因素。

图 2.9 下边是技术进步率和资本深化对就业增长率的贡献。从技术进步对各省就业的影响来看，结合图 2.8 和图 2.9，我们不能发现技术进步对各

省就业差异有关键性的影响。

从资本深化对各省的影响来看，我们可以发现，资本深化和就业增长之间存在一定的负相关。特别是江苏、浙江、上海、北京、天津这几个省市的经济发展水平较高，经济增长率也较高，但是这几个省市的就业效应却较低，主要原因在于这几个省市的资本深化降低了就业效应。

在图2.9中，原点上边为正数，表示对就业有正的贡献，在原点下边为负数，表示对就业有负的贡献。故而，资本深化和技术进步对就业有负的贡献，但是二者对就业的影响程度是不一样的，技术进步对就业的负影响更大，资本深化对就业的负贡献更小。

总体看来，2000年之前就业增长主要来源于经济增长，而阻止就业增长的力量主要来自于技术进步，资本深化对就业有一定的阻碍作用，但是其程度不大。因此，不能简单地从提高经济增长率来实现就业增长，必须在提高经济增长率的同时，尽量减少技术进步和资本深化对就业增长的阻碍作用。

2. 2000年以后资本、技术进步对就业增长的贡献

首先，我们观察2000—2008年各省就业增长率，见图2.10。可以看到，各省就业增长率差异非常大，就业增长最快的是北京、广东、浙江、西藏、福建，而就业增长最慢的是天津、辽宁、长春、甘肃。就业增长最快的年增长率达到了7.8，最慢的就业增长率为负数。

其次，根据上面就业增长的排序，再分解出影响各省就业增长的构成，参见图2.11。右边横线表示经济增长对就业的贡献。从各省经济增长率来看，各省经济增长存在较大的差异，经济增长对就业增长的贡献也完全不同，但是我们也没有看到经济增长与就业之间存在绝对的正相关关系，经济增长最快的省份，就业增长未必最快，经济增长较慢的省份，就业增长未必很慢。

左边横线表示资本深化对就业的贡献。从资本深化对就业的贡献来看，与就业增长也存在负相关关系，就业增长较快的省份主要是资本深化对就业的负效应比较小的省份，而就业增长较慢的省份主要是资本深化对就业增长负效应比较大的省份。此外，与2000年以前的情况相比，2000年以后资本深化对就业的影响迅速增大，即资本深化减少了就业，在个别省份，资本深

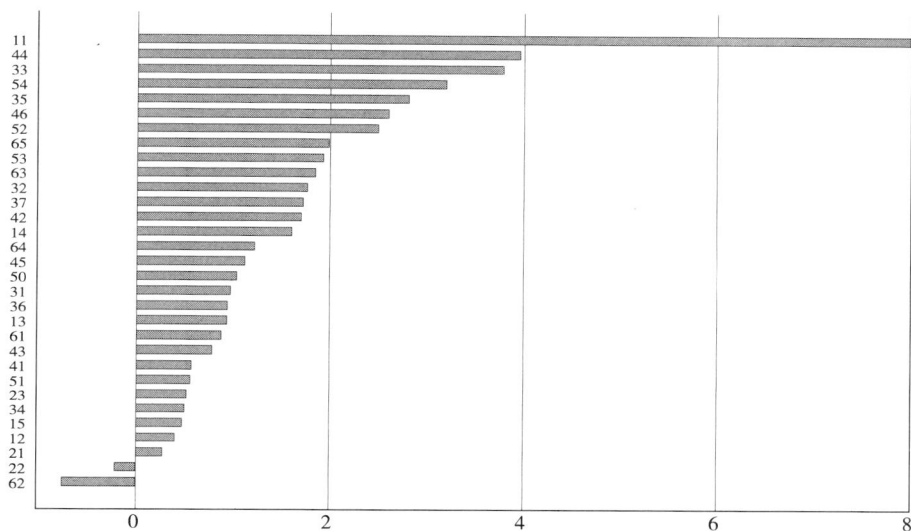

图 2.10　2000—2008 年各省就业平均增长率排序

注：图中每条横轴表示每个省份 2000—2008 年间的就业平均增长率，图中纵轴数字表示每个省份代码，
　　比如 31 代表上海。

化对就业的负效应非常突出。

左边横线表示技术进步对就业增长的贡献。与 2000 年以前的情况相比较，2000 年以后技术进步对就业的影响迅速减小，即技术进步对就业的阻碍作用减小了。

最后，我们观察资本深化和技术进步对就业增长负效应比较大的省份主要存在于中西部地区，比如：宁夏、重庆、湖北、内蒙古、陕西、湖南、四川、山西、安徽、河北、吉林和黑龙江。当然，这些省份也是就业增长最缓慢的省份。

3. 技术进步和资本深化对就业影响的变化趋势

在分析 2000 年前后两个时段资本深化和技术进步对就业增长的平均效应之后，我们从纵向的角度观察二者随时间的变化趋势，即把每一年各省资本深化和技术进步对就业的贡献求平均值，就可以观察到从 1990—2008 年期间，资本深化和技术进步对就业的平均贡献的变化趋势，见图 2.12。

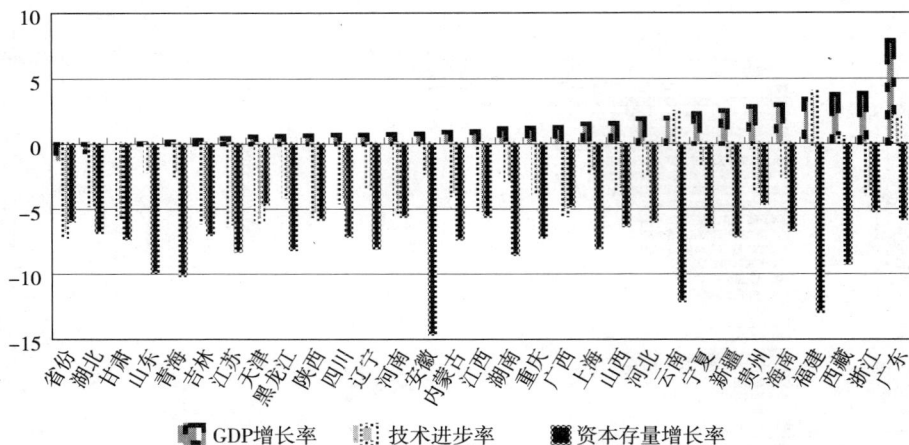

GDP增长率 技术进步率 资本存量增长率

图 2.11 2000—2008 年各省就业增长的分解

从图 2.12 中不难看出，技术进步的贡献在 20 世纪 90 年代中期出现了较大幅度的下降，曾一度下降到-20，但是 1996 年以后，其贡献逐步缩小，2000 年以后，其贡献虽然有所扩大，但是基本维持在-10 左右。

资本深化对就业的贡献，从 1990 年以后，呈现出逐年下降的趋势，2005 年以后资本对就业的贡献基本维持在 7% 左右。从资本深化和技术进步贡献的对比来看，虽然目前技术进步对就业的贡献大于资本深化对就业增长的贡献，但是从资本深化的发展趋势来看，资本深化将是影响就业增长的最主要的因素。

（四）资本、技术进步与就业增长的研究结论

经济增长不是影响就业增长唯一关键的因素，它仅仅是促进就业增长的主要因素，就业增长的大小还取决于资本深化和技术进步对就业的影响。因此，单纯追求高速的经济增长不一定能够获得较快的就业增长，只有在加快经济增长的同时降低资本对劳动的替代作用，降低技术进步对就业的排斥作用，才能够保证就业有较快的增长。这为我们转变经济增长方式提供了新的参考依据，我们不能完全单一地追求高速的经济增长。

从 2000 年前后的对比来看，2000 年以后资本深化对就业负效应显著增长，资本正在加快替代劳动，这是 2000 年以后就业增长缓慢的原因之一。

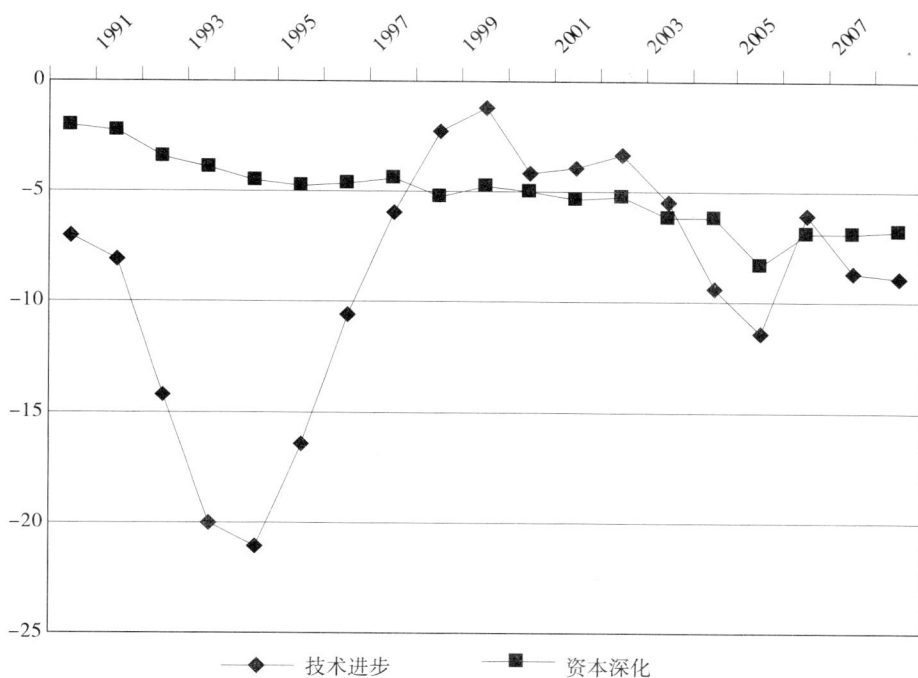

图 2.12　技术进步和资本深化随时间变化趋势

由于我国的经济增长高度依赖第二产业，而第二产业是资本密集型的产业，必然导致投资速度加快，资本深化水平提高，从而出现资本替代劳动的倾向。

2000 年以后，技术进步对就业的负效应有一定幅度的降低，而资本深化的作用逐渐加强，如果不改变经济增长方式，资本对劳动的替代性将进一步阻碍我国的就业增长。

二、消费与就业增长之间的关系

保持旺盛的有效需求是经济长期稳定增长的根本保证，有效需求不足不仅会导致产品积压、市场疲软、生产萎缩，而且还会大大减少投资机会和规模，从而不利于经济的发展，进而也影响作为引致需求的劳动力需求的增加。

（一）消费与就业增长的理论基础

消费者收入份额的变动一般由其就业状况和收入分配决定。不同的收入阶层在社会收入分配总额中占有不同的比例，而且不同的收入阶层其消费倾向和消费心理习惯等都不同，人们只能在一定的界限内安排其消费需求的层次，从而形成一定的相适应不同收入阶层的消费结构。

随着消费者收入份额的变化，各收入阶层也会随着调整自己的消费结构，导致整个社会的消费结构变化。当某一行业的需求收入弹性较高，通过市场的力量就会快速发展。该行业在发展过程中，劳动力是不可或缺的投入要素，某一行业自身较快的发展肯定带来劳动力投入要素的变化，从而导致就业结构的改变。

可见，消费水平和消费结构通过影响产业结构进而促进经济增长，通过经济的不断增长会扩大就业和优化就业结构，消费与就业之间会处于良性的变动状态。当然，在就业与消费之间的种种影响作用并不是直接的，而是需要经过很多复杂的中间环节来实现。

就我国的具体情况而言，在经济稳定发展时期，企业投资是充足的，投资一直是经济增长的主要动力和引擎，而消费始终未能启动起来，我国居民消费的疲软会不会导致长期的有效需求不足，进而导致就业不足呢？消费是否能够促进就业？在我国具体情况是怎样呢？下文主要研究消费与就业之间的关系。

（二）消费与就业增长的分析模型

我们使用一个最简单的模型来说明消费和就业之间的关系。我们忽略单个企业的特征，假设经济中只存在一个典型的企业，从而可以把全社会需求抽象为 $C + I + G$。

$$\max_{L} \quad \pi = P * F(L) - W * L \tag{2.10}$$

$$\text{s.t.} \ F(L) \leqslant Q^d \tag{2.11}$$

$$Q^d = C + I + G \tag{2.12}$$

求解一阶条件，得：

$$L^* = F_L^{-1}(Q^d) = F_L^{-1}(C + I + G) \tag{2.13}$$

因此，当商品市场的需求对企业构成约束时，企业的劳动力需求就由商品需求来决定。这时，商品市场上的非均衡就传导到了劳动力市场上。显然这种分析还是过于简单，为了提出较为合理的计量模型，我们应该考虑企业的生产行为和产品市场的联系。

假定生产函数为：$Y=F(K, L)$，假定厂商在投入和产出两个市场上都受到数量和价格的限制[①]：wp 是生产者使用劳动力支付的工资，w 是名义工资，p 是产品价格，$wp=w/p$；RP 是生产者使用资本的成本，$RP=R/P$。

$$WP = F_L(L^*, K^*) \qquad (2.14)$$

$$RP = F_K(L^*, K^*) \qquad (2.15)$$

得到：

$$L_w^d = L_w^d(WP, RP) \qquad (2.16)$$

$$K_w^d = K_w^d(WP, RP) \qquad (2.17)$$

因为资本的变动是由投资决定的，因此可以把资本的方程转化为投资的方程：

$$I_w^d = I^*(WP, RP, K_{-1}) \qquad (2.18)$$

K_{-1} 是上一期的资本存量。

我们还假定厂商同时受到产品市场价格的影响，因此：

$Y_w^S = F(L_w^d, K_w^d) = Y_w^S(WP, RP)$，产品的供给完全由投入品的价格决定。

假定企业生产两种产品，一种是投资品，一种是消费品。消费品的价格为 P_c，那么对于生产消费品的厂商而言，最优的消费品的提供方程为：

$$C_w^S = C_w^S(WP_C, RP_C) \qquad (2.19)$$

投资品的供给为：

$$I_w^S = I_w^S(WP_I, RP_I) \qquad (2.20)$$

这样通过前面的方程，我们就决定了劳动需求 L_w^d，投资需求 I_w^d，消费供给 C_w^S，投资的供给 I_w^S。

其他市场上的波动效应就会传导到劳动力的市场上：

$$L_w^d = L_w^d(WP, RP, L_{-1}^d) + \alpha_1(I - I^S) + \beta_1(C - C^S) \qquad (2.21)$$

在工资、产品价格和前期需求一定的情况下，产品市场的非均衡就会传

---

① Glenn D.Rudebusch，（1989）"An Empirical Disequilibrium Model of Labor, Consumption and Investment"，*International Economic Review*，Vol. 30，No. 3，August.

导到劳动力市场上。比如当 $I-I^s<0$，$C-C^s<0$，α，$\beta>0$ 的时候，就业需求就会下降。

如果把 C_w^s，I_w^s 的决定方程代入上式，就可以消除 C_w^s，I_w^s，得到仅有 WP、RP、L_{-1}^d、I 和 C 的方程。我们可以使用这个方程估计消费、投资对就业的影响因素。[①]

$$I_w^d = I_w^d(WP,\ RP,\ I_{-1}^d) + \alpha_2(L - L^s) + \beta_2(C - C^s) \qquad (2.22)$$

（三）消费与就业增长的实证分析

1. 消费与就业散点图

为了观察消费和就业之间的关系，我们利用《新中国 60 年统计资料汇编》和《中国统计年鉴》数据，画出了就业和消费之间的散点图（见图 2.13）。图左边是人均消费和总人口的乘积，也就是社会总消费，右边是社会消费品零售总额。因此，就业与消费之间存在高度的正相关，消费增加，能够显著地促进就业。

2. 消费与就业回归分析

根据前面的数据，用 stata9.0 做计量回归结果，从表 2.8 可以看到，使用《新中国 60 年统计资料汇编》上的数据回归的效果更好，R^2 在 0.5 以上，而使用《中国统计年鉴》上各年的数据回归结果拟合程度要低一些。

表 2.8　1980—2008 年各省消费与就业回归分析

	就业总量	城镇就业总量	就业总量（55）	城镇就业总量（55）
工资	-0.001 （0.45）	-0.004 （3.43）**	0.002 （1.21）	-0.004 （3.69）**
投资	-0.022 （1.17）	-0.012 （1.05）	-0.164 （7.19）**	-0.069 （6.67）**
消费	0.153 （5.40）**	0.107 （6.19）**	0.456 （14.70）**	0.220 （15.31）**
常数	1933.364 （99.64）**	457.730 （38.75）**	1705.177 （124.01）**	465.406 （69.88）**

①　当然，这个模型存在一定的问题，主要是它内在的基础是：产品市场的不均衡传导劳动力市场的不均衡，而我们估计的是消费对就业的直接影响，因此模型的基础和最终的估计之间存在一定的非一致性。希望以后能够找到或者推导出更为直接的消费决定就业的方程。

续表

	就业总量	城镇就业总量	就业总量（55）	城镇就业总量（55）
观测值	461	461	843	789
样本	31	31	31	31
R-squared	0.27	0.28	0.52	0.50

资料来源：作者根据《新中国60年统计年鉴》数据回归得到。其中，（55）是采用《新编中国60年统计资料汇编》回归的结果。

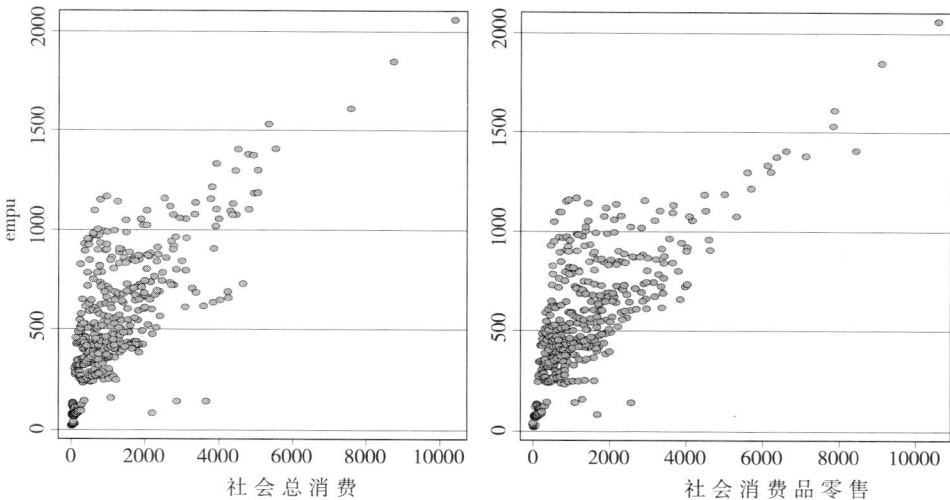

图2.13　1980—2008年各省就业与消费关系图

　　在就业总量回归模型中，投资对就业的影响不显著，而在就业总量（55）模型中投资对就业的影响为负，这出乎意料。从投资和就业的散点图可以看到二者之间是正相关，而回归结果出现了负相关，这主要可能是由于投资和社会消费品零售总额之间存在正相关，从而导致模型中存在多重共线性。投资与全社会商品零售总额之间的高度相关性可以从投资与全社会商品零售总额之间的回归结果得到验证，二者之间的 R^2 到达了0.92。事实上，从经济现实中也可以得到这样的结论，消费越多的省份，投资也应该越多。

　　从上述四个模型的回归结果可以看出：社会消费品零售额越多，消费量越大，对就业的促进作用越强。总体而言，与消费相比，投资对就业的贡献更加不确定，也就是说投资对就业的影响更小，消费对就业的影响更大。

（四）消费与就业增长的研究结论

虽然凯恩斯在 1936 年就非常明确地分析了消费与就业之间的关系，但是在后来的经济学很少直接研究消费与投资之间的关系。因此，本章的研究显得理论和模型基础缺乏。不过我们把消费放在劳动需求中来分析，根据劳动需求的派生性，我们可以认为消费肯定是影响就业的关键性因素。投资是企业的生产要素投入，而消费是企业面临的产品市场。实证研究结果表明，包含消费和投资的模型中，消费是影响就业的关键因素，而投资的作用显得不确定。可以说，现阶段影响我国就业的不应该是投资不足，而应该是消费不足。只要消费需求旺盛，投资自然会增长，从而带动就业增长。投资不足仅仅是表面的原因，而消费需求不足才是就业困难的根本原因。

三、出口与就业增长之间的关系

出口增长对就业具有促进影响：一类是直接影响，外贸出口企业，尤其是加工贸易企业，吸纳大量的劳动就业；另一类是间接影响，根据对外贸易乘数理论，通过出口，一方面，商品和服务出口的增长将带动出口关联部门的就业量增加；另一方面，会引起一系列派生性的支出和再支出，拉动国内需求增长，进而带动就业增加。而进口的作用与出口作用完全相反，也是通过直接和间接两种渠道对就业产生负影响。因此，已有的文献也是围绕进出口的直接效应和间接效应展开。

（一）出口与就业增长的理论基础

海莫斯（Hamermesh，1993）指出：一个行业的劳动需求弹性取决于该行业劳动在总收入中所占的份额、劳动与其他投入要素的替代弹性以及该行业最终产品的需求价格弹性三个变量。

罗迪克（Rodrik，1997）在此基础上分析了贸易开放度增加影响劳动力市场需求弹性的两个渠道。第一，贸易开放度提高将使本国厂商获取进口中间投入品的种类增加、成本降低从而对国内劳动要素产生更强的替代性。这就是，在劳动需求理论部分提到的替代效应。第二，更为自由的国际贸易将会增大国内各行业最终产品的需求弹性，根据希克斯—马歇尔要素需求定律，这将进而提高行业劳动的需求弹性。这在劳动需求中成为"规模效应"或"产出效应"。因此，研究出口对就业的影响完全可以使用劳动需求的基本理论进行分析。

（二）出口与就业增长的分析模型

经验研究基本沿着度量进出口的直接和间接就业效应展开，但是从使用的模型和数据来看，主要是沿着两种生产函数来展开，一种是引入海恩（Hine）和莱特（Wright，1998）[1]的生产函数，另一种是斯劳特（Slaughter，2003）引入的市场结构对行业厂商行为的描述。[2] 本章使用斯劳特的基本模型：

$$lnL_{ij} = \eta ln \frac{\alpha\theta(\eta-1)}{\eta} \left(\frac{1-\alpha}{\alpha}\right)^{\frac{(1-\alpha)(\eta-1)}{\eta}} - [\eta-(1-\alpha)(\eta-1)]$$

$$ln\frac{w_j}{P_j} - (1-\alpha)(\eta-1) ln\frac{r_j}{P_j} \qquad (2.23)$$

$$lnL_{ij} = \alpha_1 lnw_{it} + \alpha_2 lnteade_{it} + \alpha_3 lntrade*w_{it} + \alpha_4 lnRE_{it} + \alpha_5 lnCRY_{it} + \alpha_6 lntime + \delta_i + u_{it} \qquad (2.24)$$

在计量方程（2.24）中，L_i 为行业 i 的劳动需求量，w_i 为行业 i 的实际工资水平（行业的名义工资除以居民消费价格指数），$trade$ 为行业 i 的贸易自由化指标，是该行业的净出口，实际上可以把该指标分解为进口和出口两个指标，RE 为实际有效汇率，CRY 为实际国内生产总值增长率，$time$ 为时间变量。c 为行业 i 的固定效应，u 为随机误差项。

（三）出口与就业增长的实证研究

1. 出口与就业的散点图

2004 年以前进出口、固定资产投资数据来自《新中国 60 年统计资料汇编》，2004 年以后的就业、工资、工资指数、汇率等数据来自于各年的《中国统计年鉴》。在统计年鉴中有三种类型的进出口，我们选用的是按经营单

① Hine R.and Wright P.（1998），"Trade with Low Economies, Employment and Productivity in U.K. Manufacturing"，*The Economic Journal*，108，September.

② Slaughter, M.J.（1998），"What are the Results of Product Price Studies and what can We Learn from Their Differences"，*Working Paper* 6591，NBER.

位所在地的各地区的进出口。工资使用工资指数折算为 1990 年等于 100。用资本存量按永续盘存法计算，首先使用固定资产投资价格指数把各年的固定资产投资折算为 1990 年等于 100 的可比价格，把 1952 年的资本存量等于当年的资本投资乘以 10，1953—2008 年各年的资本存量等于上年的资本存量乘以折旧率（0.9）再加上当年的投资量。

根据上面的数据，我们可以画出出口和就业之间的散点图（见图 2.14）。图中左上的子图是全国各省的散点图，其余三个图是东、中、西三大地区的散点图。从图中可以看到，出口与就业之间的关系主要是正相关的关系，特别是在全国和东部省份表现非常明显，但是这种正相关关系不是非常的规则，每个子图都呈现出数据分层的现象，并没有集中在一起。这主要是出口主要发生在工业行业，而工业从业人员主要是城镇就业人员，因此全部就业人员与进出口之间的关系不是非常的密切，有的省份全社会从业人员非常多，但是工业不发达，出口比较少，因此在图 2.14 中表现为向上的分离，而个别省份全社会从业人员少，但是工业发达，出口较多，出现向下分离的趋势。

2. 出口与就业回归分析

表 2.9 给出了对全部变量取对数之后的回归结果。

投资对数的系数，只有 2000—2008 年的对西部地区就业的回归结果是显著为正，其他回归模型都不显著，这说明投资的增加没有显著地增加就业。从理论上来讲，资本存量增加会带来规模效应和替代效应，规模效应会增加就业，而替代效应会减少就业，当这两种就业效应相等的时候，投资或者资本存量的增加就对就业没有显著的促进作用。

进口对我国就业的影响，在 2000 年以前为负，而且主要发生在进口较多的东部地区，2000 年以后，进口对就业的影响不确定，在显著的两个系数中，系数符号为正，因此可以认为进口在一定程度上能够促进就业。但是这种效应不是很确定。

在 2000 年以前，只有中部地区的出口系数是显著的，因此在 2000 年以前出口对就业的影响不是很显著，主要原因是 2000 年以前出口总额比较少，对就业的影响不显著。在 2000 年以后，除了中部地区以外，其他系数都是显著的，出口对就业的影响非常显著。从系数的大小来看，东部地区的系数

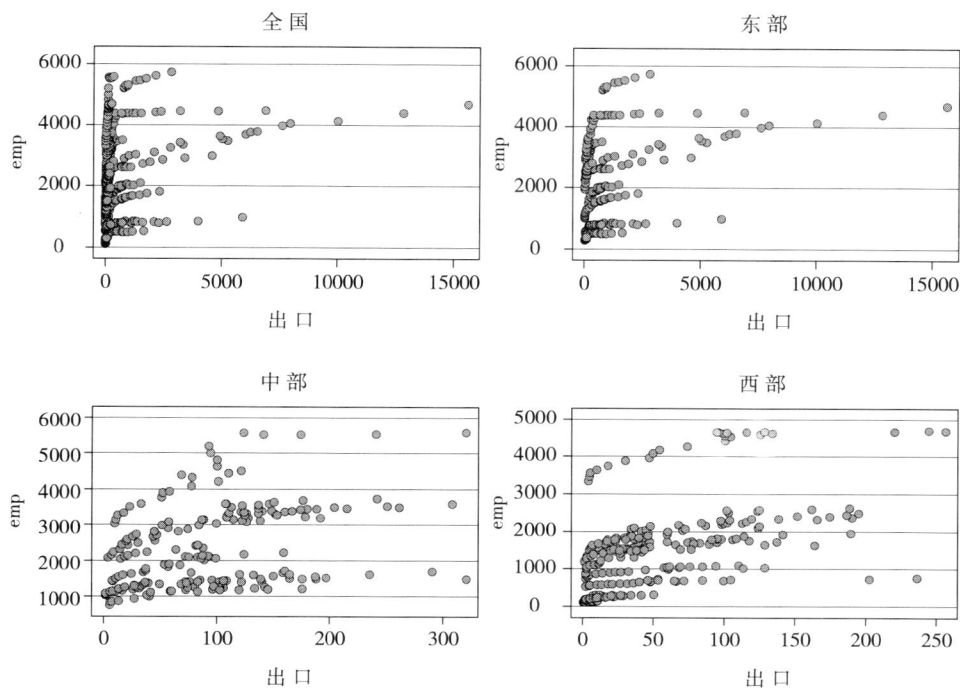

图 2.14　1980—2008 年各省出口与就业关系

为 0.41，西部地区系数为 0.068，出口对东部地区的就业影响更大，对西部地区的影响更小，这是符合经济发展客观现实的。因为我国的进出口主要集中在东部地区，我国的劳动力也是从西部往东部迁移，进口对就业的影响主要表现东部地区。

表 2.9　1990—2008 年进出口与就业计量回归

	1990—2000 年				2000—2008 年			
	全部	东部	中部	西部	全部	东部	中部	西部
投资对数	-0.106 (1.04)	0.029 (0.09)	-0.227 (3.74)**	-0.099 (0.80)	0.055 (1.02)	0.050 (0.40)	-0.001 (0.01)	0.020 (0.34)
工资对数	-0.088 (0.56)	-0.159 (0.36)	0.071 (0.79)	-0.139 (0.72)	0.473 (1.59)	0.372 (0.66)	1.005 (2.34)*	0.938 (2.42)*

续表

	1990—2000 年				2000—2008 年			
	全部	东部	中部	西部	全部	东部	中部	西部
进口对数	-0.048 (0.91)	-0.045 (0.23)	-0.046 (1.05)	-0.037 (0.72)	0.013 (0.57)	-0.210 (2.47)*	0.025 (0.62)	0.021 (0.88)
出口对数	0.093 (1.25)	0.012 (0.04)	0.151 (2.24)**	0.077 (1.00)	0.097 (3.37)**	0.411 (3.34)**	-0.018 (0.42)	0.068 (2.32)*
常数	7.235 (7.22)**	7.517 (2.43)*	7.081 (14.69)**	7.004 (5.62)**	1.047 (0.47)	1.354 (0.33)	-2.008 (0.62)	-2.771 (0.95)
观测值	244	88	54	92	217	77	56	84
样本	31	11	8	12	31	11	8	12
R^2	0.02	0.01	0.34	0.04	0.58	0.73	0.49	0.67

资料来源：作者根据《新中国 60 年统计年鉴》数据回归得到。

通过比较资本和进出口对就业的影响，可以发现投资的增加对就业基本没有促进作用，在影响就业的主要因素中，仅有出口对就业有促进作用，这就进一步加剧了我国就业对出口的依赖程度，增加了就业波动的幅度和风险。一旦出口减少，势必对我国的就业造成很大的压力。因此，在金融危机发生以后，出口减少，我国的就业问题就凸显出来，不仅是大学生就业，就是农民工的就业都变得更加困难。

（四）出口与就业增长的研究结论

出于数据的限制，本节没有对各行业进出口对就业的影响进行详细的分析，仅仅分析了进出口对就业总量的影响，因此不能分离进出口对就业的直接效应和间接效应。

从研究结果看，只有出口达到一定的数量以后才能对就业产生显著的影响，因此只有东部出口份额较多的省份，出口的就业效应才比较显著，在东部地区出口每增加一个百分点，就业增加 0.41 个百分点，西部地区的就业效应要低些。

在包含了出口和投资的方程之中，投资的效应再一次变得不显著，出口成为影响就业的主要变量。

第五节　工资、收入分配与就业增长

本节从劳动力市场的调整机制入手，研究就业增长缓慢与工资、劳动收入份额之间的关系，分为两个方面的内容：第一，研究劳动市场中，就业增长与工资、劳动收入上涨之间的动态关系；第二，研究劳动收入份额的决定因素。

一、就业增长与工资增长的理论基础

就业增长主要取决于两个方面的因素：一是总产出中用于购买劳动要素的份额；二是总的劳动收入份额中用于工资增加和就业增加的替代关系，即用于增加就业更多还是用于增长工资更多。在总产出中用于购买劳动要素的总额，取决于劳动收入占 GDP 的比重，该比重越高，用于购买劳动要素的支出就越多，但是根据新古典理论，生产函数一般不会发生较大的变化，因此劳动收入占 GDP 的比重一般维持在一个比较稳定的水平上。

从劳动力市场的调整机制入手，就业与工资、劳动收入份额以及资本深化之间有密切的关系。就业增长缓慢的原因之一是工资上涨幅度相对较大，导致企业不得不使用资本替换劳动。如果是这样，劳动要素在 GDP 中所占的份额应该提高，也就是说劳动总成本逐步上升。这种情况下，虽然经济增长中就业增长缓慢，但是劳动者在工资上涨中得到了补偿，实际就业的劳动者工资收入会不断增长。这种情况会在劳动市场分割非常严重的情况下形成，可以用劳动力市场中内部人和外部人市场来解释，在内部的劳动者能够通过自身力量提高自己的工资水平，保证劳动者总收入在 GDP 中处于不断的上升，把其他外部人排斥在劳动力市场之外。

此外，就业增长缓慢还可能是工资上涨幅度虽然相对不大，或者在工资维持在一定水平上，但是企业可从资本扩张中大幅度提高劳动生产率，提高资本受益，获得高额的利润，导致一种不符合我国比较优势的经济增长模式。如果是这样，劳动要素在 GDP 中所占的份额会逐步降低，也就是说劳动总成本相对下降。这种情况下，经济增长带来就业增长缓慢，劳动者不仅在就业数量上得不到补偿，在工资增长中也会处于不利地位。这种经济增长方式，对于就业而言，就是一种低水平循环的经济增长，即经济增长的就业效应下降，同时工资增长放慢，劳动收入占国民收入的比重也下降，经济增长全部偏向于资本扩张和资本增长。这种情况会在劳动供给非常丰富的情况下出现，此时整个劳动力市场因为供给过剩，造成了工资上涨缺乏动力，而资本市场比较宽松或者出现结构失衡，比如国有企业可以通过低廉的利率和担保可以获得较为便宜的融资，出现过度的投资倾向，这种倾向会向其他民营企业传导，如果民营企业不实行资本深化，就在产品市场上处于劣势地位，故而导致民营企业也竞相提高资本深化水平。

前面我们分析了就业增长与工资、劳动收入之间的关系，但是直接对这个问题进行研究的文献并不多，有较多的文献研究了我国劳动收入占比的决定因素：罗长远（2008）归纳了影响劳动收入占比的决定因素是资本产出占比、技术进步、全球化以及经济发展水平、非正规部门的规模和对劳动力的保护程度。谢攀（2009）和陆铭（2008）认为财政分权是影响我国劳动收入占比的因素之一。李稻葵（2007）认为产业结构是影响我国劳动收入占比的重要因素之一。下文也研究了我国劳动收入占比问题，不过本章的研究主要是验证我国就业增长缓慢是由于劳动收入占比下降导致的。

二、就业增长与工资、劳动收入占比之间模型分析

在总的劳动收入占比一定的情况下，用于购买劳动要素的支出总额一定，那么此时企业是愿意用于购买更多的新增劳动力还是用于支付现有员工的更高的工资，取决于劳动力市场的总供给、总需求的变化情况，同时还取决于劳动力市场的制度情况，特别是由于劳动力市场上的工资始终是具有一定的黏性，给工资和就业之间的关系带来一定复杂性。

根据上面的分析，我们可以用下面的模型来刻画劳动力市场上就业增长、工资增长、劳动收入之间的关系。

假定劳动收入与收入名义增加值之间存在如下的函数关系，或者说与总产出 GDP 存在一个幂函数关系：

$$S_W = AV^\alpha \tag{2.25}$$

α 取决于不同的技术条件和制度条件，在不同的假定情况下，α 有不同的取值。我们可以把该式进行动态处理，得到下面的动态方程：

$$\dot{S}_W = AV \tag{2.26}$$

那么实际工资增长率可以写为如下形式：

$$\dot{w} = \alpha\dot{V} - \dot{L} - \dot{P}_c = \alpha(\dot{\nu} + \dot{P}_p) - \dot{L} - \dot{P}_c = \alpha\dot{\nu} - \dot{L} + (\alpha\dot{P}_p - \dot{P}_c)$$

$$= \alpha\dot{\nu} - \dot{L} + (\alpha - 1)\dot{P}_p + (\dot{P}_p - \dot{P}_c) \tag{2.27}$$

$(\alpha - 1)\dot{P}_p$ 是价格变化的工资影响，这说明通货膨胀率越高，工资份额中就有更多的部分转移到支持工资和就业增长，这主要是工资的调整具有滞后效应。

$\dot{P}_p - \dot{P}_c$ 是生产价格和消费者购买价格之间的差异，如果这个差异很大，说明厂商在产品市场上占有较大的优势，那么厂商用于购买劳动要素的支出就越多。

把上面式子变形就可以得到如下的就业增长模型：

$$\dot{L} = \alpha\dot{\nu} - \dot{w} + (\alpha - 1)\dot{P}_P + (\dot{P}_p - \dot{P}_c) \tag{2.28}$$

该式子的含义简单明了，就业增长可以分解为三个部分：

第一，一部分是产出增加带来的劳动份额增加，从而带来了总就业增长。

第二，在劳动份额一定的情况下，工资上涨带来就业下降。就业增长越快，工资增长越慢。二者之间是显著的负相关关系。

第三，价格变化带来的就业效应。

方程描述的是劳动力市场的外生调节过程，因为增加值的增长取决于许多因素包括宏观经济政策、税负、出口等因素。在所有的过程中，劳动力市场的调整是整个过程的一个方面。另外，α 以及就业和工资增长之间的替代关系是劳动力市场上最主要的变量，而且取决于劳动力的相对价格。

模型中最重要的参数是 α，有如下两种计算方法：一种是把其他所有的变量计算出来，用（2.25）直接求出；另外一种计算方法是，通过生产函数，估计生产函数中 α 参数，再进行计算。

α 小于 1 表明，增加值中更少的份额用于购买劳动要素，即增长就业数量和增加工资，这时的经济增长偏向于资本这边，而不是偏向于就业或者劳动者这一边。新古典主义认为，实际工资的增长——源于劳动力价格较高或者体制的压力——将强制企业选择高的资本密集型生产方式，而且这种方式如果发展合适，就意味着资本和劳动的替代率大于1，这将导致工资份额的下降。

三、就业增长与工资、劳动收入占比实证分析

本部分使用的数据来源于《新中国60年统计资料汇编》和各年的《中国统计年鉴》。主要使用的指标是各省就业、GDP、工资和生产价格指数、消费价格指数等，并根据需要进行了适当的修订。

（一）就业增长与工资、劳动收入占比的分解分析

我们将1990—2008年区分为两个时间段，把就业增长分解为下面三个部分，用于劳动收入增加的效应，工资增长带来的就业减小效应，价格效应，参见图2.15和图2.16。

从图2.15可以看出，1990—2000年就业增长主要取决于劳动收入增加的效应，也就是说，在这个时期总产出中用于购买劳动收入的份额对就业增长的贡献最大，其贡献基本在8%以上。从另外一个方面看，工资上涨对就业增长的负效应也非常大，其贡献也在-10%，也就是说，虽然劳动收入占比增加很快，但是此时工资上涨也很迅速，在一定程度上抵消了就业上涨的空间。该期间，价格效应的影响并不大，基本在2%以下。

从图2.16可以看出，2000—2008年期间，与2000年以前相比较，产出中劳动份额的增长对就业的带动作用迅速缩小，其贡献在2%以下，说明产出中用于购买劳动要素的份额迅速减少。从另外一个方面来看，工资上涨对就业的抵消作用同样下降非常迅速，下降到-2%，说明2000年以后，实际工资上涨幅度较小，同时工资上涨带来的就业效应也是非常小的，即工资与就业之间相互替代关系迅速减少。该期间，价格效应的影响有所增大，为4%左右。

结合前面的分解结果，我们可以发现，2000年以后的就业增长放缓，不是由于2000年以后劳动者工资上涨造成的，而是由于2000年以后实际产出中用于购买劳动要素的份额下降造成的。

（二）就业增长与收入占比的回归分析

为了进一步显示就业增长与劳动收入占比和工资增长之间的关系，我们用回归分析的方法进行深入研究，回归结果见表2.10。

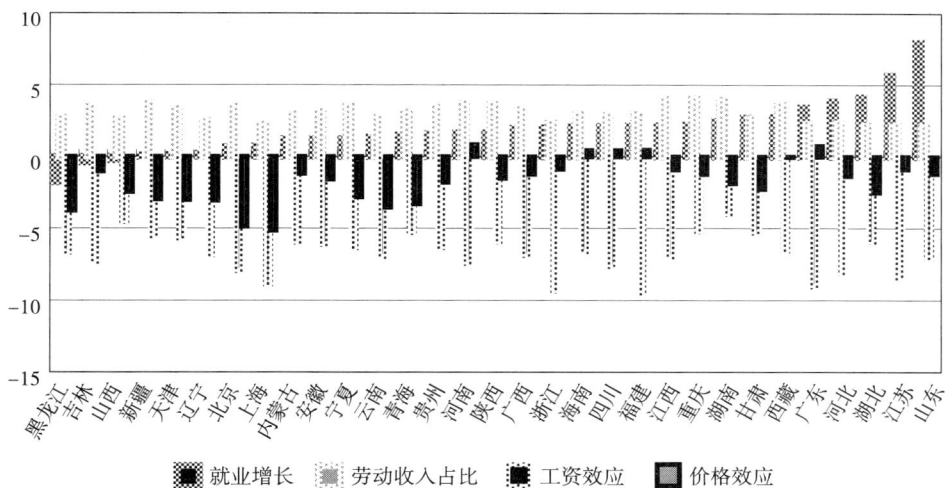

图 2.15　1990—2000 年就业增长分解结果

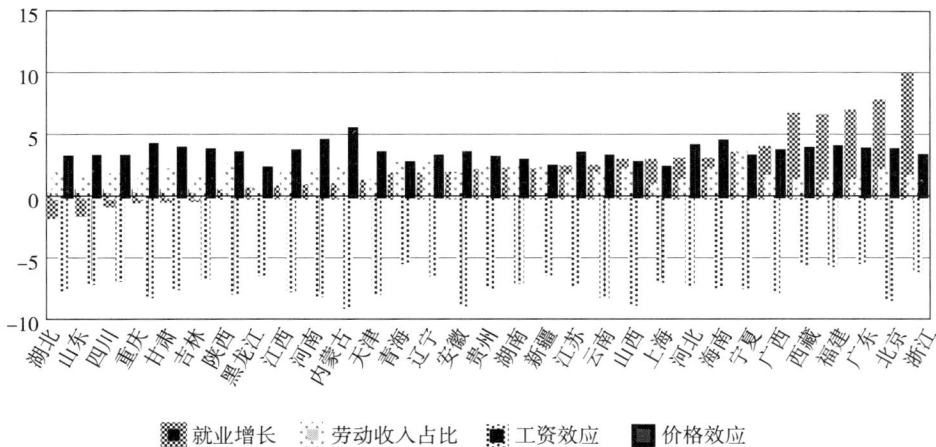

图 2.16　2000—2008 年就业增长分解结果

从表 2.10 可以看出，2000 年前后，经济发展结构出现了显著的变化。2000 年前，就业增长与劳动收入占比之间不存在显著的关系，这说明就业增长不是在劳动收入占比降低的情况下实现的，故而此时工资增长速度较快，工资增长与就业增长之间是正相关关系，也就是说，工资增长并没有带来就业增长率的下降。2000 年以后，劳动收入占比的系数显著为负数，而且系数非常之大。这表明，2000 年以后，我国的就业增长是在劳动收入占比逐年下降的情况下实现的，由于劳动收入占比的下降必然导致就业增长缓慢，这和前面分解分析的结论是一致的，即劳动收入占比是导致我国就业增长缓慢的原因。

2000 年以后，劳动收入占比对就业增长的影响存在显著的地区差异，劳动收入占比的系数只有东部地区显著为负数，在中西部地区不显著。由于东部地区劳动收入占比系数显著为负，这也说明东部地区快速的就业增长是在劳动收入占比下降的情况下实现的，这与我国劳动力在东中西部的分布和流动特征是吻合的。东部地区由于吸纳了从中西部转移过来的劳动力，从而实现了较快的就业增长，但是劳动收入占比却出现了下降，从而导致东部地区平均工资水平上涨缓慢，导致中西部劳动力向东部转移的过程放慢，近年来东部地区偶尔出现民工荒，以及富士康向中西部迁移，就是东部地区劳动收入占比下降以及平均工资水平上涨有限的集中体现。

表 2.10   1990—2008 年就业增长计量回归结果

	1990—2000				2000—2008			
	全部	东部	中部	西部	全部	东部	中部	西部
劳动收入占比	1.816 (0.53)	8.376 (0.97)	2.222 (0.27)	0.815 (0.16)	-20.410 (4.10)**	-38.257 (3.06)**	-6.690 (0.80)	-8.576 (1.23)
工资增长率	0.349 (8.29)**	0.318 (4.32)**	0.538 (5.40)**	0.272 (4.87)**	0.124 (0.69)	-0.073 (0.20)	0.764 (2.01)*	0.125 (0.49)
常数	-3.829 (2.01)*	-6.531 (1.54)	-6.149 (1.37)	-2.401 (0.78)	12.320 (4.65)**	21.361 (3.61)**	2.108 (0.46)	6.806 (1.74)
观测值	303	110	80	113	279	99	72	108
样本	31	11	8	12	31	11	8	12

资料来源：作者根据《新中国 60 年统计年鉴》数据回归得到。

综合前面分析，我们发现，劳动收入占 GDP 比重降低不仅限制了就业增长，导致就业增长速度放慢，而且，在劳动收入占比降低情况下的就业增长肯定是以低工资增长方式为主，从而导致劳动收入在 GDP 中的比重进一步下降。只有在劳动收入占 GDP 比重提高的前提下，实现就业的增长和工资的增长，才能实现经济增长与就业的协调发展，否则经济增长越快，用于购买劳动要素的比重越低，要么实现就业增长越来越困难，要么在激烈的劳动市场供大于求的情况下，只能实现低工资增长为基础的就业增长。因此，如何合理调整收入分配关系，努力提高居民收入在国民收入分配中的比重、劳动报酬在初次分配中的比重，是我国解决就业难题，提高居民收入水平的关键。

四、劳动收入占比下降的原因分析

前面我们分析了就业增长缓慢的原因是由于劳动收入占比下降导致的，那么为什么在我国劳动资源相对丰富的情况下，劳动收入占比会显著下降呢？下文将从资本深化的角度进行深入分析。

（一）资本深化与劳动收入占比之间的描述性分析

前面的分析表明，2000 年以后资本深化以及由此产生的技术进步是阻碍就业增长的主要原因，也就是说 2000 年后，依靠大量的资本投资替代劳动力，必然使得资本在生产要素中比重越来越高，劳动在生产要素中的比重越来越低，劳动要素的收入份额越来越低。

为了进一步研究资本深化与劳动收入占比之间的关系，我们画出人均资本与劳动收入占比之间的关系，参见图 2.17。图中横轴是各省人均资本水平，纵轴是劳动收入占比，二者之间存在严重的负相关关系，特别是在人均资本小于 10 万的时候，我们发现随着人均资本水平的提高，劳动收入占比会迅速下降。

从劳动力市场的内在运行机制分析，资本深化的内在原因不是由于工资的高速增长导致的资本要素相对便宜，而恰恰是在劳动力市场供给过剩的情况下，资本挤压就业增长和工资增长的空间，导致劳动要素在生产中的收入份额逐步降低。为了进一步验证我国劳动收入占比下降是由于劳动供给过剩挤压的，我们画出了劳动收入占比与反映劳动供给的几个指标的散点图。

图 2.18 是劳动收入占比与劳动参与率和城市化水平的关系图。可以看到，劳动收入与城镇从业人员比重和城市化水平之间存在负相关关系，即城

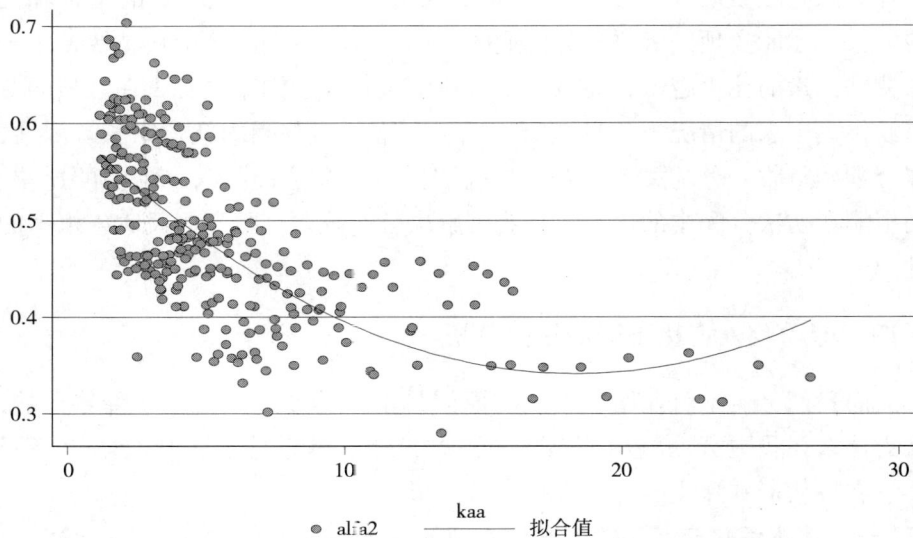

图 2.17 人均资本与劳动收入占比之间的关系

镇从业人员占总人口比重越高，劳动收入占比越低，城市化水平越高，劳动收入占比越低。

单纯提高工资不能提高劳动收入的占比，实际上也不能达到提高所有人工资的目的，最多导致一部分人工资上涨很快，而在劳动力供给过剩的情况下，必然有更多的人处于相对工资下降的过程。因此，加强劳动力市场的建设，加快外来务工人员融入当地城市经济发展是可行的方案。同时，还要转变经济增长方式，才能从根本上解决促进就业和工资提高、提高劳动收入占比的目标，让资本对经济增长的贡献作出一定的让步，才有劳动要素总体共享的提升，才能够实现经济增长、就业增长、工资提高的良性循环机制。

（二）影响劳动收入占比的计量分析

为了进一步研究劳动收入占比的决定因素，我们将人均资本存量、城镇从业人员比重、城市化水平等变量作为自变量，对劳动收入占比进行了回归分析，此外我们还加入了第二、第三产业产值之比、城市职工比重、财政收入占 GDP 比重等变量，基本结果见表 2.11，各主要变量的符号都与前面理论分析相同。

从表 2.11 的回归结果可以发现，在 2000 年前后，第二、第三产业之比

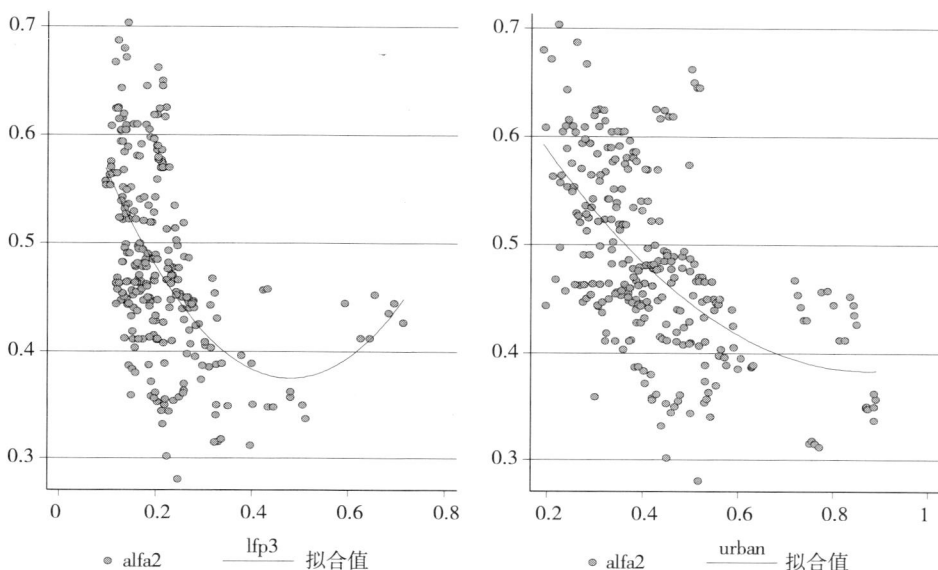

图 2.18 劳动收入占比与劳动供给关系

的系数均显著为负数，因此第二产业的过快发展不利于劳动收入占比的提高。2000 年以后，在所有的地区人均资本存量的系数都是负数，过度的资本深化会导致劳动收入占比下降。

表 2.11 1990—2008 年劳动收入占比回归分析

	1990—2000 年				2000—2008 年			
	全部	东部	中部	西部	全部	东部	中部	西部
第二、第三产业产值之比	−0.058 (3.27)**	−0.091 (4.61)**	−0.017 (0.42)	−0.151 (5.21)**	−0.052 (2.98)**	−0.087 (4.82)**	−0.018 (0.70)	−0.004 (0.10)
人均资本存量	−0.008 (1.02)	−0.007 (1.35)	−0.077 (1.19)	−0.054 (1.99)*	−0.030 (6.64)**	−0.013 (3.82)**	−0.042 (3.93)**	−0.086 (9.36)**
城镇从业人员比重	0.098 (0.47)	−0.015 (0.08)	−2.748 (2.57)*	0.652 (1.03)	−0.020 (0.09)	−0.463 (2.08)*	0.987 (0.66)	−2.725 (2.54)*
城镇从业人员比重的平方	−0.229 (0.72)	0.052 (0.19)	6.195 (2.61)**	−2.008 (1.37)	0.776 (3.21)**	0.534 (2.52)*	−6.720 (1.79)	9.245 (3.24)**

续表

	1990—2000 年				2000—2008 年			
	全部	东部	中部	西部	全部	东部	中部	西部
城市化水平	-0.156 (2.32)*	-0.097 (2.08)*	-0.076 (0.29)	0.018 (0.12)	-0.129 (1.84)	-0.072 (1.16)	0.554 (3.04)**	0.007 (0.04)
正式职工比重	-0.153 (3.17)**	0.026 (0.54)	-0.401 (2.31)*	-0.209 (2.24)*	0.015 (0.22)	0.061 (1.18)	-0.022 (0.20)	-0.103 (0.57)
国有职工比重	0.082 (1.88)	-0.032 (0.55)	0.160 (0.90)	0.121 (1.94)	0.219 (2.88)**	-0.027 (0.46)	0.420 (3.39)**	0.117 (0.64)
财政收入	-0.311 (3.22)**	-0.247 (2.85)**	-0.450 (0.92)	-0.457 (3.42)**	-0.478 (1.66)	0.112 (0.39)	-2.576 (5.63)**	0.439 (0.76)
常数	0.764 (17.35)**	0.664 (14.14)**	1.218 (9.34)**	0.872 (9.51)**	0.573 (11.62)**	0.676 (12.94)**	0.396 (3.00)**	0.837 (6.27)**
观测值	235	86	57	92	279	99	72	108
样本	31	11	8	12	31	11	8	12

资料来源：作者根据《新中国 60 年统计年鉴》数据回归得到。

城镇从业人员占总人口比重表示劳动力在各省之间的流动情况，该比例越高，说明劳动供给越充分，越不利于工资水平提高，劳动收入占比也难以提高。从回归结果来看，该系数是一个二次函数，其最低点在大于 0 的地方，因此在多数情况下，该比重越高，劳动收入占比越低。

城市化水平的系数为负数，但是在分地区回归的时候不是很显著，不过根据图 2.18 的分析，我们可以肯定城市化水平提高对劳动收入占比提高不利。

国有企业职工比重系数为正数，故而国有企业职工人数越多，劳动收入占比提高越容易，不过在三大地区之间的显著性存在一定的差异，中部地区显著，东部和西部地区不显著。

从财政收入占 GDP 比重的系数来看，在所有显著的系数中都是负数，总体而言，降低政府财政收入比重在一定程度上可以提高劳动收入占比。

五、工资增长与就业增长的研究结论

近些年，劳动收入占比下降也影响了我国就业增长。2000 年以后，我

国就业增长放慢不是因为 2000 年以后劳动者工资快速上涨造成的资本对劳动的迅速替代，而是在低层次劳动力供给过剩的情况下，以较低的工资实现了一定幅度的就业增长，从而导致劳动收入占比迅速下降。

劳动收入占比下降的真正原因是劳动力市场严重分割。我国劳动力市场分割非常严重，国有企业职工比重能够提高劳动收入占比，但是代表城市化水平和劳动力流动的变量表明，劳动供给越多，劳动收入占比越低，故而我国的劳动收入占比下降不是由于正规就业者工资上涨较慢，而恰好是非正规就业者工资上涨缓慢造成的。

第六节　扩大就业的经济增长模式选择

经济增长是扩大就业的必要但不充分条件，经济增长并不必然或自动地促进就业增长。经济增长是就业扩大的前提，但是，20 世纪 90 年代以来我国经济增长、投资增长与扩大就业之间的联系被大大削弱了。经济高增长、资本高投入并不一定必然带来较高的就业增长，也不会自动转化为就业机会的扩大。经济高增长、资本高投入能否带来就业增长和扩大就业机会，不仅仅依赖于经济增长率，还取决于采用何种增长模式。

一、我国经济增长与就业增长的主要矛盾

（一）投资推动经济增长与扩大就业的矛盾

投资对于我国国民经济的快速增长带来很大的推动。但是，引人关注的是，投资增长率在带动经济快速增长的同时，并没有带动相应的就业增长。从前文可知，投资对就业的影响，2000 年前后形成分界线，2000 年以后资本深化对就业负效应显著增长，资本正在加快替代劳动，这是就业增长缓慢的一个重要原因。投资使得我国的经济结构逐渐脱离劳动密集型产业转向资金密集型产业，增加相同资金的投资带来的劳动就业的增长比过去减少了。而我国增长最快的投资基本上都是资本和技术型的投资，对劳动力有挤出效应。因此，尽管近几年投资对 GDP 的拉动很快，但创造的就业岗位却没有增加很多。

（二）国民经济重工业化与就业增长的矛盾

中国是个劳动力丰富而资本稀缺的国家，但国民经济的重化工业倾向与资本密集型经济的提早到来，恰恰与这种比较优势发生了冲突。最近五年以来，我国第二产业就业增加幅度很大，有赶超第三产业就业人数的趋势，第二产业的就业偏离系数远远地高于第三产业的就业偏离系数。但是第二产业的劳动生产率远远地高于第一、第三产业，单位 GDP 需要的就业人数非常少，因此导致经济增长率很高，但是就业创造率很低。此外，在第二产业内部，长期以来，我国一直呈现重工业增速明显快于轻工业的扩张期的特征。近些年来虽然增速差距有所缩小，但基本格局仍未根本改变。其结果是，重工业在工业中的比重不断上升，目前已经超过 60%，而轻工业的比重则下降到不足 40%，一升一降，对比十分鲜明。由于第二产业高资本投入和高劳动生产率，以及内部结构重视重工业，因此经济的超常发展并没有带来就业的同步增加，就业形势变得更加严峻。

（三）经济增长内需不足与低收入就业的矛盾

投资是企业的生产要素投入，而消费是企业面临的产品市场，是影响经济发展和就业的重要因素。只要消费需求旺盛，投资自然会增长，反之，消费需求不足则会影响经济发展和导致就业困难。然而，实证分析表明，2000年以后，我国就业增长放慢不是因为劳动者工资快速上涨造成的资本对劳动的迅速替代，而是在低层次劳动力供给过剩的情况下，以较低的工资实现了一定幅度的就业增长，从而导致劳动收入占比迅速下降。其根本原因在于劳动力市场严重分割，代表城市化水平和劳动力流动的变量表明，劳动供给越多，劳动收入占比越低，故而我国的劳动收入占比下降不是由于正规就业者工资上涨较慢，而恰好是非正规就业者工资上涨缓慢造成的。低收入就业现象大量存在，导致劳动者购买力不强，内需不足，又导致劳动岗位减少，造成低收入就业与内需不足的矛盾。

二、我国扩大就业的经济增长模式选择思路

中国经济增长与就业，经历了从高经济增长高就业增长向适度经济增长低就业增长的转变，在新形势下面临新的选择。目前，我国扩大就业的经济增长模式选择的总体思路是：努力把经济持续健康发展的过程转变成促进就

业持续扩大的过程；努力把经济结构调整的过程变成对就业拉动能力不断提高的过程。

（一）一个转变

经济高增长能否带来就业增长和扩大就业机会，不仅仅依赖于经济增长率，还取决于采用何种增长模式。由此，转换经济增长动力成为重点。长期以来，我国的经济增长模式过度依赖投资推动、依赖对外贸易、依赖低价劳动力，导致了经济增长与扩大就业之间的不平衡。因此，从国情出发，依托我国资源丰富的优势，加快转变我国的经济发展模式，从更多地依靠外需转向内需，用外延型的增长转变为内延型的增长，从外向型的动力转向内向型的动力，从而构建包容性经济增长模式，改变经济增长主要依靠投资推动的增长方式，改变经济增长过度依赖对外贸易的增长方式，改变经济增长长期依赖低价劳动力的增长方式，改变经济增长过度依赖第二产业的增长模式，避免由片面追求经济增长而造成的就业与增长关系的失衡，理顺经济发展机制，重建就业与增长的良性互动关系。

（二）两个调节

加快转变经济增长模式，要立足于两个深入调节：深入调节经济结构，深刻调节收入分配结构。经济发展靠投资推动、产业发展重视工业以及外贸依存度过高这些现象，表现和反映了我们经济发展中的结构失衡，包括产业发展内部的失衡、投资需求和消费需求的失衡、内需和外需的失衡等。结构失衡成为我国经济运行中存在的一个主要的深层次矛盾。

经济结构调节的重点就是要优化投资结构，引导产业结构合理升级，合理规划东中西部区域发展。经济结构的调整必然导致就业结构的改变，在保持经济健康快速发展的同时，注重发展有利于增加就业含量和利用人力资源的经济产业和生产服务领域，提倡充分就业，维护劳动者合法权益，扩大收入分配，提高收入水平，推动扩大内需，加大就业对经济增长的贡献。

（三）三个平衡

促进就业必须解决好经济增长与增加就业的矛盾，具体来说要做到以下三个平衡：投资与消费的平衡；外需与内需的平衡；资本与劳动的平衡。

消费、投资和出口被称为拉动一国经济增长的"三驾马车"。对于我国这样一个发展中大国来说，要想保持经济持续高速发展和就业机会不断产生，就不能单纯依靠外贸拉动，充分挖掘和培育国内消费需求才是更为可靠的，且是必要的。因此，根据经济发展方式转变的一般规律和要求，当前应该把经济增长主要由依靠投资、出口拉动向依靠消费、内需拉动转变。

此外，资本的收益分享权与劳动的收益分享权如何平衡，取决于生产资料所有制性质以及由此衍生出的社会制度对收益的分配规则。如果资本和劳动的收益分配长期失衡，将导致通货膨胀或者经济停滞不前，出现大量失业现象。因此，经济增长模式必须考虑资本与劳动的平衡，坚持公平原则，节制资本，更多关注劳动大众利益，收益分配依据不再过于偏向资本，而是倾向于平衡考虑资本与劳动力双重因素。

三、我国扩大就业的经济发展对策

扩大就业的经济发展对策，以加快转变经济发展模式为重点，以深入调节经济结构和深刻调节收入分配结构为支撑，处理好资本与劳动、投资与消费、内需与外需之间的关系，兼顾经济与就业的双重目标，努力把经济持续健康发展的过程转变成促进就业持续扩大的过程；努力把经济结构调整的过程变成对就业拉动能力不断提高的过程；努力统筹兼顾好调整产业结构、推进技术进步和扩大就业容量的关系。

（一）实施包容性经济增长模式

包容性经济增长，与单纯追求经济增长不同，寻求社会和经济协调发展、可持续发展，倡导机会平等的增长，让更多的人享受发展成果，让弱势群体得到保护，促进经济发展与就业增长之间的平衡，重视社会稳定。从扩大就业的角度来说，包容性经济增长应该具有下列特征：

1. 经济增长速度与经济增长方式相互包容

经济增长速度与经济发展方式二者之间既有联系也有差别。经济增长速度无疑与减少贫困有关，经济增长也是就业增长的前提和必要条件，但一定的增长速度并不以相同的比例带动就业，不同的经济增长模式通常带来不同的经济发展绩效和就业结果。国际实践证明，从长期来看，实行符合比较优势发展模式的亚洲"四小龙"，其经济发展绩效优于违背比较优势发展的中南美洲国家（如巴西、阿根廷、智利、哥伦比亚等），并且平均失业率也远低于后者。

2. 经济增长与扩大就业相互包容

建立切实可行的体制和机制，落实经济增长与就业增长并重的发展观，以最大化创造就业机会为优先原则，从而使就业机会的扩大与经济增长同步推进，就业岗位的创造与产业结构调整协调一致，就业环境的改善与经济体制改革相得益彰。理顺投资和就业的关系，优先发展对就业促进作用大的项目，杜绝以牺牲就业岗位为代价，换取片面高速增长的政策取向，经济发展必须是包容这个国家最大多数的劳动力人口的增长。

3. 经济增长与收入增长相互包容

实现包容性增长，根本目的是让更多的人享受经济发展成果，让弱势群体得到保护。在可持续发展中实现经济社会协调发展，着力转变经济发展方式，提高经济发展质量，使人们平等、广泛地参与经济增长的过程并从中受益，不断为全体人民过上富裕生活创造物质基础。调整国民收入分配关系，提高劳动报酬在初次分配中所占比重和居民收入在国民收入分配中所占比重，确保人们能够平等、广泛地参与经济增长的过程并从中受益。

（二）深入调节产业和区域经济结构

促进就业增长是一项兼具经济效率和社会效益的事业，扩大就业有赖于全社会在各个层面上的共同努力。在保持经济适度快速增长的同时，充分考虑我国的比较优势，深入调节产业和区域经济结构，重点是兼顾产业升级和地域特色的双重任务，充分考虑劳动密集型产业和中小企业吸纳就业能力强的特点，考虑地区之间的平衡，追求经济发展的长期绩效。

引导产业升级，就是要把握农业、工业、服务业协调带动经济发展的规律，促进经济增长由主要依靠第二产业带动向依靠第一、第二、第三产业协调带动转变。这一转变完全符合我国三次产业结构调整的基本方向，是针对我国农业基础薄弱、工业大而不强、服务业发展滞后以及三大产业之间比例不合理的问题提出的。

与世界各国平均的发展水平相比，我国第二产业的比重大于第三产业，但不能简单地认为第二产业不需加快发展，因为第三产业的不发达正是植根于第二产业的发展水平低、规模小。第二产业中的制造业技术越高，劳动生产率也就越高，对第三产业的服务业需求就越大。第二产业中的制造业是决定人均收入提高和就业结构优化的关键产业，通过加快产业内部结构调整和产品升级换代，把提高附加值和加工深度及延长产业链条作为第二产业发展的目标，将有利于增强第二产业对第三产业的带动作用。

加速发展第三产业。提高第三产业就业比重，充分挖掘其吸纳就业的潜力，扭转经济增长主要依赖第二产业的经济增长模式，成为缓解就业压力、提高就业弹性的最佳选择。第三产业的发展要与第一、第二产业的发展统筹规划、协调发展，并密切结合市场需求及地区实际，确定当地第三产业发展的目标，将投资少、见效快、效益好、就业容量大的第三产业作为发展重点，进一步增强经济竞争优势和吸纳就业能力。加大对中小企业的扶持力度，在促使其产业结构升级的同时，兼顾劳动密集型企业，让其发挥充分吸纳劳动力的能力，保证产业发展的基础和推动力，促进其健康发展。

产业发展和区域发展紧密相连。我国东中西部区域发展不平衡是事实，通过继续大力发展东部沿海地区，同时兼顾中西部的发展，促使区域发展增长格局从东部地区"一马当先"，向中西部地区全面加速、各区域协同并进转变。在区域发展战略上，各地要大力发展具有比较优势的特色经济，统筹城乡区域发展，增强经济发展带动就业的整体功能。各地区因为条件不同，资源禀赋各异，因此应该充分利用自己的资源优势，大力发展具有比较优势的特色经济、特色产业，从而既较快地发展经济，又较快地新增就业岗位，扩大就业。

（三）深刻调节收入分配方式和结构

从生产的角度看，就业岗位是劳动力投入的载体，是产出的核心要素、增长必不可少的因素。从消费角度看，就业是劳动力获得工资收入的主要渠道，从而形成居民消费的重要载体。因此无论是从生产还是消费看，合理的收入分配格局，对于经济增长都具有积极促进作用。

根据我国收入分配的现实，深刻调整收入分配方式，重点是提高劳动报酬在初次分配中所占比重和居民收入在国民收入分配中所占比重，在对收入水平和收入份额进行调控的同时，注重收入分配秩序的规范，保护合法收入，调节过高收入，取缔非法收入。

要扩大国内消费需求，除了必要的消费政策调整之外，最重要的就是要努力增加我国居民收入，改善收入分配格局，减少收入差距，实现消费需求的持续增长，进而推动投资与消费趋于合理。我国中等收入群体收入比重近年来出现了下降，低收入群体的增收则缺乏完善的、长效的制度保障，因而不利于稳定的中等收入群体的形成，不利于全体人民共享发展成果。应着力于提高低收入者收入、逐步提高扶贫标准和最低工资标准，并建立企业职工工资正常增长机制和支付保障机制。

收入分配政策向居民收入、劳动收入、中低收入者倾斜，客观上要求国家财政政策继续加大转移支付的力度。依靠财政转移支付力度的加大，加快建立覆盖城乡居民的社会保障体系，建立基本医疗卫生制度。

在劳动力市场方面，应该逐步消除劳动力在地区间城乡间自由流动的过高的制度壁垒，降低劳动力市场中的交易费用，提高劳动力市场的整合水平，促使劳动力积极主动地和其他生产要素组合。

（四）促进资本与劳动的平衡

解决我国经济增长与扩大就业的矛盾，一定要注意在要素投入和分配中，兼顾资本回报与劳动回报的平衡，不断提高劳动收入占 GDP 的比重，从劳动收入份额总量上改变劳动者处于劣势的局面。促进资本与劳动的平衡，重点是调整投资结构和速度，避免资本深化进一步加剧，导致资本迅速替代劳动力。在增加各要素投入推动生产力发展的同时，注重通过人力资源的充分开发利用来促进经济增长，将巨大的人口就业包袱变为人力资源财富。

目前我国投资规模大，增长速度快，投资对经济增长的贡献较大，但对就业的拉动效应减小。投资结构不同，考虑就业因素与否，创造岗位的效果是大相径庭的。因此，有必要在保持投资快速增长的同时，调整投资结构和方向，根据各行业的就业拉动效果来分配投资，从而提高投资对就业的拉动效应。

在规划政府投资和引导社会投资时，参照各行业的就业吸引能力确定重点投资领域的优先顺序。通过建立投资促进就业评估机制，促使各级政府制定重大投资规划时，把就业问题和投资问题放在一起进行考虑，真正把就业优先纳入到政府的总体目标中，分行业分类制定投资带动就业指标；把增加就业岗位作为项目投资审批的前置条件之一，对在建和建成投产项目进行就业评估。

鉴于我国劳动力市场存在严重的二元分割，必须加强非正规劳动力市场的保护，促进流动劳动力融入城市、融入正规部门等过程，避免简单和粗放的城市化，避免导致低层次劳动力工资增长缓慢，正规就业和非正规就业之间的收入差距过大，不利于劳动收入占比提高。

低成本的劳动力投入在过去三十多年中为我国开拓出口市场创造了巨大的竞争优势，不仅促进了经济的发展，更为低技能、低学历的农村剩余劳动力转移提供了大规模的城镇就业岗位。但随着我国经济增长模式的转型和低附加值产业向东南亚和非洲等国家的不断转移，在低劳动力成本水平上建立起来的增长潜力空间已大大萎缩。并且金融危机中发达国家需求的锐减，也极大暴露了低成本的劳动密集型产业的依附性和脆弱性。因此，我国应该大力投资劳动力的人力资本，将人力资本的投资由短期化、随意化向普及化、终身化转变。将我国低劳动技能和低劳动成本的"双低"战略升级为高劳动技能优势，将就业岗位从劳动密集型行业向人力资本密集型行业转移。

（五）促进内需和外需的平衡

对我国这样一个发展中大国来说，拉动经济增长的最主要力量仍然是国内需求，完全的出口导向战略是不可行的，这是我国经济发展的坚实基础。但是，不能把内需和外需对立起来，单纯地实行封闭式的内需战略也不可取，拓展外需仍是我国的发展战略重点。促进内需和外需的平衡，重点是通过平衡内需和外需结构，加快形成以内需为主、积极利用外需共同拉动经济增长的格局，优化出口结构，提高出口附加值，使经济向更加均衡的发展方式转变。

从消费层面上说，要增加就业有两种方法：一是促进消费增加内需，二是提高消费就业弹性。但由于收入分布不均，不同阶层实现购买力程度不同，突出表现为低收入阶层有旺盛消费需求但购买力不足，消费潜力难以得到释放；拥有强盛购买力的高收入群体的消费对就业影响乘数效应明显，但其消费需求已基本实现，购买力大量以储蓄和金融资产的形式沉淀下来。

通过扩大内需增大就业，应根据不同消费群体的特点，调节收入分配关系，制定相应的消费政策和税收政策，引导高收入群体提升消费品位，改善中等收入群体的消费预期，增加即期消费，增加低收入群体收入，提高购买力等，以达到预期的目标。农村在消费层次和消费时间上存在滞后性，同一种商品在城市滞销时却在农村走俏。现阶段，我国农村市场潜在的巨大商机与难以启动的种种现实说明，要想迅速启动农村消费市场，就必须增加农民的持久性收入，并深入农村搞好市场调研，结合农民消费特点，开发研制适销对路的产品。

第 三 章

促进创业带动就业研究

　　改革开放三十多年来，我国的宏观经济环境虽然时紧时松，但就业问题始终是困扰经济发展的一个难题。党的十八大提出：实施就业优先战略和更加积极的就业政策。引导劳动者转变就业观念，鼓励多渠道多形式就业，促进创业带动就业。这就为解决当前就业问题提供了科学的理论指导和具体实践的方针。事实证明，越是当经济形势复杂、就业压力巨大的时候，实施促进以创业带动就业的发展战略就越显得重要。

第一节　创业带动就业的主要特征

一、创业带动就业是缓解就业难的有效途径

　　从世界各国的经验来看，鼓励劳动者自主创业缓解就业问题是一种行之有效的方法。比如 20 世纪 70 年代中期以来，欧盟各国长期遭受高失业困扰。为了解决日益严重的失业问题，欧盟各国在 20 世纪 90 年代末期开始，从片面地强调劳动者就业保护的"就业抑制"战略开始转向鼓励创业精神、激活劳动力市场和维护就业平等的"就业激励"战略，并取得了显著的成效。在 1997—2001 年短短的五年期间，欧盟的就业岗位总数量增长超过 1000 万，失业人数减少超过 400 万，劳动力参与人数增长近 500 万。此次金融危机爆发后，在美国总统奥巴马的经济振兴计划中，将解决就业问题当作头等大事，该计划将产生 400 多万个就业岗位，而新增岗位中有 90%将产生在民营企业，只有 10%产生在公共领域。

　　创业型就业的最大特点，就是突破了传统的"一人一岗"的就业模式，形成"一人带动一群岗位"的就业模式。根据全球创业观察（Global Entrepreneurship Monitor）报告称，每增加一个机会型创业者，当年带动的就业数量平均为 2.77 人，未来 5 年带动的就业数量为 5.99 人。创业行为之所以能够在带动就业方面起到巨大作用，主要原因是创业企业大多数设立门槛低、创设成本小，而且具有普适性，即适合各类群体的劳动者。从规模来看，中小企业往往是创业型企业的起点。而相对来说，小规模的企业就业吸纳能力要比大规模的企业强得多。

表 3.1　不同规模企业净就业创造占本规模总就业人口的年平均百分比

国　别	时　间	总　和	企业规模（人）			
			1—19	20—99	100—499	>500
加拿大	1983—1991	2.6	2.2	0.6	0.1	-0.3
法国	1987—1992	0.9	0.4	0.4	0.3	-0.2
意大利	1984—1992	1.3	1.5	-0.2	-0.2	-0.5
瑞典	1985—1991	1.3	2.6	-0.2	-0.5	-0.6
英国	1987—1991	2.7	1.6	0.4	0.3	0.4

资料来源：胡鞍钢、程永宏、杨韵新：《扩大就业与挑战失业》，中国劳动社会保障出版社 2002 年版。

　　从表 3.1 我们可以看出，各国企业规模在 19 人以下的企业就业创造的能力最强，而规模大于 500 人以上的大企业则除英国外几乎都是负数，这反映出大企业越来越走向资本密集和技术密集的趋势。

　　从我国的情况来看，目前我国中小企业吸纳了 75% 以上的城镇就业人口，在不少中小企业集中的地区，吸纳的就业人口超过了 80%。劳动保障部门近年来组织创业培训的实践证明，在目前我国的经济结构下，1 个职工创业一般可以带动 5 个职工实现就业。根据中华工商联合总会等多部门组成的《中国私营企业研究》课题组在 2006 年上半年实施了第七次全国私营企业抽样调查，2005 年私营企业全年雇佣人数中位数为 45 人，全年雇佣下岗工人的中位数为 7 人，农民工的中位数为 15 人。而据有关调查，我国个体工商户的平均雇用人数大约为 2 人。简单来说，创立一个成功的私营企业，可以容纳 45 个劳动者就业，而注册成为一名个体工商户，则可以提供 2 个人的就业岗位。

从地区经济发展来看，凡是创业活动比较活跃的地方，其失业问题也相对较轻。比如在私营企业和个体工商户比重较高的北京、江苏、浙江、广东等地，其失业率相对较低，而在大多数私营企业和个体工商户不太发达的地区，失业问题则显得较为突出。这其中的原因，一方面除了私营个体经济自身能够为劳动者提供更多就业岗位之外，还在于他们能够活跃经济、刺激经济更快增长，从而提高经济增长吸纳就业的能力。

二、改革开放后我国三次创业高潮及其特征

在我国改革开放三十多年的经济发展过程中，一共出现过三次创业高潮。

第一次发端于改革开放之初。由于数以千万计的城镇知识青年返城，加上城镇新增劳动力，我国城镇失业率一度超过 5%。在这种情况下，中央提出了在国家统筹规划和指导下，劳动部门介绍就业，自愿组织起来就业和自谋职业相结合的"三结合"就业方针，打开了就业的"三扇门"。在该项政策的鼓励下，创业型就业如雨后春笋般涌现。统计数字显示，从 1979 年到 1984 年，全国共安置 4500 多万人就业，城镇失业率从 1979 年的 5.9% 迅速下降到 1984 年的 1.9%，在短短的几年内缓解了城镇的沉重失业压力。这其中，鼓励以创业带动就业的就业政策可谓功不可没。

第二次是在 20 世纪 90 年代初，并一直持续到中期。1992 年，国民经济经历三年治理整顿的短暂低速徘徊后，由于社会主义市场经济体制改革目标的确立而再次出现爆发性的增长。与此同时，由"全民下海"为特征的创业活动达到了一个新的高潮。统计表明，1992 年，私营企业的数量比上年增长了 28.8%，就业人数首次突破了 200 万人；到 1994 年，全民创业活动达到整个 20 世纪 90 年代顶峰，私营企业户数比上年猛增 81.7%，从业人数增长 74.0%。直到 1996 年，私营企业户数的增长率仍高达 25.2%，就业人员增长 22.5%，并首次突破了 1000 万人。

1997 年，亚洲金融危机爆发。一年后，"三年国企脱困"攻坚开始。从

1998—2000 年，约 2100 万国企职工被分流下岗。不过，该时期的就业政策侧重企业内部化解和强调社会保障制度的建设，属于典型的防御型就业政策。因此，除了在 1998 年创业活动略显活跃外，依靠职工自己自主创业来解决就业问题的做法并没有形成一股浪潮。

第三次是 2002—2004 年。这三年私营企业的户数增长率再次跃上 20% 的阶梯。2001 年年底，我国正式加入 WTO，这意味着我国的经济与就业环境发生了根本性的变化。2002 年，我国政府开始把就业问题作为宏观经济的重要指标，实施了"积极的就业政策"。一方面，该政策非常明确地把就业问题作为各级政府的重要考核指标，要求地方各级政府抓好就业工作；另一方面，制定了各项配套政策，比如对下岗失业人员自主创业提供的小额担保贷款、创业培训、税费减免以及对安置吸纳下岗失业人员的服务型企业实施优惠的政策等等。积极就业政策的实施是激发劳动者创业热情的有益措施和有效的制度保障。

概括来看，我国创业活动具有以下几个特征：

第一，每次创业活动高潮均出现在宏观经济政策发生重大改变的时期。比如第一次出现在改革开放开始时期，第二次出现在社会主义市场经济体制目标的确立，第三次出现在我国加入 WTO 和积极就业政策的实施。这就说明合理有效的政策对创业活动会产生明显的正面效应。

第二，创业活动的高潮均出现在国民经济增长从一个低谷向一个高点转变的周期之初，创业周期与经济增长周期具有较高的拟合度。第一次创业高潮的宏观经济背景是：经历了"文化大革命"的破坏，国民经济已经陷入了崩溃的边缘。而随着 1978 年开始实施改革开放后，国民经济出现了较为强劲的复苏，并在 1984 年实现了 15.3% 的 30 年来最高的经济增长率。第二次创业高潮是在我国国民经济经历了三年治理整顿，经济增长率降到 4% 左右（1989 年和 1990 年）之后，随着邓小平南方谈话和社会主义市场经济体制改革目标确立，经济增长再次驶上了快车道。从 1992 年到 1994 年，我国的经济增长速度连续三年跃上了两位数。第三次高潮出现在我国又一轮经济扩张周期的起始阶段。由于前几年扩大内需政策的累积效应开始释放，以及加入 WTO 后中国制造业的蓬勃发展，经济增长再次步入"快车道"，并一直持续到 2008 年。

　　第三，创业活动与失业状况有密切关系。创业活动在失业问题严重的时候往往趋于活跃，又成为削减失业高峰的有效途径。三次创业高潮的出现，基本上都是在经济走出低谷、开始复苏并走向高涨的阶段，这个时期由于经济政策失当或者紧缩政策导致的失业情况比较严重，大量失业现象的存在一方面逼迫劳动者走向自谋职业、自主创业的道路，政府也会因为就业压力巨大而适时地推出鼓励创业的优惠政策。两方面的合力，容易促成一波创业的高潮。

　　由此可见，越是经济困难、就业形势严峻的时期，实施促进以创业带动就业的发展战略就显得格外迫切。

三、中美创业情况的比较分析

　　美国是世界上创业活动比较活跃的国家。在经济发展的进程中，美国的创业型小企业，即那些雇员人数少于 500 的企业创造了大多数的新工作和接近一半的国家私营部门的工作岗位。美国小企业管理局发布的数据表明，雇员少于 500 人的小型企业占了 1993—2008 年间 64% 的新增就业。他们还提供了很大份额的自主创新以及约一半的非农私人实际国内生产总值。但是，正如小企业在经济上升时期可以创造更多的就业机会一样，在某些衰退时期他们也经历着更多的工作损失。随着 2009 年经济的继续衰退，尤其是在第一季度，小企业占了几乎 60% 的就业损失，而且随着时间的推移，在第三季度小企业的工作净损失下降了 2/3。

　　由于中美两国的经济发展阶段不同，人口与经济结构都表现出很大的差异。从表 3.2 可以看出，在 2005 年至 2008 年间，美国的自主创业者中女性占了很大的比例，而中国的自主创业者则主要以男性为主，但是妇女在这些年来也取得了巨大的进展，在过去的这几年里，她们较大地提高了其在总的私营个体雇主中的比例，从 42.6% 上升到了 43.7%，在 2007 年则达到 45.8%。

表 3.2 2005—2008 年中美创业者性别对比

单位:%

特征	国家	2005	2006	2007	2008
性别					
男	中国	57.4	56.3	54.2	56.3
	美国	33.2	33.5	33.3	34.1
女	中国	42.6	43.7	45.8	43.7
	美国	66.8	66.5	66.7	65.9

资料来源: 根据历年中国人口和就业统计年鉴以及美国小企业管理局《小企业经济 2010》, www.sba.gov/advo 计算。

年龄也是影响自主创业的主要因素之一。表 3.3 显示,在 2005 年至 2008 年期间,中国的私营个体雇主总体呈现出较年轻化的趋势,小于 35 岁的自主创业人数大约是美国的 2 倍;相反地,年长的美国人占了自主创业人数较大的比例,而大于 55 岁的人口几乎是中国同等年龄自主创业人口的 5 倍左右。例如,美国年龄介于 55 岁和 64 岁之间的自主创业人口比例从 2005 年的 20.6% 上升到了 2008 年的 22.2%,中国位于这一年龄段的创业人口虽然也有小幅上升,但涨幅较小,只从 5.5% 上升到了 5.9%。但另一方面,从私营个体雇主的年龄结构变化来看,中国和美国 25—34 岁这个年龄段的年轻人员比例整体呈下降趋势。也就是说,本来应该是最有创业冲动的青年人数在整个创业队伍中却越来越少。相比之下,45—54 岁间的中年人创业比例在不断升高。这个严峻的现实不得不引起我们的高度重视。

表 3.3 2005—2008 年中美创业者年龄对比

单位:%

特征	国家	2005	2006	2007	2008
年龄					
<25	中国	5.0	5.5	4.0	4.5
	美国	3.3	3.1	3.0	3.2
25—34	中国	25.6	26.7	27.2	25.8
	美国	13.4	13.0	12.4	12.0
35—44	中国	42.2	42.5	42.6	40.2
	美国	24.0	24.4	23.5	22.6

续表

特征	国家	2005	2006	2007	2008
45—54	中国	20.8	18.8	20.3	22.8
	美国	29.4	28.8	28.8	29.1
55—64	中国	5.5	5.6	5.0	5.9
	美国	20.6	20.7	21.9	22.2
>65	中国	0.9	1.1	0.9	0.8
	美国	9.3	10.0	10.5	10.8

资料来源：根据历年中国人口和就业统计年鉴以及美国小企业管理局《小企业经济2010》，www.sba. gov/advo 计算。

劳动者的个人素质也是影响创业行为的重要因素。表3.4显示，在美国，受教育程度和自主创业之间的关系有不断增强的趋势。从创业者的受教育程度来看，那些受过良好教育的自主创业人士的数量近年来大大增加，在2005年，至少获得学士学位的美国人数占到了总自主创业人数的36.2%，并在2008年上升为37.1%，这反映出美国私营个体雇主整体受教育程度较高，并越来越主动地去接受高等教育和培训，也反映出越来越多的受过高等教育的人员加入到创业队伍当中去的现实。

然而，这种关系在中国却并不那么显著。在2005年到2008年间，中国的私营个体雇主90%都为高中文凭，虽然获得学士学位的人数比例在这几年里有所上升，从22.7%上升到了23.0%，但涨幅太小，这说明我国加强自主创业者整体文化水平的工作势在必行，并应鼓励更多的大学生进行自主创业。

表3.4 2005—2008年中美创业者受教育程度对比

单位:%

特 征	国家	2005	2006	2007	2008
受教育程度					
高中以下	中国	91.3	91.6	91.7	91.3
	美国	36.3	37.6	36.4	36.6
大 专	中国	6.0	5.9	5.8	6.1
	美国	27.5	26.7	27.0	26.3
学 士	中国	2.1	2.2	2.3	2.4
	美国	22.7	22.5	23.0	23.0

续表

特　征	国家	2005	2006	2007	2008
硕士以上	中国	0.2	0.3	0.2	0.2
	美国	13.5	13.2	13.6	14.1

资料来源：根据历年中国人口和就业统计年鉴以及美国小企业管理局《小企业经济 2010》，www.sba.gov/advo 计算。

第二节　经济增长、要素价格对创业带动就业效应的影响

促进以创业带动就业，是我国积极就业政策的主要内容之一。事实上，从世界范围来看，鼓励劳动者创业以缓解就业问题都是积极劳动力市场政策（ALMPs）的核心内容之一。早在改革开放之初，我国就出台了一些鼓励劳动者创业的政策规定。到 2002 年，我国正式提出了积极就业政策之后，促进劳动者自主创业的政策体系才逐渐完善，并上升到国家就业战略的高度。

自从法国古典经济学家坎狄龙（Cantillon，1755）首次提出创业家的概念以来，创业对社会经济的影响开始引起了经济学家的高度关注。本奇（Birch，1981）最早以实证的方法证实了创业对于就业的独特贡献，由此开辟了一个创业研究的新视角。此后，格拉尔和斯图瓦塔（Gallagher & Stewart，1986）采用 Birch 的方法对英国进行研究，也得出新创小企业创造了该国大部分新增就业岗位的结论。鲍德温（Baldwin，1995）发现制造业生产力增长中 20%—25% 来自于企业的进入和退出活动，表明新创企业对生产力增长的重要性。雪那（Shane，1996）指出利率、对风险的态度、企业失败率、经济增长率、人口年龄分布与创业活动之间存在影响关系。他还认为，在经济状况不佳时，人们不容易找到工作，所以更倾向于从事创业活动。奥德雷兹（Audretsch，2002，2006）提出了包含创业因素在内的新经济增长模型，他对 OECD 国家的统计分析表明，那些拥有较多小企业和创业活动的国家具有较高的经济成长率和较低的失业率，而小企业和创业活动较少的国家具有较低的成长率和较高的失业率。巴提斯塔和图雷克（Baptista &

Thurik，2007）探讨了创业活动与经济增长、公共政策的关系。阿登纳和卢萨迪（Ardagna & Lusardi，2008）通过国际比较，研究了个人特征和规制限制对创业活动产生的影响。科尔和南达（Kerr & Nanda，2009）则研究了金融限制对创业活动进而对扩大就业的不利影响。

　　在国内，开展创业带动就业研究的起步较晚，而从实证的角度分析创业带动就业效应的研究则更少。蔡昉（2008）认为创业作为一种促进就业的手段，不仅产生一对一的就业效果，而且以一定的乘数创造大于1的就业机会。赖德胜等人（2009）认为，从中国改革开放30余年的经验来看，创业往往是带动经济复苏、就业扩大的重要力量，但现实中也存在青年人创业活动不活跃、创业地区不平衡等问题。高建（2008）基于全球创业观察（GEM）的调查数据指出，在中国每增加一个机会型创业者，当年带动的就业数量平均为2.77人，未来5年带动的就业数量为5.99人。辜胜阻等人（2008）强调，由于中国创业扶持政策存在一些缺陷，造成创业失败的比例较高，创业的就业带动效应难以充分发挥。总的来看，国内许多文献是从政策实践的角度进行分析，而从实证角度研究的文献较少，特别是从创业者个人特质、创业企业类型及经济增长等宏观因素等方面综合研究创业带动就业效应的更少。

　　本研究的目的有两个：一是通过数据的整理，描述我国创业活动及其带动就业的效应；二是探讨创业带动就业的影响因素，特别是经济增长与劳动力价格、房租、资金成本等要素成本的变化对创业活动及其带动就业的效果影响。为此，结构安排如下：第二部分主要说明数据来源并对其进行基本描述，第三部分介绍研究方法并对计量结果进行解释，第四部分为相关的结论和政策建议。

一、数据来源与基本描述

　　关于创业的含义，国内外的文献给出了许多种不同界定，这也使得各种文献之间所阐述的问题存在着诸多比较的困难。在熊彼特（Schumpeter，1912）和德鲁克（Drucker，1985）那里，创业活动类似于创新活动。在全球创业观察（GEM）的研究框架中，创业是指创业者通过发现和识别商业机会，组织各种资源，提供产品和服务，以创造价值的过程。在本章的研究中，从中国的实际情况出发，考虑到数据的可得性，我们将创业活动界定为每年新设立的私营个体企业。这就排除了 GEM 中还包括的有创业意向的潜在创业者和企业内部的创业，从而使研究内容更为具体集中。这样，创业带动就业就是指每年新增加的创业人员所能带动的新增的就业人数，或每新增一名创业者所能带动的就业人数。

根据上面对创业的定义，鉴于绝大多数的个体工商户都只有 1 个投资者，我们大致将个体工商户数等同于个体工商户的投资者人数，于是：

当年的创业人数（NS）= 当年新增私营企业投资者人数+当年新增个体工商户数 =（本年度私营企业投资者人数+本年度个体工商户数）−（上年度私营企业投资者人数+上年度个体工商户数）

同理：

当年创业带动就业（NSE）= 当年新增私营个体企业就业人数 = 本年度私营个体企业就业人数−上年度私营个体企业就业人数

本章考虑到每年由于经营不善等各种原因存在着私营个体企业到工商部门销户的情况，因此会出现实际的创业企业和创业人数的数量要比本章所定义的创业企业和人数数量要多的情况，不过这种现象并不会影响本章对创业带动就业的总体判断。

本章的数据均来自于历年的《中国统计年鉴》、《中国劳动统计年鉴》以及国家统计局官方网站。在时间上，我们选取了 1990—2008 年期间共 19 年的相关数据。由于我国正式开展私营企业工商登记是在 20 世纪 80 年代末期，1989 年 1 月，国家工商行政管理局发布了《私营企业暂行条例施行办法》，虽然当年就有私营企业的数据，但考虑到数据的完整性，从 1990 年开始收集数据。另外需要说明的是，在 2000 年，全国工商行政管理部门为个体工商户换发营业执照，把数以百万计的"死户"都清除出去，这使得当年的数据出现了较大的变异。在此基础上，我们得到了表 3.5。

表 3.5　1990—2008 年创业人数与带动就业人数情况

年份	创业人数（万人）	创业带动就业总人数（万人）	实际租房价格指数（%）	职工平均实际工资指数（%）	实际贷款利率（%）	实际GDP增长率（%）
YEAR	NS	NSE	RRPI	RWI	RLR	RRGDP
1990	92.5	132.3	−0.30%	8.90%	7.30%	0.70%
1991	80.4	217.2	2.20%	10.50%	7.00%	5.80%
1992	123.1	208.1	13.10%	5.30%	4.00%	7.80%
1993	254.1	612.3	8.50%	7.90%	−4.50%	−0.70%
1994	457.2	1112.3	−2.80%	1.50%	−13.60%	−11.00%
1995	387.0	1145.2	−6.50%	1.40%	−3.90%	−6.20%
1996	211.7	618.7	3.10%	1.70%	4.90%	1.70%
1997	180.9	603.0	5.50%	3.20%	10.40%	6.50%
1998	328.9	1032.3	2.50%	−1.70%	8.10%	8.60%
1999	98.5	439.0	3.10%	11.00%	9.00%	9.00%
2000	−515.8	−786.0	4.80%	10.90%	7.20%	7.60%
2001	−72.9	−2.2	0.50%	9.70%	6.90%	7.60%
2002	106.5	678.1	0.70%	9.90%	7.70%	9.90%
2003	125.7	783.3	0.90%	9.30%	5.70%	8.80%
2004	173.1	668.8	1.00%	8.00%	1.70%	6.20%
2005	274.7	1120.2	3.60%	10.40%	4.20%	8.60%
2006	293.5	1021.6	3.10%	12.10%	4.50%	10.10%
2007	243.7	1003.5	−0.30%	10.90%	2.10%	8.20%
2008	313.7	931.1	−0.40%	11.70%	0.40%	3.10%

绘制时间序列图如图 3.1 所示。

从表 3.5 和图 3.1 我们可以看出，自 1990 年以来，我国的创业人数总体而言是上升的。但存在三个比较明显的阶段。第一阶段，从 1990 年至 1994 年，这时期创业人数逐渐上升，至 1994 年到达顶点。这是由于社会主义市场经济体制改革目标在 1992 年得到了正式确立，使得以"全民下海"为特征的创业活动达到了一个新的高潮。第二阶段，从 1995 年至 2001 年，

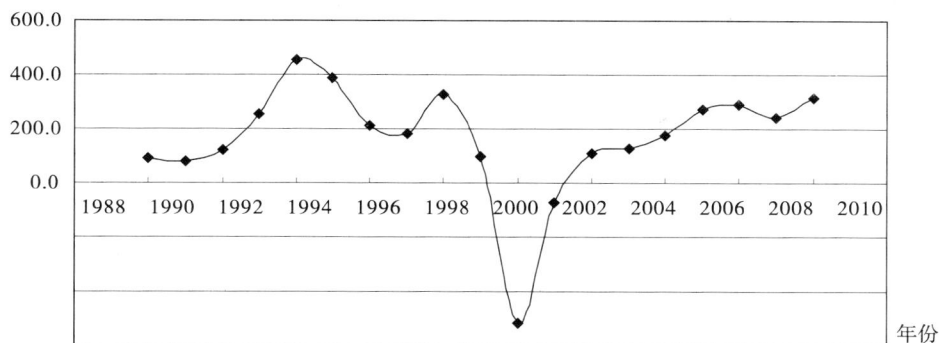

图 3.1 我国创业人口总数时间序列图

这时期创业人数出现了明显的逐年下降的趋势。到 1999 年开始创业人数出现了锐减的情况，除了 2000 年因为重新登记导致数据异常波动外，2001 年甚至出现了创业人数绝对数量净减少的情况。这期间除了因为对付严重的通货膨胀而出台的一系列紧缩性的宏观调控政策之外，在 1997 年又遭受了亚洲金融危机的冲击，而且从 1998 年至 2000 年，又正好是我国国有企业三年脱困改革攻坚的时期，数以千万计的职工失业下岗，而鼓励创业的政策体系尚不完善，所以创业人数出现下降也不足为奇。第三阶段从 2002 年至 2008 年，创业人数开始逐步恢复，并在 2008 年重新回到 300 万人以上的规模。这时期我国进入了新一轮经济景气循环周期，国民经济有了迅速的发展。2001 年年底，我国正式加入 WTO，这意味着我国的经济与就业环境发生了根本性的变化。2002 年，我国政府开始把就业问题作为宏观经济的重要指标，实施了"积极的就业政策"。一方面，该政策非常明确地把就业问题作为各级政府的重要考核指标，要求地方各级政府抓好就业工作；另一方面，制定了各项配套政策，比如对下岗失业人员自主创业提供的小额担保贷款、创业培训、税费减免以及对安置吸纳下岗失业人员服务型企业实施优惠的政策等等。积极就业政策的实施是激发劳动者创业热情的有益措施和有效的制度保障。

在创业带动就业的方面，总体而言，随着创业人数的增多，创业带动就业的人数就多，而且创业带动就业的最高峰也基本与创业人数的最高峰吻合。接下来再来讨论每增加一名创业者能够带动就业的人数。我们可以将其定义为创业带动就业与创业人数的比率（NSE/NS）。图 3.2 显示，在 20 世纪整个 90 年代，每个创业者带动的就业人数是在波动中曲折上升的，2000年和 2001 年由于统计规则的变动使数据有所异动。2002 年和 2003 年是一个高峰，分别达到 6.7 人和 6.2 人。此后有所下降，到 2008 年，每个创业者带动的就业人数为 3 人。

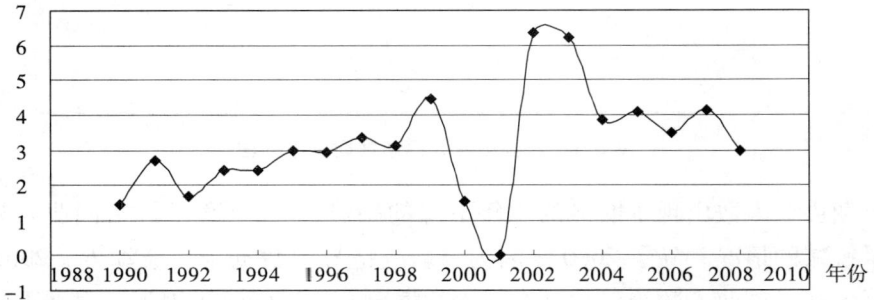

图 3.2　1990—2008 年每个创业带动就业的人数（万人）

在影响创业带动就业的因素方面，我们选择了实际租房价格指数（RRPI）、职工平均实际工资指数（RWI）和实际贷款利息率（RLR）三个要素价格变动指标，也即在扣除通货膨胀率（CPI）之后的实际变动情况，如图 3.3 所示。为了反映创业者场地租房成本，本章（问题同上）的 RRPI选取居住类价格指数作为衡量指标（由于指标的变动，1994 年以前选取的是房租指数，1995 年以后选用的是居住类价格指数，包括水电气、建房和装修、贷款利率和物业费、房租 4 大块）。虽然由于创业企业不同的类型，对场地住房等的要求也有所不同，考虑到指标的可得性，该指标还是具有一定的代表性。从图 3.3 中我们可以看出，实际租房价格指数在 20 世纪 90 年代初期达到很高的水平，其中 1992 年和 1993 年分别达到 13.1% 和 8.5%。进入 21 世纪后，该指数在 2005 年和 2006 年高于 3%，但在 2007 年和 2008年出现了下跌的情况。RWI 反映的是创业企业劳动力成本的变化。可以发现，在 20 世纪 90 年代的创业高峰时期，劳动者的实际工资增长幅度非常低下，这也说明廉价的劳动力成本成为创业活动比较活跃的一个条件。2000年以后，劳动者的工资水平开始有了一个稳步的增长，在 2005—2008 年期间均保持了 10% 以上的增长率。RLR 则表明创业企业获取资本的成本。由于利率变动比较频繁，文中的利率是一年中利率的简单平均数。在很长的时期里，金融机构对中小企业采取了一种更为苛刻的贷款条件，贷款利率要比其他企业的贷款利率要高。图 3.3 还显示，要素价格的变动与实际 GDP 增长率（RRGDP）的变动有较大的一致性，不过 RWI 在 20 世纪 90 年代末期之后就开始出现了较大幅度的增长，而且绝大部分年份里的涨幅要高于RRGDP。与此同时，在此期间 RRPI 和 RLR 均要低于 RRGDP。

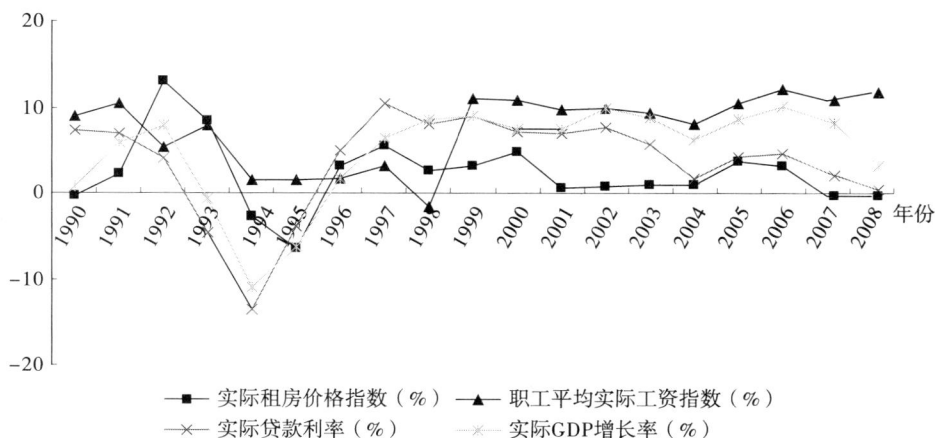

图 3.3 1990—2008 年要素价格与实际 GDP 增长率的变动

二、研究方法与结果分析

（一）经济增长与要素价格对创业人数影响的实证分析

对数据的初步展示表明，在正态分布原假设下，Shapiro-Wilk 值为0.8279，对应的 p 值为 0.003，K-S 统计量为 0.2342，Anderson-Darling 统计量的值为 0.9484，对应的 p 值为 0.014。因此，传统基于正态分布的建模（如经典回归分析）不太合适，利用 Gamma 分布来拟合被解释变量更合适，特建立广义线性模型如下：

$$\eta = X\beta + \varepsilon$$
$$y = g^{-1}(\eta)$$

其中，X 为解释变量矩阵，η 为线性预报函数，Y 为被解释变量，g（·）为连接函数，常选用单调函数作为连接函数，ε 是指数分布簇随机扰动项，包括二项分布、负二项分布、Poisson 分布、正态分布、Gamma 分布、对数正态分布和指数分布等。

我们首先来观察一下经济增长和要素价格的变动对创业人数的影响，我们分别将创业人数（NS）作为被解释变量，将实际租房价格指数（RRPI）、职工平均实际工资指数（RWI）、实际贷款利息率（RLR）和实际 GDP 增长率（RRGDP）作为被解释变量，设立回归方程并估计如下：

$$\hat{\eta}_{NS} = 5.8122 - 3.4224RRPI - 6.0808RWI - 9.8632RLR + 7.3053RRGDP$$

(P) (< 0.0001) (0.1143) (0.0040) (< 0.0001) (0.0107)

   $(LR.p)$ (0.1351) (0.0076) (0.0010)   (0.0201)   (3.1)

$Deviance = 1.6893$, $scaled\ deviance = 17.2768$

$Log\ Likelihood = -94.1211$, $scale = 10.2273$, $se(scale) = 3.4522$

值得注意的是，$\hat{\eta}_{NS}$ 表示创业人数的线性预报值，因为我们选择单调递增的对数函数作为连接函数，所以 $\hat{\eta}_{NS}$ 与创业人数 NS 的估计是正方向变化的。方程下面的一行是系数的显著性水平 p 值，第二行表示在第Ⅲ类方差分析中，相应的变量或者因子的显著性检验的对数似然值（LR）的显著性水平。该模型的结果表明，线性预测离差平方和为 1.6893，尺度调整后的离差平方和为 17.2768，对数似然函数值为-94.1211。Gamma 分布的尺度参数估计为 10.2273，标准误差为 3.4522，尺度参数的估计可以通过显著性检验。

由以上实证分析的结果可知，在给定其他因素不变的情况下，实际租房价格指数（RRPI）越高，创业人数越少，但是这种影响的显著性不是很高，p 值为 0.1143；职工平均实际工资指数（RWI）与创业人数呈反方向变化，RWI 下降 1 个百分点，在其他因素不变的情况下，创业人数将增加 6.27%；实际贷款利率（RLR）与创业人数呈反方向变化，RLR 下降 1 个百分点，在其他因素不变的情况下，创业人数将增加 10.37%；实际 GDP 增长率（RRGDP）与创业人数正方向变化，RRGDP 每增加 1 个百分点，在其他因素不变的情况下，创业人数将增加 7.58%。

如果删掉不太显著的实际租房价格指数，得到的结果如下：

$$\hat{\eta}_{NS} = 5.7666 - 5.5311RWI - 9.5676RLR + 5.7390RRGDP$$

(P) (< 0.0001) (0.0114) (0.0003) (0.0421)

$(LR.p)$ (0.0169) (0.0023) (0.0586) (3.2)

$Deviance = 1.9221$, $scaled\ deviance = 17.3182$

$Log\ Likelihood = -95.2376$, $scale = 9.0079$, $se(scale) = 3.0342$

除了系数有轻微的变化外，方向没有大的变化，离差平方和和对数似然函数值影响不大。由这个模型可知，RWI 下降 1 个百分点，在其他因素不变的情况下，创业人数将增加 5.69%；RLR 下降 1 个百分点，在其他因素不变的情况下，创业人数将增加 10.04%；RRGDP 每增加 1 个百分点，在其他因素不变的情况下，创业人数将增加 5.91%。

（二）经济增长与要素价格对创业带动就业人数的实证分析

同理，如果研究这些因素对创业带动就业人数的影响，结果如下：

$\hat{\eta}_{NSE} = 6.9448 - 7.7958RRPI - 7.3823RWI - 12.6749RLR + 14.5228RRGDP$

(P) (< 0.0001) (0.0016) (0.0058) (< 0.0001) (< 0.0001)

$(LR.p)$ (0.0069) (0.0096) (0.0007) (0.0008) (3.3)

$Deviance = 2.1578$, $scaled\ deviance = 17.3518$

$Log\ Likelihood = -116.0733$, $scale = 8.0414$, $se(scale) = 2.7029$

$\hat{\eta}_{NSE}$ 表示创业带动就业的线性预报值，因为我们选择单调递增的对数函数作为连接函数，所以 $\hat{\eta}_{NSE}$ 与创业人数（NSE）的估计是正方向变化的。方程下面的一行是系数的显著性水平 p 值，第二行表示在第Ⅲ类方差分析中，相应的变量或者因子的显著性检验的对数似然值（LR）的显著性水平。

由回归分析的结果可知，全部变量都非常显著。在给定其他因素不变的情况下，RLR 越高，NS 越少，显著性水平很高，p 值小于 0.00001。实际租房价格指数每下降 1 个百分点，在其他因素不变的情况下，创业带动就业将增加 8.11%；职工平均实际工资指数与创业人数呈反方向变化，职工平均实际工资指数下降 1 个百分点，在其他因素不变的情况下，创业带动就业将增加 7.66%；实际贷款利率与创业人数呈反方向变化，实际贷款利率下降 1 个百分点，在其他因素不变的情况下，创业带动就业将增加 13.51%；实际 GDP 增长率与创业人数呈正方向变化，实际 GDP 增长率每增加 1 个百分点，在其他因素不变的情况下，创业带动就业将增加 15.63%。

（三）经济增长与要素价格对各行业创业带动就业影响的实证分析

下面进一步研究分行业的情况。现在按照行业进行建模，把行业看作是因子。把行业数据整理为分层数据结构（面板数据结构），建立模型如下：

$$\widehat{\eta}_{NSE} = 3.9595 - 8.1791 RRPI - 7.6473 RWI - 13.7432 RLR + 16.1440 RRGDP$$

（P）（< 0.0001）（0.0005）（0.0013）（< 0.0001）（0.0107）

　　（$LR.p$）　　　　（0.0013）（0.0012）（< 0.0001）（< 0.0001）

$$- 0.2226\ INDUST_B + 1.5104\ INDUST_M + 1.0949\ INDUST_O + 2.3199$$
$$INDUST_S \tag{3.4}$$

（P）（0.4088）（< 0.0001）（< 0.0001）（< 0.0001）

$Deviance$ = 41.6929，$scaled\ deviance$ = 88.3204

$Log\ Likelihood$ = − 441.5293，$scale$ = 2.1184，$se(scale)$ = 0.3083

其中，产业作为一个因子整体，其第Ⅲ类方差分析的 LR 统计量的值为 89.11，显著性水平小于 0.0001，说明创业带动就业的产业特征很明显。其中，INDUST_ B 表示产业因子取建筑业，INDUST_ M 表示制造业，INDUST_ O 表示其他产业，INDUST_ S 表示社会服务业，这些因子的系数为相对系数，即相对于 INDUST_ T （交通运输仓储和邮电通信业）的，INDUST_ T 系数取为 0。由回归分析的结果可知，制造业、社会服务业以及其他产业，创业带动就业效应要大于建筑业。其中，建筑业创业带动就业的效应最小，社会服务业创业带动就业的效应最大。在其他因素不变的情况下，社会服务业创业带动就业的效应是交通运输仓储和邮电通信业效应的 10.17 倍，是建筑业的 12.71 倍。这从一个侧面揭示了大力发展社会服务业的重要性。

三、主要结论与政策建议

创业带动就业是我国就业战略的一项重要内容。在整理国家统计局发布的公开数据的基础上，建立了广义线性模型，研究了经济增长与要素价格的变动对创业人数以及创业带动就业人数的影响。主要结论有：

1. 创业人数、创业带动就业人数与经济增长紧密联系，经济增长对创业人数和创业带动就业人数均有正面的促进作用。通过前面四个模型可以看出，实际 GDP 增长率与创业人口数、创业带动就业人口数呈现显著的正向变化规律。具体来说，实际 GDP 每增长 1 个百分点，在其他因素不变的情况下，创业人数将增加 7.58%，创业带动就业将增加 15.63%。

2. 实际租房价格指数与创业活动呈反向变动。在假定其他因素不变的情况下，实际租房价格指数越高，创业人数越少。如果实际租房价格指数下降 1 个百分点，那么在其他因素不变的情况下，创业带动就业将增加 8.11%；职工平均实际工资指数与创业活动也呈反向变动。在其他因素不变的假定下，职工平均实际工资指数每下降 1 个百分点，创业人数将增加 5.69%，创业带动就业人数将增加 7.95%；实际贷款利率与创业人数、创业带动就业同样呈反方向变动。在假定其他因素不变的情况下，创业人数、创业带动就业人口数都与实际贷款利率呈现相反的变化趋势。实际贷款利率每变动 1 个百分点，创业人数和创业带动就业人数将反方向分别变动 10.37% 和 13.51%。

3. 综合来看，在实际租房价格指数、职工平均实际工资指数和实际贷款利率三项要素中，实际贷款利率的变动对创业人数和创业带动就业人数影响最大，其次影响较大的是职工平均实际工资，而实际房租价格指数对创业人数的影响不太明显，但对创业企业雇用员工的数量却有一定的负面影响。

4. 不同行业的创业活动和创业带动就业的效应有所区别。这其中，社会服务业创业带动就业的效应最大，而建筑业创业带动就业的效应最小。

基于以上的分析结论，我们可以得出如下一些政策建议：

首先，必须保持国民经济的持续增长，以充分发挥创业带动就业的效应。国民经济持续稳定地增长是促进创业带动就业的重要动力，在我国国民经济已经实现了三十多年的快速持续增长的基础上，继续挖掘推动国民经济继续增长的潜力和新动力，加快转变经济发展方式，在经济发展过程中实现创业带动就业的最大效应。

其次，采取多种措施降低创业的要素成本，减轻创业的负担，为鼓励创业带动就业创造良好的发展环境。一是要努力降低租房价格上涨给创业者带来的负面影响，对创业者给予适当的租房补贴，或采取集中建设创业园区、给予创业者免房租或低房租的办法，支持和鼓励创业活动。二是创新创业金融扶持的政策，给予创业者一定的贷款利率优惠。摒弃过去对中小私营个体企业贷款利率向上浮动的做法，不仅要对创业企业进行利率优惠，也要对全部中小企业给予相应的金融扶持，尽快改变创业企业和其他中小企业贷款难、利率高的局面。三是为了减轻由于劳动力成本上升带来的成本压力，应加大对创业企业减税的力度，或根据创业企业雇用员工的数量给予一定的财政补贴，鼓励创业企业带动更多就业的积极性。

最后，大力发展社会服务业。社会服务业由于准入门槛低、退出成本低等优势，成为创业最活跃、带动就业人数最多的行业。但令人遗憾的是，社会服务业的发展要滞后于经济发展的速度，并成为经济结构调整和扩大就业规模的一个障碍。当前发展社会服务业，除了要将各种鼓励性的政策真正落到实处外，更重要的是必须尽快打破市场垄断的格局，消除各种阻碍服务业发展的制度性障碍，这样才能使社会服务业成为创业者活跃和吸纳大量就业的最好场所。

第三节 构建完善的创业教育体系

一、"创业教育"提出的背景

关于解决就业问题，历年的中央经济工作会议都有所提及，但侧重点有所不同。比如过去提到解决就业问题的时候，主要是和完善社会保障体系联系在一起。从经济学的角度来讲，过去我们更多的是实行"被动"的就业政策，强调的是事后的保障和救助。党的十七大明确提出了"实施扩大就业的发展战略，促进以创业带动就业"，应该说是该次报告的创新之一，也标志着我国由被动的就业战略向主动的就业战略转变。党的十八大报告的表述为"贯彻就业优先战略和更加积极的就业政策"。引导劳动者转变就业观念，鼓励多渠道多形式就业，促进创业带动就业。这表明我国的就业优先战略进入了一个新的发展阶段。

其实，中国就业战略的转变，也是与国际上特别是发达国家就业战略转变有着一定的关联。20世纪70年代中期以来，欧盟各国长期遭受高失业困扰。为了解决日益严重的失业问题，欧盟各国在20世纪90年代末期开始，从片面地强调劳动者就业保护的"就业抑制"战略开始转向鼓励创业精神、激活劳动力市场和维护就业平等的"就业激励"战略，并取得了显著的成效。在1997—2001年短短的五年期间，欧盟的就业岗位总量增长超过1000万，失业人数减少超过400万，劳动力参与人数增长几乎500万。[①]

---

① 邹民生、乐嘉春：《以创业促进就业：化解中国经济发展的大悖论》，《上海证券报》2007年12月17日。

我国现阶段提出就业战略的转变，主要是由于传统的经济发展战略和就业战略在诸多方面出现了摩擦，以致我国在保持国民经济快速发展的同时，就业问题却日益突出。

在我国总体失业问题中，青年失业问题日渐突出，并开始成为失业的主要群体。从人口规律的角度来看，目前我国正处在第三次就业高峰时期，而青年失业数量巨大是本次就业高峰的重要特征。根据《中国首次青年就业状况调查报告》显示，15岁至29岁的中国青年总体失业率为9%，是目前我国城镇登记失业率的一倍多。青年劳动者精力充沛，大多受过较好的教育，创业冲动最为旺盛，但现在却成为失业大军的"主体"，不能不引起社会各界的高度关注。这也是我国提出促进创业带动就业的主要背景之一。

大学生是青年就业人群的重要组成部分，但近些年来大学生就业形势严峻。从1999年开始，为给我国经济社会跨越式发展提供智力支持和人才储备，我国高等教育招生规模迅速扩大，2001年全国高校毕业生只有104万，2003年，第一批扩招本科生进入就业市场后毕业生成倍增长，逾212万。2008年的高校毕业生超过500万。与此同时，毕业生的就业率却在持续下滑。据人事部的一项统计显示，社会对大学生的需求量正在逐年下降，2006年与2005年同期相比，大学生供应量上升了22%，需求量则下降了22%。[①]

高校毕业生的就业率偏低，除了人才供应大于人才的需要的原因以外，也与大学生自身不适应工作岗位的要求有关。当"死读书"和"读死书"成为习惯，应试教育下高分低能的毕业生自然无法适应当今社会迅猛发展、竞争日趋激烈的情况，无法达到用人单位的要求，更谈不到自主创业，以创业带动就业。

一项对全国六省市近万名大学生进行的调查显示，有近八成的大学生表示有创业的意愿。2007年11月，由全国高等学校学生信息咨询与就业指导中心完成的《大学生创业和创业教育问题调查白皮书》[②] 显示，在"你对自

---

① 《大学生需求量下降22%》，见 http://news.sohu.com/20060721/n244369011.shtml。

② 魏和平：《大学生创业和创业教育问题调查白皮书》，《中国青年报》2007年11月13日。

己是否要创业的意愿"一项选择中,有 25.93%的大学生表示"有强烈的创业意愿",有 53.02%的大学生表示"有过想创业的意愿","根本不想创业"和"没有考虑过"创业的大学生分别占 7.61%和 13.2%。在"你认为大学生应当在什么时候进行创业"一项调查中,选择"工作一段后"的大学生占 52.8%,选择"只要有创业意愿随时可以"的大学生占 23.8%,选择"毕业时"创业的大学生占 13%,选择"在校期间"创业的大学生占 10%。

呼唤和提倡大学生创业,无论是大学生的主观需要,还是客观社会发展的要求,都是非常迫切的。大学生创业在事实上已经成为一股不可阻挡的潮流,但大学生创业教育却相当薄弱,针对即将就业和创业的大学生开展创业教育势在必行。

此外,创业教育也是小企业发展带来的变化。小企业的发展不仅能促进社会经济的繁荣,而且对解决社会就业和再就业问题意义重大。由于科学技术成果应用于直接生产过程的时间不断缩短,很容易由一个或一组人连贯地完成整个研究开发过程,因而中小企业显示出较强的技术创新能力。有关统计资料显示,20 世纪的主要发明中 60%以上是独立发明人或小企业的贡献。与大企业相比,小企业对技术创新所做的人均贡献率是大企业的 3 倍之多。小企业通过其拥有的智力资本,在直接推动经济发展的同时,又凭借其自身所拥有的灵活性、开发性、创新性、低成本性、高效性等优势优于有实力的大公司,激励或淘汰衰落的中、大企业,对经济发展起到间接的推动作用。实践经验表明,中小企业的发展不仅能够促进经济的发展,而且能给社会提供大量的就业机会。这种结论同样也得到了学者们研究结果的证实,例如美国著名管理学家彼得·德鲁克在研究美国的经济和就业的关系时发现,创业型就业是美国经济发展的主要动力之一,是美国就业政策成功的核心。彼得·德鲁克分析并指出,美国在 1965—1984 年间,就业人数从 7100 万增长到 1.03 亿,增长率为 45%,而且"几乎所有的就业机会都是由中小企业创造的,并且几乎全部是由创业型和革新型企业创造的"。① 由此可见,创业型就业是解决经济问题和就业问题的基本思路,高校加强创业教育,帮助学生转变就业观念,引导毕业生自主创业是拓宽就业途径的有效方式,具有十

---

① [美]彼得·德鲁克:《卓有成效的管理者》,许是祥译,机械工业出版社 2005 年版。

分重要的现实意义。

二、创业教育的沿革及其内涵

创业教育最初作为一个教育改革和研究项目，全称为"提高青少年创业能力的教育联合革新项目"。这个项目是联合国教科文组织亚太地区办事处教育革新为发展服务计划（APEID）1987—1991年项目周期的活动之一；1995年，联合国教科文组织在发表的《关于高等教育的变革与发展的政策性文件》中指出，在"学位＝工作"这个公式不再成立的时代，人们希望高等教育的毕业生不仅是求职者，而且也是成功的企业家和工作岗位的创造者。在这里，创业教育包括两个方面的内容，即"求职"和"创造新的就业岗位"。1998年，联合国教科文组织提出了21世纪的青年除了接受传统意义上的学术（基础文化知识）教育和职业教育外，还应当拥有第三本"教育护照"，即创业教育。在此基础上，会议提出了"enterprise education"的概念，被译为"创业教育"，其核心是"事业心和开拓教育"。该组织在《21世纪的高等教育：展望与行动世界宣言》和《高等教育改革和发展的优先行动框架》中进一步指出：为方便毕业生就业，高等教育应主要培养创业技能与主动精神；毕业生将越来越不再仅仅是求职者，而首先将成为工作岗位的创造者。为此要使学生能独立思考和协同工作，能将传统或当地的知识和技能与先进的科学技术结合以产生创造力。

创业教育思想提出后，得到了联合国教科文组织、世界劳工组织、世界银行和国际教育署的大力支持和积极倡导。此后，创业教育成为联合国教科文组织的一项教育革新课题。在国际教育组织倡导和广泛的实验之后，国际对就业创业教育的认识更为明确。联合国教科文组织《教育——财富蕴藏其中》的报告中指出："基础教育是必不可少的走向生活的通行证，它使享受这一教育的人能够选择自己将要从事的职业，参与建设集体的未来和继续学习。""它提供一种适合于所有人的教育，既能使人们为今后的学习打下坚实的基础，也能使人们获得积极参加社会生活的基本能力。"[①] 在基础教育阶段，实施就业创业教育的主要着眼点，是培养全体受教育者的就业意

---

① 联合国教科文组织：《教育——财富蕴藏其中》，教育科学出版社1996年版，第109、110页。

识、创业精神和社会责任感，努力提供使受教育者终身受益的教育培训。唯有如此，教育才能真正承担起教人生活、教人做人的重任。

创业教育理念在西方发达国家首先形成，西方发达国家的教育也较多地重视个体独立性、主动性、创造性培养，另外社会生活中的创业意识和实践也很突出。创业教育的概念也是来源于西方，20世纪80年代末传入中国，在理论、实践和政策等各方面得到快速发展。

创业教育是一种全新的教育理念。旨在培养学生的创业意识、创业能力和创业人格。以满足知识经济时代对大学生创新精神、创新能力的需求，满足社会和经济结构调整时期人才规格变化的需要。

联合国教科文组织对创业教育是这样定义的：创业教育，从广义上来说是指培养具有开创性的个人，它对于拿薪水的人同样重要，因为用人机构或个人除了要求受雇者在事业上有所成就外，正在越来越重视受雇者的首创、冒险精神，创业和独立能力以及技术、社交、管理技能。而在美国，创业教育也称为"企业家教育"，是指提供人们以概念和技能，辨别他人忽略的机会，具备洞察力、自我评估能力和知识技能，在他人犹豫不决时果断地行动的过程。它包括机会辨识、面对冒险时的资源调度以及进行商业冒险诸方面的教育。[①] 它既强调学生的商业教育，也强调受教育者个性品质的培养。

我国学者对"创业教育"有诸多不同诠释，但在本质上却无多大差异。广义的创业教育指以激发学生创业意识、培养并开发学生创业素质与能力为核心，以培养可能的未来企业主为最高目标的教育。其实施的领域包括正规教育与非正规教育。在正规教育领域内，它是一种渗透性教育，以现有的普通教育与职业技术教育为实施载体；在非正规教育领域内，它主要是一种独立实施的教育。创业教育面向所有在校学生和成人，教育目标多元，培养未来中小企业主是它的最高目标，但非根本目标。它的最低目标是通过教育产出一大批具有良好创业素质的未来社会公民。狭义的创业教育即指创业培训，以培养自主创业、自谋职业的小老板为唯一目标，通过培训为受训者提供创业所需的知识、技能、技巧和资源，使其能开创自己的事业。其主要对象是有创业意向的在职和失业人员。

---

① 邵文革等：《创业教育与创业型人才》，《教育与职业》2003年第1期。

三、我国开展创业教育的现状及问题

我国作为联合国教科文组织"创业教育"课题的成员国，早在 1991 年就开展了基础教育阶段实施就业创业教育的项目活动。随着高等教育大众化所带来的就业压力，创业教育作为素质教育的一个重要方面也逐渐得到了越来越多的重视。2002 年 4 月，教育部确定了清华大学、北京航空航天大学、中国人民大学、上海交通大学、南京经济学院、武汉大学、西安交通大学、西北工业大学、黑龙江大学等 9 所大学为创业教育试点院校，开始了推行创业教育的实质性工作。目前创业教育已取得了一定的成绩，主要有以下几个方面：一是创业教育进入课堂，且从零星走向系统。二是有一批高等学校以开展大学生创业活动为龙头，建设大学生创业基地或创业园区，多视角地开展大学生创业教育。三是政府推动多种形式进行创业教育。辽宁省由政府主管部门在全省确立了 18 所高等学校，并授予"创业教育示范校"的称号，有组织地推动高等学校创业教育的进行。四是围绕"挑战杯"和"创业计划"大赛，开展大学生创业教育。五是创业教育融入就业指导课。六是"一对一"陪伴创业方兴未艾。

目前，面向社会各阶层的创业教育项目也层出不穷。其中，KAB（Know About Business）创业教育中国项目是国际劳工组织为培养大中学生的创业意识和创业能力而专门开发的课程体系。"创办和改善你的企业"（SIYB 项目）中国项目由中国劳动和社会保障部和国际劳工组织共同实施，由英国国际发展部提供资金支持。中国青年创业国际计划（YBC）则是共青团中央、中华全国青年联合会、中华全国工商业联合会共同倡导发起的青年创业教育项目。该项目参考总部在英国的青年创业国际计划（Youth Business International）扶助青年创业的模式，动员社会各界特别是工商界的力量为青年创业提供咨询以及资金、技术、网络支持，以帮助青年成功创业。截至 2007 年 6 月，YBC 已在上海、山东、陕西、福建和北京设立了 5 个地方办公室，招募导师 600 多人，扶持青年创业项目 138 个，创造就业岗位 2000 多个，企业运转成功率达 90% 以上。①

---

① 梁国胜：《中国创业教育将逐渐升温》，《中国青年报》2007 年 11 月 6 日。

从 1991 年开始，我国高等院校就逐渐开始从就业教育、择业教育向创业教育转变。虽然创业教育在我国高校已开展了 10 多年，但我国高校的创业教育仍然处于初级阶段。具体来说，我国创业教育存在的问题主要包括：

一是基础不牢。如果究根溯源的话，我国的创业教育从启蒙阶段开始就显得十分薄弱。创业意识需要从小培养，在西方发达国家，创业教育往往从义务教育阶段就开始培养，比如日本就是从小学开始实施就业和创业教育；英国政府从中学开始就开设商业课程，2005 年英国政府发起一项中学生做生意的计划，要求所有 12 至 18 岁的中学生必须参加为期两周的商业培训课程；法国也是从初中就开始增强创业教育。相比之下，我国的创业教育把重点放在即将面临就业的大学阶段，而义务教育阶段则明显不足，导致创业教育的基础薄弱。

二是热情不高。也正是由于起步比较迟、培养比较晚，大学生对自主创业缺乏热情，对就业问题表现出"等、靠、要"的依赖情绪。

三是成功率低。我们看到中国大学生创业的比例不到毕业生总数的 1%，而在发达国家，大学生创业的比例一般占到 20%—30%，并且我国大学生的创业成功率也比较低，据教育部 2004 年的一项报告，全国 97 家比较早的学生企业，赢利的仅占 17%，学生创办的公司，5 年内仅有 30%能够生存下去。[①]

创业教育的另一个源头职业技术教育也发展缓慢。由于社会对职业技术教育的认可程度不够高，职业技术学校的生源状况不佳，学生素质低。再加上国家对于职业技术教育的投资仍远远低于普通教育，富有技能实践经验的教师数量不足，致使许多职业技术学校的毕业生质量不高，缺乏创业所必需的基本素质。

由此可以看出：我国大部分学校不仅缺乏对创业教育的理性认识，而且创业教育还没有融合到学校人才培养的整体体系之中，远没有提高到国家经济发展"驱动力"的高度。

由英国伦敦商学院、美国巴布森学院发起并组织的全球创业观察项目报告认为，从学校对个人创造性、自主性的鼓励，对市场经济理念和原则提供

---

① 梁国胜：《中国创业教育将逐渐升温》，《中国青年报》2007 年 11 月 6 日。

指导，对市场创业予以关注，创业课程和项目的设置，教育中商务活动和商务管理水平的高低等学校对创业的支持性指标来看，我国学校的这五项参数全部是负值，且低于世界平均水平，对后备劳动力创业能力的培养明显不足。[①]

从高等教育的角度来审视和分析，当前，影响创业教育的因素有以下几个方面。

（一）教育体系落后，师资素质有待提高

中国的创业教育还属于经济学领域，还没有成为一级学科，甚至都不是二级学科；各个高校都有相当一部分人在做这方面的探索，但是还没有系统地纳入到国家的教学安排中。创业学科除研究生层次的 MBA 外，并没有本科生层次的创业学科；创业课程除"创业基础"（比如《大学生 KAB 创业基础》、《创业学》）外，大多属于"职业规划"、"就业指导"系列，没有形成独立的创业课程和系统的创业课程群。

创业教育主讲师资属于"学院派"师资，主要来自"负责学生就业"的行政口和"负责商业教育"的教学口。这些师资大多缺乏创业实战经验，甚至没有在企业的就业经历，还有部分老师因为行政工作关系，专业进修机会少，教学技能相对欠缺。为了加强创业教育的实践性，大多数高校聘请了一批企业家（或创业人士）担任客讲教师，实践证明，尽管这种安排受到学生的普遍欢迎，却缺乏组织协调、制度保障和资金支持，加之外请的部分创业者或企业家缺乏教学经验，教学效果有待改善。

（二）教育经费投入不足

根据教育部、国家统计局、财政部对全国教育经费执行情况的统计，仅就全国普通高等学校生均预算内事业费支出、预算内公用经费支出两项情况来看，2005 年比 2004 年分别下降 3.18% 和 2.65%，2004 年比 2003 年分别下降 3.81% 和 2.29%，2003 年比 2002 年分别下降 6.56% 和 4.12%，[②] 生均预算内经费连续多年呈下降趋势。财政性教育经费投入不足的最直接、最现实、最集中的表现是，高等院校在教育行政主管部门三令五申下，为了保证教学必需的基本条件建设，千方百计自筹资金弥补财政投入缺口，用于实施

---

① 历年《中国教育统计年鉴》。
② 丁林：《大学生创业教育的几点思考》，《高等农业教育》2007 年第 10 期。

创业教育的平台、项目、载体等硬件建设方面的经费捉襟见肘。不仅财政性投入和高校自筹经费对创业教育的支持十分有限，而且社会投入也因创业教育的回报存在长周期性和不确定性而积极性不高。

（三）应试教育负面影响

目前在中国教育体系中小学、中学、大学的各个阶段，仍摆脱不了"以考试论英雄"的桎梏。在应试教育条件下，从教育者来看，由于考核教师的标准是所教学生的升学率、成绩合格率或过级率，教师只好把这种方法转嫁到学生身上，以考试卷面成绩的好坏评定学生，教学中重视书本知识的传授，忽视学生素质和能力培养。从受教育者来看，为了应付各种各样的考试考级，没有足够的时间和精力去锻炼应用知识解决实际问题的能力，更不会注重运用知识去创新、创造和创业以及加强心理品质的修炼。应试教育背景下，教与学都偏离了"正轨"，视素质教育为学校教学的背景板，而不是工作重心，创业所需要的智力因素和人格特征难以养成。

四、他山之石：国外的创业教育

从 1947 年迈克（Myles Mace）在哈佛大学开设第一门创业课程至今，创业教育在欧美等先进国家已有 60 多年的历史，在亚洲的一些国家和地区也有所发展，它们各自积累了一些成功的经验。[①] 通过对其特点的分析，既可以看出创业教育在全球的发展脉络，又可以为我国创业教育发展提供借鉴。

在美国，创造和形成了大学出人（主要是 MBA 学生）、企业出项目、基金会出钱、研究中心提供指导的合作研究和咨询模式，在全国得到推广，并取得了显著成效。其创业教育的主要特点是：

（一）创业课程覆盖面广

1974 年美国只有 75 所大学开设创业学课程，到 1985 年达 210 个，1991 年达 351 个，1999 年则有 1100 个，甚至许多中学也开设了创业学课程。一项研究也显示，在被调查的大学中，在 37.6% 的大学在本科教育中开设创业学课程，有 23.7% 的大学在研究生教育中开设创业学课程，而有 38.7% 的大

---

① Candidag, Brush, Irenem, Duhaime, William.B, Gartner（2003），"Doctoral Education in the Field of Entrepreneurship"，*Journal of Management*，29.

学同时在本科和研究生教育中开设至少一门创业学课程。

（二）已经形成了一个相当完备渗透性创业教育体系

美国是较早在学校中进行创业教育的国家，从小学、初中、高中、大学乃至研究生，都普遍开设就业与创业教育课程。他们在基础教育中进行的就业创业教育主要以提高职业兴趣为目标，除了开设创业课程外，还按个人的兴趣自行学习某些职业技术技能。到了高中阶段，每人必修 10 个学分的职业教育课程。面对创业者日益年轻化的浪潮，美国从 1998 年 1 月开始实施《金融扫盲 2001 年计划》，向中学生普及金融、投资、理财、营销、商务等方面的"超前教育"，积极培养"未来的经理人"。

（三）创业课程的教学有不同发展模式

希尔（Hills，G.E.）的研究显示创业课程的发展有三种模式：一是创业计划书（Business Plan，简称 BP）。许多创业的入门课程通常是教育学生认识一份创业计划书。而进阶课程都是以创业计划书为中心，所衍生出来环绕 BP 的课程。二是企业生命周期（Business Life Cycle）。在这里的企业生命周期是指新创企业的生命周期，从创意阶段到 BP 到筹集资金到公司成立、上市上柜等等。三是企业功能（Business Functions）。以创业为主所衍生的企业管理功能的课程教育。[①]

（四）通过立法，动员全国力量加强就业、创业培训

美国以职业技术培训、税收政策优惠、创业资金支持和优惠培训等办法，培养创业者，发展小企业。近几十年来，美国颁布了数十个有关职业培训和职业教育的立法，重要的有《人力开发与培训法》（1962 年）、《职业教育法》（1963 年）、《平等就业法》（1973 年）、《青年就业与示范教育计划法》（1974 年）、《就业培训合作法》（1983 年）、《工人调整和再训练通知法》（1988 年）、《从学校到工作机会法》（1993 年）、《劳工保障法》（1993 年）等。通过这些法律结合政府拨款，调动州、地方政府、私人机构，包括私人企业和社团的积极性，开展寻求职业和失业人员的多种形式的培训。

（五）高校创业计划竞赛已发展为成熟的创业教育手段

自 1983 年美国得州大学奥斯汀分校举办首届创业计划竞赛以来，美国

---

① 郑如霞：《国外创业教育发展状况和发展趋势研究》，《集美大学学报》2007 年第 6 期。

已有麻省理工学院、斯坦福大学等十多所大学每年举办这一竞赛。由"创业计划"直接孵化出的企业中，有的在短短几年内就成长为年营业额数十亿美元的大公司。从某种意义上说，高校的商业计划竞赛已经成为知识经济时代美国经济的直接驱动力量之一。

在英国，1987年英国政府发起"高等教育创业"计划（Enterprise in Higher Education Initiative，EHEI），是大学生创业教育政策的开端。该计划旨在培养大学生的可迁移性创业能力，要求将与工作相关的学习纳入课程之中，并鼓励学生为自己的学习负责。[①] 大学为此进行一系列的改革，如教师培训、课程改革、雇主合作以及学生的直接参与等。此后，政府的创业教育政策从模糊逐渐走向明晰，先后制定了一系列大学生创业教育的政策，对高校的创业教育给予支持和引导。

鼓励农村青年创业是法国创业政策的突出特点。法国通过发展农业教育，除了农业中学、农业职业中学和高等农业院校等正规教育机构以外，还创办了多种形式的农民技术培训班，对农民进行职业能力的培训，并鼓励农民就地创业，1973年法国政府曾规定，凡是具备条件的25—35岁的青年农民在落后地区创业，可获得调整农业结构社会行动基金会颁发的2.5万法郎的创业定居补助金，农业互助银行提供各种低息创业贷款。法国也重视职业教育，除了学校职业教育、企业继续培训以外，重视社会职业培训，通过全国职业培训协会、地方工商工会等专门机构，对个人特点及其拟要发展的职业进行针对性的培训。

韩国的大学流传着这样一种观念："大学是预备企业，大学生是预备企业家。"韩国的大学校园里正在出现一股创办风险企业的热潮。在各个大学的"风险创业同友会"里，到处是梦想着成为未来的比尔·盖茨的大学生们。一项来自日本的调查表明，71%的韩国青年希望自己创业，这个数字排在全球第一位。大学生们出于热情并以新颖的创意为武器，正在掀起一股创办风险企业的热潮，韩国大学创办的风险企业76%是信息、通信、因特网、电子等领域的企业。这股大学生创业热潮是在韩国政府推动下形成的。在政

---

① Tim, W. (1995), "Enterprise in Higher Education an Overview from the Department for Education and Employment", *Education & Training*, 37 (9), pp. 4-5.

府的各种奖励措施中效果最直接的就是"创业支援中心"。据统计，到2004年底，韩国大学共有创业支持中心215个，大学生会员达到11980名。目前，韩国政府已放弃了开发区优先的模式，转为支持大学生创业，他们一举把高素质人才和风险资金、风险企业紧密地结合起来。[1]

印度在1966年曾经提出过"自我就业教育"的概念，鼓励学生毕业后自谋出路，使他们"不仅是求职者，还应是工作机会的创造者"。印度科技部于1982年成立了"国家科技创业人才开发委员会"，并实施了长期的科技创业人才开发计划。其中有旨在提高在校大学生创业意识的科技创业经营活动，这项活动为大学生提供与各类企业家、银行家以及技术研究开发机构的专家接触与交流的机会。[2] 1998年印度第一家从事创业投资的公司成立，之后创业投资业发展迅速。根据普华永道国际会计公司提供的数据，1995—2000年间印度的创业投资年均增长速度远远高于亚洲其他国家或地区。

五、构建中国特色的创业教育体系

构建我国的创业教育体系，必须从我国的实际情况出发，广泛借鉴国外成功经验。具体包括创业人才教育的目标体系、课程体系和社会支持体系三大子系统。具体内容表现在以下几个方面：

从创业教育的层级来看，应该包括从幼儿园至研究生教育的各个阶段；其核心是从小培养创业意识。

从创业教育的类型来看，不仅应该包括普通高等教育，还应该包括各类职业教育、成人教育，以及针对失业下岗人员的再就业培训、农民工就业培训等；核心是使创业教育贯穿整个国民教育培训体系。

从创业教育的实施对象来看，应该包括大中小学生、失业下岗职工、农民工等；核心是培养和提高公众的创业能力。

从创业教育的支持系统来看，包括社会创业环境、国家财政金融支持、企业赞助、风险投资等；核心是为公众提供良好的创业平台。

总的来说，我国创业教育体系的基本框架可以用图3.4来表示。

---

① 常建坤、李时椿：《发达国家创业活动和创业教育的借鉴与启示》，《山西财经大学学报》2007年第9期。

② 王瑞明：《印度促进技术创新的计划和措施》，《全球科技经济瞭望》1999年第8期。

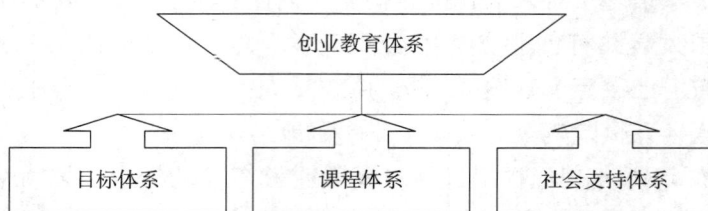

图 3.4　中国创业教育体系基本框架

图 3.5 显示的则是我国创业教育体系的基本内容：

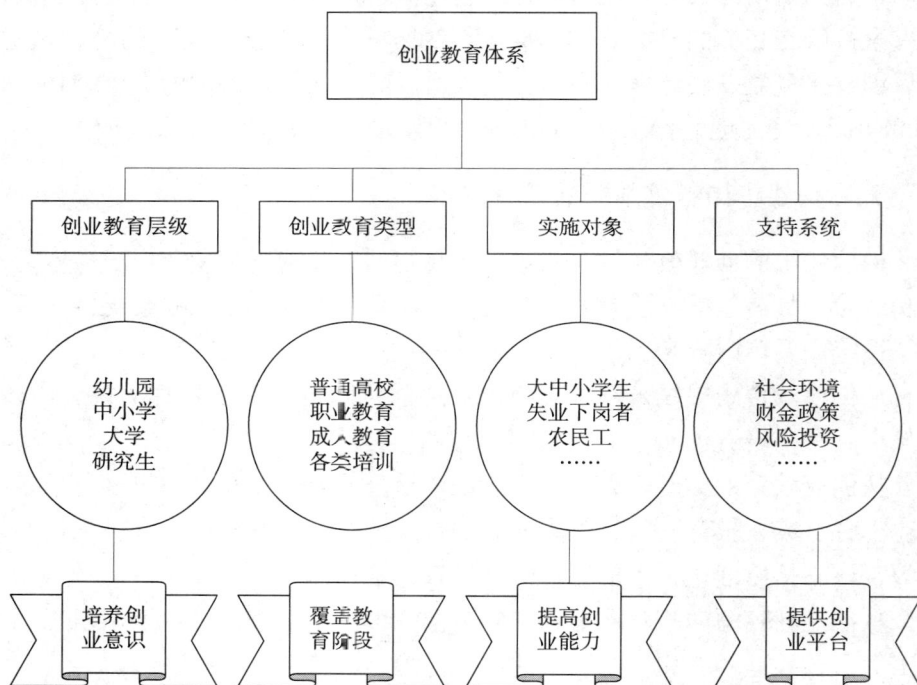

图 3.5　中国创业教育体系的基本内容

　　在创业教育目标体系方面，中国创业教育的培养目标和要求，是创业教育课程设置及其评价的基本依据，是创业教育选择教育内容、明确教育方法、实施教育举措的出发点和归宿。

　　设计创业教育目标的实质是确定这种教育理念和教育实践的基本价值取

向。我国在创业教育基本价值取向上大致有两种选择，一是功利性创业教育目标，二是非功利性创业教育目标。我们认为这两种教育目标的存在都是合理的。

表 3.6　创业教育目标模式

	功利性创业教育目标	非功利性创业教育目标
教育对象	针对即将走向社会的大学毕业生或少数有创业兴趣的大学生	针对所有的在校大学生
教育目标	使大学毕业生具有一定的创业能力，造就少数学生企业家	培养在校大学生创业意识、创业个性心理品质和创业能力，以适应社会的变革
教育内容	主要根据当前社会的现状，为大学毕业生提供急需的职业性或专业性技能、技巧，开展创业实践	揭示创业的一般规律，传授实施创业的基本原理与方法，进行模拟创业演练
教育功能	缓解高等教育大众化带来的社会就业压力，实现教育为现实社会服务的功能	为未来人才设定"创业遗传代码"，通过培养潜在创业者或创业企业家发挥教育的经济功能

资料来源：杨艳萍：《创业教育课程化的框架设计》，《长沙铁道学院学报》（社会科学版）2004 年第 9 期。

依据布鲁姆的教育目标分类学理论，我们将创业教育的培养目标分为认知目标、情感目标和操作技能目标三个层级。在认知目标方面，要求学生了解并掌握创业基本知识，如创业知识的名词术语、基本概念、基本原则，专业知识的图表数据，有关创业的政策法规，经营管理知识，创业实践中的典型案例、经验教训以及体会等，能够通过求异思维、多向思维，提出独到见解，创造性地学习。在情感目标方面，要求学生对创业教育课程兴趣浓厚，认真完成创业知识课程的作业，能够独立思考；积极参加创业实习和实践，并表现出较强的自我意识和社会意识；自觉追求创业意识、创业知识和创业能力的完善；根据自己的创业意向，科学、合理地规划自己的未来。在操作技巧目标方面，要求学生从理论与实践的结合上，解释有关创业知识，综合运用规划、决策、生产、管理、评价、反馈等知识独立完成创业设计；灵活运用创业知识，突破常规思维，发现独特的新结构、新模式、新创造、新经验，创造性地解决创业实践中的实际问题；在创业实践中对独立开展工作具有信心，在困难和问题面前表现出较强的敢为性、坚韧性、克制性、适应性；善于与他人交往、合作。

从这种创业素质教育理念出发，我们可以构建高校创业教育目标体系的基本框架（见图 3.6）。

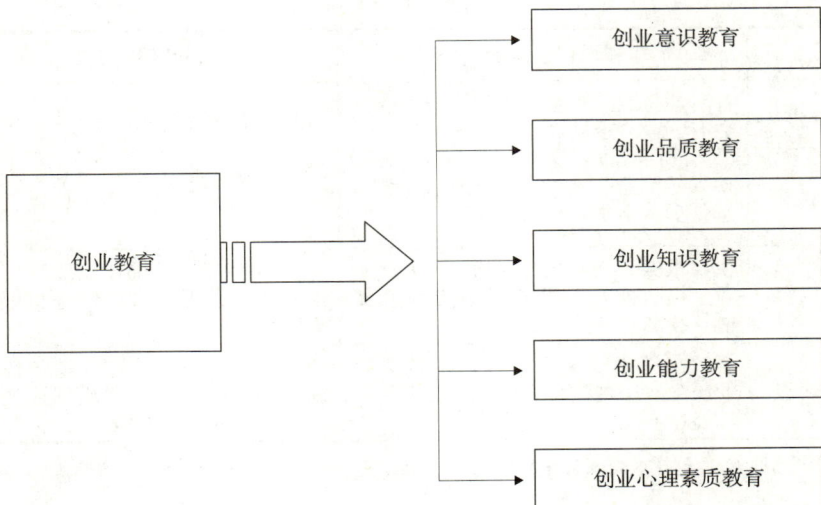

图 3.6　创业教育目标体系

在创业教育课程体系方面，2001 年 10 月，APEC 在一份研究报告中提出，传统的 MBA 教育呈现一种金字塔形态，同学必须修完基础的课程如营销、组织行为、会计、财务后，才可以选修其他课程或法律课程，最后的必修课程为企业战略，课程设置都是围绕着战略管理开设的，要求学生都站在公司管理高层的角度去考虑问题和理解相互独立课程间的相互关系，期望由战略管理这门课程使学生能将其他课程的内容综合起来。传统的管理课程设计方法有它的优点，但对创业管理教育而言，它最大的缺点是传授的知识是支离破碎的，课程与课程之间没有交集，这与创业家的需求相反，于是人们提出了圆形的课程设计方法，将其应用在创业课程的设计上（见图 3.7）。①

---

① APEC，"Symposium on Best Practices for Entrepreneurship and Start-up Companies"，http：//www. apec. org/content/apec/documents_ reports html.

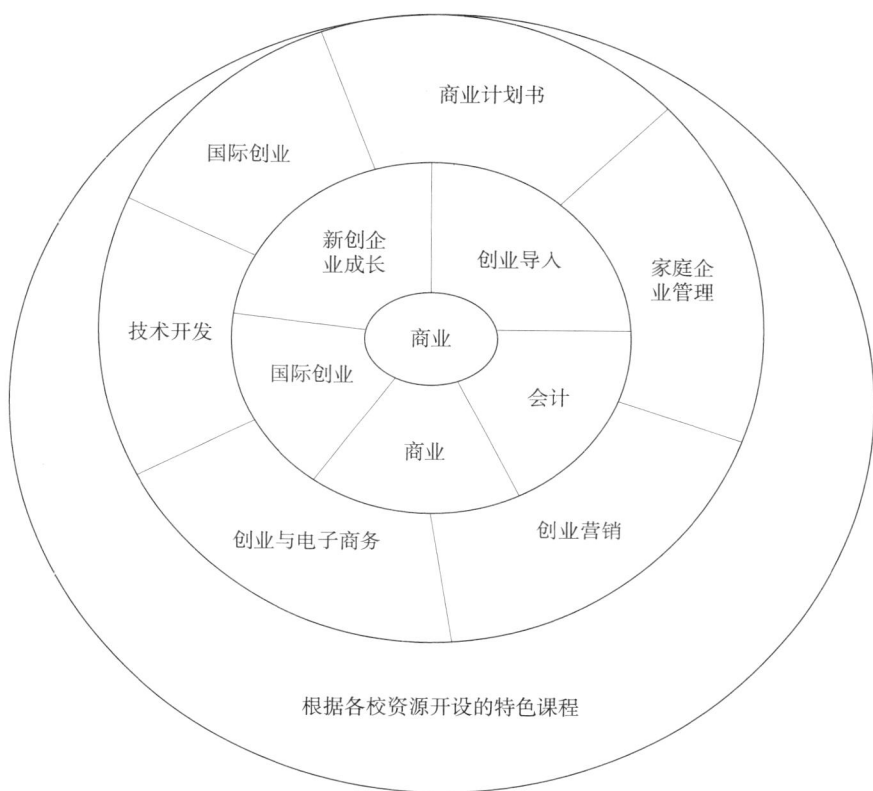

图 3.7　创业课程设计方法

创业教育首先从圆形的最外面开始，让学生了解商业活动如何与战略联盟、资源网络、校友、老师发生联系。第二层次才是课程，课程之间是可以交叉的，没有明显的边界，课程的安排主要是围绕着商业计划。创业专业的教学计划包括核心课程：新创企业财务管理、商业、计划书、创业导入、小企业管理、新创企业成长管理。建立在核心课程基础上的是家族企业管理、技术开发、创业与电子商务、商业计划书（Ⅱ）、国际创业、创业市场营销。第三层次是与创业者个人兴趣和学校不同的培养模式有关的课程。

我国高校应当结合自身学科和专业特点设计创业教育的课程体系，既要考虑和突出专业知识和技能，又要兼顾创业类知识、技能的学习和实践，每一项创业教育计划都必须投入极大精力，要把第一门课程创建成有强烈吸引力的、成功的创业学启蒙课程（通常这门课程应当是《新企业创立》或是《创业管理》）。这门课程主要关注创业者、商机和资源三个方面，并通过一个创业计划使它们有机结合达到整体优化课程体系的目的。

表 3.7　创业教育课程设置的主要类型

序号	课程设置类型	主要学习内容
1	创业意识类	创意激发、创造性开发、信息搜索、商业机会判断力、机会评估等
2	创业知识类	创新战略、组织设计、供应链管理、市场营销、风险投资、资本市场、电子商务、税务制度、知识产权、合同与交易、国际贸易、市场竞争结构等
3	创业能力素质类	将创意发展成创业流程、新公司的建立开办、信息搜索与处理、团队组织、应变能力、管理沟通、产品开发、市场营销等
4	创业实务操作类	商业机会选择、制定商业计划书、资本筹集、创业竞赛、组织创业团队、创业企业的建立、创业经验的积累、危机管理等

在创业教育的社会支持系统方面，根据《大学生创业和创业教育问题调查白皮书》的调查结果，在"你认为大学生创业最需要的支持"一项调查中，需要资金支持的占 36.85%，需要专业团队的辅导扶持的占 26.44%，需要政府有关部门减免税收、登记费用的占 25.65%，能够进入创业园区的仅占 10.35%。可见大学生已经认识到自身要创业，需要改变的一些问题。[①]

针对这些大学生创业中的实际困难，我们认为，一方面有关部门要不断完善扶持大学生创业的相关政策，减少他们创业中的障碍；另一方面要加大高校创业教育的力度，培养大学生的创业能力。

（一）创业环境

由美国巴布森学院和伦敦商学院联合主笔的《全球创业观察》，将创业环境分为 9 个方面，分别是金融支持、政府政策、政府项目、教育和培训、研究开发转移、商业环境和专业基础设施、国内市场开放程度、有形基础设施的可得性、文化及社会规范。根据他们的研究，中国的创业环境在 37 个参与评估的国家和地区中排在第 23 位，属于中下水平。他们特别指出，中

---

① 魏和平：《大学生创业和创业教育问题调查白皮书》，《中国青年报》2007 年 11 月 13 日。

国创业环境中主要有以下一些弱势：金融支持、政府政策（政府直接支持、中央政府的创业政策、新企业审批）、政府项目（政府项目中的服务型组织）、教育和培训（创业和工商管理教育）、研究开发转移（研究开发转移的条件和知识产权保护）、商务环境（为创业企业提供金融和非金融服务）、文化和社会规范（社会文化中个人和集体的责任关系）等。

在这种情况下，我国劳动者的创业率不但大大低于大多数发达国家和地区，也低于许多发展中国家和地区。比如墨西哥男性自主创业率为 46.6%，女性自主创业率为 38.7%。香港 18 至 24 岁的年轻人创业率则超过 30%。而我国经济发达的上海市 24 岁及以下青年的创业率仅为 2.3%，35—44 岁中年人群为 6.7%。此外，由于创业环境欠佳，创业企业的成功率也很低，诸多调查均显示，我国的创业成功率只有 10% 左右，大多数的创业企业开张不久就面临着关张倒闭的命运。①

在完善创业环境方面，首先要破除阻碍创业的各种障碍，营造良好的创业氛围。这里面特别关键的一点，就是要完善创业企业的融资体系，畅通它们的融资渠道。融资难是目前创业者面临的最大困难。据 2007 年中国人民银行就金融机构对中小企业的贷款支持情况进行的两次调查结果来看，尽管金融机构对中小企业贷款占有比率目前已达到 50%，但各种障碍依然存在，彻底解决中小企业融资难题尚需时日。

（二）扶持政策

尽管人们对大学生创业的看法不尽相同，赞成也有，反对也有，但国家相关优惠政策却给了大学生创业巨大的勇气。国家工商总局对普通高校毕业生从事个体经营免除 5 项收费；此外，从 2008 年 1 月 1 日起将实行新的《企业所得税法》，新税法对小型微利企业实行 20% 的低档税率，并将小型微利企业享受低档税率的条件进一步放宽，使尽可能多的符合条件的中小企业享受低档税率的照顾。该政策的实施，将对创业型小企业和微型企业的大量涌现创造良好的发展环境。

各地也出台了一些优惠政策，如广东省制定了简化审批手续、免征所得税等措施；上海应届大学毕业生创业可享受 4 项优惠政策，即免费风险评

① 李长安：《新企业所得税法能否催动小企业春天》，《第一财经日报》2007 年 12 月 24 日。

估、免费政策培训、无偿贷款担保以及部分税费减免，自主创业的大学生可以向银行申请开业贷款担保，额度最高可为 7 万元，并享受贷款贴息。从 2005 年起，上海市政府每年还将拿出 5000 万元，设立大学生科技创业基金。目前，该项举措已经吸引上百个学生团队提出申请，涉及毕业生 300 余人，超出上海市 2004 年选择自主创业学生数一倍多。①

不过，这些政策对大学生创业虽然有促进作用，但仅靠国家给的优惠政策是没办法让公司生存的，提高自身的竞争能力、找准市场定位和开辟销售渠道才是生存的不二法则。因此，对大学生创业不应过于强调政策优惠。

（三）创业投资

针对创业企业普遍缺乏资金的情况，应鼓励投资公司加大对创业型企业的投资力度。从定义上来说，创业投资也叫风险投资，是以权益资本的方式存在的一种私募股权投资形式，其投资运作方式是投资公司投资于创业企业或高成长型企业，占有被投资公司的股份，并在恰当的时候增值套现。

近些年来，全球风险投资的规模越来越大。据统计，2006 年全球风险投资总额突破 320 亿美元，而 2005 年全球的风险投资目标总额为 309 亿美元，2004 年为 290 亿美元，2003 年为 270 亿美元，2002 年为 286 亿美元。②

值得注意的是，国外创业投资资本普遍看好中国创业市场，相比较而言，国内投资企业却热情不高。比如根据有关机构的统计，截至 2007 年 11 月，中国的风险投资规模达到了创纪录的 31.8 亿美元，比 2006 年增加了 79%，其中外国的风险投资商占据了近 80% 的份额。③ 创业投资"国内冷，国外热"的局面一目了然。如何激发国内投资企业的创投积极性，是推进创业带动就业的关键因素之一。

---

① 霍鑫：《直面大学生创业热浪》，《中国高新技术产业导报》2005 年 6 月 24 日。
② 《全球风险投资总额将突破 320 亿美元》，英国《金融时报》2006 年 12 月 11 日。
③ Seek Fortune 研究中心：《2007 年 11 月中国风险投资市场研究报告》，见 http://www.seekfortune.com.cn/page.php? t＝info&id＝13687。

亿美元

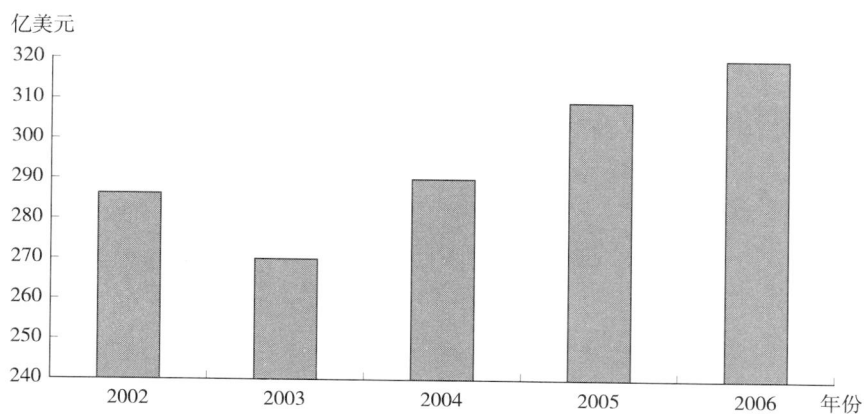

图 3.8 2002—2006 年全球创业投资总额

第 四 章

教育扩张对就业的影响

分析和判断在教育扩张背景下较高教育程度的新增劳动力的就业状况，可以有两个视角：一个是扩张之后的相同教育程度的新增劳动力与扩张之前的就业状况的比较；另一个是在教育扩张下，如果年轻人接受更多的教育与假设他不接受更多的教育相比，就业状况会如何。本书从第二个角度出发，基本分析框架是，假设较高教育程度的个体（这里是大学毕业生）与较低的（这里是高中毕业生）在劳动力参与率、失业率、工作稳定性、应对工作风险以及职业分布与行业分布上存在着差异，那么在教育扩张之后和之前，这些差异是否发生了变化？我们利用了四个年份的全国性的抽样调查数据，对上述内容进行了详细分析。研究的主要发现是：①失业率随年龄的增长有一个自然的变化，不论对于哪级教育程度的个体，自其进入劳动力市场开始至 28 岁左右，经历了一个高失业率到低失业率的转变，28 岁以后，失业率相对保持稳定。在各个年龄阶段，教育程度越高，失业率也越低。②对于当前我国的大学毕业生，如果他不上大学，其失业率会更高，劳动参与率会更低，更不容易得到用劳动合同以及社会保险衡量的就业保障。这表明，教育扩张并没有使得个体就业状况变得更糟糕。③大学生相对于高中生的社会经济地位优势仍旧维持稳定，高等教育在提升个体经济地位中的作用并没有因教育的扩张而减弱。④根据研究结果，就业政策的一个重点是，降低劳动力市场的分割程度，更加关注低学历人群的就业和就业保障。

第一节　教育扩张对就业影响的分析视角

自 1999 年以来，中国的初中后教育经历了快速的规模扩张。普通高等学校本专科在校生人数由 1999 年的 413.4 万人增长到 2008 年的 2021.0 万人；高中阶段教育在校生则由 1999 年的 2165.1 万人增长到 2008 年的 4576.1 万人。高等教育和高中阶段教育毛入学率分别由 1999 年的 10.5% 和 41.0% 增长到 2008 年的 23.3% 和 74.0%。教育规模的扩展无论在短期还是长期内无疑会使得劳动力市场上受过较高教育程度的劳动力供给增加。从劳动力市场的角度来看，这些新增劳动力自身的就业状况会如何？他们对较低教育程度的劳动力以及年长的劳动力的就业会产生何种影响？在短期和长期内是否需要专门的就业政策来应对这些新增劳动力对劳动力市场的冲击？进而，根据这些较高教育程度新增劳动力在劳动力市场上的表现，是否可以为我国初中后教育的未来发展方向提供些有益的建议？诸如这些问题都值得关注。

由于我国初中后教育规模的扩张最先发生在高等教育阶段（即 1999 年的高校扩招），因而，高校扩招后大学毕业生的就业状况在 2002 年之后成为人们讨论的热点。尽管高校扩招增加了各类群体的高等教育机会（邢春冰、李实，2011），但就现实来看，高校扩招后大学毕业生就业率明显下降。比如，在 2002 年前的各年份，我国普通高校本专科毕业生的初次就业率还基本上达到 80% 以上，但是从 2003 年以后就业率明显下降，2003—2009 年，大学毕业生的就业率基本上为 70% 多一点（赖德胜等，2011）。目前形成的普遍认识是，扩招使得大学毕业生比扩招之前的毕业生就业状况更糟糕了。这一认识也得到一些更为细致的实证研究的支持。比如吴要武与赵泉（2010）采用了自然实验设计的框架和双重差分的方法研究了高校扩招对大学生就业状况（劳动参与率、失业与工资）的影响，研究结论认为，扩招导致大学新毕业生的劳动参与率下降、失业率上升、相对工资下降。邢春冰与李实（2011）利用了相似的方法，同时控制了教育扩张对学生能力分布的影响的研究也发现，纯粹由高校扩招导致的大学毕业生失业率提高了 4.5% 左右。可以说这两项研究对教育扩张对毕业生就业的负面效应提供了翔实的证据。在中国，描述扩招后的大学毕业生就业状况已有了一个被广泛认同的关键词："大学生就业难"或"知识失业"（赖德胜，2001，2005；曾湘泉，2004）。促进大学生就业也被中国政府确定为当前就业政策的三个重点之一。[①] 我们从这些研究和政策可以看出，现在的毕业生的就业状况比以前的更糟糕，是基于比较扩张之后和之前同一级教育程度的毕业生的就业状况这样一个出发点作出的判断。

教育规模的迅速扩张导致的新增劳动力的就业问题是许多国家经历过的共同问题，已有许多研究对其表现、实质以及劳动力市场上发生的可能变化进行了探讨。相当多的研究认为，当受过较高教育的劳动力突然增加后，最初往往表现为这些劳动力的（与以前的相比）失业率提高、工作搜寻时间的增加，随后，经过一段时期的调整，这些劳动力开始接受职位和工资相对低的工作，失业率开始下降（Fields，1995；田永坡，2006；李晓颖）。弗里曼（1976）的"过度教育"概念即是在这种背景下提出的。"过度教育"描述了美国第二次世界大战后至 20 世纪 70 年代教育扩张对劳动力市场的影响。当越来越多的受过更高教育的劳动力进入劳动力市场后，一开始使得这些人群失业率提高，进而他们不得不接受对技能要求低于其教育程度的工作。这一概念被许多学者应用于分析多数经历了教育扩张的其他发达国家的劳动力市场状况（哈托，2000）。[②] 新毕业生的年龄阶段往往处于生命周期的青年时期，而在劳动力市场上，青年人本来就比年长的人失业率更高、就业更不稳定，而教育扩张会进一步加大两类群体的就业差距。比如，马格努森（Magnussen，1979）的分析认为，从大部分国家的经验看，在教育扩张后，青年人失业率往往是年长的成年人的 3 倍，随着年龄的增长两者的差异才逐渐降低下来（青年人的失业率降低）。其他一些研究也得出了相似的结论，并且探讨了发生这种变化的内在机制。比如毕杜维和帕纳斯（Beduwe & Planas，2003）针对欧洲五国和美国全面探讨了教育扩张与劳动市场之间的关系，认为虽然在 20 世纪 60—70 年代的高等教育扩张后，年轻人面临着更多的失业风险，但是，一方面

---

① 指我国劳动力就业长期同时面临青年就业、农村富余劳动力转移就业和下岗失业人员再就业问题，该问题叫做"三碰头"局面。

② 西方学者对于过度教育的讨论有些类似于当前我国学者对大学生就业困难的讨论。

"代际学习（inter-generational learning）"机制使得他们调整自己的教育决策以及参与劳动力市场的决策，开始接受职位低、工资低的工作。另一方面，雇主在用人决策上进行了调整，失业率并没有那么高。上述的这些分析从时间上看还是侧重于短期分析（即教育扩张之初及以后的较短时期）。如果从长期来看，随着经济发展和经济结构的变化，大部分发达国家发生了与以前不同的情况：受过较高教育的新增劳动力的就业状况逐渐变得更好。比如麦因特斯（McIntosh，2008）对 OECD 国家的经验分析表明，在 20 世纪 70 年代到 90 年代，较高教育程度的新增劳动力失业率随时间变化先是上升，然后下降。但是从数值上看，只是发生了一个微小的变化，大部分国家的变化幅度在 1.5% 左右。技能偏向的技术进步和经济结构使得高技能劳动力（高等教育者）的就业状况比低技能劳动力更好了。可见，从国际经验来看，教育扩张对新增劳动力就业的影响要视具体情况而定。一般来说，短期内失业率会上升，但从长期来看，随着劳动力市场的不断调整，以及相对于低技能劳动力来说，高技能新增劳动力的就业状况可能会变得更好。

我们从上述研究中还看到，分析和判断在教育扩张背景下较高教育程度的新增劳动力的就业状况，可以有两个视角，一个是扩张之后的相同教育程度的新增劳动力与扩张之前的就业状况的比较，另一个是较高教育程度的新增劳动力与较低的教育程度之间的就业状况的差异在扩张前后的比较。我国学者对大学生就业难现状的判断以及促进大学生就业的各项政策的出台即是在第一个视角下作出的。第二个视角暗含的逻辑是，在教育扩张下，如果年轻人接受更多的教育与假设他不接受更多的教育相比，就业状况会如何。这一角度其实也不是新鲜的，以往大量的对于教育收益率的研究，对于不同教育程度个体就业状况的分析都是这一视角的具体体现，只不过是这里增加了教育扩张这一外在干预之后对这一问题的重新考察。但是其现实和政策含义是明显的。首先，遵从这一角度的分析可以帮助我们判断教育扩张政策的成效。从多数国家的经验来看，教育扩张并不是由市场机制自发引致的，而是政府作出的宏观决策，中国更是如此。这样，教育扩张前后劳动力市场上高教育程度与低教育程度个体相比较的就业状况如何，就可以在一定程度上为我们判断教育扩张政策的成效以及是否仍有必要进一步进行教育扩张提供依据（汤敏，2006）。其次，遵从这一角度的分析还可以为个体的教育决策提供依据。对于个体来讲，尽管与以前的毕业生相比较来看，就业状况变得糟糕了，但是如果他不接受更多的教育，就业状况是不是更糟糕？如果是这样的话，那么就会促使个体倾向于仍接受更多的教育。最后，青年就业问题是各个国家普遍面临的问题，从教育程度上看，青年人是一个异质性的群体。就业促进政策的重点应该针对哪个群体，也需要根据不同教育程度群体的就业状况差异来作出。就我国来看，根据近十年来的就业促进政策的瞄准群体，我们可以发现，相对于大学毕业生来说，高中毕业生受到的关注明显偏少。

因而，要全面地认识教育扩张与就业之间的关系，不仅需要考察相同教育程度的毕业生教育扩张之前和之后在劳动力市场上表现的差异，还要考虑不同教育程度的毕业生之间的差异发生了什么样的变化。也就是，如果这些毕业生不上大学，那么他们的就业状况会如何？基于这样一个角度，本章利用四个年份的全国性的抽样调查数据（CNPC，2000；CHIP，2002；1%SPC，2005；CHIP，2007），试图回答上述问题。

就业状况可以有多种衡量方式，我们的基本思路和衡量就业状况方式是，个体首先决定是否参与劳动力市场和能否找到工作，这可以用劳动力参与率和失业率（或就业率）来衡量。然后，个体找到工作后，就业保障的程度如何？根据我国劳动关系的现实状况，我们用是否签订劳动合同、是否有享有三种社会保险来衡量。最后是个体找到一个什么样的工作，或者工作本身的经济地位如何？虽然工资和收入是衡量这方面的比较好的指标，但是，限于数据原因，我们没有用这一指标，而是用个体职业和行业来衡量。

根据以上界定，我们对教育扩张与就业之间的关系进行分析的基本框架就是，假设较高教育程度的个体（这里是大学毕业生）与较低的（这里是高中毕业生）在劳动力参与率、失业率、就业保障以及职业分布与行业分布上存在着差异，那么在教育扩张之后和之前，这些差异是否发生了变化？如果相对于高中毕业生，在劳动力市场上大学毕业生的上述各个方面处于优势地位，即便是在教育扩张之后这一优势地位有所减弱，那么教育扩张总体上改善了个体的就业状况，扩张政策具有积极成效；反之，则恶化了个体的就业状况。

下文的内容安排如下，首先简要回顾了中国初中后教育规模扩展的历程以及中央政府在促进毕业生就业方面采取的政策，介绍了所使用的数据，然后用年龄—失业率曲线考察了 2000—2007 年各级教育程度个体的失业率状况，对教育扩张的就业效应进行了计量经济分析，并对结果进行了理论和政策上的解释，最后对全文进行了总结。

第二节　中国初中后教育的规模扩张与毕业生就业

一、教育规模的扩张

1999 年 6 月，中国中央政府作出了高校扩大招生的决定，并于当年即得以实施。[①] 表 4.1 列出了 1997—2008 年高校规模变化情况。1999 年，当年招生人数增加 51.32 万人，招生总数达 159.68 万人，增长速度达到史无前例的 47.4%，之后 2000 年的扩招幅度为 38.16%，2001 年为 21.61%，2002 年为 19.46%，到 2003 年，中国普通高校本专科生在校人数超过 1000 万。2006 年，国家提出高等教育的发展要切实把重点放在提高质量上。2007 年，时任国家教育部部长周济说：高等教育仍将继续扩招，但是幅度将大大放缓。进入 2008 年，全国普通高校本专科招生计划为 599 万，增长速度仅为 5%。

随着高等教育的规模扩招，带动了高中阶段教育的规模扩大，到目前，国家以及许多地区已经制定了普及高中阶段教育的目标。表 4.1 的数据显示，2001 年至 2006 年，高中阶段教育招生数以每年扩招 100 万人的速度增长，在校生数由 2000 年的 2200 多万人，增加到 2006 年的 3800 多万，到 2008 年更是达到 4400 万人。高中阶段教育毛入学率在 2003 年之前还在 44% 以下，而到 2008 年则提高到 74%。

---

① 《国家发展计划委员会、教育部关于扩大 1999 年高等教育招生规模的紧急通知》（计电 ［1999］62 号）和《教育部、国家发展计划委员会关于下达 1999 年普通高等教育扩大招生计划的通知》（［99］教电 246 号）。

表 4.1 中国普通高等学校本专科学生数与高中阶段教育学生数

单位：万人

年份	高等学校				高中阶段教育				
	招生数	毕业生数	在校生数	毛入学率（%）	招生数	毕业生数	在校生数	未升学人数	毛入学率（%）
1997	100.0	82.9	317.4	9.1	738.8	536.7	1950.2	436.7	40.6
1998	108.4	83.0	340.9	9.8	768.4	589.1	2072.3	480.7	40.7
1999	154.9	84.8	408.6	10.5	772.0	613.4	2165.8	458.5	41.0
2000	220.6	95.0	556.1	12.5	806.5	667.1	2246.2	446.5	42.8
2001	268.3	103.6	719.1	13.3	896.2	680.8	2381.6	412.5	42.8
2002	320.5	133.7	903.4	15.0	1093.2	695.4	2722.1	374.9	42.8
2003	382.2	187.7	1108.5	17.0	1224.9	764.5	3116.1	382.3	43.8
2004	447.3	239.1	1333.5	19.0	1347.7	866.1	3526.3	418.8	48.1
2005	504.5	306.8	1561.3	21.0	1485.5	1040.4	3896.6	535.9	52.7
2006	546.1	377.5	1738.8	22.0	1572.9	1166.2	4216.8	620.1	59.8
2007	565.9	447.8	1884.9	23.0	1598.2	1281.2	4396.3	715.3	66.0
2008	607.7	511.9	2021.0	23.3	1593.3	1378.2	4442.8	770.5	74.0

资料来源：相应年份《中国教育统计年鉴》，人民教育出版社。

　　高校和高中阶段教育的扩张造成了更多受过更高教育程度的新增劳动力进入劳动力市场。从表 4.1 中可以看出，1999—2008 年，进入劳动力市场的高等教育毕业生由 84 万人增加到 2008 年的 500 多万人，未升学而进入劳动力市场的高中阶段教育毕业生从 400 万人左右增加到 700 多万人。图 4.1 是我们根据 2005 年人口抽样调查数据计算的城镇人口按出生年份区分的各级教育程度人口的比例，从中也可以明显地看出，1975 年以后出生的城镇人口中，受过高等教育的人占的比例逐步增加，1985 年左右出生（即在 2005 年年龄为 20 岁左右）的人口中这一比例达到了 50%。同时，初中及以下教育程度人口的比例逐渐下降到 20%，而高中阶段的保持稳定，在 30% 左右。

（%）

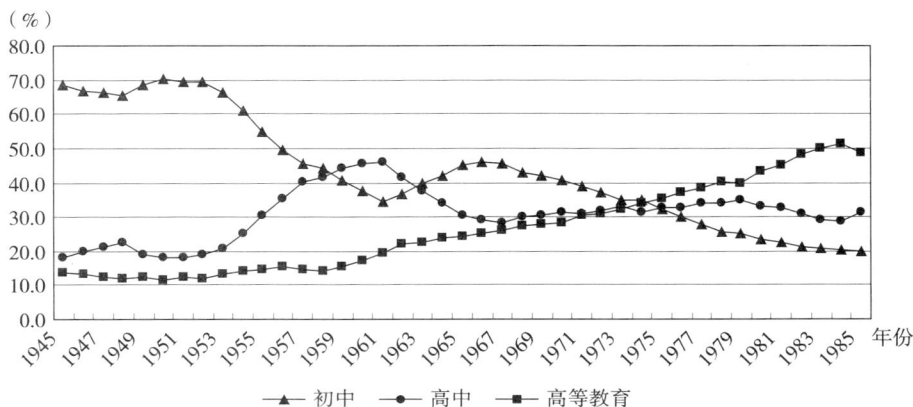

图 4.1　2005 年不同出生年份的中国城镇人口各教育程度比例

二、"大学生就业难"与高中毕业生的低就业率

当初高校扩招的目的主要有三个方面：其一，当时中国受到亚洲金融危机的影响，通过高校扩招可以带动消费，从而拉动经济增长；其二，延迟青年人就业，缓解当时就业压力；[①] 其三，提高中国新增劳动力的素质（汤敏，1998）。[②] 应该说，单从这三方面来看，高校扩招确实起到了相应的作用。但是，迅速的、大规模的扩招在随后几年的负面效应显现出来，这就是所谓的"大学生就业难"现象。

图 4.2 提供的数据描述了 1996—2010 年我国普通高校毕业生就业率的变化。1996 年与 1997 年，高校毕业生的就业率超过了 93%，1998 年有一个明显的下降，约为 77%。1998 年以后逐年提高，2001 年又达到 90%。这段时期的就业率的变化应该与当时我国经济状况特别是国有企业改革密切相

---

① 以上两个原因具体地体现在高校扩招的目标就是中央制定的"拉动内需、刺激消费、促进经济增长、缓解就业压力"。

② 1998 年 11 月，经济学家汤敏以个人名义向中央提交了一份建议书《关于启动中国经济有效途径——扩大招生量一倍》，建议中央扩大招生数量。在这份建议书之中，他指出 5 点扩招的理由：当时中国大学生数量远低于同等发展水平的国家；企业改革带来的大量下岗工人如果进入就业市场与年轻人竞争会出现恶性局面；国家提出经济增长 8% 的目标，教育被认为是老百姓最大的需求，扩招可以拉动内需，激励经济增长；高校有能力接纳扩招的学生，当时平均一个教师仅带 7 个学生；高等教育的普及事关中华民族振兴。

关，当然，也不排除是数据统计上的原因。2002 年就业率明显下降了十个百分点，为 80%。而从 2003 年之后的年份中，又进一步下降了近十个百分点。根据我国普通高等教育的学制，2001 年以后高校毕业生就业率下降的年份大概正是受 1999 年高校扩招影响的大学生毕业的年份。因而，除去经济因素的影响外，高校扩招是使得就业率大幅下降的一个重要原因。有学者认为，如果考虑到就业率统计中的"水分"并且予以挤出的话，那么近年来我国大学毕业生的初次就业率将处在 70% 左右的水平。温家宝同志在 2012 年《政府工作报告》中披露，2011 年中国高校毕业生初次就业率为 77.8%。由此可见，各方面的数据都显示，与以前的相比，现在的大学毕业生在毕业后的最初一段时间里要找到一份工作确实是更难了。

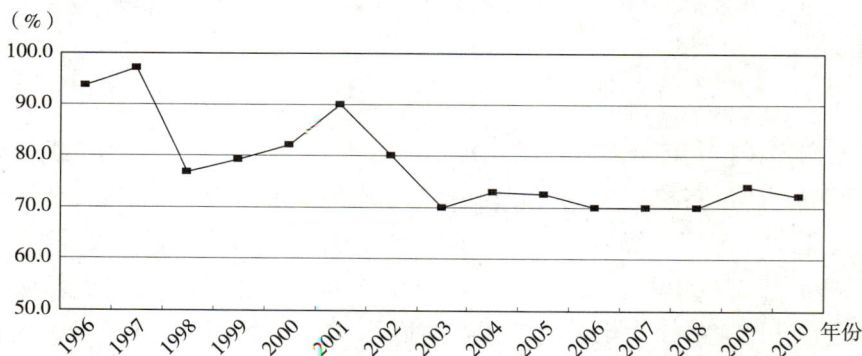

图 4.2   1996—2010 年普通高校毕业生就业率

大学生找工作困难了，那么高中毕业生又是怎样呢？从现有的官方统计和研究中，还很难找到描述高中生（包括普通高中和中职学校）在毕业后最初几年的就业状况的数据。这里借助本研究所用的数据简单计算了 19—20 岁高中毕业生以及 23—24 岁大学毕业生的失业率。需要注意的是，这里就业率的计算与前述是不同的，不再是初次就业率，而是学校毕业后大约 1—2 年的时期。计算结果发现，高中毕业生的就业率在 2000 年约为 66%，2005 年约为 73%，而大学毕业生的就业率 2000 年约为 92%，2005 年约为 90%。很显然，与以前相比，刚进入劳动力市场的高中毕业生的就业率比以前高了，而与刚进入劳动力市场的大学毕业生相比，却仍低了很多。虽然这种简单的比较不是很合适（对此，后文将做详细分析），但是我们仍旧可以看出，大学生找工作困难，高中毕业生比他们还要难。

如果从相同教育程度毕业生在教育扩张前后的就业状况比较的角度来看，各方面的数据显示，扩张后的毕业生确实比扩张前的毕业生找工作更难了。"大学生就业难"或"知识失业"的说法很形象地刻画了这种状况。中国政府自 2001 年起，几乎每年出台关于促进大学生就业和中等教育未升学毕业生就业的政策，是对这种状况的现实反映。然而，我们不禁要思考的问题是，教育扩张是导致毕业生就业难的一个"原因"吗？如果没有教育扩张，受扩张影响的那些毕业生的就业状况会是什么样呢？对于这一问题会有两个结果，其一，他们的就业状况会更糟糕，这样，教育扩张其实是有利于其就业的，而不会是许多研究认为的教育扩张对毕业生就业带来不利影响的结论；其二，他们的就业状况会好一些，这样就可以推断出，教育扩张确实带来了负面的影响。

第三节　数据、指标与不同教育程度
劳动力的失业率的统计描述

一、数据与就业状况的衡量

（一）数据

本研究主要使用了 2000 年、2002 年、2005 年和 2007 年四个年份的抽样调查数据：①2000 年全国人口普查数据中的 0.95% 的子样本数据（CNPC，2000）；②2002 年中国居民收入调查项目数据（CHIP，2002）；③2005 年全国人口 1% 抽样调查数据的 20% 的子样本数据（1%SPC，2005）；④2007 年国家统计局城镇调查户数据（NBS，2007）。

我们主要关注的是城镇人口的就业状况，因而，以上所有数据中均用的是城镇人口样本，并且将年龄限制在 16—55 岁之间。CNPC2000 和 1%SPC2005 是全国性的样本，经过处理后总样本量分别为 208996 和 508715，这两个大样本数据是我们的主要数据。CHIP2002 共有 12 个省，总样本量为 20024 个，NBS2007 的省份是 16 个，总样本量为 29042 个。相比于前两个数据，后两套数据样本量少得多，进行细致的分析（如分年龄段）可能会有较大的偏差，但是为了能够从时间上观察就业状况的变化，我们仍使用了这两套数据作为辅助数据。

（二）就业状况的衡量

我们关注的就业状况的核心指标是失业率。同时，为更全面地了解就业状况，我们在后面的计量分析中还采用了劳动力参与率、签订劳动合同情况、参加三种社会保险情况（失业保险、养老保险和医疗保险）。

失业和劳动力参与率的界定采用了标准的定义。即有工作或有工作意愿的个体界定为劳动力，劳动力占总人口的比例为劳动力参与率，劳动力中没有工作的为失业者。

根据中国劳动力市场的特点，那些即便是有工作的个体也可能没有签订劳动合同和没有社会保险，因而这两个指标是衡量就业状况的比较好的指标。

二、不同教育程度劳动力的失业率

（一）总体特征

表4.2 提供的是2000 年、2002 年、2005 年和2007 年不同教育程度个体失业率状况。总体上，平均的失业率2000—2007 年有所下降：2000 年为11.3%，2005 年下降到了9%，2007 年下降到7.3%。分性别来看，男性的总体失业率要低于女性。从教育程度来看，各个年份，高等教育程度的个体的失业率不到4%，要远远低于未受过大学教育的个体，高中教育的个体失业率为10%左右，而初中的则超过了10%，反映了教育程度越高，失业率就越低。

从时间趋势上看，受过大学教育的个体在2000—2007 年间的失业率变化不大，2007 年比2000 年和2002 年略有提高，其中男性提高了0.3%，而女性提高的幅度略大，为0.7%。其他教育程度的个体失业率均下降。2007 年与2000 年相比，高中教育的个体总体上下降了2.6%，其中男性下降了4%，而女性下降幅度较小，为1%；初中的个体下降得更为明显，总体上下降了3.7%，其中男性下降幅度尤为明显，达到了6%，女性下降了1.4%。初中教育个体的更为明显的下降可能反映了劳动力密集型行业对该群体的需求的增加，但是其总失业率仍比较高。从这些结果来看，从这一点还不能够明显看出教育扩张的影响究竟是什么，因为 2000—2007 年，高等教育程度的个体失业率略有上升，而初中和高中教育的失业率则明显下降。

以上只是描述了总体上的特征，下面更为详细地考察各教育程度的劳动力的失业率在不同年龄上的分布情况。

表4.2 16—55 岁不同教育程度个体的失业率（2000—2007 年）

单位:%

年 份		平 均	初中及以下	高 中	大学及以上
2000	总体	11.3	15.5	11.1	3.2
	男性	10.3	14.4	10.1	2.7
	女性	12.7	17.1	12.3	3.9
2002	总体	9.6	15.1	10.6	3.0
	男性	7.5	11.2	9.0	2.6
	女性	11.9	19.7	12.2	3.4
2005	总体	9.0	12.5	10.1	3.6
	男性	7.8	10.4	8.9	3.3
	女性	10.7	15.3	11.7	4.1
2007	总体	7.3	11.8	8.5	3.7
	男性	5.3	8.4	6.0	3.0
	女性	9.7	15.7	11.1	4.6

（二）年龄—失业率曲线

通过绘制年龄—失业率曲线，可以用来考察不同教育程度各年龄段劳动力的就业情况。图 4.3—图 4.6 分别是四个年份全部样本、初中教育程度、高中教育程度和高等教育程度个体的不同年龄组的失业率。图中横轴表示的是年龄，纵轴则是失业率。对于各教育程度，虽然样本中并未提供其毕业的年龄，但是根据我国各级教育的学制进行简单的推算，未升入高中的初中毕业生大约在 16 岁进入劳动力市场，未升入大学的高中毕业生进入劳动力市场的年龄是 19 岁，而大学生毕业生在 22 岁以后进入劳动力市场。因而，图中分别将这三个年龄作为不同教育程度个体进入劳动力市场的初始年龄。而考察的终止年龄定为 55 岁。虽然会存在一定的偏差，但是这并不影响我们对整体趋势的判断。另外，由于 2002 年和 2007 年的年龄—失业率曲线不是很平滑，这应该是受较小的样本量影响造成的，但是总体上的趋势仍与

2000 年和 2005 年是一致的。

首先，从总体上我们可以看到两个明显特征：①不论从个体平均失业率，还是从教育程度来看，也不论是哪个年份，在个体刚进入劳动力市场的最初几年失业率最高，然后随年龄（进入劳动力市场的年限）的增长逐渐降低，并在一定年限之后失业率保持了一个稳定的状态。如从平均失业率来看，失业率在 26 岁、27 岁之前由比较高的水平降到相对低的水平，之后的年龄均稳定地保持在这个水平。当然，在 45 岁以后，2000 年和 2005 年的平均失业率有所不同，前者不断降低，后者则稳中略有提高。这可能反映了这两年不同的经济状况。②在进入劳动力市场的最初几年，各教育程度的劳动力失业率处于比较高水平的同时，也比较接近。随着年龄的增长，大学教育的劳动力失业率迅速下降，并且之后的各年龄段个体的失业率远远低于其他教育程度的个体，这与前面总体的状况是一致的。

其次，从教育程度来看：①就初中及以下教育程度的个体来看，在刚刚进入劳动力市场的最初几年，失业率非常高，比如 2000 年时 16—20 岁的个体的失业率在 35% 以上，2005 年有所下降，也达到 20% 以上。在进入劳动力市场的 10 年左右（也就是 26 岁前后）之后，失业率才降低到 15% 以下，并且保持了一个稳定的水平。②高中教育的个体在进入劳动力市场的最初 4 年（大约 19—22 岁）由较高的水平迅速下降，如 2000 年由 38% 下降到 17%，2005 年由 28% 下降到 15%。之后继续下降，并到 26 岁后下降到 8% 左右，并稳定地保持下去。③大学教育的个体的失业率大约在进入劳动力市场的 3—4 年从 15% 迅速下降到 5% 左右，而且在 26 岁之后下降到 3% 以下，并基本保持了这个稳定的水平，并且 26 岁之后的各年龄段 2005 年和 2000 年的失业率相差不大。

第三，为了更进一步观察新毕业生的失业率在这几年的变化，我们对各年份选取了 23—30 岁各年龄组的高中与高等教育毕业生个体，进行了对比。根据数据的特征，我们将 2000 年和 2005 年的数据、2002 年和 2007 年的数据分别对比，见表 4.3 和表 4.4。表中"差异"一列是指大学减去高中的失业率，而"双重差异"是指对用 2005 年的"差异"减去 2000 年的"差异"。根据双重差分的思想，这种简单的双重差分可以说明相对于高中毕业生，大学毕业生的就业状况发生了什么样的变化。从表 4.3 和表 4.4 中可以观察到以下几个特征：①对于刚进入劳动力市场的大学毕业生（23—26岁），2005年比2000年以及2007年比2002年的失业率有所提高。这也正是说明了"大学生就业难"或"知识失业"情况。但是在26岁之后各时期之间的失业率并没有太大的差异。②上述情况只是反映了大学毕业生各期之间的失业率差异有所提高。如果将高中作为对比组，分别对比这两年大学毕业生与高中毕业生失业率差异的变化，则更能反映这一问题。从各个年份来看，刚进入劳动力市场几年的大学毕业生的失业率要低于相同年龄的高中毕业生的失业率，如果事实确实如此的话，上大学要比不上大学的失业的可能性更低。但是，对比2005年和2000年这一差异（即双重差异），23岁和24岁年龄的分别提高了3%和4.6%。这说明相比高中生，2005年大学新毕业生比2000年的就业状况更糟糕了。对比2007年和2002年的结果说明了同样的结果。但是，这种更糟糕的就业状况并不能就直接说明高校扩招的负面影响。本章后文将对此进行更为详细的分析。

上面的分析只是简单失业率的比较，有理由相信，上述变化可能受到其他因素的影响。比如2005年和2000年相比，经济环境对劳动力的需求更多了，促进就业的政策也出台了更多。如果没有这些政策的话，大学生的就业状况可能会更糟糕。

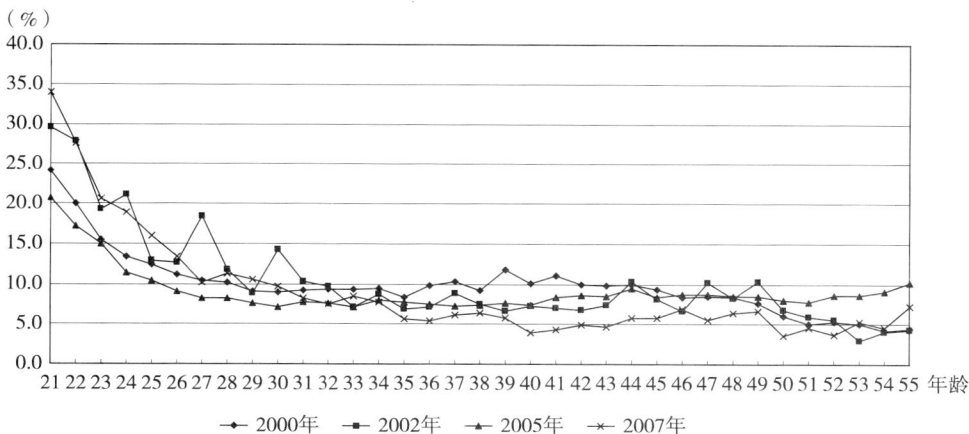

图 4.3　21—55 岁个体失业率

（%）

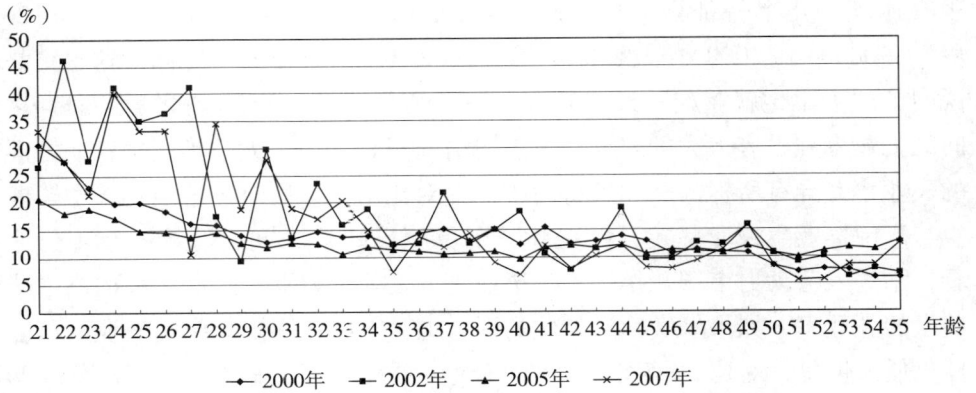

图 4.4　21—55 岁初中及以下教育程度个体的失业率

（%）

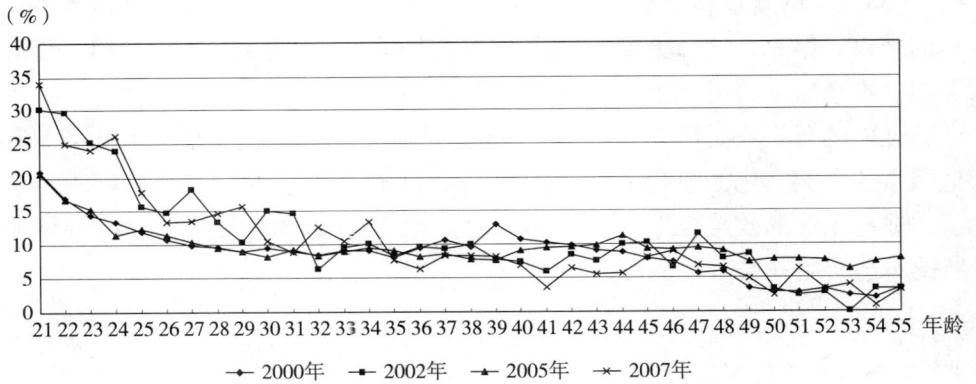

图 4.5　21—55 岁高中教育程度个体的失业率

（%）

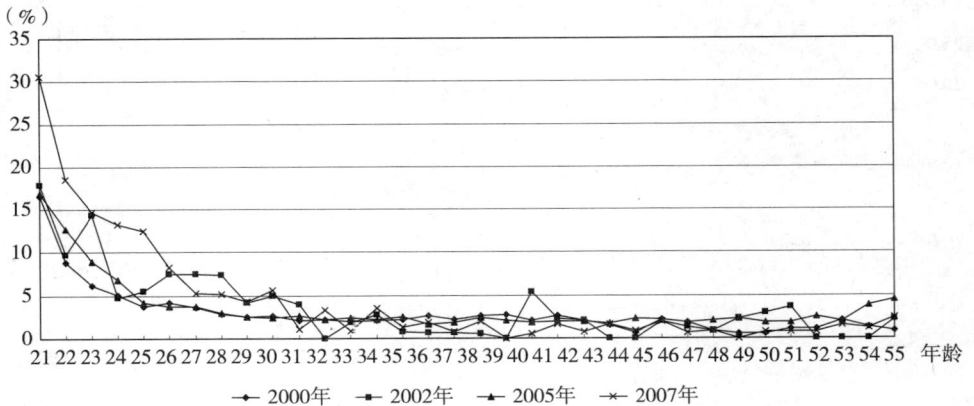

图 4.6　21—55 岁高等教育程度个体的失业率

表 4.3 23—30 岁高中与大学毕业生的失业率

年龄	2000 年			2005 年			差异的差异 **
	高中	大学	差异 *	高中	大学	差异	
23	14.4	8.8	−5.6	15.3	12.7	−2.6	3.0
24	13.3	6.2	−7.1	11.4	8.9	−2.5	4.6
25	11.9	5.1	−6.8	12.3	6.8	−5.5	1.3
26	10.7	3.7	−7.0	11.4	4.2	−7.2	−0.2
27	9.8	4.2	−5.6	10.4	3.7	−6.7	−1.1
28	9.6	3.6	−6.0	9.4	3.7	−5.7	0.3
29	8.9	2.9	−6.0	8.9	3.0	−5.9	0.1
30	9.4	2.5	−6.9	8.2	2.5	−5.7	1.2

注: * 指大学-高中; ** 指 2005 年的差异减去 2000 年的差异。

表 4.4 23—30 岁高中与大学毕业生的失业率

年龄	2002 年			2007 年			差异的差异 **
	高中	大学	差异 *	高中	大学	差异	
23	25.3	9.7	−15.6	24.1	18.6	−5.5	10.1
24	23.9	14.3	−9.6	26.1	14.7	−11.4	−1.8
25	15.7	4.8	−10.9	17.9	13.3	−4.6	6.3
26	14.8	5.5	−9.3	13.3	12.5	−0.8	8.5
27	18.2	7.5	−10.7	13.5	8.3	−5.2	5.5
28	13.3	7.5	−5.8	14.6	5.3	−9.3	−3.5
29	10.3	7.4	−2.9	15.7	5.2	−10.5	−7.6
30	15	4.2	−10.8	10.5	4.3	−6.2	4.6

注: * 指大学-高中; ** 指 2007 年的差异减去 2002 年的差异。

根据年龄—失业率曲线，我们可以得到几个基本结论：

在各个年份，失业率与教育程度呈现负相关的关系。

一个比较重要的结论是，失业率随年龄的增长有一个自然的变化，即不论对于受过何种教育程度的个体来说，失业率都经历了一个从高失业率到低失业率的转变。在进入劳动力市场的最初年份里，失业率比较高，随着工作经历的增长，失业率逐渐降低，并在 28 岁左右之后稳定下来。各教育程度个体相比较来看，高失业率的时期对于高等教育的个体最短，其次是高中阶段教育的个体，最后是初中及以下教育程度的个体。

刚进入劳动力市场的高等教育程度的个体随着时间的推移（也就是教育扩张），不论是其自身的比较还是相对于高中生来说，失业率均有所上升，但是在一个短暂的调整后，失业率均下降到稳定的状态。这是否说明了教育扩张对于大学毕业生就业状况带来不利的影响，还需要更加详细的计量分析。

第四节　教育扩张的就业效应的计量分析

如前述，全面地考察教育扩张对个体就业状况的影响，不能仅仅是比较相同教育程度群体在教育扩张前后的就业状况差异，还需要了解那些因为扩张接受了更多教育的人，如果不接受更高一级教育，其就业状况会如何？这一部分首先分析了高等教育扩张与就业的关系（以毕业生劳动力市场参与率、失业率和就业保障来衡量），然后进一步考察了教育扩张对那些找到工作的毕业生的社会经济地位是否产生了影响。

一、教育扩张与就业

（一）分析框架

我们关注的核心问题是：对于那些接受了高等教育的个体来说，如果不接受高等教育（即高中毕业），其就业状况会有什么差异？在政策评估或者处理效应的文献中，这被称为处理者的处理效应。这里的处理者指接受高等教育的个体。下面我们首先介绍处理效应的基本模型，讨论其识别问题，然后说明采用的方法——基于倾向分的匹配法。

1. 处理效应及其识别

令 y 表示衡量个体就业状况的变量，x 为可观测控制变量，D 表示是否接受高等教育，即 $D=1$ 为接受高等教育，否则 $D=0$。y_1 表示个体接受高等教育后的就业状况，y_0 表示个体未接受高等教育（在本章为高中毕业）的就业状况。

我们感兴趣的是 y_1 和 y_0 是否有显著的差异（$y_1 - y_0$），即处理效应。我们关心的是对于接受高等教育的个体的平均处理效应（Average Treatment Effect on Treated，ATT），即：

$$ATT = E (y_1 - y_0 \mid D = 1) \tag{4.1}$$

度量处理效应的困难在于，只能观测到个体的一种状态：处理或者没有处理，不能同时观测到这两种情况。与一种情况（如处理）相对的另外一种情况（如没有处理）被称为反事实，即接受处理的个体，如果没有接受处理的状态是什么（Roy，1951；Rubin，1974；Rosenbaum & Rubin，1983）。

度量处理效应的出发点，就是为那些接受处理的个体（处理组）寻找排除在处理组之外的个体（控制组）作为其反事实状态的代理。我们以高中教育程度的个体作为那些受过高等教育个体的反事实，即 $E (y_0 \mid D = 1) = E (y_0 \mid D = 0)$，ATT 则由下式得到：

$$E (y_1 \mid D = 1) - E (y_0 \mid D = 0) \tag{4.2}$$

这也就是前面描述性分析中失业率平均值的比较。

上述式子经常会得到一个对于 ATT 有偏的估计，这是因为：

$$E(y_1 \mid D = 1) - E(y_0 \mid D = 0)$$
$$= \underbrace{E(y_1 \mid D = 1) - E(y_0 \mid D = 1)}_{ATT} + \underbrace{E(y_0 \mid D = 1) - E(y_0 \mid D = 0)}_{选择性偏差}$$

$$\tag{4.3}$$

上式中右边第二项称为选择性偏差，也就是说，当选择性偏差不为 0 时，由上式得到的 ATT 通常是一个有偏的估计。这里的选择性偏差具体含义是指，对于那些接受高等教育的个体来说，即便是其不接受高等教育，其就业状况（$E (y_0 \mid D = 1)$）也要好于那些实际上没有接受高等教育的个体（$E (y_0 \mid D = 0)$）。选择性偏差的来源如那些接受了高等教育的个体本身的能力、家庭背景等就高于或好于那些没有接受高等教育的个体，这就通常会造成 $E (y_0 \mid D = 1) > E (y_0 \mid D = 0)$，这样用 $E (y_1 \mid D = 1) - E (y_0 \mid D = 0)$ 就高估了高等教育的就业效应。

因而，要想得到一个无偏的估计，需要的一些基本假定条件，其中，最重要的是条件独立性假定（Conditional Independence Assumption，CIA）：

CIA $\quad y_0, y_1 \perp D \mid x$

即以 x 为条件，D 与结果变量（y_1, y_0）是独立的。

在识别 ATT 中，我们只需要一个更弱一些的假定（Unconfoundedness Asspumption）即：

CIA′ $\quad y_0 \perp D \mid x$

其含义为处理变量（D）与不处理时的结果 y_0 相互独立。

在假定 CIA 或假定 CIA′下，式（4.3）的选择性偏差为零，故会得到对 ATT 的无偏估计。

在利用非随机实验的抽样调查数据的经验分析中，估计 ATT 实际上就是使估计过程尽量满足 CIA 假定。

根据德合家与瓦巴（1999，2002），这里我们采用了基于倾向分的匹配法估计。

2. 基于倾向分的匹配法（Propensity Score Matching，PSM）

倾向分匹配法估计的基本思路是，首先根据个体在处理发生前的特征变量 X，估计个体参与和不参与处理的概率（即倾向分，P（D=1 | x）），然后根据一些方法将倾向分相司或相近的处理组个体与控制组个体进行匹配，从而计算出处理效应。

根据罗森保姆和鲁宾（1983），倾向分匹配估计需要的基本假定为：

PSM 假定 1：平衡性条件

其含义可以表达为，具有相同倾向得分的个体，处理的分配是随机的。即：

$D \perp x \mid p(x)$

PSM 假定 2：基于倾向分的条件独立假定

罗森保姆和鲁宾（1983）证明，如果以倾向分为条件的处理独立于特征变量 X（平衡性条件），且结果变量独立于以 X 为条件的处理变量，则结果变量也会独立于以倾向分为条件的处理变量。这就使基于倾向分的条件独立假定：

$y_0, y_1 \perp D \mid x \rightarrow y_0, y_1 \perp D \mid p(x)$

这意味着，给定倾向得分 p（x），y_0，y_1 独立于 D。

同样，一个弱假定是：

PSM 假定 2'：$y_0 \perp D \mid p(x)$

这使得处理者的处理效应（ATT）是可识别的。

PSM 假定 3：重叠性或共同支持

表达式为：

$0 < \Pr[D = 1 \mid x] < 1$

重叠性条件保证了处理组个体（或控制组个体），有与其相同或相近倾向分的匹配的控制组个体（或处理组个体）。

在上述假定下，根据具体的匹配方法，倾向分匹配估计又有不同的方法，我们这里主要采用的是近邻匹配法、半径匹配法和核匹配法。

3. 具体估计过程

根据 PSM 的估计原理，我们的具体估计过程如下：

（1）估计个体上大学的概率

对个体上大学概率的估计采用了二元 logit 模型，具体如下：

$P(HE = 1 \mid I, H) = G(I\beta + H\gamma)$

$P(HE = 1 \mid I, H)$ 为上大学的概率（即倾向分），I 表示个体特征变量向量，H 表示家庭背景变量向量。G（）为 logistic 累积分布函数。

（2）平衡性条件检验与共同支持性条件分析

平衡性条件意味着给定倾向分，个体的特征变量（均值）应该是无差异的。在实践上可以对此进行检验。基本思路是，比较具有相同倾向分的处理组和控制组个体，如果两者在各个特征变量上无显著差异，则说明满足平衡性条件。这是在估计倾向分后，进行匹配前需要做的事情。

（3）匹配估计

匹配估计过程需要考虑四个问题，即是否重复匹配、在近邻匹配中需要几个匹配单元、设定随机匹配对象和具体的匹配方法选择。

①是否采用重复匹配

重复匹配问题的基本含义是，匹配对象是仅用一次还是可以多次使用，如果一个匹配对象对应于使用多次用于不同的被匹配对象，就是重复匹配；否则，则是非重复匹配。比如，某个个体一旦用作某一个被匹配对象的匹配对象，那么，对于另一个被匹配对象，这个个体就不能再使用，这就是非重复匹配；反之，对于另一个被匹配对象，这个个体还可以用作匹配对象，就是重复匹配。

重复匹配会最小化处理组和控制组倾向得分的差距（总是最近的作为匹配对象）。其好处是可以降低估计偏差。相反，如果不采取重复匹配，往往会使偏差增大，但是会提高估计的精度（降低标准误差）。此外，非重复匹配估计的结果还可能对被匹配的处理单元的排序很敏感。

②对于每一个处理组个体，需要多少个控制组个体来匹配

仅用一个控制组个体作为匹配对象，可以保障处理组个体与控制组个体两者之间的倾向分差距最小。而用多个控制组个体，会提高估计的精度，但是其代价是会提高估计偏差。

③选择哪种匹配方法

一般而言，要依据数据，特别是根据倾向得分，处理组和控制组重叠的程度。当在倾向得分分布上两者稳定地重叠时，或者在大样本的情况下，各种方法估计的结果是相近的（Smith，2000）。当控制组个体相对较少，应用非重复匹配，那些未被匹配的处理组必须与那些与其差异比较大的控制组个体进行匹配。这时，采用重复匹配就更为合适。当控制组个体与处理组个体重叠程度较大时，采用非重复匹配就是一个更好的选择。

④匹配对象如何设定

在匹配过程中，对于一个被匹配对象，可能有多个匹配对象，如在近邻匹配中，与被匹配对象最近的匹配对象可能有多个，那么选择哪一个作为匹配对象呢？一般的处理办法是，随机选择匹配对象。

（二）数据处理与变量定义

由上面的匹配估计的一般过程可见，估计倾向分模型是第一步工作。在本研究中，具体而言就是估计个体上大学的概率。根据估计的基本模型和以往文献的做法，在上大学概率模型中，主要的解释变量是个体特征和家庭背景。这需要我们对数据进行一些重新的处理。首先，原数据库中并没有直接提供其家庭背景的变量，这就需要对每个个体找到这方面的信息。我们的处理方式是，根据问卷中的"与户主关系"问题，对数据进行了"子女—父母"匹配。即抽取出"与户主关系"为"子女"的个体，然后与"户主"的信息匹配在一起，这样就可以与每个个体的父母的信息匹配上了。其次，我们将分析的对象限定在 23—25 岁年龄组中的受过高中阶段教育及以上的

个体。这主要是基于两方面的考虑：其一，在进行"子女—父母匹配"后的数据中，可以想象到的是，那些年龄越大的个体，其与父母居住在一起的可能性越低，因而，其父母的信息就越容易缺失；其二，一般来说，根据中国学制年限，劳动力市场上那些23—25岁受过高等教育的个体大概正好是刚刚毕业1—3年的个体，这个年龄段的个体受到大学扩招的影响，这样就更有利于我们考察教育扩张的就业效应。进行处理后的数据的样本量，2000年、2002年、2005年、2007年分别为5904个、536个、6820个、822个。

衡量就业状况的变量主要是个体在相应的调查年份是否处于失业，即如果失业，值为1；否则为0。此外，根据2005年的数据问卷中的信息，对于这个年份的个体就业状况，我们又增加了五个变量，分别是衡量劳动力参与率的变量"劳动力"、是否签订劳动合同、是否有失业保险、养老保险和医疗保险，值的定义如下：如果是，值为1；否则，值为0。

在个体上大学概率模型中，被解释变量为是否上大学，定义是，值为1，否则为0。解释变量中的个体特征变量包括性别、年龄和民族，家庭背景变量包括兄弟姐妹的数量、父亲与母亲的教育水平和职业。以上变量定义如下：

表 4.5　变量定义

变量 Viariables	定义 Definition
unemp	失业（yes＝1）
labor	劳动力（yes＝1）
contract	签订劳动合同（yes＝1）
ins_ unemp	失业保险（yes＝1）
ins_ older	养老保险（yes＝1）
ins_ hos	医疗保险（yes＝1）
college	教育程度为高等教育（yes＝1）
Cboy	性别（Male＝1）
Cage	年龄（年）
cminzu	民族（Han＝1）
Csib	兄弟姐妹数量（个）
fschys	父亲教育年数（年）

续表

变量 Viariables	定义 Definition
fzhiye	父亲职业。分为七类：中国职业标准分类中的六大类和无职业类别（yes=1），其中2002年分为七大类
mschys	母亲教育年数（年）
mzhiye0	母亲职业。分为七类：中国职业标准分类中的六大类和无职业类别（yes=1），其中2002年分为七大类

（三）上大学的倾向分估计与假定检验

1. 上大学的倾向分估计结果

表 4.6 列出的是 logit 模型估计的上大学倾向分模型。

可以看出，个体特征与家庭背景变量对个体上大学的概率有着显著的影响（具体分析，略）。从 Pseudo-R^2 来看，各个模型并不高。但是，依据倾向分匹配法的主要目标不是"完美的"预测是否处理的决策，而是平衡所有的特征变量，也就是保证处理组和控制组在特征变量上无显著性的差异（Augurzky，B.& C.Schmidt，2001；Caliendo & Kopeinig，2005）。[1] 一个很高的 Pseudo-R2 并不必然意味着会得到一个较好的匹配估计效果，可以设想，当倾向分模型完美地预测了上大学的概率时，共同支持条件将不会被满足。

表 4.6　上大学的倾向分估计结果

Viariables	2000 年	2002 年	2005 年	2007 年
Cboy	−0.384 *** （0.064）	−0.524 *** （0.187）	−0.431 *** （0.051）	−0.456 *** （0.166）
Cage	0.091 *** （0.029）	0.208 ** （0.086）	0.004 （0.024）	−0.024 （0.082）
Cminzu	−0.029 （0.127）	0.482 （0.459）	−0.343 *** （0.117）	−0.110 （0.515）
Csib	−0.114 ** （0.046）		−0.119 *** （0.033）	
Fschys	0.126 *** （0.013）	0 093 *** （0.036）	0.107 *** （0.011）	0.117 *** （0.041）
Fzhiye0	0.092 （0.107）	−0.395 （0.316）	−0.070 （0.074）	0.009 （0.243）

[1]　Augurzky B.and C.Schmidt（2001），"The Propensity Score：A Means to an End"，in *IZA Discussion Papers* No.271. Caliendo M.and Sabine Kopeinig，（2005）"Some Practical Guidance for the Implementation of Propensity Score matching"，*IZA Discussion Paper* No.1588.

续表

Viariables	2000 年	2002 年	2005 年	2007 年
Fzhiye1	0. 361 *** （0. 128）	−0. 233 （0. 355）	0. 435 *** （0. 130）	0. 186 （0. 445）
Fzhiye2	0. 304 ** （0. 135）	−0. 204 （0. 388）	0. 111 （0. 106）	−0. 139 （0. 328）
Fzhiye3	0. 211 * （0. 130）	−0. 447 （0. 766）	0. 263 *** （0. 097）	−0. 023 （0. 239）
Fzhiye4	0. 195 （0. 143）		−0. 012 （0. 095）	−0. 035 （0. 295）
Fzhiye5	−0. 364 ** （0. 149）	−0. 664 ** （0. 330）	0. 053 （0. 152）	−1. 013 （0. 873）
Fzhiye6		−1. 267 * （0. 679）		
Fzhiye7		−2. 221 ** （1. 106）		
Mschys	0. 077 *** （0. 012）	0. 081 ** （0. 033）	0. 072 *** （0. 010）	0. 135 *** （0. 040）
Mzhiye0	0. 046 （0. 150）	−0. 303 （0. 337）	0. 354 *** （0. 118）	0. 470 （0. 332）
Mzhiye1	0. 235 （0. 259）	0. 160 （0. 662）	0. 560 * （0. 294）	
Mzhiye2	0. 520 *** （0. 184）	−0. 350 （0. 512）	0. 726 *** （0. 157）	0. 889 * （0. 514）
Mzhiye3	0. 439 * （0. 233）	0. 277 （0. 896）	0. 841 *** （0. 201）	1. 076 *** （0. 391）
Mzhiye4	0. 005 （0. 186）		0. 068 （0. 140）	0. 162 （0. 385）
Mzhiye5	−0. 307 * （0. 180）	−0. 002 （0. 526）	0. 389 ** （0. 178）	1. 380 （1. 200）
Mzhiye6		−0. 346 （0. 527）		
Mzhiye7		−0. 126 （0. 866）		
N	5904	536	6820	822
Pseudo R^2	0. 118	0. 085	0. 068	0. 074
Ch_i^2	840. 007	62. 651	644. 519	72. 305

注：括号内为标准误，＊、＊＊、＊＊＊指显著水平为 0. 1、0. 05、0. 01。

2. 平衡性分析和共同支持域的分析

我们采用了德合家和瓦巴（Dehejia & Wahba，1999，2002）的方法，通过比较匹配后各层的高等教育个体和高中教育个体的倾向分，结果显示满足了平衡性条件。

对共同支持域的分析如图 4.7。从图中可以看出，不论在哪个年份，对于实际接受了高等教育的个体来说，倾向分也比较高；相反，对于实际上未读大学的个体来说，倾向分也比较低。从两者的分布上来看，在较低倾向分中（如小于0.5），未读大学的个体要多于实际上了大学的个体，而在较高倾向分中（如大于0.5），则正好相反。根据这一特征，我们在匹配中采用了重复匹配的方法。

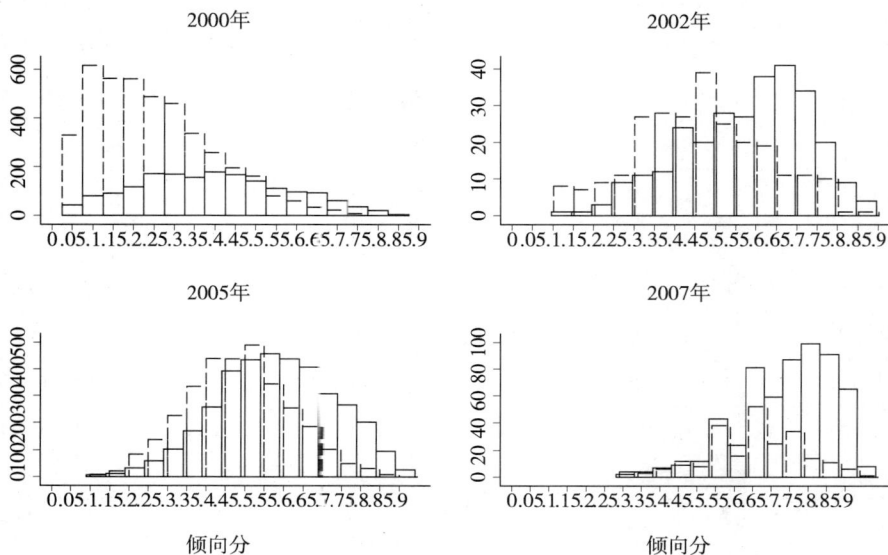

图4.7　大学与高中的倾向分

（四）估计结果

表4.7列出的是四个年份的失业率的估计结果。其中第2列为简单的OLS估计，即模型中仅含有是否接受高等教育变量，也就是高等教育程度的个体与高中教育个体失业率上的均值比较。第3列为控制函数的OLS估计，即在回归模型中又加入了个体特征和家庭背景变量。第4—6列是三种PSM方法的估计结果，其中第4列为近邻匹配，第5列为半径匹配，第6列为核匹配。

从简单OLS估计结果来看，高等教育的个体的失业率显著低于高中教育的个体，这与前面的描述性分析是一致的。控制函数的OLS结果估计的失业率差异有所降低。三种匹配方法的估计中，除去2007年外，从数量上看并没有太大的差异，而且均要高于OLS的结果（绝对值差异）。这些结果均显示出，对于那些实际上受过高等教育的个体来说，如果没有接受高等教育，其失业率会更高。在 2000 年，高等教育个体的失业率要比没有受过高等教育低 3.5%—4%，而 2005 年要低 3.2%—3.7%，这两个年份的数量上的差异并没有显示如前面的描述性分析的特征（双重差分的结果）。这说明对于那些在 2005 年受 1999 年高校扩招影响的个体来说，用失业来衡量的就业状况并没有变得更差。2002 年与 2007 年的数据对比有所不同，在 2002 年，高等教育个体的失业率要比没有受过高等教育低了 10% 以上，而 2007 年则降为 7% 或更低，这意味着 2007 年相对于 2002 年，高等教育个体本身的失业率更高了，但是可以看出的是其失业率仍旧比其不上大学时要低得多。

表 4.8 给出的是应用 2005 年的数据估计的高等教育对劳动力参与率、合同和保险的影响。从结果可以看出，那些实际上接受高等教育的个体的比其如果不接受高等教育，劳动力参与率要高 5%，而在获得劳动合同与三种保险的可能性上，高了 10% 以上。

根据四个年份的估计结果可以得出的一个基本结论是，高等教育的扩张对于那些实际上接受了高等教育的个体而言，比其如果没有接受高等教育的就业状况并没有变得更糟糕，而是仍旧更好。

表 4.7　高等教育的就业效应：失业率（2000—2007 年）

年份	OLS	控制函数 OLS	倾向得分匹配估计		
			近邻匹配	半径匹配	核匹配
2000	−0.022 ** （0.010）	−0.026 （0.010）	−0.040 ** （0.019）	−0.036 *** （0.011）	−0.035 *** （0.011）
2002	−0.128 *** （0.030）	−0.107 *** （0.032）	−0.125 *** （0.048）	−0.110 *** （0.039）	−0.109 *** （0.033）
2005	−0.032 *** （0.008）	−0.029 *** （0.009）	−0.032 * （0.017）	−0.037 *** （0.010）	−0.036 *** （0.010）
2007	−0.063 * （0.028）	−0.053 * （0.030）	−0.034 （0.052）	−0.078 *** （0.038）	−0.070 ** （0.037）

注：高等教育就业效应指受过高等教育与高中教育的个体的比较；括号内为标准误，匹配估计标准误差用 bootstrap 法重复 100 次得到；*、**、***指显著性水平为 0.1、0.05、0.01。

表 4.8　高等教育的就业效应：劳动力参与率、劳动合同与保险（2005 年）

就业变量	OLS	控制函数 OLS	倾向得分匹配估计		
			近邻匹配法	半径匹配法	核匹配法
劳动力参与率	0.050 *** (0.007)	0.049 *** (0.007)	0.060 *** (0.015)	0.049 *** (0.008)	0.049 *** (0.008)
签订劳动合同	0.149 *** (0.013)	0.129 *** (0.014)	0.113 *** (0.025)	0.134 *** (0.016)	0.136 *** (0.016)
失业保险	0.186 *** (0.011)	0.150 *** (0.012)	0.115 *** (0.022)	0.145 *** (0.013)	0.148 *** (0.012)
养老保险	0.202 *** (0.011)	0.166 *** (0.012)	0.131 *** (0.022)	0.164 *** (0.013)	0.166 *** (0.013)
医疗保险	0.214 *** (0.011)	0.186 *** (0.012)	0.154 *** (0.023)	0.179 *** (0.013)	0.182 *** (0.013)

注：高等教育就业效应指受过高等教育与高中教育的个体的比较；括号内为标准误差，匹配估计标准误差用 bootstrap 法重复 100 次得到；*、**、*** 指显著性水平为 0.1、0.05、0.01。

二、教育扩张对毕业生职业与行业分布的影响

上面的内容考察了教育扩张对毕业生的劳动参与率、失业率和就业保障之间的关系。进一步需要了解的一个问题是，教育扩张对于那些找到工作的毕业生找到一个什么样的工作是否产生了影响？这里，我们用职业与行业分布来衡量工作状况。具体问题就是，教育扩张是否影响了大学毕业生和高中毕业生的职业与行业分布差异。

一般来说，大学和高中毕业生职业和行业分布上有着明显的差异，相对于高中生来说，大学生更容易获得经济社会地位高的职业，更容易进入高收入行业。教育扩张对于两类教育程度个体的职业和行业分布差异的影响存在三种可能：扩大差异、缩小差异或维持不变。如果是第一种情形，则说明教育扩张进一步提升了个体的经济社会地位；如果是第二种，则降低了较高教育程度个体的经济社会地位，即产生了负面的影响；如果是第三种，则说明教育扩张没有影响，大学生仍旧具有优势的社会经济地位维持稳定。下面对此进行详细的分析。

（一）分析方法

我们的数据年份是 2000 年和 2005 年。高校扩招是发生在 1999 年，

2005 年受扩招影响的、已进入劳动力市场的大学毕业生的年龄大约在 21—25 岁之间。从就业结果或劳动力市场角度来看，高校扩招影响的不仅是上了大学的人，而且那些没上大学的人（这里为高中生）也受到了影响，[①] 这就为我们分析高校扩招对于两类群体就业结果的影响提供了可能。由于高中毕业生相对比大学毕业生早几年已进入了劳动力市场，而且在 21—22 岁的样本中，还有相当多的样本在读大学，因而我们这里首先选择 23—25 岁年龄组人群作为分析对象，他们在 2005 年是受扩招影响的人群（扩招后），而在 2000 年并没有受到扩招的影响（扩招前）。对两组人群中大学生和高中生职业与行业分布在扩张前后的比较，就可以粗略地得到教育扩张影响。我们采用如下回归模型：

$$y_{it} = \alpha_0 + \alpha_1 d_2 + \alpha_1 Coll_{it} + \beta d2 * Coll_{it} + \gamma X_{it} + u_{it} \qquad (4.4)$$

式中 i、t 分别表示个体与时间；y 为职业或行业分布变量；d_2 表示教育扩张前后时间虚拟变量，$d_2 = 1$ 为教育扩张后；$Coll$ 为大学生或高中毕业生虚拟变量，$Coll = 1$ 为大学生；$d_2 * Coll$ 为 d_2 与 $Coll$ 变量的交互项。X 为其他控制变量，u 为随机干扰项。参数 α_1 衡量的是教育扩张前后所有个体职业或行业分布差异，α_2 衡量了大学生与高中生之间在教育扩张前的差异，而 β 则为扩张后大学生与高中生职业或行业分布差异的变化，是我们关注的参数。

然而，β 还不能完全揭示教育扩张的影响。这是因为，造成扩张后大学生与高中生职业或行业分布差异的变化的因素中，还包含了大学生与高中生各自的职业与行业分布会随时间变化而发生不同的变化，两类群体在教育扩张后的能力分布也可能是不同的（邢春冰和李实，2011），以及其他因素。为了进一步把教育扩张的影响分离出来，我们借鉴自然实验的框架，进一步改进了上述模型。

我国高校扩招是从 1999 年开始实施的，一些年龄组的人群受到这一政策的影响，而另一部分则没有受到影响。根据我们的数据（2000 年与 2005 年），在 2005 年，一部分受扩招影响的个体已进入劳动力市场了，与前文相似的逻辑，我们将这个年龄组界定为 23—25 岁（即在 1999 年为 17—19 岁的个体），

---

① 　如果是从是否读大学这个角度来看，高校扩招仅对那些上了大学的人产生了影响，或者更准确一些是对那些在扩招前上不了大学，但扩招后能够上大学的人（可参见邢春冰和李实，2011）。

并将 2000 年和 2005 年年龄组的个体作为干预组。控制组为两个年份中 26—28 岁的个体，他们不论在 2000 年还是 2005 年都不会受到扩招的影响。以虚拟变量 T 表示，$T=1$，则为 23—25 岁年龄组，$T=0$，则为 26—28 岁年龄组。将干预变量 T 和教育扩张变量（d_2）、大学生变量（$Coll$）与干预变量（T）两两的交互项，以及三者的交互项，纳入上述模型中，得到：

$$y_{it} = \alpha_0 + \alpha_1 d_2 + \alpha_2 Coll_{it} + \alpha_3 T_i + \beta_1 Coll_{it} * d_2 + \beta_2 T_i * d_2 +$$
$$\beta_3 Coll_{it} * T_i + \delta Coll_{it} * T_i * d_2 + \gamma X_{it} + u_{it} \tag{4.5}$$

根据上式，我们可以分别分离出扩招对大学生与高中生的职业与行业分布以及两者之间职业或行业分布差异的影响:[1]

1. 扩招对大学生职业与行业分布的影响[2]

$$\beta_2 + \delta = E\big[(y_2 - y_1)\,|\,coll = 1,\ T = 1\big] - E\big[(y_2 - y_1)\,|\,coll = 1,\ T = 0\big] \tag{4.6}$$

y 中的下标 1、2 分别表示扩招前（$d_2 = 0$）和扩招后（$d_2 = 1$）。

2. 扩招对高中生职业与行业分布的影响

$$\beta_2 = E\big[(y_2 - y_1)\,|\,coll = 0,\ T = 1\big] - E\big[(y_2 - y_1)\,|\,coll = 0,\ T = 0\big] \tag{4.7}$$

3. 扩招对大学生与高中生职业与行业分布差异的变化的影响[3]

---

[1] 　扩招的影响还可以通过另一种方式得到，分别将大学生和高中生群体看作是独立的样本，利用双重差分估计得到。

[2] 　这就是邢春冰和李实（2011）以及吴要武和赵泉（2010）中的双重差分估计（difference in difference estimator），只不过我们的干预组和控制组的年龄组与他们有所不同。这两项研究选择的干预组和控制组的年龄组范围都比较大。我们选择 23—25 岁年龄组作为干预组的一个原因是年龄越接近，就业状况之间的差异就越小（青年人的就业不稳定性更大），另一个原因是如文中所述，我们没有用刚毕业几年的高中生，而是用了与大学毕业生相同的年龄组。选择 26—27 岁年龄组作为控制组除去年龄组的数量与干预组相同外，还有一个重要的原因是如前文描述分析的那样，就个体劳动力市场生涯来看，28 岁之后就业状况基本稳定了。

[3] 　这个估计在形式上就是吴要武和赵泉（2010）文章中的三重差分估计（difference in difference in difference）。在他们的文章中，是将高中生作为一个（不完美的）"附加控制组"来看待的，这里的高中生其实是被看作了与大学生相类似的群体而又没有受到扩招的影响，因而三重差分估计量改进了仅用双重差分估计的扩招对大学毕业生群体就业的影响。但是，除去他们本身已提到过的高中生在这里并不是一个完美的附加控制组外，我们认为，从就业结果或劳动力市场角度来看，高中生本身也是受扩招影响的群体，而附加控制组的要求是没有受到政策的影响（Imbens & Worldridge，2007），所以用高中生作为附加控制组可能会加大估计的偏差，这要视扩招对高中生影响方向和程度而定。所以我们更倾向于把这个估计看作是扩招对大学生与高中就业结果差异的影响，当扩招对高中生就业没有影响时，估计结果就在一定程度上可以解释为扩招对大学生群体的影响。

$$\delta = \{E[(y_2 - y_1)|coll = 1, T = 1] - E[(y_2 - y_1)|coll = 1, T = 0]\} -$$
$$\{E[(y_2 - y_1)|coll = 0, T = 1] - E[(y_2 - y_1)|coll = 0, T = 0]\}$$

$$(4.8)$$

（二）数据与变量

我们这里仅用 2000 年和 2005 年的人口抽样数据中属于城镇户口的样本进行上述分析。变量及相关识别问题如下：

对于职业的衡量与前面的内容相同。对行业的衡量我们进行了如下处理。由于 2000 年与 2005 年我国的行业分类和名称发生了变化，由于我们是通过行业来表示工作的社会经济地位，因而根据相应年份《中国统计年鉴》中各个行业大类（2000 年为 16 个，2005 年为 19 个）的职工平均工资，这里用两种方式来表示个体所处的行业，第一种是按平均工资分为四类：低收入、中低收入、中高收入和高收入，分别以 0、1、2、3 表示，变量命名为 sect1。第二种是直接用各行业职工平均工资来表示，取其对数值。变量命名为 sect2。

根据变量的性质，对于职业分布和行业种类变量，我们采用了多元 logit 模型，而行业平均工资变量采用了 OLS 估计。

在其他控制变量（X）中，有个体层面变量性别（男性 male = 1）和年龄，考虑到各省的差异，模型中还包括省份虚拟变量（固定效应），以及省份变量与扩招前后（d_2）的交互项，用以控制不同省份劳动力市场随时间变化因素。

全部样本的简单描述性统计如表 4.9。

表 4.9　样本简单描述性统计

	2000 年				2005 年			
	大学生		高中生		大学生		高中生	
	23—25 岁	26—27 岁	23—25 岁	26—27 岁	23—25 岁	26—27 岁	23—25 岁	26—27 岁
男性	0.526	0.542	0.496	0.505	0.462	0.480	0.476	0.486
职业（%）								
单位负责人	2.7	4.5	1.7	2.9	2.7	4.3	2.1	2.8
专业技术人员	55.6	54.5	26.4	25.6	47.7	49.3	19.7	18.5

续表

	2000 年				2005 年			
	大学生		高中生		大学生		高中生	
	23—25 岁	26—27 岁	23—25 岁	26—27 岁	23—25 岁	26—27 岁	23—25 岁	26—27 岁
办事人员	18.3	19.4	14.3	12.7	21.0	21.6	13.0	12.6
商业、服务业人员	12.0	10.5	22.6	22.1	18.3	15.3	36.0	33.8
农民	0.8	0.7	3.1	3.1	0.8	0.9	2.3	2.3
工人（参照组）	10.5	10.4	31.8	33.5	9.6	8.5	27.0	30.1
行业按工资分类（%）								
低收入（参照组）	12.8	12.0	20.1	20.4	5.2	4.6	10.3	9.8
中低收入	23.4	23.3	32.2	33.4	29.9	26.8	50.4	51.0
中高收入	44.2	44.6	32.2	29.3	49.8	55.0	31.2	30.5
高收入	19.6	20.0	15.6	16.9	15.1	13.7	8.2	8.7
行业平均工资（元/年）	9905.9	9971.0	9422.5	9454.3	20488.1	20290.4	18295.2	18168.5
观测数	2632	3507	4782	5289	10356	11780	7566	8752

注：单位负责人指国家机关、党群组织、企业、事业单位负责人，办事人员指办事人员和有关人员，农民指农、林、牧、渔、水利业生产人员，工人指生产、运输设备操作人员及有关人员（参照组）。

（三）估计结果

表 4.10 至表 4.12 列出了根据式（4.1）和式（4.2）估计的职业与行业分布结果。从结果中首先可以看出的是，在职业分布上，相对于高中生，大学生更可能获得的职业依次是专业技术人员、单位负责人、办事人员、商业和服务业人员、工人和农民。交互项的系数表明，这种状况在扩招之后并没有发生显著的变化。关于行业分布的两个模型则显示，大学生更容易进入的是中高以上收入行业，而交互项的系数表明，在扩招后，这种差异更大了（这只反映了随着时间的变化趋势，其中包含了扩招的影响）。一般认为，专业技术人员、单位负责人往往是社会经济地位较高的职业（李春玲，2005），行业收入也可以在一定程度上反映个体的社会经济地位，上述结果表明，接受高等教育仍旧是提升个体社会经济地位的一种重要手段。这一结

果与我们的假设和以往的理论与研究是一致的。

那么，教育扩张是否影响了上述结果反映的状况呢？根据估计结果，我们将式4.3至式4.5表示的教育扩张对大学生、高中生的职业与行业分布以及两者之间差异的影响总结在表4.13中。表4.13中的大学生、高中生及差异三列依次表示了上述影响。从结果可以看出，首先，扩招之后的大学生与扩招之前的大学生相比，获得专业技术人员、单位负责人、办事人员、商业和服务业人员等职业的可能性降低了，其中又以专业技术人员和单位负责人职业更大，进入中高收入行业的可能性也在降低，但是这些结果在统计上并不显著（联合显著性检验）。其次，扩招之后高中生获得上述大部分职业的可能性提高了，进入更高收入行业的可能性降低了，但是这些结果同样不具有统计上的显著性。最后，大学生职业和行业分布的变化与高中生相比，绝大部分不具有显著的差异，只是专业技术人员勉强在10%的显著性水平上显著，考虑到较大的样本量，也可以不接受这一结果。

对上述结果进行一个总结，可以得到两个基本结论：第一，从时间上看，教育扩张之后大学生与高中生的职业分布并没有发生一个明显的变化，而大学生更容易进入更高收入的行业；第二，就教育扩张的影响来看，教育扩张对于大学生和高中生自身职业与行业分布以及两者的差异并没有产生显著的影响，大学生相对于高中生的社会经济地位优势仍旧维持稳定。高等教育在提升个体经济地位中的作用并没有因教育的扩张而减弱。

表 4.10 职业分布差异估计结果（多元 logit 模型）

职业（工人为参照组）	变量	模型 1	模型 2
单位负责人	d_2	−17.591（10660.680）	−38.026 ***（1.134）
	Coll	1.554 ***（0.168）	1.591 ***（0.123）
	T		0.066（0.172）
	Coll * d_2	−0.325（0.200）	0.042（0.151）
	T * d_2		0.218（0.177）
	coll * T		−0.052（0.206）
	coll * T * d_2		−0.337（0.248）

续表

职业（工人为参照组）	变量	模型 1	模型 2
专业技术人员	d_2	−20.492 *** （1.171）	−19.189 （4164.113）
	Coll	1.944 *** （0.074）	2.045 *** （0.066）
	T		0.087 （0.072）
	coll * d_2	−0.003 （0.089）	0.208 ** （0.081）
	T * d_2		0.080 （0.072）
	coll * T		−0.107 （0.098）
	coll * T * d_2		−0.212 * （0.120）
办事人员	d_2	−19.431 *** （0.843）	−18.350 （4164.113）
	Coll	1.408 *** （0.085）	1.666 *** （0.076）
	T		0.073 （0.085）
	coll * d_2	0.105 （0.102）	0.125 （0.093）
	T * d_2		−0.051 （0.084）
	coll * T		−0.262 ** （0.114）
	coll * T * d_2		−0.017 （0.137）
商业、服务业人员	d_2	−18.800 *** （0.595）	−18.416 （4164.113）
	Coll	0.516 *** （0.087）	0.491 *** （0.079）
	T		−0.106 （0.075）
	coll * d_2	−0.168 * （0.101）	−0.040 （0.093）
	T * d_2		0.067 （0.069）
	coll * T		0.030 （0.117）
	coll * T * d_2		−0.134 （0.136）
农民	d_2	−15.361 （5260.164）	−35.824 （4433.296）
	Coll	−0.232 （0.230）	−0.268 （0.212）
	T		0.045 （0.173）
	coll * d_2	0.281 （0.270）	0.628 ** （0.247）
	T * d_2		0.118 （0.161）
	coll * T		0.037 （0.312）
	coll * T * d_2		−0.367 （0.364）
Pseudo R^2		0.0808	0.0842
LR chi2		6174.74	14017.26

续表

职业（工人 为参照组）	变量	模型 1	模型 2
	N	25791	55628

注：括号内为标准误；＊、＊＊、＊＊＊分别指显著性水平为 10%、5%、1%。其他控制变量包括个体性
　　别、年龄、省份和省份与时间交互项。

表 4.11　行业类别差异估计结果（多元 logit 模型）

行业类别 （参照组：低收入）	变量	模型 1	模型 2
中低收入行业	d_2	0.407（1.351）	−15.654＊＊＊（0.359）
	Coll	0.122（0.081）	0.159＊＊（0.072）
	T		0.037（0.081）
	coll ＊ d_2	0.010（0.102）	−0.087（0.094）
	T ＊ d_2		−0.078（0.079）
	coll ＊ T		−0.037（0.107）
	coll ＊ T ＊ d_2		0.083（0.137）
中高收入行业	d_2	−20.023＊＊＊（0.857）	−18.338＊＊＊（1.166）
	Coll	0.812＊＊＊（0.076）	0.983＊＊＊（0.068）
	T		0.220＊＊＊（0.081）
	coll ＊ d_2	0.362＊＊＊（0.098）	0.395＊＊＊（0.091）
	T ＊ d_2		−0.113（0.081）
	coll ＊ T		−0.178＊（0.101）
	coll ＊ T ＊ d_2		−0.037（0.132）
高收入行业	d_2	−19.126＊＊＊（0.660）	−36.910＊＊＊（0.323）
	Coll	0.690＊＊＊（0.087）	0.703＊＊＊（0.077）
	T		−0.006（0.094）
	coll ＊ d_2	0.583＊＊＊（0.114）	0.472＊＊＊（0.105）
	T ＊ d_2		−0.073（0.099）
	coll ＊ T		−0.023（0.115）
	coll ＊ T ＊ d_2		0.107（0.154）
Pseudo R^2		0.0572	0.0578
LR chi2		3592.39	7811.06

续表

行业类别 （参照组：低收入）	变量	模型 1	模型 2
N		25336	54664

注：括号内为标准误；＊、＊＊、＊＊＊分别指显著性水平为 10%、5%、1%。其他控制变量包括个体性
别、年龄、省份和省份与时间交互项。

表 4.12　行业工资估计结果（OLS 估计）

变　量	模型 1	模型 2
d_2	0.531 *** (0.096)	0.519 *** (0.064)
Coll	0.054 *** (0.006)	0.057 *** (0.005)
T		−0.000 (0.006)
coll $*$ d_2	0.051 *** (0.007)	0.048 *** (0.006)
T $*$ d_2		0.005 (0.006)
coll $*$ T		−0.004 (0.008)
coll $*$ T $*$ d_2		0.004 (0.010)
N	25336	54664
r^2	0.616	0.623
F	622.808	1309.284

注：括号内为标准误；＊、＊＊、＊＊＊分别指显著性水平为 10%、5%、1%。其他控制变量包括个体性
别、年龄、省份和省份与时间交互项。

表 4.13　高校扩招分布对大学生、高中生的职业与行业分布及两者差异的影响

		大学生	高中生	差异
职业 （参照组：工人）	单位负责人	−0.119	0.218	−0.337
	专业技术人员	−0.132	0.080	−0.212 *
	办事人员	−0.068	−0.051	−0.017
	商业、服务业人员	−0.067	0.067	−0.134
	农民	−0.249	0.118	−0.367
行业分类 （参照组：低收入）	中低收入	0.005	−0.078	0.083
	中高收入	−0.150	−0.113	−0.037
	高收入	0.034	−0.073	0.107
行业工资		0.009	0.005	0.004

注：＊表示显著性水平为 10%。

三、结论

利用四年的抽样调查数据，本章首先通过描绘年龄—失业率曲线，分析了各级教育程度个体的失业率。结果发现，失业率随年龄的增长有一个自然的变化：不论对于哪级教育程度的个体，自其进入劳动力市场开始至 28 岁左右，经历了一个高失业率到低失业率的转变，28 岁以后，失业率相对保持稳定。在各个年龄阶段，教育程度越高，失业率也越低。

针对于多数研究普遍认为的教育扩张使得受过更高一级教育的个体就业状况变得糟糕的观点，我们以 23—25 岁个体为对象，通过采用 PSM 方法，考察对于一个大学毕业生，如果他不上大学，就业状况会有什么差异？具体的过程是，首先，我们估计了个体上大学的概率（倾向分），这主要是利用子女—父母匹配数据，用个体的一些特征和父母的特征变量估计了个体的上大学的倾向分。然后以上大学的个体作为处理组，高中毕业生作为控制组，根据倾向分采用了三种匹配方法，估计了大学毕业生和高中毕业生在就业状况上的差异。得到的主要结论是，对于一个大学毕业生，如果他不上大学，其失业率会更高，劳动参与率会更低，更不会得到一份劳动合同以及社会保险。这些结果说明，教育扩张并没有使得个体就业状况变得更糟糕。

从理论上看，上述结果并不新鲜。它其实反映了人力资本理论和筛选理论的基本观点：教育程度越高，就业的可能性也就越高。我们的结果进一步说明，教育的扩张并没有改变理论的预期和现实经验。那么，教育的扩张是否会改变个体的社会经济地位呢？我们以职业与行业分布的变化对此进行了考察。研究结果发现，大学生相对于高中生的社会经济地位优势仍旧维持稳定，高等教育在提升个体经济地位中的作用并没有因教育的扩张而减弱。根据劳动力市场分割与职位竞争模型（Fields，1995），这一结果说明，我国经验更适合于劳动力市场分割的解释。因而，在政策上，如何降低劳动力市场的分割程度，以及更加关注低学历人群的就业和就业保障，将是政策的重点。

第　五　章

农村劳动力转移过程中的就业问题研究

人力资本的多少和质量对农村劳动力转移就业有着决定性的影响，是影响农村剩余劳动力是否能够成功地在城市就业的首要因素。与教育相比，培训对于改善农村迁移劳动力的工资水平有着更为重要的积极意义。而且，对于农村迁移劳动力而言，培训种类并不会对工资造成显著影响，因此政府的支持培训政策应该更多关注"面"而非不同的"点"；同时本章也发现政府出资对于提高女性培训回报率有着极为重要的影响，而这种对于女性的政策倾斜显然也有利于减轻社会就业中的性别歧视现象。本章还探讨了语言歧视对外来劳动力收入的影响，主要分析了普通话水平和当地方言的掌握情况的作用。语言能力作为一种人力资本，可能带来劳动力工资的差异。

第一节　21 世纪农村劳动力转移的基本态势

经过三十多年的经济改革，中国的劳动力市场已经发生了重大变化。自从经济改革，尤其是 1988 年之后，农村剩余劳动力转移到城市就业已经成为一个重要的经济社会现象。伴随着快速的经济增长，越来越多的农村移民离开家乡涌入城市。这些廉价的劳动力在沿海地区与全球资本相结合，使中国逐渐成为"世界工厂"，这是 20 世纪 90 年代以后，中国增长奇迹发生的重要机制。而中国的劳动力市场在进入 21 世纪以来，尤其是中国加入 WTO 以后，发生了重大变化。突出表现在劳动力供给长期大于需求的格局正在逐渐被逆转，城市化速度不断加快。根据人力资源和社会保障部所估计的数字，2009 年底中国城乡移民（俗称为"农民工"）的总量已经达到了 2.2

亿，在城镇生活的城乡移民及其家属已经超过 3 亿人。这是人类现代历史上在一个国家内部发生的最大规模的迁移。即便如此，其数量依然无法全部满足劳动力市场对农民工需求的增加。近几年发端于沿海地区，并向全国蔓延的"民工荒"，是这一重大转折的直接表现（蔡昉，2008）。与此相对应，迁移到城市的农村劳动力也逐渐呈现出年轻化、女性化、高教育水平等新的特征。这都对面临金融危机后全球经济调整，自身经济结构也处于高度失衡需要调整的中国经济带来新的挑战和机遇。

一、21 世纪以来农村劳动力转移基本态势的重大转变

（一）中国农村劳动力转移的历史背景

中国在历史上一直是一个农业经济占主导的国家。1949 年新中国成立之后，中国农村的发展模式并没有得到根本的转变。虽然农业产出的扩展足以赶上人口的急剧增长，但这主要是通过"过密化"和"密集化"，即是一种没有发展的增长来实现的。不断膨胀的人口压力使农村存在着大量的"隐性失业"，劳动生产率和单位劳动力收入长期处于停滞和减少的状态（黄宗智，2000）。

在改革之前的城市，由于实行了全面的计划经济体制，政府对就业数量和工资水平都进行严格的控制。在城乡之间，为了维持重工业优先发展的"赶超型战略"，政府实施就业体制的城乡分割政策，人为地限制劳动力在产业和区域间的流动，即劳动力作为基本的资源和生产要素既无必要也不允许根据市场信号自由流动（蔡昉、林毅夫和李周，1994）。改革之前的中国并不存在着真正意义上的劳动力市场，经济始终维持着城乡分割的典型二元结构。

改革之后，中国城市的劳动力市场伴随着非国有部门（主要是私有经济和外资企业）的发展和国有部门的深化改革不断成长。非国有部门基本上是在市场化的条件下成长起来的，它们对雇用劳动力的数量和工资水平都拥有很大程度的自主权。而国有部门（尤其是国有企业）的改革也使得其劳动力雇用机制越来越面向市场（蔡昉和林毅夫，2003）。与此同时，伴随着农村工业化进程和农村劳动力向城市迁移，中国农民开始加入现代化进程当中，大量涌入城市或加入乡村工业，中国开始形成基本的劳动力市场。

但从整体上，中国的劳动力市场仍然保持着分割的基本格局（赖德胜，1996；蔡昉和林毅夫，20C3；陆铭，2004；赵忠，2004）。导致这种分割格局存在的主要原因是原有的劳动力市场体制及与其配套的一系列政策（如户籍、档案、社会保障等等）（赖德胜，1996）和地方政府制定的带有歧视性的劳动力市场规定（如准入证、用工指南）（蔡昉、都阳和王美艳，2001）所产生的影响。这些政策和规定加大了劳动力流动的成本，形成了中国特有的制度性分割的劳动力市场（赖德胜，1996）。

进入21世纪的中国劳动力市场，随着市场化改革的不断深入，原有的导致劳动力市场分割的因素（如以户籍制度为代表的原有劳动力市场体制）进一步被削弱，但仍然发挥着重要的作用。而其他更为根本的因素，如医疗、教育等公共设施的城乡差距所导致的人力资本水平差距，城乡之间和区域之间收入的巨大差距和社会保障差别，以及不同所有制和不同行业的企业之间、不同职业和性别之间的劳动力市场分割，开始进一步显现（赵忠，2004；赵耀辉，2005）。这些新老因素交织在一起，使中国城乡移民的劳动力市场呈现出一种更为复杂的局面。

（二）21世纪以来农村劳动力转移基本态势的重大转变

进入21世纪以来，中国劳动力市场发生了较大变化。突出表现在劳动力供给长期大于需求的格局正在逐渐被逆转，城市化速度不断加快；农村剩余劳动力数量大幅减少，部分地区出现农民工的"结构性"短缺——"民工荒"；迁移到城市的农村劳动力也逐渐呈现出年轻化、女性化、高教育水平；在就业结构方面也发生了较大变化，并且与城市居民的收入差异越来越小等等新的特征。这都代表着21世纪以来，中国农村劳动转移基本态势已经发生了较大的变化，这对中国的经济的未来提出了前所未有的挑战。

这一变化首先体现在，从劳动力结构和总量来看，剩余劳动力数量大幅减少。长期以来，学术界和政府都广泛认为中国农村富有大量的剩余劳动力，最普遍的说法是农村的总劳动力数量中大致有1/3都是剩余的，其绝对数大致应该为1.5亿—2亿左右。但自从20世纪90年代后期以来，中国一方面城市化高速发展，农村剩余劳动力不断涌入城市；同时农村产业结构也不断调整，农业劳动生产率也大幅提升；此外由于计划生育政策的有效实施，每年新增的劳动年龄人口数量呈现出绝对减少的态势。这几方面都决定了农村的剩余劳动力数量从总量和结构方面发生了较大的变化。从总量上看，虽然农村劳动力可能还有相当部分的剩余，但如果从年龄结构上看，真正属于"剩余"劳动力大多是 40 岁及以上的经济活动人口，而 40 岁以下的农村剩余劳动力中属于"剩余"的只有 11.7%（蔡昉，2007）。

　　而另一方面，作出农村剩余劳动力数量减少的论断直接来自于 21 世纪以来，在广大沿海城市甚至个别内陆地区出现的劳动力的"结构性"短缺现象，也就是我们俗称的"民工荒"。自 2003 年以来，东部经济沿海发达地区首次出现了普通劳动力短缺的现象；2004 年的短缺更加凸显，尤其是在珠三角和长三角等加工制造业聚集的地区；2005 年后，这种用工短缺现象开始向内地一些较发达地区蔓延。这些现象充分表明，虽然从总量上看农村劳动力仍然是过剩的，但从结构上看，"熟练"或者说有经验的劳动力已经出现全面的供不应求的现象，青壮年劳动力正在逐步向供不应求转变（韩俊等，2007）。

　　其次，城乡移民群体从个人特征上也发生了较大的变化，移民变得更加年轻，有更高比例的女性，以及拥有更高的教育水平等等。长期以来，外出农民工大多以中青年男性为主，已婚者为大多数，这一局面在 21 世纪以来得以延续，但如果从时间的角度就会发现这一局面正在逐渐得到改变。根据 2002 年的"中国收入分配"调查和 2007 年的"中国城乡移民"调查的数据显示：在 2002—2007 年间，城乡移民群体 16—25 岁的人口比例大幅上升，从 2002 年的不到 3% 上升到 2007 年的 8%。与此相反，其他年龄组的移民的比例相应减小，尤其是 30—40 岁年龄段的男性移民劳动力。这显示出移民群体正在越来越年轻化。从性别的角度看，年轻女性移民的增长幅度比相同年龄组的男性更高，16—20 岁的年轻女性移民比例从 2002 年的 3% 增长到 2007 年的 13%，21—25 岁移民的比例从 8% 增长到 22%。在教育水平方面，农村移民的教育水平也有了一定程度的提高。虽然农村移民的主体仍然是初中毕业生，但高中及以上文化程度的比例在逐渐提高。根据来自农业部农村固定观察点的数据显示，2003 年外出劳动力的平均受教育年限为 8 年，而 2009 年为 8.3 年。在 2003—2009 年间，外出劳动力中，小学及以下文化程度的劳动力所占比重由 27.1% 下降到 20.6%，而高中文化程度比重从 10.7% 提高到 13.2%（武志刚和张恒春，2010）。

最后，支持城乡移民劳动力市场发生重大变化的证据还表现出如下特征：农民工就业更加容易，就业结构也发生了一定的变化；同时收入不断增加，而与城市居民的差异不断缩小。根据 2002 年的"中国收入分配"调查和 2007 年的"中国城乡移民"调查的数据显示，农民工的就业率在很高的水平上继续增加，从 2002 年的 97%增加到 2007 年的 98%。就业的行业种类也更为多样，并且一般居民服务业就业的比例有所下降，从 2002 年的 25%下降为 2007 年的 17%；而就业于一般工业即制造业、采矿业和建筑业的比例有所上升，从 15%上升到 22%左右。这与同时期城市居民在一般工业部门就业比例的下降形成鲜明的对照。显示城市移民劳动力市场发生变化的最有力的证据是城乡移民的工资有了较大幅度的增长，并且重要的是，其增长速度明显高于同期的城市居民，也就是说，长期以来一直存在的农民工与城市居民的工资差异在这一时期首次开始缩小。这充分表明，在劳动力市场上，不管是主观还是客观原因，农村剩余劳动力的供给和需求的基本面发生了前所未有的变化。

二、人口转变、劳动力市场整合与刘易斯转折点

21 世纪以来中国转移劳动力市场所发生的重大变化是一系列人口因素、市场因素和政策因素的合力所造成的必然结果。这一重大变化标志着经济发展过程中的"刘易斯转折点"的提前到来，这对未来中国的经济发展方式提出了新的挑战（蔡昉，2008）。

（一）中国的人口转变

长期以来，人口问题一直被认为是制约中国经济发展的重要因素。"人口多、底子薄"是中国的基本国情。因此，从 20 世纪 70 年代起，中国开始逐渐实施影响深远的计划生育政策。再加上改革开放以后，中国经济和社会的高速发展，使中国在短短 30 年内完成了人口转变过程，从高生育率国家一下子变成了低生育率国家。人口出生率迅速大幅下降，并且在 20 世纪 90 年代正式进入了低生育时期。

在经历过了 20 世纪 70 年代的生育率大幅下降，以及波动徘徊的 20 世纪 80 年代之后，从 20 世纪 90 年代开始中国的生育率逐渐稳定在低生育水平上，总和生育率首次下降到更替水平（郭志刚，2010）。这意味着由于人

口结构的因素，虽然人口总量将继续保持增长态势，但随着时间的推移，最终人口数量将趋于稳定，即实现零增长。在此期间，劳动年龄人口的数量持续增加，占总人口比重不断上升，人口抚养比因此而下降。这种人口结构特征，保证了经济增长过程中劳动力的充分供给，形成了"人口红利"。"人口红利"所形成的丰富的低价劳动力资源，进一步在沿海地区与全球资本相结合，充分发挥其比较优势，在参与经济全球化的过程中，极大地促进了中国经济的高速增长（蔡昉，2008）。相关的研究表明，在整个改革期间，人口总抚养比的下降对人均 GDP 增长的贡献率为 27%（王德文等，2004）。

但计划生育政策的持续实施及经济社会的高速发展，导致了人们生育意愿的不断下降，进而导致了中国人口出生率在 90 年代后期维持在较低的水平上。最新公布的 2010 年全国第六次人口普查数据再次验证了之前多次人口普查和人口普查抽样调查的结论：中国人口总和生育率长期被高估。根据该数据推算，2000 年以后，中国总和生育率大致维持在 1.3—1.6 左右，显著低于国家计生委和部分研究学者所一直坚持的 1.8，远低于更替水平的 2.1 之下。根据这一最新的数据推测，劳动年龄人口占总人口的比率将在 2013—2015 年左右达到峰值，之后劳动年龄人口比率将逐渐减少，也就意味着"人口红利"将逐渐消失（原新，2011）。

由于采取了严格的计划生育政策以及经济和社会的高速发展，使中国在短短 30 年内完成了人口转变。这一人口转变过程及其所产生的"人口红利"既是过去 30 年中国经济增长的源泉之一，同时也为 21 世纪以来，中国劳动力市场上的宏观劳动力供给由"无限供给"向"相对过剩"乃至"相对短缺"转变奠定了基础。这客观上造成了 21 世纪以来农村新生劳动力的数量逐渐减少的局面，进而导致农村剩余劳动力，尤其是青年剩余劳动力数量相对于需求大幅减少的局面。劳动力由"无限供给"到"相对短缺"，这是中国移民劳动力市场发生重大变化的不可逆转的基本面因素。

（二）劳动力市场的一体化整合

中国在改革开放前，一直执行城乡二元的发展战略，人为地造成了城市与农村之间在经济和发展方面的巨大差异。这一差异既是农村剩余劳动力大规模迁移到城市的原始动力，也为城市如何容纳如此庞大的新增人口提出了不小的难题。但由于以户口为代表的原有的劳动力市场体制及与其配套的一系列政策，如户籍、档案制度、住房、社会保障等方面并没有随之改变，因此农民工长期以来完全被排斥在城市福利体系之外，同时也被城市居民及其主导的社会体系所排斥，在整个 20 世纪 90 年代农村迁移劳动力一直被城市居民称为"盲流"就是一个正据。

到 20 世纪 90 年代末期至 21 世纪初，"盲流"在城市中的规模越来越大，而与此同时，政府面对经营日益困难的国有企业，采取了"大刀阔斧"式的改革，大量的城市职工被迫"下岗"。为了缓解城市居民的就业困难，农村外来劳动力首当其冲被当作"替罪羊"，被城市居民和政府管理者所排斥。除了原有的"暂住证"等与户籍相关的准入之外，地方政府为此还特地制定了一系列限制和排斥外来劳动力、带有歧视性的劳动力市场规定，如就业准入证和行业用工指南等（蔡昉、都阳和王美艳，2001）。虽然这些政策并没有大规模地影响到移民的就业，但显然加大了他们迁移的成本，人为制造了劳动力转移的障碍。

2003 年，一起意外导致大学毕业生死亡的公共事件的爆发，使政府取消了已经实施多年、针对城市流浪和乞讨者的《城市收容遣送条例》①。这为 21 世纪以来，政府部门实施新的针对农村转移劳动力的方针和政策定下了基本的基调。从那以后，政府部门和社会舆论逐渐（至少从表面上）改变了严重歧视农民工的态度。地方政府取消了大部分针对外来劳动力的歧视性规定，并且实施了部分有利于农民工就业的劳动力市场政策。这一段时期，尤其是加入 WTO 以后，既是城乡移民数量不断增长，城市化不断加速的时期，也是政府关注民生，各种社会政策和改革频出的时期。在这一时期，政府实施了多项可能会影响到城乡移民的新政策或者改革，比如在许多大中城市推行了"户籍"制度改革；改革城市义务教育体制，解决农民工子女就学问题；在农村施行"税费改革"，进行"新农村"建设；针对农民工就业问题，启动"阳光工程"对农民工进行培训；在农村施行"新型农

---

① 2003 年 3 月 17 日，在广州工作的武汉大学毕业生孙志刚由于没有暂住证而被拘留，后被殴打致死，后该事件被《南方都市报》所披露。全国媒体竞相转载并跟踪报道，被称为"孙志刚事件"。该事件最终导致"收容遣送条例"被废止。长期以来该条例虽然名为"针对城市流浪和乞讨者"，但在具体的执法过程中往往被用来针对城市的外来移民，尤其是农村外来劳动力。如果缺乏有效的身份证明，他们有可能被罚款甚至被遣返回户口所在地。

村合作医疗"；促进农村消费，启动"家电下乡"等社会福利项目。这些政策对长期以来农民工在子女教育、医疗和社会保障方面所遭受的不公平对待采取了一定程度的纠正，使农民工在城市劳动力市场上就业地位有所改善。虽然以户籍制度为代表的原有劳动力市场体制以及附着的诸如医疗、养老等社会福利体制仍然构成了农民工在城市就业的障碍，但显然其影响力在越来越弱化。

此外由于在这一时期农村移民劳动力的相对减少与企业劳动需求的相对扩大之间的矛盾日益加深，也进一步导致农民工在就业和工资中的谈判地位有所上升。此时期导致农民工工资连年增长，其增长速度超过甚至超过城市居民（Qu and Zhao，2011）。根据 2005 年的人口普查 1% 数据研究显示，农民工与城市职工之间的收入差距 90% 都来自于劳动者特征方面的差异，教育水平的差异是其中最关键的因素（邢春冰，2008）。与之前的众多研究相比，其不可解释的部分大幅下降，只有 10%。再比如劳动力市场上出现了引起广泛关注的"大学毕业生与农民工工资趋同"的现象等等。这些都从另外的侧面反映出外来劳动力与本地劳动力之间在劳动力市场上所获得的回报的差异越来越小。总体说来，一个包含城市居民和城乡移民在内的城市劳动力市场一体化趋势正在中国逐渐浮现。

（三）刘易斯转折点——中国经济发展的新阶段

发展经济学中"刘易斯转折点"的最初含义是指一国农业部门的剩余劳动力被吸干以后，工资在市场机制的作用下出现上涨，最终成功实现二元经济向一元经济的转折点。刘易斯转折点出现的第一个标志性变化是完成人口转变过程，即从"高出生率、低死亡率、高增长率"的阶段，过渡到"低出生率、低死亡率和低增长率"的阶段。第二个标志性的变化是劳动力市场的一体化，具体表现为城乡劳动力市场逐渐统一，城乡移民工资与城市居民工资趋同。

但由于发展中国家传统劳动力丰富的资源优势仍然存在，劳动力供给趋势的变化仍然是增量上的，劳动力的成本与发达国家相比仍然处在较低的位置。

从本质上来说，刘易斯转折点实际上是从理论模型中推演出来的，现实中的情况要比理论复杂得多。这决定了我们不能机械地照搬刘易斯转折点的含义，从而认为中国现阶段的状况还远远没有达到刘易斯转折点的阶段，而实际上刘易斯转折点不仅仅是对发展中国家劳动力无限供给特征消失的一个时点的表述，其背后更具有丰富的经济发展含义（蔡昉，2008）。

可以想象，在原有的发展模式中，无论是政府的政策制定和制度安排，还是企业的产业和技术选择，或者整体经济的产业结构形成，都是在劳动力无限供给的特征下进行的。而如今面临刘易斯转折点的到来，劳动力无限供给特征逐渐消失，中国经济将进入一个崭新的阶段。这给未来的中国经济发展带来了前所未有的挑战。

三、前景展望：全球经济失衡与我国经济结构调整的挑战

在过去的 30 年里，全球化彻底改变了世界。越来越多的发达国家和发展中国家卷入到商品生产的国际贸易和分工体系中，大规模的跨国资本流动也成为国际经济中的常态。这一革命性的趋势导致了整个世界的分化与重新整合。在这一过程中，逐渐形成了发达国家和发展中国家在全球生产和贸易体系中的不同分工。中国恰恰也是在过去的 30 年里，抓住了这一历史性机遇，卓有成效地实行了对外开放战略，迅速实现了经济的起飞。这是过去 30 年，尤其是进入 21 世纪以来，中国经济保持高速增长最重要的源动力之一。全球化的资本在中国沿海地区与中国低成本的劳动力相结合是中国式增长"奇迹"得以发生的重要原因之一，以中国为代表的发展中国家凭借其巨大的劳动力成本优势，逐渐成为"世界工厂"（陆铭，2008）。

但另一方面发达国家与发展中国家之间的分工和贸易不平衡也逐渐造成全球经济不断失衡。2008 年世界性的金融危机的爆发是一段时间以来全球经济失衡的一个"必然中的偶然"发生的产物。这场危机的发生既与以美国为代表的发达国家和以中国为代表的新兴发展中国家的居民的储蓄和消费行为有关（陆铭，2010），也与中国和美国执行了扭曲的外汇和利率政策不无关系。

从居民的角度来说，主要的现象就是，普通中国人拼命工作赚钱进而储蓄，而发达国家居民一方面享受着超低价的日用消费品，大量消费，另一方面却仍然扩大消费，甚至超前消费。由于长期实行有管理的浮动汇率政策，汇率机制缺乏灵活性，人民币币值没有随着经济增长而增长而是长期被扭曲和压低，从而进一步导致外部经济失衡。突出表现为贸易顺差飙升、外汇储

备扩大、人民币升值压力巨大、劳动力低成本优势不可长期持续。

而另一方面，中国经济也面临着严重的内部经济失衡，突出表现为投资占 GDP 比重偏高、地区发展战略趋同、重复建设、广义政府收入偏高。同时对货币利率实施管制政策，使其基本失去了调整投资市场价格信号的作用。同时又长期实施货币超发的策略，客观上导致了通货膨胀和资产价格的不断飙升。高企的通货膨胀将进一步降低普通劳动者的实际购买力，并恶化居民收入分配格局。

综上所述，尽管中国经济的增长潜力仍然很大，短期内仍然有很大成长空间。但面临"内外失衡"的严重局面，劳动力结构性短缺逐渐成为劳动力市场上的常态之后，在可预见的未来，如果不及时调整政策，那么中国的经济很有可能会面临严重的困难。所以，调整产业结构，转变经济增长方式就成为中国经济保持增长的不二选择。那么在这个过程之中，进一步发挥城乡移民的作用，进一步推进科学的城市化，进一步消除移民在迁移和就业方面的制度性障碍和樊篱，促进公共服务的均等化，从而顺利地完成中国经济发展阶段从刘易斯转折点到库兹涅茨转折点的大转型，就成为完成中国经济转型的必由之路。

第二节　21 世纪以来农村转移劳动力市场的动态演变

21 世纪以来，农村转移劳动力市场发生了重大变化，突出表现在农村剩余劳动力供给长期大于需求的基本格局正逐渐被逆转，城市化的速度不断加快；农村剩余劳动力数量大幅减少，部分地区出现了农民工的结构性短缺——"民工荒"。城乡迁移劳动力的群体特征显著发生了变化，越来越多的年轻人、女性和高教育水平的劳动者迁移到城市。同时城乡迁移劳动力的就业模式和特征也发生了变化，并且在收入上与城市居民的差异越来越小。这些都代表着 21 世纪以来，中国农村劳动力转移的基本态势已经发生了较大的变化，这对中国经济发展的未来提出了前所未有的挑战。

一、21 世纪以来城乡迁移劳动力群体特征的变化

21 世纪以来，农村转移劳动力市场的变化首先体现在劳动力群体的年

龄结构和教育水平都发生了较大的变化。从年龄结构的角度来看，移民群体越来越年轻，16—25 岁群体比例大幅上升；从教育程度的角度来看，移民群体的教育水平也有了一定比例的上升。虽然初中毕业水平仍然占了移民群体的一半，但具有高中毕业文化水平的比例也有所增加，尤其是对女性移民而言，高中毕业水平移民比例显著增加。

（一）年龄结构

图 5.1 所示的是城市居民和移民的年龄结构及其在 2002—2007 年间的变化。首先，显然从总体上移民要比城市居民更加年轻，无论对于男性还是女性都是如此。20—40 岁的移民占总劳动力比例的一半还多，相反城市劳动力中 30—50 岁占有最高比例。

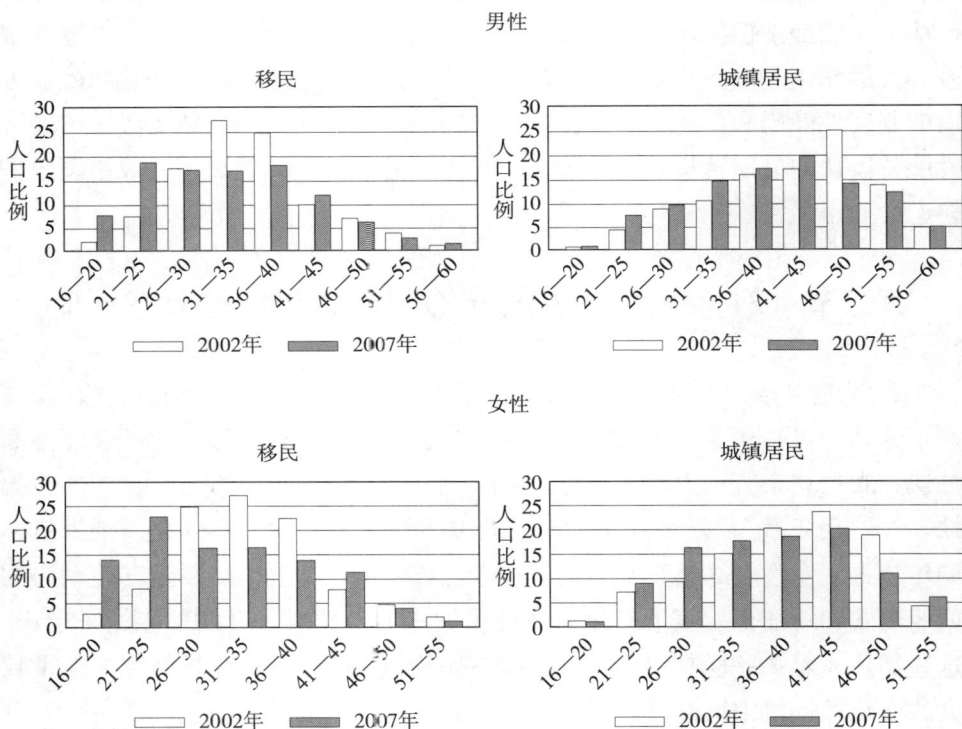

图 5.1　移民与城市居民劳动力的年龄结构及其变化

在 2002—2007 年间，最值得注意的变化是在移民的总体样本中，16—

25 岁的人口比例大幅上升，但相应的城市居民却只增加一点。这表示移民群体正在越来越年轻化，与此相反，其他年龄组的移民的比例相应减小，尤其是 26—40 岁年龄段的移民劳动力。从性别的角度看，年轻女性移民的增长幅度比相同年龄组的男性更高，与此相对，城市中女性劳动力的比例没有大幅变化。

（二）教育水平

图 5.2 所示的是城乡移民劳动力和城市居民劳动力教育水平及其变化。我们发现城乡移民劳动力和城市居民劳动力受教育程度存在重大的差别。对于城乡移民劳动力而言，初中文化程度占据了最大比重，其次是小学和高中文化程度者。而对于城市居民劳动力，高中文化程度者为最大比例，其次是初中和大学。

在 2002—2007 年之间，最大的变化发生在城乡移民中高中文化程度的比例有所增加，而小学文化程度的比例有所减少，尤其是对于女性移民。而同期，城市居民劳动力大学文化程度者的比例有所上升，高中和初中的比例都相应地减少。

总之，从上面的分析可以看出，自从 21 世纪以来，城乡移民群体的教育水平也有了相当程度的提高。

二、21 世纪以来城乡迁移劳动力就业特征变化

（一）总体就业率

就业率与失业率是衡量经济状况和劳动力市场绩效的重要指标。中国劳动力市场上一直存在的城乡移民就业率与本地居民就业率之间的差异主要是由于劳动力市场分割所带来的。从总体就业水平上来看，城乡移民劳动力的就业率仍然要高于城市居民的就业率，并且一直保持较高的就业水平。在 2002—2007 年间，城市居民劳动力的就业率有较大比例上升，从 86% 上升到了 91%，而城乡移民劳动力的就业率在此期间基本保持不变。这表明城市居民的就业率与城乡移民的就业率存在趋向一致的态势，说明城乡移民劳动力市场与城市居民的劳动力市场正在进一步融合。

男性

女性

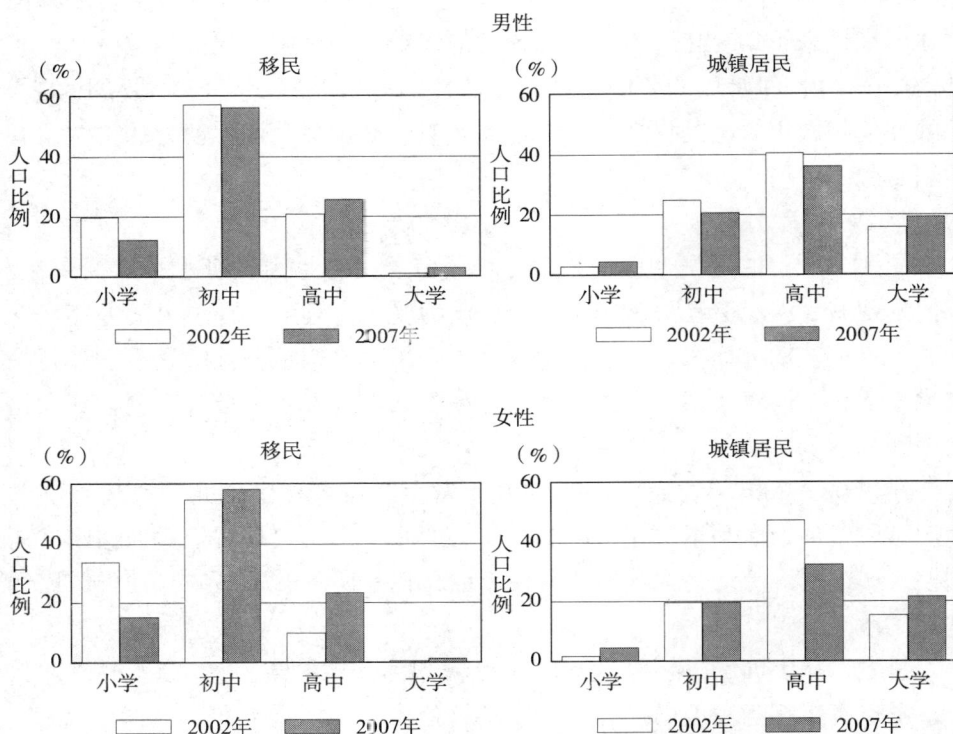

图 5.2　城市居民与移民劳动力的教育水平及其变化

表 5.1　城市居民与城乡移民劳动力的就业率

		城镇居民		城乡移民	
		频数	占比（%）	频数	占比（%）
2002	就业	5944	85.59	2179	97.89
	失业	1001	14.41	47	2.11
	总计	6945	100	2226	100
2007	就业	5724	91.25	3177	98.33
	失业	549	8.75	54	1.67
	总计	6273	100	3231	100

（二）行业分布

由于劳动力本身特征的差异以及劳动力市场的体制性分割，在劳动力就业的行业分布上城市居民与城乡移民之间也存在较大的差异。与城市劳动力相比，城乡移民劳动力就业相对集中。从图5.3中可以发现，城乡移民劳动力的就业主要集中在如下行业：首先是批发、零售、住宿和餐饮等传统服务业占据最大的比例，几乎占总就业的一半左右。其次是以制造、建筑和采矿为主的传统工业，约占20%，以及包括信息咨询、居民服务业等一般服务业，约占20%。而城市居民除了工业中就业比例稍高之外，约占30%，在其他行业中就业的比例相对都比较平均，在10%—20%之间。

在2002—2007年间，对城乡移民而言，其就业行业分布发生的最大变化在于就业于传统工业的比例大幅上升，从15%上升到22%，就业于传统服务业比例也有小幅增加，在总就业比例上已经超过50%，与此相反，就业于一般服务业的比例大幅下降。在同期，城市居民的就业分布上，最大的变化在于就业于传统工业的比例大幅下降，从32%下降到23%，而就业于电力、水和燃气，交通运输以及通讯和计算机等为代表的公共服务业和高科技服务业比例相应增加，从10%增加到17%。

城市劳动力在制造业、建筑业和采矿业等传统工业中的比例减少与移民劳动力在这些行业内就业比例的增加，从侧面反映出城乡移民群体日益成为传统工业的主要劳动者。

（三）劳动合同签订状况

长期以来由于体制性的劳动力市场分割，城乡移民在就业和社会保障方面遭受到歧视性的对待，大多数城乡移民劳动力很难与城市雇主签订正式的劳动合同，因为一旦签订了正式的劳动合同，移民劳动力就可以依法要求雇佣单位为其缴纳社会保险及承担其相关的劳动责任。因此，城市雇佣单位为了减轻劳动成本，有意地不与城乡移民劳动力签订劳动合同，而劳动执法部门对这类违法违规行为采取默许的态度，客观上也助长了雇佣单位的这类行为。从图5.4中可以看出，总体上城乡移民劳动力签订永久工作合同的比例非常少，而城市居民劳动力中接近四成为永久性工作合同。相反，自我雇佣是城乡移民就业的主要形式，在2002年其比例超过60%；而同年城市居民自我雇佣的比例只有6%。

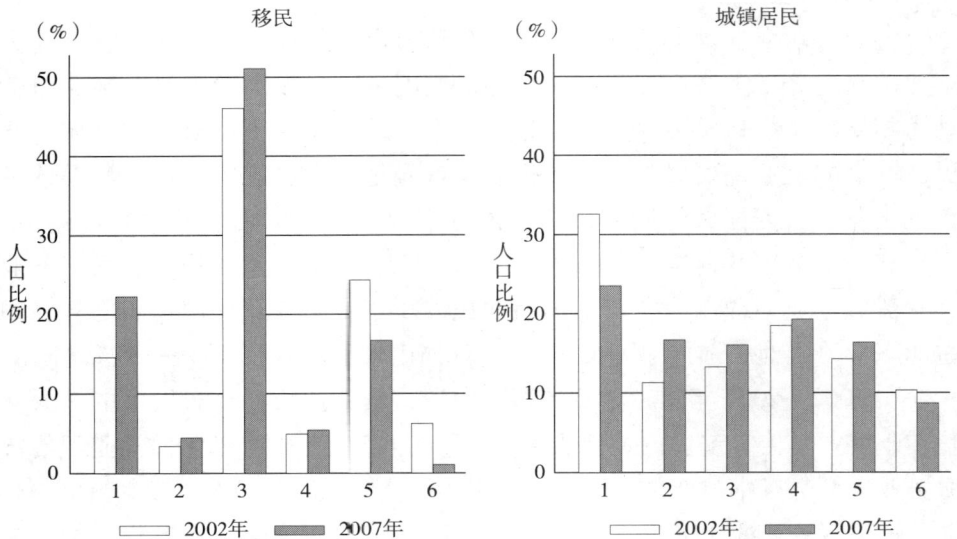

图 5.3　城市居民与移民劳动力就业的行业分布及其变化

注：1 表示农业、采矿业、制造业和建筑业；2 表示电力、燃气和水业、交通运输业、通讯和计算机制造业；3 表示批发和零售业、餐饮业和住宿业；4 表示金融业、房地产业、社会保障业、科教文卫；5 表示居民服务业；6 表示政府和公共组织及其他行业。

在 2002 年到 2007 年间，对农村转移劳动力而言，就业形式发生的最大变化就是签订劳动合同的比例大幅增加，尤其是签订长期劳动合同的比例由 2002 年的不到 5%增长到 2007 年的 25%，而签订永久性合同的比例也由不足 1%增长到 5%左右，相反，自我雇佣的比例由 67%下降到 35%。同一时期，对城市劳动力而言，增幅最大的也是签订长期劳动合同的比例，而签订永久性劳动合同以及短期或者未签订合同的比例都有所下降。

城乡移民劳动力签订合同的比例有所增加，首先是与其就业模式的转变分不开的，越来越多的城乡移民进入以制造业为代表的传统工业中工作，而不是选择自我雇佣。其次，劳动者的议价能力有所提高，在不断遭遇"用工荒"的情况下，雇主们不得不采取与劳动者签订劳动合同的方式来吸引其前来工作。最后，政府及相关部门对外来农村劳动力在城市中就业采取了更为支持的态度，对包括城市劳动者在内的劳动者权益的保护的重视程度也有所加强。在上述几个方面的共同作用下，城乡移民劳动力签订合同的比例有所增加。

移民　　　　　　　　　　　　　城镇居民

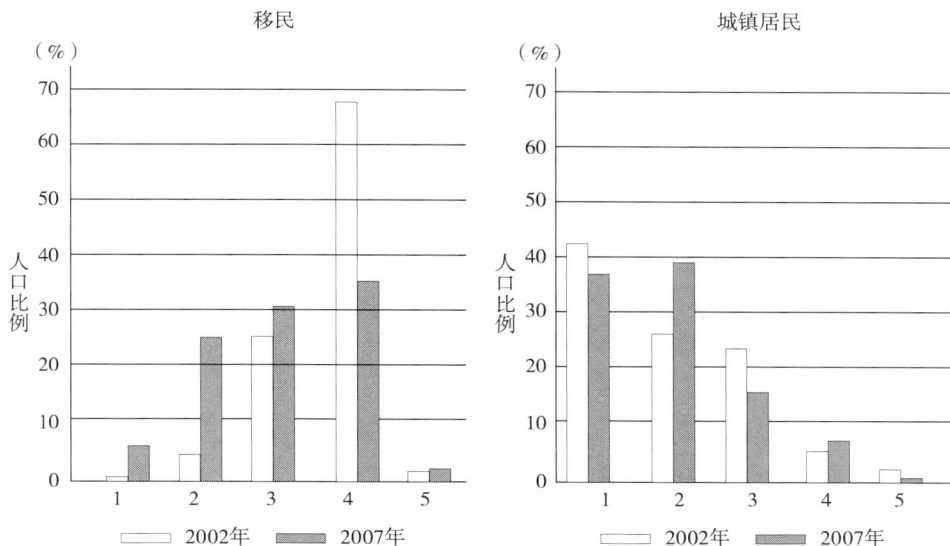

图 5.4　城市劳动力和城乡移民劳动就业合同签订状况

注：1 表示永久性合同；2 表示长期性合同；3 表示短期暂时性合同或无合同；4 表示自我雇佣；5 表示
其他。

三、21 世纪以来城乡迁移劳动力工资结构及其变化

长期以来，在城市中工作的城乡迁移劳动力不仅无法享受到城市劳动力
所享有的社会保障，而且工资上也无法享受到与城市劳动力相应的待遇，一
直处于比较低下的状况，甚至出现了"民工十年工资未涨"的现象。但进
入 21 世纪以来，尤其是 2002 年以后，城乡迁移劳动力的工资水平逐渐提
高，增速逐年加快。根据赵长保和武志刚（2007）使用农业部固定观察点
的数据所进行的分析显示，2003—2006 年间，农民工名义平均月工资由 781
元增加到 953 元，其增加速度也越来越快，由 2003 年的 0.7% 增加到 2006
年的 11.5%。

表 5.2　农民工人均月工资水平及变化（2003—2006 年）

年　份	月工资	增长率
2003	781	0.7%
2004	802	2.80%
2005	855	6.50%
2006	953	11.50%

资料来源：赵长保、武志刚：《农民工工资收入问题分析》，载蔡昉、都阳主编：《中国人口与劳动问题报告，No.8：刘易斯转折点及其政策挑战》，社会科学文献出版社 2007 年版。

　　表 5.3a 所显示的是城乡移民和城市居民在 2002—2007 年之间的月工资及其结构变化。首先，城市居民劳动力的平均工资显著高于城乡移民的平均工资，城市居民的月工资在 2002 年和 2007 年分别为 1173 元和 1883 元，而城乡移民的工资则分别只有 874 元和 1412 元。其次，在 2002—2007 年期间，无论是城乡移民还是城市居民的月工资都有了较大幅度的增加，城市居民的工资增长了 60.53%，而同期城乡移民的工资增长了 61.41%。这意味着虽然城乡移民的工资绝对数量上还低于城市居民，但其增长速度已经超过了城市居民，也就是说城市居灵与城乡移民之间的工资差距在逐渐缩小，这是前所未有的一个重大变化。

表 5.3a　城市居民与城乡移民的平均月工资和分布结构（2002—2007 年）

	城镇居民			移民		
	工　资		增长率（%）	工　资		增长率（%）
	2002	2007	2002—2007	2002	2007	2002—2007
均值	1172.8	1882.64	60.53	873.8	1411.82	61.41
10 分位	400	654.6	63.65	400	684.6	71.15
50 分位	973.53	1456.99	49.65	650	1166.53	79.47
90 分位	2166.67	3548.32	63.77	1500	2310.54	49.55
90 分位与 10 分位比率	5.42	5.42	0	3.75	3.28	−12.53
90 分位与 50 分位比率	2.23	2.44	9.42	2.31	1.92	−16.88
50 分位与 10 分位比率	2.43	2.23	−8.23	1.63	1.7	4.29
观测值	1843	2301		1315	2209	

表 5.3b　城市居民与城乡移民的平均小时工资和分布结构（2002—2007 年）

	城镇居民			移民		
	工　资		增长率（%）	工　资		增长率（%）
	2002	2007	2002—2007	2002	2007	2002—2007
均值	6.76	10.5	55.19	3.23	5.49	69.72
10 分位	2.07	3.25	57.18	1.11	2.19	97.48
50 分位	5.47	7.84	43.42	2.22	4.36	96.38
90 分位	12.72	20.39	60.3	5.34	9.54	78.53
90 分位与 10 分位比率	6.16	6.28	1.99	4.81	4.35	-9.6
90 分位与 50 分位比率	2.33	2.6	11.77	2.41	2.19	-9.09
50 分位与 10 分位比率	2.65	2.42	-8.75	2	1.99	-0.56
观测值	1848	2301		1315	2209	

　　从工资结构的角度上看，工资增长的速度在不同收入群体之间存在一定的差异。对城乡移民而言，收入中低群体在这一时期增长的速度较快，具体说就是处于 10% 分位和 50% 分位的城乡移民工资分别增长了 71% 和 79%，而处于 90% 分位的城乡移民只增长了 50%；而对城市居民劳动力而言，仍然呈现为"两头高，中间低"的格局，即高收入群体和低收入群体工资增长分别为 60% 和 57%，高于中等收入群体收入 50% 的增长。

　　再分别从城市居民和城乡移民工资内部分布的角度看其收入差距的来源及其变化。首先看城市居民，在 2002 年城市居民之间的工资差异比较平均，中等收入群体与低收入群体的差异比高收入群体与中等收入群体之间的差异略高一些，具体说来就是 50% 与 10% 分位收入比为 2.43，而 90% 与 50% 分位收入比为 2.23。但这一趋势在 2007 年发生了逆转，50% 与 10% 分位收入比减少为 2.23，而 90% 与 50% 的收入比增加为 2.44。这说明对于 2007 年的城市居民而言，中等收入群体与低收入群体的差异比高收入群体与中等收入的群体之间的差异要更低。

　　再看城乡移民，2002 年中等收入群体与低收入群体的差异比高收入群体与中等收入群体之间的差异更低，具体说来就是 50% 与 10% 分位收入比为 2.31，而 90% 与 50% 分位收入比为 1.63。这一趋势在 2007 年继续保持，高收入群体与中等收入群体的差异大幅减小，同时低收入群体与中等收入群体的差异却有所拉大，即 90% 与 50% 的收入比减少为 1.92，而 50% 与 10% 分位收入比增加为 1.7。这说明对 2007 年的城乡移民而言，中等收入群体与低收入群体的差异比高收入群体与中等收入群体之间的差异要更低。

从工资结构的变化率上就可以更明显地看出，在 2002—2007 年间，不同收入群体的收入变化所导致的城市居民与城乡移民内部的收入差异的变化。对于城市居民而言，高收入群体与中等收入群体的比值增加 9.4%，而中等收入与低收入群体的收入比值却减少了 8.23%，整体上，高收入群体与低收入群体之间的比值几乎没有变化。相反，对于城乡移民而言，高收入群体与中等收入群体的比值减少了 16.88%，而中等收入群体与低收入群体的收入比增加了 4.29%，因此整体上，高收入群体与低收入群体之间的比值减少了 12.5%。

表 5.3b 显示了使用小时工资衡量的城乡移民和城市居民在 2002—2007 年之间工资及其结构变化。首先可以发现，城乡移民的小时工资增长速度比月工资增长速度更快，达到了 69.7%，而城市居民小时工资增长速度，与月工资增长速度相比，则下降为 55.2%。其次，从结构上来看，工资增长的速度在不同收入群体之间仍然存在差异。对城乡移民而言，收入中低群体在这一时期增长的速度较快，具体说就是处于 10% 分位和 50% 分位的城乡移民工资分别增长了 96% 和 97%，也就是说接近翻了一倍，而处于 90% 分位的城乡移民增长略低，为 78%；对城市居民劳动力而言，仍然呈现为"两头高，中间低"的格局，即高收入群体和低收入群体工资增长（分别为 60% 和 57%）要高于中等收入的群体的收入增长（为 43%）。

上述工资结构分析充分表明，在 2002—2007 年间，对城市居民而言，低收入群体和高收入群体的收入增长都超过了中等收入群体；而对于城乡移民而言，低收入群体和中等收入群体的收入增长都很快，相反，高收入群体的收入增长最少，这说明城乡移民的高收入群体遭遇到了"天花板"效应，即工资收入达到一定水平之后就再也增长不上去了。

表 5.4 表示的是分别根据城乡移民和城市居民的月工资和小时工资计算得到的不平等指数：基尼系数和泰尔指数。可以发现 2002 年使用月工资计算的城市居民的工资基尼系数为 0.36，而城乡移民的基尼系数与城市居民

完全相同，也是 0.36；但到 2007 年，城市居民的工资基尼系数上升 0.01，为 0.37，而城乡移民的基尼系数却下降了 0.05，为 0.31。这再次证明，在此期间城市居民的工资不平等程度有小幅上升，而城乡移民的工资不平等程度却大幅下降。

究其原因，仍然是上面的工资结构分析的结论：对城乡移民而言，其高收入群体遭遇"天花板"效应，工资收入达到一定水平之后就无法继续保持原有的增长速度。这很有可能是因为移民中的高收入群体与城市居民之间是一种相互替代关系，而在与城市居民的竞争中由于制度性的障碍和社会网络的先天不足，因此处于相对不利的地位。所以工资收入增长到一定阶段就再也无法继续增长。而低收入群体和中等收入群体由于劳动力市场条件的改善和政府所实施的劳动公共政策，比如"最少工资"政策的进一步实施，使其收入得到进一步改善，因此而导致整个分布上不平等程度进一步减少。

以上分析已经充分表明，21 世纪以来中国城乡移民的工资水平和工资结构有了很大变化。其中最重要的一点是，城乡移民的工资在此期间的增长速度已经超过了城市居民的增长速度，城市居民与城乡移民之间的工资差距正在逐渐缩小，这是移民劳动力市场中前所未有的一个重要变化，直接验证了"刘易斯转折点"的到来。另一个重要的发现是，在城市居民不平等程度有小幅上升的同时，城乡移民的工资不平等程度却大幅下降。这是因为在工资分布上，对城乡移民而言，低收入群体和中等收入群体的收入大幅增长，而高收入群体的收入则遭遇"天花板"效应。

表 5.4 工资不平等指数（2002—2007 年）

	城镇居民			移 民		
	2002	2007	change	2002	2007	change
月工资						
基尼系数	0.36	0.37	0.01	0.36	0.31	−0.05
泰尔指数	0.22	0.23	0.01	0.32	0.2	−0.12
小时工资						
基尼系数	0.38	0.4	0.02	0.43	0.33	−0.09
泰尔指数	0.25	0.28	0.03	0.44	0.2	−0.22

四、农村劳动力转移市场的变化所带来的机遇和挑战

21 世纪以来中国农村转移劳动力市场发生的重大变化是：农村剩余劳动力供给长期大于需求的基本格局正逐渐被逆转，城市化的速度不断加快；越来越多的年轻人、女性和高教育水平的劳动者迁移到城市。同时城乡迁移劳动力的就业模式和特征也发生了变化，并且在收入上与城市居民的收入差异越来越小。这对中国的经济发展的未来提出了前所未有的机遇和挑战。

第一，在高速城市化的同时，农村剩余劳动力供过于求的基本态势正在逐渐发生逆转，这标志着中国劳动力市场的基本面正在发生重大变化。近年来在部分地区所出现的农民工的结构性短缺——"民工荒"是这一态势正在发生变化的直接反映。劳动力成本将不得不逐渐大幅上涨，虽然从国际比较的角度看，即使中国的劳动力成本大幅上涨，与其他发达国家甚至很多发展中国家相比，仍然比较低。因此，从国际竞争的角度而言，中国的低端制造业在短期内的国际竞争中可能仍然会保持相当的竞争力。但是，从另一个角度上说，2007 年中国的贸易依存度就已经达到了 65%，在人类历史上还从来没有过像中国这样大的国家如此依赖出口，像日本和德国等对外贸易额相对较高的大国，其外贸依存度也只有 20%—30%的水平。这意味着中国经济增长在对外贸易，尤其是出口方面的潜力已经被发挥殆尽，想进一步提高出口占 GDP 的比例是非常困难的。而与此同时，由于受到金融危机的影响，全世界尤其是发达国家的对商品进口的需求正在减少，是否能够恢复到金融危机之前仍然是个问题，更不用说要继续扩大进而支持中国的出口进一步增长。所以，继续依靠简单的制造业出口来保持经济高速增长的方式正在面临严峻的挑战。

第二，农村转移劳动力的素质正在不断提高。这客观上为企业进一步提升技术能力进行技术创新提供了一定的人力资源基础。一直以来，影响中国企业创新的最主要的障碍并不是劳动力和资本，而是激励企业创新的整体环境。这并非是说企业缺乏具体的支持政策来推动企业创新，事实上各地政府都一直非常注重扶持企业进行创新，推出了很多相应的政策。但这些政策的效果却差强人意。因为企业都是很理性的，进行创新就不可避免要进行大笔投入，面临的风险也很高。所以，企业更倾向于从国外购买技术，利用廉价

的劳动力进行简单的制造来获利，而不是进行技术创新。尤其是在资产泡沫不断扩大，通货膨胀不断加深的时候，理性的企业就不会选择扩大再生产，而是将资本投入金融和房地产市场上去，进一步造成产业的空心化，更妄谈进行技术创新。所以，要想促进产业结构转型和经济增长方式的转变，就必须进行全局性的经济结构的调整。

第三，尽管21世纪以来，农村转移劳动力的工资上涨速度超过了相应的城市居民，但这主要是由于中低端劳动力的收入高速增长所引起的，高收入群体收入增长乏力。中低端劳动力工资高速增长的原因主要是由于市场需求和政策调整的双重影响所导致的，带有一定的"恢复性"增长性质，即之前的工资收入实在太低，现在的上涨很大程度上是一种报复性上涨，这种上涨是否具有长期的持续性还有待观察。而高收入群体的收入增长乏力，更多的是受到了制度性歧视的影响，无法使自己与城市居民在同一水平线上进行竞争，进而致使其收入达到一定水平上之后就再也无法进一步增长了。所以政府应该进一步加强制度性创新，充分解决长期困扰农村转移劳动力在城市就业所面临的制度性障碍。

第三节　人力资本对农村劳动力转移就业的影响

一、教育和培训对农村劳动力转移就业的影响

所谓人力资本，也就是个人、企业或者国家对普通劳动者的教育、培训、医疗和健康等方面的投资所形成的资本，是个人所获得的知识、技能及与经济活动相关的竞争力。也就是说，在人力资本的概念下，无论个人、企业还是国家，在教育、培训、医疗和健康等方面的花费，都可以被看成是一种为了获得未来经济回报的投资行为。这些投资之所以能够获得回报，是因为它能够促进劳动生产率的提高，因此可以使个人在未来获得更高的工资，使企业获得更高的收入，使国家获得更多的总产出。

人力资本的多少和质量对农村劳动力转移就业有着决定性的影响，是影响农村剩余劳动力是否能够成功地在城市就业的首要因素。既有的大量经验研究表明，以教育、培训和工作经验等为代表的人力资本对农村劳动力转移

的就业促进和工资提升都起到了相当重要的作用。比如赵（Zhao，1997）通过改进的迁移期望来估计农村教育回报率，得到教育对农村迁移劳动力的工资回报在8.29%，并认为教育对于减少进入城市就业的障碍起着很重要的作用。姚先国和赖普清（2004）研究了城乡工人在工资收入方面的差异，认为这种差异基本上可以归结于两个方面：一是人力资本水平的差异和工人就业企业的差异；二是农民工受到的户籍歧视。前者解释了两类工人工资收入差异的70%。这说明，人力资本和企业状况是决定工人收入差异的主要因素。张泓骏和施晓霞（2006）对农民工的教育和经验回报以及农民工的条件收入分布进行了实证研究，在纠正了选择性偏差后，得到农民工的教育回报率约为5.36%，年龄经验回报率约为8.4%。德布罗（De Brauw，2006）发现农村迁移劳动力的教育回报率在6.4%左右。刘林平和张春泥（2007）对影响农民工工资的因素进行了回归分析，他们认为人力资本是决定农民工工资的基本变量。他们得到的结果证实人力资本变量对工资的解释力占该模型解释力的46.5%。王德文等（2008）得到的教育回报率估计结果在5.3%—6.8%之间，尽管具体的回报率存在一定差异，但都表明了教育对于农村迁移劳动力工资的正向作用。摩西尼斯（Messinis，2009）的研究表明教育回报率对于低收入农民工的贡献更大，即教育的影响是非线性的。周亚虹等（2010）认为农村职业教育对于农村家庭收入有着显著的作用，年平均回报率为9%。

培训对工资增加的作用长久以来并不为人重视，或许是由于在职培训对于大多数正规渠道就业者来说不如学历教育、职业方向等因素对工资的影响显著，因此常常被忽视。然而对于农民工群体来说，在职培训的作用就显得尤为独特。农民工群体的普遍受教育程度比较低，现阶段的农民工受正规教育的机会相对较少，因此在职培训可能会成为其人力资本积累的一个重要途径。

从现实来看，开展农村劳动力转移培训，是加快农村劳动力转移、促进农民增收的重要环节，也是提高农民就业能力、增强我国产业竞争力的一项重要的基础性工作。国务院《2003—2010年全国农民工培训规划》对培训工作作出了具体部署，农业部、财政部、劳动和社会保障部、教育部、科技部、建设部从2004年起，共同组织实施农村劳动力转移培训阳光工程（简称为"阳光工程")。因此，对于培训对农村迁移劳动力工资的影响分析不仅具有理论意义，更具有现实的政策评估价值。

学界对于农村迁移劳动力工资的影响因素大多集中在受教育程度，但对于培训尚未有深入的研究。当然，对于培训的关注也不是没有，例如王德文等（2008）认为简单培训有助于农村迁移劳动力再流动，但其对技能提高和工资收入影响不大，而短期和正规培训则影响较大。高梦滔、姚洋（2006）的研究表明以教育和在职培训体现出的人力资本是拉大农户收入差距的主要原因。乔治·莫西尼斯（2009）得到的结果表明，工作培训的回报率同样是显著的。但是，文献对培训对于工资的影响的分析更多集中在二元变量即是否参加培训所产生的工资差异，但缺乏更细致的讨论。谢嗣胜、姚先国（2006）在分析农民工工资歧视时发现44.8%的工资差异是由个人特征不同形成的，55.2%的工资差异要归结于歧视性因素。个人特征差异主要是指农民工的人力资本存量与城市工人之间的差异，而培训作为人力资本形成的一个方面对农民工工资收入存在影响。但他们的研究是从歧视形成的原因出发的，对培训的解释还很不充分，也没有测量培训对农民工工资的贡献度。刘林平、张春泥（2007）对影响农民工工资的因素进行了回归分析，他们认为人力资本是决定农民工工资的基本变量。而在人力资本变量中，技能培训超过了教育成为最主要的因素。但他们的研究只是以珠江三角洲的农民工为样本，样本数为3086人，其中关于在职培训的调查也并不详细。曾旭晖（2004）在他的研究中指出，非正式培训对农民工工资收入的贡献为2.8%。但他的研究中所指的非正式培训与我们所说的在职培训有很大差别，这种非正式培训更类似于工作经验的获得，因此不能很好地解释培训对农民工工资的影响作用。此外，他所使用的662个样本仅覆盖成都一市，数据不够全面。乐章、刘苹苹（2007）研究农民工人力资本和收入的关系时，从培训的角度进行了部分分析，但其数据来自2003年11月在湖北省9市县进行的400多户农民就农村剩余劳动力转移与培训的抽样调查。数据范围比较小，覆盖面很窄。数据处理方面也只进行了简单的线性回归，也没有很好地处理选择性偏差等因素。

另外研究的方法论也很重要，而其中所涉及的核心问题主要是对于样本存在自选择问题的处理，现流行的主要有四种处理方法：其一是根据赫克曼

（Heckman，1979）提出的 Heckman 两步法，即最大似然性方法，张泓骏和施晓霞（2006）认为在用 Heckman 两步法纠正选择性偏差后会提高教育和经验的系数，同时打工收入的性别差异也相应消失。王德文、蔡昉、张国庆（2008）也使用了这一方法来解决自选择问题。然而 Heckman 的两步法问题主要在于一方面，乔治·莫西尼斯和程恩江（George Messinis and Enjiang Cheng，2009）认为很难发现仅仅进入选择性方程而对工资无影响的变量，另一方面维拉（Vella，1998）认为极大似然法基于的双变量正态分布假设是值得商榷的。其二是采用 Quantile Regression 即分位数回归来控制遗漏变量，乔治·莫西尼斯和程恩江（2009）认为迁移的参与率与教育回报都受到不可观测的潜在能力因素的影响，包括布钦斯基（Buchinsky，1994）就采用了这种方法来解决自选择偏误的问题。其三是在金融学中较广泛使用的科普拉法（Copula Approach），这一方法直到近期杰尼斯和斯拉泽拉（Genius & Strazzera，2008）才被学界采用来解决自选择偏误问题，然而这一方法的局限性在于大量关于边缘分布的潜在解决方式和不确定性下选择合适的 Copula 并非易事。方法四则是采用工具变量法（IV），王德文、蔡昉等（2008）采用家庭背景即父母的受教育年限来解决这种由于教育的内生性问题所导致的自选择，但学界对于能否用家庭背景来作为工具变量处理内生性问题仍存在争论。

本节相对于其他文献的创新与贡献之处主要在于：①使用了新的独立统计数据："中国城乡移民调查"（The Rural to Urban Migration in China）中的城乡移民部分数据，时间新（2007 年）、样本大（总样本 8446 份），对于同样估计教育回报率能够控制更多的变量包括更广的户籍差异以及地区差异等；②重点考察并拓展培训内部不同因素对农村迁移劳动力工资水平的影响差异，基于样本数据的可获得性，考察不同培训种类、培训内部不同出资方对工资是否存在差异；③使用了更为前沿的计量方法，对于横截面数据可能存在的自选择问题导致估计的偏差，我们使用了 Probit 模型和平均处理效应模型（ATE）进行纠正，而相对前人主要纠正迁移存在的自选择问题，本章尝试对是否参加培训进行了纠正。

（一）数据来源和样本的统计性描述

本章所使用的数据来自"中国城乡移民调查"（The Rural to Urban Migration in China）2007 年入户调查中的城乡移民部分数据。该调查采用分层结合随机地图分块抽样方法，对中国 10 个省的 15 个大中城市中的外来移民进行详细的调查，获得了包括外来移民的个人及家庭在工作、收入、消费和日常生活等多方面的详细的信息。[①]

本数据的优点有二：其一是外来务工人员样本量较大（8446 份）、调查时间较新（2007 年），且样本分布城市范围较广（15 个城市），由此可以反映农村迁移劳动力总体的情况。其二是包括了个人基本特征、健康状况、教育和培训经历、就业状况、家庭及社会关系、子女的教育等信息，尤其是对外来务工人员的培训经历也有比较详细的记录，为本章的研究主题提供了比较好的数据支持。

在选取本章所需要研究的数据之后，我们对数据进行了进一步的清理：包括对信息缺失如被调查者核心变量的拒答、未汇报等，核心参量的缺失，信息自相矛盾如虚报上学初始年龄导致潜在经验为负值的样本以及上学初始年龄与受教育年龄之和大于被调查者真实年龄等，最终得到本章所使用数据样本总数为 6380 项。

表 5.5 描述了所使用样本的基本情况。被调查者的平均月工资为 1605.3 元，其中男女性别相差较大，男性月平均工资是女性月平均工资的 1.23 倍。周平均工作时间反映在性别上的差异较小，由此得到的平均小时工资男性仍是女性平均小时工资的 1.2 倍。而从受教育年限来看，男性仍然略高于女性。

表 5.5　城乡移民劳动力统计性描述与培训

	统计量	总样本			接受培训者			未接受培训者		
		总	男	女	总	男	女	总	男	女
月工资	均值	1605.3	1731.4	1404.8	1655.5	1767.7	1412.2	1587.8	1716.7	1402.8
	标准差	1232.9	1335.9	1017	1154.8	1173.9	1073.7	1258.6	1396	1001.5

---

① 具体的城市包括蚌埠、成都、东莞、广州、杭州、合肥、洛阳、南京、宁波、上海、深圳、无锡、武汉、郑州、重庆等。有关于该项目的详细信息，请参考 http：//rumici.anu.edu.au/。

续表

统计量		总样本			接受培训者			未接受培训者		
		总	男	女	总	男	女	总	男	女
周工作时间	均值	68.1	68.7	67.2	64.8	65.2	63.9	69.3	70.2	68.1
	标准差	70.9	70	72.1	66.7	64	72.3	72.2	72.3	72.1
小时工资	均值	6.2	6.6	5.5	6.7	7	5.9	6.1	6.5	5.5
	标准差	4.7	5.1	4	4.9	5	4.6	4.6	5.1	3.8
受教育年限	均值	9.1	9.2	8.9	9.7	9.8	9.7	8.8	8.9	8.7
	标准差	2.4	2.4	2.4	2.2	2.2	2.3	2.4	2.4	2.4
经验	均值	15	15.6	14.1	11.6	12.3	10	16.2	16.9	15.3
	标准差	10.8	11	10.4	9	9.1	8.5	11.1	11.4	10.6
样本数		6380	3913	2467	1652	1127	525	4728	2786	1942

资料来源：《中国城乡移民调查》2007年数据。

（二）培训方式和内容

当我们将总样本根据是否接受培训这一标准进行分类描述，可以看到接受培训者占总体的比例仅有26%。受培训者的总体平均月工资以及小时工资都要高于未接受培训者，从总体来看接受培训者的月平均工资比未接受培训者的月平均工资高4.26%，男性的增幅比女性的增幅更多。而在考虑了周工作时间之后，从平均小时工资数来看，接受培训者比未接受培训者的均值增加9.84%，因此我们有理由认为培训有利于增加农村迁移劳动力的工资水平。但同时值得注意的是，与未接受培训者相比，男性接受培训的农村迁移劳动力工资增幅为7.69%，同样大于女性接受培训的农村迁移劳动力的工资增幅为7.27%。因此，在是否接受培训对农村迁移劳动力工资水平的影响过程中，性别因素所导致的差异仍然值得关注。

从接受培训者的农村迁移劳动力样本内部来看，所接受培训种类中65%的农村迁移劳动力接受的是企业内部生产培训，接受社会上的非农业培训占总体的32%，而接受农业生产培训的仅有3%（见图5.5）。

相应地，本次调查问卷还调查了受访者最近一次接受培训的类型，其中85%接受的都是与工作相关的技能培训，12%接受的是与工作无关的一般技能培训，仅有3%的被调查者表示接受了一般性培训，如维护工人权益等

3%

32%

65%

☐ 企业内部生产培训　　　　■ 社会上的非农业培训
■ 农业生产培训

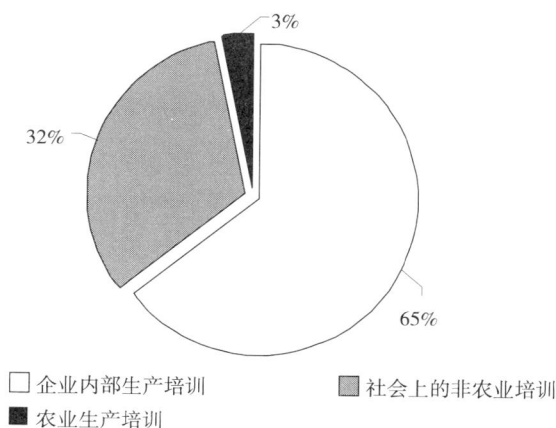

图 5.5　接受培训的种类

（见图 5.6）。

3%

12%

85%

☐ 与工作相关的技能培训
■ 与工作无关的一般技能培训
■ 一般性培训，如维护工人权益

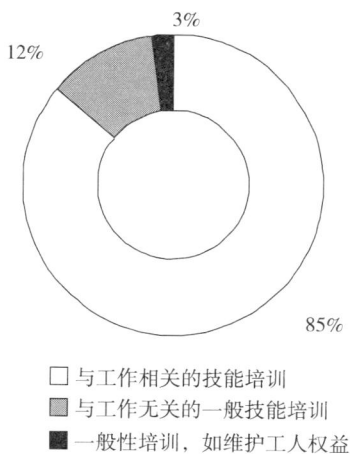

图 5.6　最近一次接受培训的类型分析

　　而从最近一次接受培训的天数来看，可以发现大部分农村迁移劳动力所接受的培训天数仍然集中在短期内，一周到一个月之间占总比例的 62.15%，在一个月到三个月之间的有 18.02%，而超过三个月的长期受训者仅占到总比例的 10.12%，由此可见目前农民所接受的培训时间仍然以一个月内的短期培训为主（见图 5.7）。

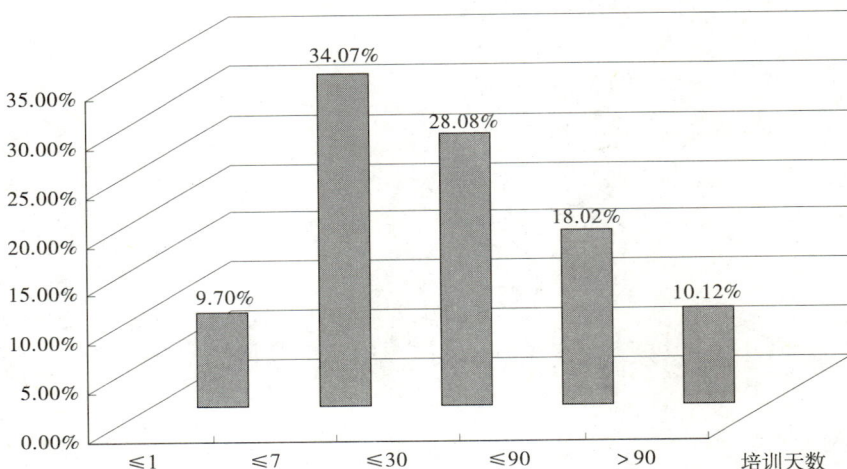

图 5.7　培训天数柱状图

　　综上所述，可以得出结论：农村迁移劳动力所接受的培训主要以企业内部生产培训为主，培训类型与工作相关、技能型较强且培训周期较短，多以一个月以内的短期培训为主。

　　（三）**教育、培训与工资决定**

　　根据人力资本理论，个人的人力资本投资与累计差异是导致个人收入差异的两大决定性因素，本章对农村迁移劳动力工资的研究从最基本的 Mincer 工资方程（Mincer，1974）出发。Mincer 工资方程作为经验性的方程，一般采用如下形式：

$$Ln(W_i) = \alpha + \gamma S_i + \beta_1 E_i + \beta_2 E_i^2 + \varepsilon_i$$

　　其中，W_i 表示第 i 个劳动者的对数工资收入，α 表示常数项，S_i 代表受教育程度，E_i 代表劳动者的工作经验，E_i^2 代表经验的平方项，ε 代表误差项。而在方程拟合所得到的系数中，γ 即 Mincer 教育回报，$\beta_1 + 2\beta_2 E_i$ 代表经验的回报。

　　在对变量的处理中，W_i 即农村迁移劳动力的工资收入，我们采用的是平均小时工资数，是根据被调查者的月平均工资和周平均工作小时计算得到的，许多文献中采用的是日收入，甚至是月收入、年收入，但我们认为相对于小时工资，日收入包括了日劳动时间的差异，无法作为农村迁移劳动力工资报酬的精确度量，而相比月收入、年收入则更是要精确得多。受教育程度S的衡量，我们采用平均受教育年限，这是调查中受访者直接给出的数据。经验我们采用潜在经验度量，相比其他文献而言在这里并没有简单地用年龄减去受教育年限再减去 6，因为尽管法定入学年龄为 6 岁但农村迁移劳动力的实际入学年龄却并非如此，好在本章所使用的数据中包括"您几岁开始上小学"这一初始上学年龄统计口径，因此本章的经验采用年龄减去受教育年限再减去初始上学年龄得到。

在本章的实证分析中，我们采用了四种方式来处理 Mincer 方程：一是估计简单的 Mincer 方程，见表 5.6 第（1）列。二是引入性别、婚姻、户口状况、城市等控制变量对 Mincer 方程进行拓展，见表 5.6 第（2）列。三是加入培训这一控制变量后，以此来观察培训对农村迁移劳动力工资的影响作用，见表 5.6 第（3）、（4）列。四是分别对男性、女性农村迁移劳动力所进行的回归，见表 5.6 第（5）、（6）列，以此观察不同变量对不同性别的直接影响效果。在此处及下文的所有回归分析中，除非有特殊说明，否则城市虚拟变量都是以重庆市为控制变量，户口都是以本地农业户口为控制变量。

从基本的 Mincer 工资方程回归结果来看，所有解释变量的回归系数都达到了 0.1% 的显著性水平，并且在方向上和理论解释也是一致的，由此得到的教育回报率为 5.9%。这与其他人的研究相比相对偏低，但仍接近。

在加入了性别、城市、户口、婚姻的控制之后，（2）列中教育回报减少到 5%，下降了 0.9 个百分点，证明之前的教育回报是被高估的。同时性别的回归系数为 -16.2%，即在控制了其他所有变量之后女性的平均工资要低于男性约 16%，表明农村迁移劳动力中男性与女性工资差距仍较为明显。婚姻控制变量的系数为 6.1%，表明农村迁移劳动力的婚姻状况也会对工资产生影响。户口因素的检验结果无法通过显著性水平，因此认为对工资没有影响。而对于城市的控制变量可以发现，在控制其他变量之后，相对于农村迁移劳动力迁入地为重庆而言，如果迁入地为蚌埠，统计上没有显著性差异，如果迁入地是洛阳和郑州，则平均小时工资会降低 9.5% 和 8.6%，但相反如果迁入地是其他城市，则会增加迁移者的工资收入水平，其中以无锡最盛，增幅达到60.6%，深圳、广州、上海的增幅都超过了40%，杭州、南京也可以有超过30%的增幅，而如果迁入地为重庆的邻近城市成都则工资只能增加7.1%。通过这一系列数据也可以发现农村迁移劳动力的迁入地对其工资也有显著性影响水平，而这种影响往往又和迁入地的经济发展水平呈现出一定的正相关，即相对迁入地的经济越发达，农村迁移劳动力的工资增加幅度越大。

本章的关注焦点在于培训对农村迁移劳动力的工资的影响，在加入培训后，在没有控制城市的情况下，参加培训的农村迁移劳动力对工资的贡献程度为7.5%，在控制住迁移者的迁入地差异之后，（4）列显示教育回报率与最简单的Mincer方程相比降低了1%，而培训的作用降低为7%，并且在统计上极为显著。我们可以认为，培训对农村迁移劳动力的工资回报有显著积极作用。在（5）列和（6）列中，我们对男性、女性农村迁移劳动力分别进行了观察，结果表明男性的教育回报率略低于女性，经验对于男性农村迁移劳动力的工资回报更高，而培训对女性农村迁移劳动力的工资回报远高于对男性的影响，达到1.4%；而婚姻对工资的影响在男性农村迁移劳动力中表现更为突出，已婚者相对未婚者增加9.5%，而婚姻对女性群体的影响则统计上不显著。同时相对于男性而言，女性迁入地对工资的改善作用更为明显：当迁入地为无锡时，女性工资增幅比男性工资增幅要多25.8个百分点，宁波达到了19.1%，上海也达到16%。因此可以认为，培训对女性农村迁移劳动力的作用要更大于男性，同时迁入地的变化（从欠发达地区迁往经济发达地区）更有利于女性工资的改善，同时婚姻状况（已婚）对男性农村迁移劳动力群体的工资有明显改善作用。

综合表5.6的回归结果我们可以得出以下结论：不同变量包括受教育程度、经验、培训、迁入地城市对农村迁移劳动力的回报存在显著性性别差异，男性教育回报略低于女性但经验回报明显高于女性，培训对男性与女性农村迁移劳动力的工资提高都有显著性作用，但对女性影响更大；户口差异对于总体及男性、女性都无显著影响；婚姻状况会显著改变男性群体的工资；而迁入地经济条件的改善对于工资的增加在女性群体上更为明显。

表 5.6　农村迁移劳动力的教育、培训回报

	（1）	（2）	（3）	（4）	（5）	（6）
受教育年限	0.059 *** （15.90）	0.050 *** （13.30）	0.058 *** （15.49）	0.049 *** （12.97）	0.048 *** （9.55）	0.049 *** （8.26）
经验	0.026 *** （12.02）	0.019 *** （7.24）	0.027 *** （12.25）	0.020 *** （7.32）	0.024 *** （7.09）	0.012 ** （2.60）
经验平方项	−0.001 *** （−12.29）	−0.001 *** （−9.59）	−0.001 *** （−12.31）	−0.001 *** （−9.53）	−0.001 *** （−9.10）	−0.000 *** （−3.61）
性别（女性＝1）		−0.162 *** （−11.10）		−0.157 *** （−10.75）	男性	女性
培训（是＝1）			0.075 *** （4.46）	0.070 *** （4.14）	0.065 ** （3.03）	0.079 ** （2.92）
婚姻（是＝1）		0.061 ** （2.79）		0.062 ** （2.87）	0.095 *** （3.49）	0.019 （0.53）
户口（本市非农户口＝1）		0.073 （0.88）		0.0713 （0.87）	−0.017 （−0.17）	0.257 （1.85）
户口（外地非农户口＝1）		−0.161 （−0.85）		−0.161 （−0.85）	−0.0950 （−0.72）	−0.198 （−0.53）
户口（外地农业户口＝1）		0.017 （0.67）		0.012 （0.57）	−0.0022 （−0.08）	0.037 （1.20）
蚌埠		0.064 （1.48）		0.068 （1.56）	0.053 （1.02）	0.017 （0.22）
成都		0.071 * （1.97）		0.065 （1.82）	0.045 （1.02）	0.080 （1.50）
东莞		0.155 *** （4.46）		0.164 *** （4.69）	0.071 （1.60）	0.309 *** （5.48）
广州		0.435 *** （13.62		0.447 *** （13.90）	0.433 *** （9.97）	0.463 *** （9.67）
杭州		0.380 *** （10.40）		0.384 *** （10.49）	0.368 *** （7.80）	0.399 *** （6.90）
合肥		0.161 *** （4.37）		0.161 *** （4.37）	0.140 ** （3.08）	0.142 * （2.36）
洛阳		−0.095 * （−2.17）		−0.089 * （−2.02）	−0.145 ** （−2.60）	−0.010 （−0.14）

续表

	（1）	（2）	（3）	（4）	（5）	（6）
南京		0.334 *** （9.41）		0.335 *** （9.47）	0.276 *** （5.96）	0.409 *** （7.49）
宁波		0.277 *** （5.79）		0.280 *** （5.87）	0.195 ** （3.04）	0.389 *** （5.65）
上海		0.408 *** （11.45）		0.410 *** （11.53）	0.352 *** （7.78）	0.486 *** （8.55）
深圳		0.435 *** （12.12）		0.414 *** （11.40）	0.357 *** （7.73）	0.501 *** （8.62）
无锡		0.606 *** （15.75）		0.620 *** （15.93）	0.498 *** （9.09）	0.739 *** （13.25）
武汉		0.154 *** （4.91）		0.163 *** （5.20）	0.128 ** （3.10）	0.201 *** （4.16）
郑州		−0.086 * （−2.36）		−0.085 * （−2.32）	−0.105 * （−2.20）	−0.072 （−1.31）
截距项	0.936 *** （21.38）	0.871 *** （17.51）	0.922 *** （21.07）	0.856 *** （17.17）	0.882 *** （14.11）	0.707 *** （9.54）
观察值	6380	6380	6380	6380	3913	2467
R-squared	0.0672	0.1807	0.0700	0.1829	0.1587	0.2123

注：①括号中为 t 统计量 * 、 * * 、 * * * ，分别表示在 5%、1%、0.1%的水平上显著；②除非特殊说明，此处及下文中所有的 t 值均为 Robust t 统计量，通过稳健性检验以此来减少异方差性的影响。

（四）培训的类型和出资方式对工资的影响

前文已经表明培训对于农村迁移劳动力的工资改善作用是显著的，学界关于培训对农村迁移劳动力影响的研究大多止于此，因而本章在这一部分试图深入接受培训的农村迁移劳动力内部，分别观察不同培训类型，以及不同培训出资方对于培训回报的影响。

在本章所使用的调查数据中，图 5.5 显示了不同农村迁移劳动力即使都接受了培训，但所接受的培训种类仍有不同，其中约 65%接受的是企业内部生产培训，而 32%接受的是社会上的非农业培训，仅有 3%接受的是农业生产培训。因此，在前文观察了培训回报的基础上，表 5.7 显示了分拆的培训：即将接受培训的样本分别根据农业生产培训、社会上的非农业培训和企业内部的非农业培训进行分拆，运用虚拟变量进行回归，见表5.7第（1）、（2）、（3）列，并同时将性别拆分成不同的样本分别进行回归，见表5.7第（4）、（5）列，本章对城市虚拟变量的控制同前文一致。

表5.7的回归结果表明，在将培训类型进行分拆之后，如果以农业生产培训为默认变量，社会上的非农业培训相比会改善工资1.5%，而企业内部的非农业培训则会增加工资0.7%，一方面这种变化在经济含义上微乎其微，更重要的是这种影响在统计上并不显著，即使在更换了控制变量之后从（2）列、（3）列中我们都发现，这种拆分后的不同类型的培训对工资的影响都不显著，而同样的情况也发生在对性别进行拆分的（4）列、（5）列回归结果中。可能考虑到一方面农村迁移劳动力原本从事的工作就是相对劳动密集型、低附加价值的工作，因此，我们认为：对于农村迁移劳动力而言，不同的培训种类对于工资的改善作用不显著，即相对不同种类而言，农村迁移劳动力是否参加过培训显得更为重要。同时我们注意到，在接受培训的子样本内部婚姻对工资的影响被消除了，同时性别对工资造成的差异也得以减弱。

表5.7　农村迁移劳动力的不同种类培训及其回报

	（1）	（2）	（3）	（4）	（5）
受教育年限	0.060 *** (7.69)	0.060 *** (7.69)	0.060 *** (7.67)	0.056 *** (6.11)	0.067 *** (4.15)
经验	0.033 *** (4.44)	0.033 *** (4.44)	0.033 *** (4.45)	0.035 *** (4.19)	0.024 (1.75)
经验平方项	−0.001 *** (−4.16)	−0.001 *** (−4.16)	−0.001 *** (−4.19)	−0.001 *** (−3.96)	−0.000 (−1.54)
性别（女性=1）	−0.123 *** (−4.37)	−0.123 *** (−4.37)	−0.123 *** (−4.39)	男性	女性
婚姻（是=1）	0.059 (1.37)	0.059 (1.38)	0.059 (1.36)	0.109 * (2.42)	−0.036 (−0.39)
农业生产培训	−0.050 (−0.53)	−0.042 (−0.44)			
企业内部的非农业培训	−0.010 (−0.35)		0.007 (0.09)	0.014 (0.13)	0.016 (0.17)

续表

	（1）	（2）	（3）	（4）	（5）
社会上的非农业培训		0.006 （0.21）	0.015 （0.19）	−0.000 （−0.01）	0.074 （0.77）
截距项	0.756 *** （6.85）	0.747 *** （6.88）	0.739 *** （5.83）	0.814 *** （5.30）	0.543 * （2.51）
观察值	1652	1652	1652	1127	525
R-squared	0.2009	0.2008	0.2007	0.1788	0.2541

注：①括号中为 t 统计量 * 、 ** 、 *** 分别表示在 5%、1%、0.1% 的水平上显著；②为了简洁，户口的虚拟变量与城市虚拟变量的估计值略去。

在对接受不同类型培训的效果进行观察的基础上，我们进一步试图分析不同培训的出资方对于最终的工资收入是否会有影响作用。根据调查数据表明，关于培训资费的出资方主要包括：自费、本人与雇主分担、现雇主出资、前雇主出资、政府出资和其他出资方。表5.8 中（1）列选取其他出资方为控制变量，由此观察其他出资方对农村雇佣劳动力的工资是否会产生影响。（2）列将现雇主与前雇主两项样本进行合并——合并为雇主出资，仍然选用其他出资方为控制变量。（3）列将雇主出资与政府出资合并为雇主与政府出资，即观察是否有本人出资参与对工资的影响。（4）列将是否由雇主完全承担作为控制变量。（5）列与（6）列为在（4）列的基础上根据性别对样本进行分拆得到的结果，城市虚拟变量的控制与上文相同。

从表5.8 的回归结果我们可以看到在（1）—（5）列中不同的出资方对于工资的影响都不显著，因此可以认为对于总体以及男性农村迁移劳动力而言，培训的出资方不同并不会对最终的工资收入有明显差异，但是在（6）列中相对雇主出资这一控制变量而言，本人自费的培训将会使工资提高13.4%，而本人与雇主分担的培训将使工资提高15.2%，政府出资将使工资提高34.8%，而且尽管自费和分担费用在统计上不显著，但政府出资通过了5%的显著性水平。由此可以认为：不同培训的出资方对于总体以及男性而言其工资回报并不明显，然而对于女性而言，相对于雇主出资，政府出资将大幅度提高女性农村迁移劳动力的潜在工资水平。

表 5.8　不同培训出资方对工资的影响

	（1）	（2）	（3）	（4）	（5）	（6）
受教育年限	0.060 * （7.58）	0.060 * （7.56）	0.060 * （7.60）	0.060 * （7.56）	0.055 ** （6.04）	0.064 ** （3.86）
经验	0.033 ** （4.43）	0.033 ** （4.43）	0.033 ** （4.43）	0.033 ** （4.43）	0.035 * （4.13）	0.021 （1.52）
经验平方项	−0.001 *** （−4.15）	−0.001 *** （−4.15）	−0.001 *** （−4.17）	−0.001 *** （−4.15）	−0.001 *** （−3.83）	−0.000 （−1.38）
性别（女性=1）	−0.123 *** （−4.43）	−0.123 *** （−4.42）	−0.124 *** （−4.42）	−0.123 *** （−4.42）	男性	女性
婚姻（是=1）	0.058 （1.36）	0.058 （1.36）	0.058 （1.35）	0.058 （1.36）	0.109 * （2.43）	−0.021 （−0.22）
自费	0.023 （0.59）	0.023 （0.58）	0.023 （0.58）	0.036 （0.77）	−0.006 （−0.13）	0.134 （1.40）
本人与雇主分担	0.012 （0.26）	0.012 （0.26）	0.012 （0.26）	0.025 （0.48）	−0.032 （−0.58）	0.152 （1.42）
前雇主出资	0.020 （0.27）					
现雇主出资	−0.023 （−0.36）					
雇主出资		−0.013 （−0.23）				
雇主与政府出资	0.013 （0.15）	0.013 （0.15）		0.025 （0.29）		
政府出资			−0.0058 （−0.11）		−0.093 （−0.86）	0.348 * （2.51）
其他出资				0.013 （0.23）	−0.080 （−1.23）	0.179 （1.67）
截距项	0.738 *** （6.66）	0.739 *** （6.65）	0.737 *** （6.66）	0.726 *** （6.71）	0.858 *** （6.23）	0.479 ** （2.89）
观察值	1652	1652	1652	1652	1127	525
R-squared	0.2011	0.2010	0.2010	0.2010	0.1807	0.2650

注：①括号中为 t 统计量 * 、 * * 、 * * * 分别表示在 5%、1%、0.1%的水平上显著；②为了简洁，城市
　　虚拟变量的估计值略去。

（五）纠正培训行为的自选择

利用 Mincer 方程估计教育回报率时，根据 Heckman（1974）认为如果样本仅包括了选择迁移的农村迁移劳动力的样本，那么，通过 OLS 回归所得到的教育回报和经验回报是存在偏误的——即经典的自选择问题。李雪松、詹姆斯·赫克曼（2004）在考虑异质性和选择偏差的基础上，估计了20 世纪末中国的教育回报。研究结果表明在以中国当存在异质性和选择问题时，普通最小二乘法 OLS 和工具变量法 IV 都难以对教育回报率给出一致的估计。

与之前的所有文献有所不同的是，以往的 Heckman 两步法主要是为了纠正农村劳动力是否选择迁移存在的自选择问题，但本章的重点并不在于农村劳动力是否选择迁移，而是着眼于已经迁移至城市的劳动力是否参加培训会对其工资产生怎样的影响，但如果选用培训这一变量同时放入 Heckman 两步法的工资方程与选择方程就会存在多重共线性的问题。因此，本章考虑使用由 Heckman 两步法拓展而来的平均处理效应模型（Average Treatment Effects Model）来纠正培训的自选择行为。实际上，平均处理效应模型已经普遍应用在政策评估等研究中，如拉兰德（Lalonde，1986）和哈恩（Hahn，1998），另外根据王德文等（2008）也使用这种模型来估计培训的回报率。

首先，我们对影响农村迁移劳动力是否选择参加培训进行概率模型估计，回归结果如表 5.9 所示，通过 Probit 模型我们可以看到性别、受教育年限、初次迁移的年龄、子女数目、户口状况都对是否选择参加培训有显著性影响，而婚姻状况对培训的选择无影响。然而通过伍德里奇（Wooldridge，2009）的研究，Probit 估计的回归系数没有直接经济含义，需要转换成边际效应，见表 5.9 第（3）列，通过 Probit 模型的边际效应可见，对于性别而言，女性要比男性低 6.4% 的可能性选择参与培训，受教育年限的边际效应为 2.4%，初次迁移的年龄仅有 0.7% 的负边际效应，子女数目也会对是否选择参加培训产生 3.3% 的负效应，而户口因素内部相对本地农业户口而言，外地农业户口会有 3.5% 的边际效应使农村迁移劳动力选择参加培训。

表 5.9　农村迁移劳动力培训选择

（Probit 模型，接受培训者＝1）

	（1）	回归系数的边际效应
性别（女性＝1）	-0.211 ***	-0.064
	（-5.63）	（-5.75）
婚姻状况（已婚＝1）	0.003	0.001
	（0.05）	（0.05）
受教育年限	0.077 ***	0.024
	（9.45）	（9.49）
初次迁移的年龄	-0.021 ***	-0.007
	（-7.68）	（-7.73）
子女数目	-0.107 **	-0.033
	（-2.99）	（-3.00）
户口（本市非农户口＝1）	0.052	0.016
	（0.24）	（0.24）
户口（外地非农户口＝1）	0.093	0.030
	（0.29）	（0.28）
户口（外地农业户口＝1）	0.115 *	（0.035）
	（2.06）	（2.12）
截距项	-0.691 ***	
	（-5.91）	
观测值	6380	
Pseudo R-Squared	0.1014	

注：①括号中为 z 统计量，＊、＊＊、＊＊＊分别表示在 5%、1%、0.1%的水平上显著；②为了简洁，城市虚拟变量的估计值略去。

在估计了影响培训的 Probit 概率模型的基础上，我们使用平均处理效应模型（Average Treatment Effects Model）来进一步纠正培训中是否存在自选择的问题，平均处理效应模型的一般设定形式如下（Wooldridge，2002）：

$$y_i = X_i\beta + \delta z_j + \varepsilon_j$$

其中，z_j 表示由 0 或 1 组成的决策变量，这个变量是由一系列潜在变量（Latenet Variable）决定的，即：

$$z_j^* = W_j\gamma + \mu_j$$

那么，农村迁移劳动力是否选择参加培训，就将按照以下规则来执行：$z_j =$

1，如果 $z_j^* > 0$，否则 $z_j = 0$。由此根据前文 Probit 模型得到的结果，选取受教育年限、初次迁移的年龄、性别、子女数目、户籍状况、城市作为潜在变量，得到的处理效应模型见表 5.10。表 5.10 的方程（1）为前文运用 OLS 方法得到的教育、培训回报情况，方程（2）为处理效应模型，方程（3）为决策变量回归模型。从估计的结果来看，教育回报率下降至 3.4%，经验回报率增加至 2.4%，性别的差异也得以缩小，并且这些变量的系数都在统计上显著。

因为是否参加培训存在内生性问题，由表 5.10 我们看出，风险值 Hazard 的系数达到了 0.1% 的显著性水平，因此需要对培训的决策变量进行控制，最终我们发现在平均处理效应模型中培训的回报率高达 92.3%，远高于回归方程（1）中的 7.0% 的回报率，说明培训将极大地提高农村迁移劳动力的人力资本存量从而提高其工资水平，另外也证明了前文使用 OLS 估计方法存在较大偏误。

表 5.10　培训的处理效应模型

	OLS 估计	处理效应模型	
	（1）	（2）	（3）
受教育年限	0.049 *** （12.97）	0.034 *** （6.97）	0.079 *** （9.45）
经验	0.020 *** （7.32）	0.024 *** （8.54）	
经验平方项	−0.001 *** （−9.53）	−0.001 *** （−9.11）	
培训（是 =1）	0.070 *** （4.14）	0.923 *** （6.06）	
初次迁移的年龄			−0.021 *** （−7.68）
性别（女性 =1）	−0.157 *** （−10.75）	−0.099 *** （−4.95）	−0.211 *** （−5.63）
婚姻（是 =1）	0.062 ** （2.87）	0.078 *** （3.49）	
子女数目			−0.106 *** （−3.99）

续表

	OLS 估计	处理效应模型	
	（1）	（2）	（3）
户口（本市非农户口 = 1）	0.0713 （0.87）	0.054 （0.54）	0.052 （0.25）
户口（外地非农户口 = 1）	−0.161 （−0.85）	−0.172 （−1.12）	0.094 （0.29）
户口（外地农业户口 = 1）	0.012 （0.57）	−0.012 （−0.47）	0.115 * （2.06）
截距项	0.856 *** （17.17）	0.661 *** （10.31）	−0.691 *** （−5.95）
Hazard			
Lambda		−0.504 *** （−5.65）	
观察值	6380	6380	6380
R-squared	0.1829		

注：①括号中为 z 统计量，＊、＊＊、＊＊＊分别表示在 5%、1%、0.1%的水平上显著；②为了简洁，城市虚拟变量的估计值略去。

（六）结论与政策建议

本章通过利用《中国城乡移民调查》2007 年入户调查中的样本数据，首先通过描述性统计分析发现农村迁移劳动力是否接受培训其工资水平存在明显差异，同时在接受培训的样本种类主要以企业内部生产培训为主，培训类型与工作相关、技能型较强，且培训周期较短、以一个月以内的短期培训为主。

在实证研究部分，我们从基本的 Mincer 工资方程出发，估计得到的教育回报率为 5.9%，当加入培训这一解释变量以及一系列其他控制变量之后，我们得到教育回报率降为 4.9%，并且男性教育回报率略低于女性但经验回报率明显高于女性，培训的回报率为 7.0%，我们可以认为，培训对农村迁移劳动力的工资回报有显著积极作用，并且考虑性别差异之后得到培训对女性农村迁移劳动力的作用要更大于男性。与此同时，户口差异对于总体及男性、女性都无显著影响；婚姻状况会显著改变男性群体的工资；而迁入地经济条件的改善对于工资的增加在女性群体上更为明显。

其次，本章通过对培训内部的样本进行深入分析，发现对于农村迁移劳动力而言，不同的培训种类对于工资的改善作用不显著，即相对不同种类而言、农村迁移劳动力是否参加过培训显得更为重要。同时我们注意到，在接受培训的子样本内部婚姻对工资的影响被消除了，同时性别对工资造成的差异也得以减弱。另外，不同培训的出资方对于总体以及男性而言其工资回报并不明显，然而对于女性而言，相对于雇主出资，政府出资将大幅度提高女性农村迁移劳动力的潜在工资水平。

最后，我们通过概率响应模型发现性别、受教育年限、初次迁移的年龄、子女数目、户口状况都对是否选择参加培训有显著性影响，而婚姻状况对培训的选择无影响——即培训的选择存在内生性，通过平均处理效应模型对培训的自选择进行纠正之后得到修正后的培训回报率高达92.3%，说明培训将极大地提高农村迁移劳动力的人力资本存量从而提高其工资水平，另外也证明了前文使用 OLS 估计方法存在较大偏误。

综上所述，本章的研究表明与教育相比，培训对于改善农村迁移劳动力的工资水平有着更为重要的积极意义。而且，对于农村迁移劳动力而言，培训种类并不会对工资造成显著影响，因此政府的支持培训政策应该更多关注"面"而非不同的"点"；同时本章也发现政府出资对于提高女性培训回报率有着极为重要的影响，而这种对于女性的政策倾斜显然也有利于减轻社会就业中的性别歧视现象。

二、语言能力对农村劳动力转移就业的影响

随着中国经济的发展和经济活力的提高，劳动力的流动与迁徙成为一种普遍现象。由于我国幅员辽阔，各个地区拥有各自不同的方言，而语言在人们生活与工作的沟通交流中起着重要的作用，因此语言能力对迁移的劳动力收入水平可能有着不可忽视的影响。

普通话作为我国的官方语言，在各地广为推行，但由于地区及教育水平限制，并非所有人，特别是年龄稍大的劳动者，都能掌握标准的普通话，这点可能对外来劳动力的求职和工作效率造成影响。另一方面，当前中国就业市场上存在要求求职者掌握工作地方言的现象，因此是否会当地方言可能会

影响劳动者的工作机会，同时，一些地区社会经济活动偏好于使用当地方言进行交流，因而掌握流入地方言可能会提高劳动者的劳动效率，进而对工资产生影响。此外，本地居民出于心理上的认同感，会通过语言来区分异己的行为，这也会导致外来劳动者在工作生活中面临语言上的窘境。

（一）语言能力对外来劳动力工资的影响

从人力资本理论的角度看，语言（无论是母语，还是其他语言）都是是一种人力资本（Breton，1998；Pendakur & Pendakur，1998），因为它属于知识和技能的范畴。作为一种技能，语言满足人力资本定义的三个标准：

1. 要花费代价（成本）才能获得

尽管获取语言技能需要花费成本，但一旦形成投资，人们会有更多的交际可能，从而得到较高的收入或更好的职位（Lazear，1999）。

2. 具有生产性

无论是在消费者身上，还是在厂商（劳动服务的提供者）身上，语言都体现出生产性。如，那些缺乏语言技能的人在购买产品和服务时，为搜寻最低价格或是在既定价格下寻找最佳质量的产品要面临更多的困难（花费更多的成本）。相反，语言知识能带来很大的消费利益，因为语言本身就可以是一种直接的消费品，或者语言作为交流工具可以扩大他们的消费集合。

3. 依附于人体

由语言能力带来的工资差异可能是歧视的结果。所谓的歧视，可以认为是人们对那些与之工作、监管或买卖的具有某种不同特性的人群报以某种不同的态度。一些人不愿意和他们不喜欢的人一起共事，除非他们获得某种补偿。劳动力市场上，如果一个群体对另一个群体有着共同的歧视心态，被歧视的群体将被给予较低的工资，以补偿歧视群体成员的心理损失。阿罗（Arrow，1974）进而假设被歧视群体的生产水平是低下的；兰德伯格和斯塔兹（Lundberg & Startz，1983）则认为被歧视群体对人力资本投资不足。但调查研究发现，劳动收入差距与这些假设往往背道而驰。郎（Lang，1986）发现劳动力市场上存在的收入差距往往在不同语言群体之间。他结合人力资本理论和贝克尔—阿罗歧视理论发展了语言歧视模型，解释了为什么不同语言群体间成员的收入存在差距。Lang 的模型分三种情况：所有企业只雇佣工人、以同比例既雇佣工人又雇佣管理者、按不同比例雇佣工人和管理者。

通过比较雇用不同语言群体成员的企业成本函数，计算出了不同语言群体成员的工资差。语言的学习成本导致了"语言歧视"，这意味着不同的语言会造成劳动力市场的某种隔离。

拿美国的黑人和白人来说，黑人与白人的英语有着很大区别。黑人的终生收入较少的原因一是要承担种族间交流的成本，二是他们的工作被隔离到较低工资的职位上，即他们被那些工人与管理者比例较大的企业所雇佣。而现实中，白人是管理者的比例要大于黑人是管理者的比例。黑人管理者不仅要得到成为管理者的补偿，还要得到学习白人英语所付出成本的补偿。为了使交易成本最小化，企业会雇佣很少的黑人作为管理者，从而迫使黑人长期集中在较低技能的工作岗位上。

对普通话和当地方言的掌握可以看成是一种人力资本，因此是否具有这一人力资本会造成工资的差异。一方面，客观来讲，这种人力资本可能导致工作能力和效率的差异；另一方面，本地人群可以很容易地利用口音和语言来辨别异己，形成某种偏好，导致非主体语言（不会本地方言）群体的成员在劳动力市场上边缘化，使之就业机会减少，进而收入上产生差别。

（二）数据来源及说明

本章实证研究所使用的数据来自中国调查数据网（CSDN）提供的《中国城市劳动力市场研究》，该研究于 2001 年 11 月至 2002 年 1 月在中国的上海、沈阳、武汉、西安和福州展开。该调查由中国社会科学院发起，并在当地统计局的辅助下进行。本章采用的实证数据来自该研究中的外来劳动力问卷调查，该调查根据 2000 年人口普查数据，一共抽取了 60 个社区调查记录在案的外来劳动力，即本章的研究对象不包括未经注册的短期外来劳动力，有效样本量为 2864。

本章使用劳动力年收入的对数作为衡量工资的被解释变量，重点考察劳动力的语言能力对劳动力工资的影响，本章采用了普通话水平和当地语言水平衡量语言能力，其他控制变量还有性别、受教育程度、年龄、户籍、工作单位类型、工作行业、职业、来源地和在当地的生活时间等等。具体变量及含义见表 5.11。

表 5.11 变量及其含义

变 量	含 义
Wage	年收入＝当前工作的月收入×12＋每年不按月发放的奖金、补贴和过节费（元）
Mandarin	"普通话水平标准" ＝1；"不标准或不会" ＝0
Lang	"现在会说当地话" ＝1；"其他" ＝0
lang1	"刚来时会说当地话" ＝1；"其他" ＝0
lang2	"刚来时不会说当地话，现在会说" ＝1；"其他" ＝0
Male	"男性" ＝1；"女性" ＝0
Urban	"城镇户口" ＝1；"农村户口" ＝0
edu1	受教育水平："高中及中专文化程度" ＝1；"其他" ＝0
edu2	受教育水平："大专、大学及以上文化程度" ＝1；"其他" ＝0
Age	年龄
ownership	当前工作单位类型："党政机关、国家企事业单位、国企、集体企业及国有或集体控股企业" ＝1；"其他" ＝0
Ind	当前工作行业分类："第二产业" ＝1；"其他" ＝0
service	当前工作行业分类："第三产业" ＝1；"其他" ＝0
Job	当前工作职业："工人" ＝1；"其他" ＝0
West	来源地："西部省市" ＝1；"其他" ＝0
Mid	来源地："中部省市" ＝1；"其他" ＝0
liveyear	在当地的生活时间（年）

对变量进行的描述性统计如表 5.12 所示，可见全体样本中，平均年收入为 12655.1 元，普通话标准的人平均年收入为 13480.32 元，高出普通话不标准的人 1398.49 元，会当地语言的比不会的要多 115.51 元；在总体中，普通话标准的人占到了 40.99%，会当地语言的占 54.43%，其中刚来时就会说当地话的有 32.05%，余下的 22.38% 是后来学会的；样本中男性占了较大部分，为 60.90%，普通话标准的男性比女性要少，会当地语言的男性比女性多；仅有 16.41% 的外来劳动力拥有城镇户口，并且语言能力较好的人中城镇户口比例略高；样本中 21.19% 的劳动力拥有高中及中专文化程度，大专、大学及以上的比例为 4.12%，同样也是在语言能力较高的人群中，受教育水平较高；样本平均年龄为 30 岁，普通话标准的群体比不标准的群体年轻 4 岁左右，是否会当地语言的样本年龄差距小些；外来劳动力中在国企工

作的占 30.44%，普通话不标准的人群中在国企工作的比例要高于普通话标准的，是否会当地语言的差别较小；绝大多数外来劳动力在第三产业工作，占到了 80.60%，余下的有 17.57% 在第二产业工作，第三产业中普通话标准的比例略高，其他方面语言能力的差距不大；当前是工人的比例为 22.13%；样本中 39.09% 的外来劳动力来自中部地区，18.56% 来自西部地区，绝大多数都是东部地区流动的外来劳动力；最后，样本中的外来劳动力平均在当地生活了 5 年左右，并且会当地语言的在当地生活时间更久。①

表 5.12　变量描述性统计

变 量	样本	平均值					标准差
		总体	普通话标准	普通话不标准	会当地语言	不会当地语言	
Wage	2864	12655.1	13480.32	12081.83	12707.73	12592.22	13938.47
Mandarin	2864	0.4099					0.4919
Lang	2864	0.5443					0.4981
lang1	2864	0.3205					0.4668
lang2	2864	0.2238					0.4169
Male	2862	0.6090	0.5894	0.6226	0.6200	0.5959	0.4881
Urban	2864	0.1641	0.2274	0.1201	0.1713	0.1556	0.3704
edu1	2864	0.2119	0.2726	0.1698	0.2239	0.1977	0.4088
edu2	2864	0.0412	0.0767	0.0166	0.0423	0.0398	0.1988
Age	2864	30.013	27.8424	31.5213	29.4650	30.6682	9.1667
ownership	1728	0.3044	0.2747	0.3318	0.3079	0.2999	0.4603
Ind	2789	0.1757	0.1859	0.1686	0.1738	0.1779	0.3806
service	2789	0.8060	0.8010	0.8095	0.8123	0.7986	0.3955
Job	1726	0.2213	0.2814	0.1650	0.2582	0.1737	0.4153
West	2845	0.1856	0.1511	0.2095	0.2026	0.1654	0.3888
Mid	2845	0.3909	0.3270	0.4351	0.2861	0.5154	0.4880
liveyear	2856	5.2124	4.7446	5.5376	5.8934	4.3962	5.2547

---

① 除此以外，由于调查问卷中的数据缺失，工作单位的类型和当前工作职业样本量较小，因此包含这两个变量的回归结果仅作为参考，对其可信度持谨慎态度。

（三）语言能力与工资收入

本章首先检验在不控制其他因素的情况下，选取的语言变量对劳动力工资是否存在显著影响。表5.13展示了基本的回归结果。从表5.13可知，在不控制其他变量时，普通话水平是否标准对外来劳动力收入有显著影响，平均而言，普通话水平标准的人群比不标准的人群收入要高17.1%。但表5.13第（2）列的结果表明当前是否会说当地话对劳动力收入没有显著影响，这表明不存在通过当地话掌握情况对外来劳动力进行工资歧视的证据。第（3）列使用"刚来时会当地话"和"刚来时不会，现在会"这两个变量代替了第（2）列中的"当前是否会当地话"，这两个变量将样本中的劳动力分为三类，对比组是一直不会当地语言的外来劳动力，从回归结果可以看到，刚来时就会当地语言的人群反而比一直不会当地话的人群平均收入少8.43%，而后来学会的人群比一直不会的人群平均收入高9.85%。我们可以猜测，刚来时就会当地话的人群大多来自本地周边地区，而不会当地话的一般来自较远的地区，与前者相比，后者转移成本较大，可能需要更高的收入才能弥补其较高的转移成本，因此平均而言这些远距离迁移的外来劳动力的收入比近距离迁移的外来劳动力收入要高。而另一方面，刚来时不会当地话但后来学会，表明了劳动力的学习能力、适应能力较强，是劳动力内在能力的体现，因此这部分人群比一直不会当地话的人群平均收入要高。

（4）列和（5）列将普通话水平和当地语言水平同时放入回归，与前面的基本结果类似，普通话能力对收入有显著影响，但当前是否会当地话没有明显作用，一开始就会当地语言的人群比一直不会的人群收入水平要低，而后来学会当地语言的比一直不会的收入水平高。从作用大小来看，普通话水平的影响提高了两个百分点，一开始就会当地语言的比一直不会的收入低了11.4%，体现劳动力能力的学会当地语言的影响大小基本不变。

（6）列在（5）列的基础上加入了一些基本的劳动力特征，控制了性别和户籍的因素。在控制了语言水平和户籍以后，男性平均而言比女性收入高21.8%，而城镇户口的劳动力比农村户口的要高28.2%。这点也可能是城镇户口的劳动力受到了更好的教育，人力资源禀赋较高的缘故。本章重点关注的语言变量影响没有太大变化。

表 5.13　基本回归结果

变　量	（1）lwage	（2）lwage	（3）lwage	（4）lwage	（5）lwage	（6）lwage
Mandarin	0.171 *** （0.0296）			0.173 *** （0.0298）	0.191 *** （0.0298）	0.168 *** （0.0296）
Lang		−0.00914 （0.0294）		−0.0257 （0.0294）		
lang1			−0.0843 ** （0.0337）		−0.114 *** （0.0338）	−0.122 *** （0.0332）
lang2			0.0985 *** （0.0377）		0.0972 *** （0.0374）	0.0874 ** （0.0368）
Male						0.218 *** （0.0293）
Urban						0.282 *** （0.0389）
Constant	9.080 *** （0.0190）	9.155 *** （0.0217）	9.155 *** （0.0216）	9.093 *** （0.0241）	9.087 *** （0.0240）	8.921 *** （0.0300）
样本量	2864	2364	2864	2864	2864	2862
R-squared	0.011	0.000	0.007	0.012	0.021	0.056

注：括号中为标准差，＊＊＊ p<0.01，＊＊ p<0.05，＊ p<0.1。

（四）拓展模型：控制更多的因素

表 5.14 控制了一些其他的可能影响因素。各列中我们重点关注的语言水平影响与上表变化不大，在最后一列控制了较多变量以后，普通话标准的外来劳动力平均收入高 13.1%，刚来时就会当地语言的比一直不会的收入低 16.2%，在控制了在当地的生活时间以后，后来学会当地语言的人群与一直不会的人群工资差异不明显，这表明该变量带来的工资差异随着对当地熟悉度的提高而逐渐消失，是否会当地方言本身并不对劳动力工资产生影响。

从表 5.14 第（1）列可以看出，在控制了受教育水平和用年龄代表的经验以后，户籍因素的影响有所降低，从 28.2% 降到了 19.9%，但仍然十分显著，高中中专及以上的人群比对比组收入高 14.5%，大专大学及以上的要高 43.7%，可见受教育水平是影响劳动力收入的重要因素。劳动力经验的影响也同经典文献一致，随劳动力年龄的上升，劳动力收入水平先上升，后下降。

表5.14第（2）列加入了劳动力所处的行业，二三产业的收入水平显著高出第一产业50%左右，并且第三产业比第二产业收入更高。（3）（4）列分别加入了当前工作单位的类型和职业，由于这两个变量数据缺失较多，因此该结果仅作参考。从回归结果可见，处于国有单位的外来劳动力收入水平平均比其他单位的低8.11%，而工人比其他职业的收入高26.7%。第（5）列加入了在当地的生活时间，该变量影响显著但作用较小，在控制了其他因素以后，在当地生活的时间每上升一年，平均来说收入提高1.38%左右。最后一列加入了外来劳动力的来源地。与来自东部的劳动力相比，在控制了其他因素以后，来自西部的劳动力收入水平要低38.4%，中部的要低23.2%。

表5.14　拓展回归结果

变　量	（1）	（2）	（3）	（4）	（5）	（6）
	lwage	lwage	lwage	lwage	lwage	lwage
mandarin	0.171 ***	0.178 ***	0.194 ***	0.182 ***	0.183 ***	0.131 ***
	（0.0298）	（0.0297）	（0.0313）	（0.0309）	（0.0296）	（0.0294）
lang1	−0.0813 **	−0.101 ***	−0.135 ***	−0.152 ***	−0.120 ***	−0.162 ***
	（0.0326）	（0.0327）	（0.0343）	（0.0340）	（0.0329）	（0.0338）
lang2	0.0979 ***	0.0916 **	0.0210	0.00141	0.0589	0.0393
	（0.0359）	（0.0358）	（0.0402）	（0.0398）	（0.0363）	（0.0357）
male	0.181 ***	0.185 ***	0.212 ***	0.202 ***	0.175 ***	0.165 ***
	（0.0289）	（0.0293）	（0.0318）	（0.0314）	（0.0292）	（0.0287）
urban	0.199 ***	0.188 ***	0.154 ***	0.129 ***	0.182 ***	0.182 ***
	（0.0397）	（0.0397）	（0.0400）	（0.0396）	（0.0396）	（0.0390）
Edu1	0.145 ***	0.151 ***	0.185 ***	0.141 ***	0.155 ***	0.173 ***
	（0.0352）	（0.0351）	（0.0359）	（0.0361）	（0.0351）	（0.0346）
Edu2	0.437 ***	0.433 ***	0.541 ***	0.397 ***	0.441 ***	0.465 ***
	（0.0740）	（0.0746）	（0.0686）	（0.0702）	（0.0744）	（0.0730）
Age	0.0801 ***	0.0788 ***	0.0831 ***	0.0803 ***	0.0714 ***	0.0707 ***
	（0.00804）	（0.00802）	（0.00896）	（0.00879）	（0.00816）	（0.00801）

续表

变　量	（1）	（2）	（3）	（4）	（5）	（6）
	lwage	lwage	lwage	lwage	lwage	lwage
agesq	−0.00104 ***	−0.00102 ***	−0.00113 ***	−0.00110 ***	−0.000953***	−0.000950***
	（0.000115）	（0.000115）	（0.000131）	（0.000129）	（0.000116）	（0.000113）
Ind		0.497 ***	0.208	0.199	0.482 ***	0.453 ***
		（0.109）	（0.154）	（0.156）	（0.109）	（0.107）
service		0.545 ***	0.178	0.159	0.528 ***	0.495 ***
		（0.105）	（0.151）	（0.154）	（0.105）	（0.103）
owner-ship			−0.0811 **			
			（0.0339）			
Job				0.267 ***		
				（0.0388）		
liveyear					0.0138 ***	0.0128 ***
					（0.00288）	（0.00286）
west						−0.384 ***
						（0.0383）
Mid						−0.232 ***
						（0.0319）
Constant	7.512 ***	6.998 ***	7.245 ***	7.277 ***	7.116 ***	7.375 ***
	（0.136）	（0.174）	（0.208）	（0.209）	（0.175）	（0.174）
样本量	2862	2787	1709	1707	2779	2763
R-squared	0.106	0.115	0.183	0.204	0.122	0.158

注：括号中为标准差，*** $p < 0.01$，** $p < 0.05$，* $p < 0.1$。

（五）语言能力对工资影响的地区差异

为了考察在不同的样本城市，这种语言歧视情况是否存在差异，表5.15加入了代表抽样城市的虚拟变量，以及这些虚拟变量同语言水平的交互项。样本城市虚拟变量的对比组为上海。从表5.15的回归结果可以看出，各个样本城市的平均收入水平有显著差异，但城市虚拟变量同语言变量的交互项均不显著，这说明在各个样本城市，语言歧视的情况没有显著差异。

表 5.15　地区差异回归结果

变　　量	（1） lwage	（2） lwage
mandarin	0.0889 *** （0.0302）	0.114 * （0.0603）
lang1	−0.0954 *** （0.0364）	−0.0551 （0.0725）
lang2	0.00642 （0.0357）	0.0356 （0.0601）
male	0.143 *** （0.0285）	0.141 *** （0.0286）
urban	0.153 *** （0.0385）	0.153 *** （0.0385）
edu1	0.180 *** （0.0341）	0.178 *** （0.0342）
edu2	0.492 *** （0.0717）	0.494 *** （0.0722）
age	0.0676 *** （0.00789）	0.0685 *** （0.00790）
agesq	−0.000911 *** （0.000112）	−0.000918 *** （0.000112）
ind	0.392 *** （0.105）	0.399 *** （0.105）
service	0.418 *** （0.101）	0.428 *** （0.101）
liveyear	0.0139 *** （0.00285）	0.0133 *** （0.00286）
west	−0.250 *** （0.0463）	−0.234 *** （0.0489）
mid	−0.119 *** （0.0366）	−0.114 *** （0.0372）
shenyang	−0.460 *** （0.0475）	−0.437 *** （0.0638）
wuhan	−0.273 *** （0.0478）	−0.155 * （0.0906）

续表

变 量	（1） lwage	（2） lwage
xian	−0.336 *** （0.0455）	−0.465 *** （0.0816）
fuzhou	−0.418 *** （0.0502）	−0.376 *** （0.0687）
shenyang * mandarin		−0.00618 （0.0982）
wuhan * mandarin		−0.134 （0.0863）
xian * mandarin		0.132 （0.0891）
fuzhou * mandarin		−0.0538 （0.0893）
shenyang * lang		−0.0469 （0.0879）
wuhan * lang		−0.0798 （0.108）
xian * lang		0.0706 （0.0952）
fuzhou * lang		−0.0676 （0.0884）
Constant	7.742 *** （0.174）	7.688 *** （0.178）
样本量	2763	2763
R-squared	0.194	0.197

注：括号中为标准差，*** $p<0.01$，** $p<0.05$，* $p<0.1$。

（六）结论

本章探讨了语言歧视对外来劳动力收入的影响，主要分析了普通话水平和当地方言的掌握情况的作用。语言能力作为一种人力资本，可能带来劳动力工资的差异。基于 5 个样本城市的实证分析表明，普通话是否标准对外来劳动力工资水平起到了显著的影响，标准的人群比不标准的平均收入要高

13%到17%左右，但当地方言的掌握情况并不带来显著差异，不存在通过方言进行语言歧视的证据，外来劳动力迁移的距离和对当地的熟悉程度才是造成工资差异的原因。

第 六 章

劳动力市场状况与就业

本章使用劳动力市场信息的相关指标，对劳动力市场信息完善程度与失业率的关系进行计量研究。考虑到中国劳动力市场分割的现状和特点，本章还将在计量模型中加入劳动力市场分割的变量，同时分析劳动力市场分割和发育对就业的影响。研究发现，劳动力市场信息完善程度与失业率负相关，市场信息越完善，失业率越低。经济增长与失业率的变动呈正向变动，第三产业的发展对失业率没有显著影响。劳动力市场分割越严重，失业率越高。这也从宏观层面验证了劳动力市场分割与失业持续期的关系。

第一节　劳动力市场、工作搜寻与就业

一个国家和地区的就业受多个因素的影响，对这些因素的研究一般可以分为两种：一是直接考察失业和相关因素的关系（蒲艳萍，2006）；二是从影响就业的因素切入，一般来说，当某些因素导致就业减少时，失业状况相应地变坏。综合这两个方面的研究，可以把影响失业变动的因素归结为经济增长、技术进步、体制变迁、经济发展模式、产业结构、外商直接投资、技术进步、劳动力市场分割等（王诚，1996；李培林，2000；齐建国，2000；张本波，2002；张车伟、蔡昉，2002；龚玉泉、袁志刚，2002；李红松，2003；钱永坤、宋学锋、董靖，2003；蔡昉、王德文，2004；姚战琪、夏杰长，2005；陈祯，2006；牛涯霞，2006；沙文兵、陶爱萍，2007）。

本章所关注的是劳动力市场与就业的关系。对于一个信息充分、竞争统一的劳动力市场来说，失业只是短期存在的，当劳动力供需出现不均衡时，

市场机制会通过工资变动来调节劳动力的供需关系，劳动力市场在短时间内出清并回归均衡。从现实的劳动力市场看，劳动力供需状况的调节远没有新古典理论预测的那样理想，失业成为各国劳动力市场上的一个长期存在的现象。关于这一点，许多学者对此进行了研究，在这些研究中，工作搜寻理论是一个比较好的视角，它以劳动力市场信息不完善和劳动者理性为基础，研究劳动者在信息和其他约束条件下，最大化自己效用的行为。简单地讲，就是求职者在给定的信息等约束条件下，花费时间搜寻工作，当搜寻的边际成本等于边际收益时，接受工作并停止搜寻行为。由于花费时间进行搜寻可以得到一定收益，因此，工作搜寻被视为一种具有投资性质的行为。工作搜寻理论最初以失业者为研究对象，后来逐步延伸到在职者、雇主等，并形成了在职搜寻理论、一般均衡搜寻理论等。由于工作搜寻理论对失业问题研究的理论贡献和对各国劳动力市场政策的影响，三位在此领域作出突出贡献的研究者被授予了 2010 年的诺贝尔经济学奖。从工作搜寻理论的角度看，无论是劳动者还是用人方，其搜寻行为总是在一个具体的劳动力市场，其经济决策行为必然受到劳动力市场带来的信息成本、制度成本、政府管制等因素的影响，这些影响通过工作搜寻行为最终传导到就业结果上。这里以贝弗里奇曲线（Beveridge Curve）所描述的情况为例加以说明，威廉·贝弗贝奇（William Beveridge）研究英国总体经济时发现，在经济衰退时，劳动力市场上的失业率升高，职位空缺率下降，而当经济转好时，则失业率降低，职位空缺率升高，把这种关系描述在一个二维空间上，就形成了一条由左上方向右下方延伸的曲线，这一曲线被称为贝弗里奇曲线。该曲线描述了失业率和缺工率在经济波动状况下，失业率和职位空缺率相互抵消的关系，但由于一国产业结构的变化过于迅速，人力供需信息不足等因素却可能打破这一抵消的关系，而使得失业率与职位空缺率出现双双上扬的局面。对于这种情况，工作搜寻理论从搜寻摩擦的角度给出了解释，认为原因之一可能是更低的匹配效率，比如，在信息不充分的情况下，劳动者可能是为了搜寻更好的工作而花费更长的时间，从而导致失业现象持续了更长时间。那么，从扩大就业的角度来说，完善信息传播途径、提高信息质量是降低这种劳动力市场，提高劳动力市场配置效率，降低失业率的一个政策选择。

上述叙述实际上形成了本章的研究逻辑，即首先分析劳动力市场运行对市场行为主体搜寻行为的影响，继而探讨这种搜寻行为对就业结果的影响。

第二节　劳动力市场运行与就业的微观基础

一、工作搜寻理论与就业

从理论起源上看，工作搜寻理论是搜寻理论在劳动经济学中的运用和发展，搜寻理论通过序列决策方法，分析了微观主体在持久变化和充满不确定的环境中，通过获取信息进行理性决策行为。斯蒂格勒（Stigler，1961，1962）对工作搜寻理论作出了开创性的贡献，首先对失业工人的最优搜寻策略给出正式的数理分析，此后，许多学者从单方搜寻、均衡搜寻等方面对其进行了拓展，并对保留工资、失业持续期、均衡失业率变动、劳动力市场效率等多个方面进行了深入研究。从理论框架的角度讲，工作搜寻理论并没有一个单一的范式，通常是研究者根据具体问题的需要而选择相应的模型，由此也形成了"竞争搜寻"模型、"搜寻—匹配—讨价"模型和"工资公告"模型等。在本节，将按照工作搜寻模型的发展脉络，对其主要研究内容进行梳理，并对涉及的主要理论问题和模型予以综述。

（一）单方搜寻模型

经典的收入—闲暇理论在人力资本投资、劳动力退休、已婚妇女劳动力参与率和生育决策等方面显示了强大的解释力。但是，它强调经济人在完全信息的条件下进行决策，因而对现实劳动力市场上的一些典型现象无法给出满意的解释。比如，在收入—休闲理论的分析框架内，无法解释失业长期存在的原因。信息经济学的发展为解释这一问题提供了新的思路，一些学者把搜寻理论引入了劳动经济学的分析中，由此催生了工作搜寻理论（McCall，1965；Lippman & McCall，1976）。工作搜寻理论是建立在如下理念上面的：由于劳动力市场存在摩擦，因此劳动力供需双方在交易时需要支付成本，市场摩擦来源于信息不完善。在劳动力市场充满不确定性和信息获取需要支付成本的条件下，搜寻具有投资的性质，劳动者为了寻找满意的工作，会花费时间和金钱进行搜寻，这从一定程度上解释了失业长期存在的原因。

一个简单的搜寻模型可以描述如下：劳动力市场的求职者处于失业状态，为了获得满意的工作，他在整个劳动力市场进行搜寻。求职者知道市场上工资分布的一般特征，但是不知道某一工资水平是由哪一家公司提供的。他在每个搜寻单元内接收到工作的概率是固定的，早期的序列搜寻模型将其假设为 1，因此，在每一个搜寻单元，求职者获得一份工作并决定是否接受这一工作，如果接受雇主提供的工作机会，那么他将永远从事这一工作；一旦拒绝，没有反悔的可能性，即不能再次获得该工作。假定求职者的目标是最大化工作收益的现值，他就业后的收入和搜寻成本在长期内保持不变。在这些假定条件下，一个失业者的最优策略描述为：求职者在开始搜寻前设定一个保留工资，在搜寻过程中接受超过保留工资的第一份工作，保留工资是求职者接受工作的最低要求，如果市场上提供的工资低于保留工资，则他不会就业。该策略可以用下式表达：

$$(\lambda/r)\int_{w_u{}'}(x - w_u{}')\,dF(x) = c + w_u{}' - b \tag{6.1}$$

式中，λ 为工作到达率，是求职者在一定期间内接收到工作的概率，r 是贴现率，$w_u{}'$ 是求职者的保留工资，当低于这一工资时，求职者不会接受该工作，$F(x)$ 是市场工资的分布函数，c 是工作搜寻所需要支付的现金成本，b 为失业者所领取到的失业保险金。左边是求职者在遇到一个工资水平等于其保留工资时，拒绝该工作并继续进行搜寻的边际收益，右边是搜寻的边际成本，由两部分组成：第一部分是进行工作搜寻时所支付的搜寻成本；第二部分是继续搜寻的机会成本，它等于接受保留工资水平的工作带来的价值与保持失业状态的价值（在这里指领取到的失业保险金）之差（Mortensen，1986）。当该式中的变量受市场或其他冲击发生变化时，求职者的搜寻行为也会发生变化，从而对宏观经济中的失业产生影响。

以该模型为基础，莫滕森（1986）对早期工作搜寻理论的主要内容进行了总结，这些内容包括失业持续期决定因素、工作流动、工资增长以及劳动力市场经历等，同时，他还对工作搜寻视野中的社会效率问题进行了讨论。

（二）均衡搜寻模型

在劳动力市场上，除了求职者在搜寻工作以外，雇主也在搜寻合适的雇员，搜寻结果由双方行为共同决定。因此，工作搜寻模型逐步地从以求职者决策为研究重点的单方搜寻模型发展到包括供需双方在内的均衡模型（Diamond and Maskin，1979；Pissarides，1979、1984、1985、1994；Diamond，1982；Burdett, and Vishwanath，1988；Burgess，1993；Black，1995；Pierre Koning、Ceert Ridder、Gerard J. van den Berg，1995；Mortensen and Pissarides，1994；Gerard J. van den Berg and Geert Ridder，1998；Christian Bontemps，Jean-Marc Robin；Gerard J. van den Berg，1999）。均衡工作搜寻模型主要包括"搜寻—匹配—讨价"模型（search-matching-bargaining equilibrium model）和"工资公告"模型（posting equilibrium model）两个分支。"搜寻—匹配—讨价"模型的基本思想是，由于信息不完善，劳动力供求双方在匹配过程中存在摩擦，双方为克服市场摩擦而进行投资，比如花费时间、金钱等，匹配会产生租金，该租金按照一定比例，以工资的形式转移给求职者，剩余部分由雇主获得。供需双方分享租金的比例取决于双方谈判力量的大小。这类模型重点研究均衡失业水平决定因素和均衡失业率变动的各种效应（Montensen，1982；Pissaride，1979、1990）。"工资公告"模型假设谈判的力量全部由雇主掌握，工资水平在一个非合作博弈的环境下由企业设定，劳动者直接在已设定工资水平的工作中进行搜寻（MacMinn，1980；Budett and Judd，1983；Albrecht and Axell，1984；Burdett and Mortensen，1998）。此类模型主要讨论在劳动力市场均衡时，工资离散产生的原因。这里借助莫滕森和比萨莱德（Mortensen & Pissarides，1999）提供的框架，以"搜寻—匹配—讨价"模型为例，对均衡搜寻模型进行简单介绍。

假定工资分布的累积密度函数为 $F(W)$，求职者的搜寻活动是在所有工作进行随机序列抽样，他只能接受一个搜寻结果，并且搜寻是没有回溯的序列决策。一个最优的停止战略是令搜寻的收益和成本之差达到最大化。

令 W 代表找到一份工作的价值，即求职者接受一个工作后所能获得的收益流的现值。在时间离散的情况下，如果每一个时期只抽取一个样本，直到接受某一个搜寻结果，则根据 Bellman 方程可得：

$$U_t = \frac{b-a}{1+r} + \frac{1}{1+r}\int \max\{W,\ U_{t+1}\}\,dF(W),\ t=1,\ 2\cdots \tag{6.2}$$

其中，r 代表贴现率或者无风险利率，b 为由于失业的而获得的收入流，这种收入最为典型的就是失业保险金，a 代表每个时期的搜寻成本。在 W 超过 U_{t+1} 时，搜寻活动停止。在无限期的情况下，上述方程的稳定解就是连续搜寻的价值，也就是说，在所有的时期 t，$U = U_{t+1}$

$$U = \frac{b - a}{1 + r} + \frac{1}{1 + r} \int \max\{W, U\} \, dF(W) \tag{6.3}$$

当累积密度函数 $F(W)$ 具有一阶条件时，$U = T(U)$ 存在唯一的有限解。

在时间连续的情况下，求职者找到工作之前的随机等待时间由风险函数 $\lambda(t)$ 决定，等待时间的生存函数是 $\exp\{-\int_0^T \lambda(t) \, dt\}$，Bellman 方程变为：

$$U(t) = E_T\{(b - a) \int_t^T \exp(-rs) \, ds + \exp[-r(T - t)] \int \max\{W,$$

$$U(T)\} \, dF(W)\}$$

$$= \int_t^\infty \left((b - a) \int_t^T \exp(-rs) \, ds + \exp[-r(T - t)] \int \max\{W, U(T)\} \, dF(W)\right) *$$

$$\lambda(T) \exp[-\int_0^T \lambda(t) \, dt] \, dT \tag{6.3a}$$

（6.3a）式就是求职者的搜寻价值决定方程。

下面考虑雇主的搜寻情况。雇主面临的问题是寻找合适的雇员，令 c 代表招聘成本，η 代表雇主找到合适雇员的概率。保持一个空缺职位的价值由下式决定：

$$V = \frac{-C}{r + \eta} + \frac{\eta}{r + \eta} \int \max\{V, J\} \, dG(J) \tag{6.4}$$

式中，J 代表填补一个职位的价值，G 代表市场上具有该价值的雇员的分布。

匹配所产生的租金由参与搜寻的雇主和求职者分享：

$$W + J = X \tag{6.5}$$

在市场均衡的条件下，每一方分享租金的大小由工资分配机制决定。假定求职者分得净剩余 $X - (U + V)$ 的比例为 β，其他部分归雇主所有。求职者获得的收益为：

$$W - U = \beta(X - U - V), \beta \in [0, 1] \tag{6.6}$$

双方参与搜寻的充分必要条件是：$X - (U + V) \geq 0$

劳动力市场的匹配技术决定了工作到达率，令 $m(v, u)$ 为匹配函数[①]，该函数为线性并具有规模报酬不变等特征，v 和 u 分别为职位空缺率和失业率，则：

$$\lambda u \equiv m(v, u) \equiv \eta v \tag{6.7}$$

方程（6.3a）、（6.5）、（6.6）和（6.7）意味着失业 U 和空缺职位 V 的价值满足方程：

$$U = \frac{b - a + [m(v, u)/u]\beta \int \max\{X, U + V\} dF(X)}{r + [m(v, u)/u]} \tag{6.8}$$

$$V = \frac{-c + [m(v, u)/v](1 - \beta) \int \max\{X, U + V\} dF(X)}{r - [m(v, u)/v]} \tag{6.9}$$

根据上述求职者和雇主的效用决定方程和约束条件，许多学者对工作搜寻理论在失业变动、在职搜寻、均衡工资的决定等方面的运用进行了深入分析，罗格森等人（Rogerson、Shimer，Wright，2005）对均衡搜寻理论的发展进行了总结，田永坡（2010）对工作搜寻理论的新进展做了系统梳理，限于篇幅，这里不再赘述。

二、中国劳动力市场的运行状况：分割与发育

对于中国劳动力状况的判断有多个角度，总体上来看，一方面，束缚劳动力市场发育的相关制度不断松动或者被废除，传统计划体制的影响力逐步减小，但阻碍劳动力市场发育的某些制度依旧在发挥作用，劳动力市场分割仍然没有完全消除；另一方面，劳动力市场体系初步建立，劳动力的流动性不断增强，信息的作用逐步提高，市场机制在工资调节中的作用进一步增强。本节将从劳动力市场分割和信息完善两个方面，简单描述转轨时期劳动力市场的主要特征。

[①] Coles Melvyn（1994）、Gregg 和 Wadsworth（1996）、Coles Melvyn 和 Eric Smith（1998）对匹配过程中的信息载体（比如报纸、中介结构）等进行研究，Barbara Petrongolo 和 Christopher A. Pissarides（2001）对匹配函数进行了综述，详细介绍了匹配函数的形式、特征和估计方法。

（一）劳动力市场分割

改革开放以来，中国处于复杂快速的转轨经济之中，劳动力市场运行也从原来的计划体制转向市场体制。对这一时期劳动力市场特征的判断有多个维度，其中，分割被认为是最为重要的一个特征（蔡昉，1998；赖德胜，1996、1998、2005；蔡昉、林毅夫，2003；李实、丁赛，2003；陆铭，2004），它会通过多个途径对求职者的搜寻行为产生影响，因此，本书将其作为一个基点，分析劳动力市场固有弊端与搜寻行为的关系。

一般认为，劳动力市场分割的思想来源于穆勒和凯恩斯提出的"非竞争集团"概念：在特定的职业范围内，任何一个劳动力的竞争力都会受到限制，他所在职业的工资率上升并不必然导致其个人的工资提高。正如劳动力市场分割理论所描述的劳动力市场一样，劳动力市场理论本身也是分割的，在该理论体系中，"没有一种单一的理论或者单一的叙述性分类方法占支配地位"[①]。劳动力市场分割理论主要包括三个分支：莱斯特·瑟罗、罗伯特·卢卡斯等人的职位竞争理论；皮特·多林格、米歇尔·皮奥里等人的二元劳动力市场理论；米歇尔·雷克、大卫·戈登等人的激进的分割劳动力市场理论，其中，二元劳动力市场理论被使用得最为广泛。劳动力市场分割理论提出以后，不少学者使用相关数据对其进行了检验（Bosanquet，Doeringer，1973；McNabb，Psacharopoulos，1981；Dickens，Lang，1985、1988），结果也证实了劳动力市场分割的存在。

关于中国的劳动力市场分割，许多学者进行了理论研究和实证检验，并形成了大量成果，这里按照劳动力市场分割的表现形式、分割产生的原因、分割效应三个方面，对中国的劳动力市场分割进行分析。

1. 劳动力市场分割的表现形式

总体上看，中国的劳动力市场分割是多维的，其表现形式主要包括完全竞争的农村劳动力市场、完全竞争的城镇劳动力市场和不完全竞争的城镇劳动力市场三元劳动力市场（朱镜德，1999）；城乡二元劳动力市场分割（蔡昉，2001）；传统农业、农村非农行业、城市正规行业和城市非正规行业四

[①] 约翰·伊特韦尔等：《新帕尔格雷夫经济学大辞典》（第4卷），经济科学出版社1996年版，第306页。

部门分割（朱农，2001）；城镇劳动力市场内部分割（李实，1997；蔡昉，1998、2001；赖德胜，2001）、国有企业和非国有企业之间的分割（蔡昉，1998）。

除了定性判断外，一些研究还使用相关数据对中国的劳动力市场分割进行了验证。郭丛斌（2004）使用国家统计局城市社会经济调查总队2000年在全国范围内收集的城镇住户调查数据，对中国的劳动力市场分割进行了检验。他按照不同职业的收入水平将劳动力市场分成主要劳动力市场和次要劳动力市场，研究的结果表明，中国存在二元制的劳动力市场分割。无论在主要劳动力市场还是在次要劳动力市场，教育与劳动者的收入都具有显著的正相关关系，但主要劳动力市场受教育年限的增加对提高收入的作用大于次要劳动力市场；工作年限的增加对提高收入的作用在主次两个劳动力市场没有显著区别。

2. 劳动力市场分割的成因

在中国的劳动力市场上，除了功能性分割和区域性分割外，还存在着典型的制度性分割（赖德胜，1998），这也是中国劳动力市场分割的一个主要特征。赖德胜（2001）从城乡之间、城乡内部以及体制内外的角度，系统分析了新中国成立以来劳动力市场制度性分割的成因和表现形式，把城乡之间劳动力市场的制度性分割归结为户口迁移制度、劳动用工制度和粮油供应制度三个方面。在造成劳动力市场分割的因素中，户籍制度是对劳动力市场分割影响最为严重、被研究者关注和讨论最多的一项制度。在改革之前，它是政府推行重工业优先发展战略的需要，在改革以后则是受到城市利益集团的影响而得以维持（蔡昉、都阳和王美艳，2001）。户籍制度的存在对劳动力流动、就业和收入分配产生了很大的负面影响。除了户籍制度以外，以其为基础所派生出来的就业、社会保障和城市管理等政策也是分割形成的重要原因。许多地区、行业和单位以户籍为标尺，将农业和城镇户口的劳动力分流到了不同的劳动力市场，相对于农业户口的劳动力来说，具有城镇户口的劳动力则更容易进入那些收入高、就业稳定和工作条件较好的主要劳动力市场；各个地区在制定就业和社会保障等政策时，通常会优先考虑具有本地户口的劳动力。

除了制度性因素，性别等个人特征也是造成中国劳动力市场分割的重要原因。刘文忻、杜凤莲（2005）使用国家统计局 2003 年的再就业专项调查数据，对中国城镇再就业者的性别分割进行了研究。结果表明：职业种类和工资存在着性别差异，在再就业的人群中，10.1% 的女性应该从事白领工作而从事了蓝领工作，10.7% 的男性应该从事蓝领工作却找到了白领工作，女性受教育年限的回报率比男性低 4.78 个百分点，工作经验回报低 0.74 个百分点。

3. 劳动力市场的分割效应

这也是劳动力市场分割研究中最受关注、研究内容最多的一个问题。劳动力市场分割效应主要包括：

第一，劳动力市场分割对劳动力就业和流动的影响。一方面，劳动力市场分割直接增加了劳动力迁移和流动的成本，影响劳动力的流动意愿和流动效率；另一方面，劳动力市场分割还会对劳动力未来的就业预期产生影响，在户籍和就业等相关制度安排下，劳动力迁移收益的不确定性增加，这反过来又影响到其初始的就业选择和迁移行为。朱镜德（1999）认为中国劳动力市场是三元结构的，通过建立两阶段乡—城劳动力迁移模型，他分析了剩余劳动力在城乡之间转移的条件和特征。蔡昉（2001）以户籍制度以及依赖其所产生的一系列就业和城市管理制度为出发点，分析了制度障碍对劳动力迁移的影响。朱农（2001）在把四部门分割的基础上，使用 1990 年和 1995 年中国省际人口迁移数据，对中国的劳动力转移进行了分析，讨论了城市正规部门、城市非正规部门和农村非农业部门对中国农村剩余劳动力转移中的贡献。

赖德胜（2001，2005）分析了劳动力市场分割对大学生就业的影响，他指出，在劳动力分割的情况下，劳动者通常需要承担很高的工作转换成本特别是很高的交易成本，这样会提高大学毕业生的可接受工资水平，而企业由于用工制度的限制需要承担较高的雇佣成本和解雇成本，所以其雇佣量也会小于最优状态的雇佣量，供需双方的这种行为叠加起来，提高了大学毕业生的就业难度。张曙光和施贤文（2003）认为，中国劳动力市场分割，尤其是城乡劳动力市场的分割是导致中国资本深化的重要原因，而资本、技术密集型产业过度发展反过来又限制了劳动需求，进一步加剧了就业压力，同时，劳动力市场分割增加了行业专用性人力资本投资的风险，降低了居民进行人力投资的积极性。王德文、吴要武和蔡昉（2004）使用第五次人口普查的微观调查数据，对城市本地劳动力失业率高于外来劳动力失业率的成因进行了研究，结果显示，城市劳动力在失业率上的差异，是由他们的流动性、供给特征和劳动力市场分割引起的。

第二，劳动力市场分割与人力资本收益。在分割状态下，不同的劳动力市场中，教育、工作经验等人力资本的回报是不同的。一般而言，主要劳动力市场的人力资本收益率高于次要劳动力市场。赖德胜（1998）使用中国社科院经济所收入分配与改革课题组 1995 年全国收入分配的调查数据，对中国城镇的私人教育收益率进行了估算，结果发现，中国的私人教育收益率为正但比较低，原因在于劳动力市场存在制度性分割抑制了劳动力流动，影响了教育增加劳动者收入的积极作用。李实、丁赛（2003）对 1990—1999 年中国城镇私人教育收益率的动态变化进行了经验估计，发现私人教育收益率逐年上升。但是，在整个城镇劳动力市场上，教育收益率在不同所有制单位之间存在着较为显著的差异，1999 年的数据显示，国有独资企业职工的私人教育收益率比城镇集体企业职工低约 4 个百分点，而私营个体企业职工的私人教育收益率比城镇集体企业职工高出约 5—6 个百分点。

性别也会对劳动者的收入产生影响。王美艳（2005）使用上海、武汉、沈阳、福州和西安五个城市的劳动力调查数据，分析了男女工资之间的差异，结果表明，男女工资差异主要是由同类行业内工资差异引起的，男女在同一行业内工资差异的 93.35%（总差异的 86.91%）是由歧视等因素造成的，歧视是造成性别之间的工资差异的主要原因。莫尔—法兹奥和胡吉斯（1999）的研究发现，国有部门的性别工资差距，比非国有部门低得多，但是，从国有、集体到私有部门，工资差距中，歧视能够解释的份额逐次降低（Liu et al.，2000）。[①] 另外一项对农村工资差距的研究，根据找到工作的途径，把劳动力划分为两组：由政府部门分配工作的为非市场组，通过考试或个人努力找到工作的为市场组，分别考察这两组中收入的性别差异。结果表明，非市场组的性别工资差距，完全是由歧视造成的；而市场组的性别工资

---

① Liu, Pak-Wai, Xin Meng and Junsen Zhang（2000），"Sectoral Gender Wage Differentials and Discrimination in the Transitional Chinese Economy"，*Journal of Population Economics*，Vol. 13，pp. 331–352.

差距，歧视只解释了其中的 2/3（Meng，1998）。

第三，效率损失。效率是一个含义很广的概念，这里把效率损失限定在劳动者个体生产率和企业经营效率两个方面。对劳动者而言，由于国有企业的工资制度等原因，其人力资本投资不能得到充分回报，而劳动力市场分割的存在又不能使其在不同的地区和行业之间顺畅流动，这样，必然会抑制劳动者生产效率的发挥。对用人单位来说，国有企业等主要劳动力市场的某些制度安排（比如解雇单位员工需要履行复杂的手续、必须支付本单位离退休员工的养老金、医疗费用等）限制了其用人自主权，导致企业并不能按照经营所需对员工数量和员工结构进行合理调整，因此降低了这些企业的经营效率，而次要劳动力市场上由于社会保障制度不完善、用工制度不健全等原因，难以招到合意的高素质劳动力，其经营状况也与理想状态有所差距。

李实（1997）把城市的经济分为政府控制和市场主导两个部门，认为这两类部门在劳动力就业和工资制定方面都存在着明显的制度性差异，以此为基础，他分析了这两个部门工资率和就业数量的决定因素，结果表明，政府控制部门制定的统一工资与两个劳动力分市场的工资率之间形成两个落差，会引起劳动力在两部门之间的流动；当政府控制部门中专业技术型劳动力的工资率低于其市场工资率，并且这些劳动力受制度约束而不能流动时，就会降低自身的劳动生产率，从而造成部分社会效率损失。陆铭、陈钊（1998）指出，"二元"就业体制除了影响到劳动力资源在国有企业和非国有企业间的配置外，也对国有企业内部劳动力市场的运作产生了影响，他们建立了一个针对企业二层次内部劳动力市场的效率工资模型，分析了政府对下岗职工规模和工资差距的控制对企业内部劳动力市场的运作所产生的影响，其结论是，由于国有企业必须为下岗职工支付工资而降低了经营效率，放松对下岗职工规模和工资差距的控制有利于增进企业的经济效率。

第四，造成劳动力要素配置扭曲，影响其对经济增长的贡献。劳动力市场分割的存在增加了劳动力的流动成本，导致劳动力资源不能顺畅地从低效率的部门和地区向较高效率的部门和地区流动，降低了地区内部和地区之间的劳动力配置效率。由此产生两个后果：一是阻碍本地的经济增长；二是造成地区经济增之间的差距。蔡昉、王德文和都阳（2001）以农业比较劳动生产率作为劳动力市场配置效率指标，使用 1998—2006 年的分省数据，分析了劳动力配置效果对地区经济增长的影响。结果表明，农业比较劳动生产率每增加 1%，则地区人均 GDP 增加 0.064%，这说明劳动力市场扭曲会影响要素的配置效率，而由此产生的效率差异正是导致中国地区之间收入差距扩大的深层原因。付尧、赖德胜（2007）利用广东和上海的数据，以人口迁入率为劳动力市场分割指标，分析劳动力市场分割与经济增长的关系，发现劳动力市场地区分割对区域经济增长具有阻碍作用，地区劳动力流动越活跃，经济增长的水平越高，在上海和广东两个地区，第二、第三产业人口迁入率每增加 1%，人均 GDP 则分别增加 0.35% 和 0.63%。

　　根据上述分析，转轨时期的中国的劳动力市场分割是一个外延比较广泛的概念。从分割的表现看，具有城乡之间、城镇内部、地区之间、行业之间等多个层次；在分割的成因方面，既包括户籍、就业等相关制度，也包括性别等个人特征；就分割的效应来说，它会对劳动力的就业和流动、人力资本收益、劳动力市场效率、经济增长等多个方面产生影响。泛泛地讨论分割可能会导致对同一问题的不同判断，因此本书对劳动力市场分割做如下界定：

　　第一，中国的劳动力市场分割为多个异质的子市场，不同的市场收益存在明显差异，这里的收益包括工资、奖金、福利等多个方面。[①] 为行文方便，这里按照二元劳动力市场理论，把这些市场分为主要和次要两类劳动力市场，主要劳动力市场的收入水平高，工作条件较好，社会保障和福利体系完善，职业升迁体系和工作阶梯完备，而次要劳动力市场则收入水平较低，工作条件差，社会保障和福利体系不健全，职业升迁体系不完善。

　　第二，不同劳动力市场之间存在着较高的流动成本，这些成本主要体现在从次要劳动力市场向主要劳动力市场的流动上。这种成本的形成原因包括制度、行业特征、劳动者个人特征等多个方面，在没有特别说明的情况下，本书只考察制度设计所带来的成本。

（二）劳动力市场发育

　　伴随着中国社会主义市场经济体制改革的进程和劳动力市场束缚的减

---

　　① 在不同的劳动力市场中，还有一个失业风险的问题，因此，更为合理的办法是把失业风险作为一个概率乘以收入，作为收入的期望值。这种处理方法的意义在于，在某些收入较高的主要劳动力市场上，通常失业的风险也比较低，而在一些收入较低的次要劳动力市场，失业的风险反而更大，按照这种方法计算下来，主、次劳动力市场之间的收入差异可能更大。

少，劳动力市场化程度逐步提高，劳动力供需双方的自主选择权不断增强，计划体制下的"铁饭碗"就业机制被打破，劳动力开始在城乡、地区、行业和单位之间多方位地流动，工资形成中的市场机制作用越来越大，劳动力市场信息环境进一步完善。如何观测和衡量中国劳动力市场发育情况，也有多个视角，本书将从劳动力市场信息完善的角度分析劳动力市场发育对工作搜寻行为的影响，这种处理方法主要是出于以下两个方面的考虑：

第一，对劳动力市场的发育来说，信息是一个基础性的条件。众所周知，完全竞争市场运行的基本条件之一就是信息充分，这对劳动力市场来说也不例外。不管是劳动力流动、雇佣双方互相选择还是工资决定，都离不开信息。在束缚劳动力市场发育的各种不合理制度逐步消除后，信息将成为劳动力市场发育的一个必需条件，因此，考察劳动力市场的信息完善程度及其影响对中国劳动力市场发育更具基础性的意义，一些研究也证实了信息在劳动力流动和就业中的作用（巨文辉，2005；闵维方、丁小浩、文东茅、岳昌君，2006；刘根荣，2006；曾湘泉，2006）。

第二，工作搜寻理论产生的一个主要原因就是市场信息不完善。正是由于劳动力市场中的信息约束，求职者和雇主才需要花费时间和金钱进行搜寻。搜寻者面临的信息环境不同，其搜寻成本也不同，搜寻行为和搜寻结果也必然不同。所以，本书把劳动力市场的信息环境作为一个切入点，分析劳动力市场信息完善对求职者工作搜寻行为的影响。

在劳动力市场上，信息传递可以通过多个途径来实现，这些途径包括亲戚朋友、报纸、广播、网络、公共就业服务机构等。因此，可以从多个方面考察劳动力市场的信息完善程度。从近年的发展趋势来看，有两个方面的变化对劳动力市场的信息完善作出了巨大贡献，它们分别是网络信息技术和职业介绍服务。

1. 网络信息技术

从 20 世纪 90 年代开始，在国际信息化革命的推动下，中国的网络信息技术取得了突飞猛进的进展。这一点可以使用中国互联网络信息中心发布的《中国互联网络发展状况统计报告》中加以佐证：1998 年 12 月 31 日的统计数据显示，中国上网计算机数为 74.7 万台，其中直接上网计算机 11.7 万台，拨号上网计算机 63 万台；上网用户有 210 万，其中专线上网的用户约为 40 万，拨号上网的用户约为 149 万，两者都有的用户 21 万，在上网人群中，68.4%的是 21—30 岁之间的青壮年，受教育程度集中在大专和本科层次，这一层次的人群占到了总体上网人群的 77%。[①] 而到了 2007 年 12 月 31 日，网民数已增至 2.1 亿人，比 2006 年增加了 7300 万人，年增长率达到 53.3%。在 2007 年，30 岁以上年龄较大的网民增长较快，互联网呈现向各年龄阶层扩散的趋势；互联网逐步向学历低的人群渗透，初中及以下受教育程度的网民增长较快；低收入人群开始越来越多地接受互联网。[②]

　　网络最重要的功能之一就是为用户提供大量信息。在中国互联网络信息中心每年发布的《中国互联网络发展状况统计报告》中，通过多选题目的形式调查了用户从互联网获取信息的种类，这些信息包括社会文化信息、电子书籍、科技教育信息、金融保险信息、房地产信息、汽车信息、求职招聘信息等。每一年的信息分类不同，但基本上都有求职招聘信息这个选项，从调查结果看，历年选择该项的比例稳定在 20%—30%左右。

　　从劳动力需求方看，大量企业和行政事业单位都建立了自己的网站，其员工需求信息的发布和部分招聘工作也通过网站进行。网络已经成为劳动力市场信息传递的一个重要途径（见表 6.1）。

表 6.1　1998—2006 年网民通过网络获取求职信息的比例

年　份	使用信息种类	比例
1998	招聘信息	30.00%
1999	求职招聘信息	19.25%
2000	求职招聘信息	29.12%
2001	求职招聘信息	22.2%
2002	求职招聘信息	22.10%
2003	求职招聘信息	20.50%
2004	求职招聘信息	24.20%

---

① 中国互联网络信息中心：《中国互联网络发展状况统计报告》（第 3 次），1999 年 1 月，见 http://www.cnnic.net.cn。

② 中国互联网络信息中心：《中国互联网络发展状况统计报告》（第 21 次），2008 年 1 月，见 http://www.cnnic.net.cn。

续表

年 份	使用信息种类	比例
2005	网上招聘	18.90%
2006	网上招聘	20.80%

资料来源：中国互联网络信息中心：《中国互联网络发展状况统计报告》（1998—2007），见 www.cnnic. net.cn。

网络信息技术的快速发展及其在传递信息中的作用受到了政府管理部门的高度重视，并出台一系列政策来促进劳动力市场的信息化建设。2002 年 9 月，中央制定并下发了《中共中央、国务院关于进一步做好下岗失业人员再就业工作的通知》（中发〔2002〕12 号），围绕解决下岗失业人员的再就业问题，提出了积极的劳动力市场政策。2002 年出台的"积极就业政策"可以概括为五大支柱、六个领域和十项政策。其中，五大支柱中的第三支柱就是实施劳动力供给与需求相匹配的相关政策。[①] 目前，这一支柱中的劳动力市场信息网络建设初步形成。到 2004 年底，全国有 117 个城市报送了本市劳动力市场职业供求信息，其中 113 个城市实现了按季度发布职业供求分析报告。2010 年第 4 季度，中国劳动力市场信息网监测中心对全国 106 个城市的公共就业服务的市场供求信息进行了统计分析。[②] 这 106 个城市分布在全国各大区域，拥有市区人口 1.9 亿，约占全国地级以上城市市区人口的 49%；拥有市区从业人员（含城镇个体劳动者）5388 万，约占全国地级以上城市市区从业人员的 55%。[③]

2. 职业介绍服务

职业介绍在解决失业问题方面具有重要作用，从公共就业服务的发展历程来看，其出发点和主要职能就是从职业介绍开始的。由于在劳资斗争条件下，劳动力供需双方自己设立的招聘中介机构都有可能引起对方的不信任，

---

① 杨宜勇：《积极的劳动力市场政策》，载孔泾源主编：《中国劳动力市场发展与政策研究》，中国计划出版社 2006 年版，第 322—323 页。

② 本季度全国共有 112 个城市上报了季度数据，其中，宁波、郑州、杭州、喀什、石嘴山、北京、包头、绵阳、洛阳、广州等 10 个城市的数据未参加全国数据汇总，详见《2007 年第三季度部分城市劳动力市场供求状况分析报告》，见 http：//www.molss.gov.cn/gb/zwxx/2007-10/26/content_ 202514.htm。

③ 中国人力资源市场信息监测中心：《2010 年第四季度部分城市公共就业服务机构市场供求状况分析》，见 http：//www.mohrss.gov.cn/gb/zwxx/2011-02/11/content_ 391109.htm。

以及人们对失业与贫困和公共不安定关系的重新认识，促使欧洲许多国家和美国部分城市成立各式各样的职业介绍所。在欧盟、北美以及东南亚地区，各国也把对劳动力供需双方的匹配作为公共就业服务的主要内容。[①] 职业介绍一般是指公共就业服务传统的劳动力交流功能，它可以定义为：公共就业服务或私营职业介绍所为求职者寻找工作和为雇主填补岗位空缺的过程，其原理在于雇主和求职者对空缺岗位和候选人的信息不充分，因此需要有一种服务为两者建立联系。[②]

从我国的实践看，职业介绍的工作内容一般包括 8 项：①对劳动者求职和用人单位招聘用人进行登记；②为求职的失业人员、需要转换职业的在职职工、农村剩余劳动力转移和其他人员提供职业需求信息，推荐用人单位；③为用人单位提供劳动力资源信息，为其推荐求职者；④对劳动者求职和用人单位招聘提供职业指导和职业咨询；⑤向职业培训机构提供职业需求信息，推荐需要培训的人员；⑥为特殊群体人员和长期失业者提供专门的职业介绍服务；⑦对劳动者求职和用人单位招聘提供职业指导和职业咨询，通过组织劳务输出、举办洽谈会，以及提供劳务承包、劳务协作等活动；⑧建立劳动力市场信息资源库，开展劳动力供求情况预测、预报，进行劳动力供求信息咨询服务，收集、整理和发布劳动力市场信息。这也意味着，职业介绍除了向劳动力供需双方提供信息外，还通过职业咨询和职业指导，帮助信息使用者有效地使用信息，加快劳动力供需双方的匹配。

近年来，中国的职业介绍发展很快。1995—2008 年，全国职业介绍机构个数由 29930 个发展到 37208 个，增加了 7278 个，增长比例为 24.32%；职业介绍机构人数由 1996 年的 8.5 万人增加到 2008 年的 12.7 万人，增加了 4.2 万人，增长比例为 49.41%。在职业介绍机构登记求职的人数由 1995 年 1597.12 万人增加到了 5507.0 万人；职业介绍成功人数由 1258.1 万人增加到 2764.3 人，职业介绍在全国劳动力就业中发挥着越来越大的作用。

---

① ［英］艾伦·汉森、戴维·普瑞斯著：《变化中的劳动力市场：公共就业服务》，范随译，中国劳动社会保障出版社 2002 年版，第 1、20—21 页。
② ［英］艾伦·汉森、戴维·普瑞斯著：《变化中的劳动力市场：公共就业服务》，范随译，中国劳动社会保障出版社 2002 年版，第 32 页。

表 6.2　1995—2006 年中国职业介绍发展概况

年份	本年末职业介绍机构个数（个）	本年末职业介绍机构人数（万人）	本年登记招聘人数（万人）	本年登记求职人数（万人）	本年介绍成功人数（万人）
1995	29930	—	—	1597.12	1258.1
1996	31322	7.77	926.1	1178.2	890.2
1997	33469	8.37	1143.7	1859.8	867.2
1998	35449	8.89	934.2	1184.3	798.8
1999	30242	8.53	1124.2	1600.0	884.4
2000	29024	8.67	1509.42	1991.67	975.24
2001	26793	8.4	1876.8	2439.5	1229.1
2002	26158	8.5	2250.2	2684.2	1354.3
2003	31109	9.7	3832.0	3060.0	1586.0
2004	33890	10.7	3565.2	3582.8	1837.7
2005	35747	11.2	4039.0	4128.9	2165.3
2006	37450	12.32	4951.21	4735.90	2492.99
2007	37897	12.9	5440.6	4938.6	2648.6
2008	37208	12.7	5507.0	5532.0	2764.3

资料来源：历年《中国统计年鉴》，中国统计出版社。

实际上，网络信息技术和职业介绍服务之间存在着密切联系，网络信息技术可以通过为职业介绍提供先进的技术设备和手段，提高职业介绍服务效率，近年来出现的智联招聘、中国高校毕业生就业服务网等大型的职业介绍和就业服务网站以及各地人事部门、人力资源和社会保障部门所属的职业介绍机构的信息化建设就说明了这一点。网络信息技术和职业介绍服务的快速发展，大大改善了劳动力市场的信息环境，提高了求职者的搜寻效率。下面将借助工作搜寻模型，详细分析劳动力市场信息完善对求职者搜寻的影响。

三、劳动力市场分割、信息完善与工作搜寻

首先建立一个失业者工作搜寻模型，并把劳动力市场分割和信息完善纳入该模型，以此为基础分析劳动力市场状况对求职者失业持续期和保留工资的影响。

（一）工作搜寻模型

假定劳动力市场上有一个求职者，目前处于失业状态。他知道市场上工资分布的一般特征，但是不知道某一具体职位是由哪一家公司提供的。求职者的目标是通过搜寻活动找到一个理想的职位，该职位提供的工资可以使他的收益最大化。求职者的预期收入和搜寻成本在长期内保持不变，一旦他找到合适的职位，就希望能够长期在这一职位上工作。

根据上述思路，首先给出模型的基本假定：[①]

1. 求职者没有完全掌握劳动力市场上的工作信息，他知道劳动力市场上工资的分布情况，但是不知道某一个工资水平的职位由哪一个雇主提供。比如，市场上有 100 份工作，这些工作满足均值为 3000，方差为 500 的正态分布，这些情况求职者是知道的，但是，对于其中的某一份工资为 3100 的工作，他不知道是哪个雇主提供的，要想得到这份工作，就必须进行搜寻。

2. 搜寻是一个从空缺职位中进行随机序列抽样的过程，而且这些过程没有回溯，即搜寻者于搜寻前先决定一个保留工资 w^0，以此作为搜寻时接受或拒绝的依据。若样本所提出的工资条件大于或等于保留工资，则接受该份工作；反之，则拒绝。保留工资是求职者所能接受的最低工资，低于这个工资水平，他不会就业。在整个搜寻期间，求职者的保留工资不变。

3. 假定雇主按照求职者的人力资本水平来设定工资，并且人力资本可以用单一的维度进行表示，这里选择受教育水平。令 x 表示一个岗位所需要的最低教育水平，x^0 表示求职者的教育水平。令 w 表示雇主提供的工资水平[②]，w^0 为求职者的保留工资。当且仅当 $x \leqslant x^0$ 以及 $w \geqslant w^0$ 时，求职者才可能选择就业。

4. 对于劳动力市场上的职位来说，所需人力资本水平越高，工资水平越高，即：

$$w = w(x), \ w'(x) > 0 \tag{6.10}$$

工资的分布由连续密度函数 $f(w)$ 来描述，该函数具有如下特征：

---

① 本章搜寻模型的构建受 Mortensen（1970）的启发，他利用类似的工作搜寻模型对失业持续期和菲利普斯曲线变动的关系进行了解释。

② 这里的工资水平实际上是一个相对值，它等于某一职位的工资除以市场平均工资。

$f(w) > 0$，对所有的 $0 < a < w < b$ (6.11a)

$f(w) = 0$，其他   (6.11b)

$$\int_a^b wf(w)\,dw = \int_a^b f(w)\,dw = 1 \qquad (6.11c)$$

根据方程（6.11c），求职者满足所有工资等于或者低于 $y(x^0)$ 的岗位要求。如果令 y 代表这一岗位的工资水平，则求职者找到合适岗位的概率是：

$$\alpha = Pr(w^0 \leqslant w \leqslant \hat{w}) = k - \int_a^{w^0} f(w)\,dw \qquad (6.12)$$

其中，$k = \int_a^{\hat{w}} f(w)\,dw$，是求职者的可得职位比例，指劳动力市场上对求职者开放、同时求职者又可以胜任的那些职位占市场上总职位数量的比例。假定求职者每一次搜寻只能找到一个空缺岗位的信息，则在找到满意工作之前，求职者的失业持续期为 $1/\alpha$。如果求职者满足某一岗位要求并接受该岗位，则其收益的期望值为：

$$h = E(w \mid w^0 \leqslant w \leqslant \hat{w}) = \frac{\displaystyle\int_{y^0}^{y} wf(w)\,dw}{\displaystyle\int_{w^0}^{\hat{w}} f(w)\,dw} \qquad (6.13)$$

求职者的保留工资越高，则找到合适岗位的概率 α 越小，因为：

$$\frac{\partial \alpha}{\partial w^0} = -f(w^0) < 0 \qquad (6.14)$$

在搜寻过程中，求职者选择一个他可接受的工资以最大化其收益，人力资本财富由未来收入流的贴现值来表示。如果求职者在 t 时期就业，则收益为 h；如果他在 t 时期依然是失业者，则获得一定数量的失业补贴金。在中国，这种补贴主要是失业保险金、最低生活保障等。令 b 代表失业补助金与劳动力市场平均工资的比例，市场的平均工资用 $\bar{w}$ 来表示，求职者搜寻到工作的概率为 p_t，c 是工作搜寻的成本，这些成本包括交通费、置装费、通讯费等。如果让 q_{t-1} 表示在 t 时期开始时的就业概率，并且假定求职者可以按照 r 水平的利率来借入或者借出资金，则他开始搜寻之前的财富是：

$$W = \bar{w} \sum_{t=1}^{\infty} \frac{p_t}{(1+r)^t} * [q_{t-1}h + (1-q_{t-1})b] \tag{6.15}$$

假定劳动力退出劳动力市场的决策是一个随机过程，则可以把劳动者的退休用 t 时期的某一个概率 δ 来表示，年龄越大，则该值越大。因为搜寻持续期的期望值一般会短于劳动时间的期望值 $1/\delta$，所以，这里把 δ 当成一个固定参数。因此，p_t 约等于 $(1-\delta)^t$，并且有

$$\frac{p_t}{(1+r)^t} = \cong (\frac{1-\delta}{1+r})^t = \frac{1}{(1+\rho)^t} \tag{6.16}$$

其中，ρ 为新的贴现率，$\rho = \dfrac{r+\delta}{1-\delta}$

如果我们选择计算期望财富的时期长度，等于找到并且只找到一个职位花费的时间，则可以计算出求职者在 t 时期末就业的概率。在这里，q_t 等于 1 减去在 t 时期找不到工作的概率，即：

$$q_t = 1 - (1-\alpha)^t \tag{6.17}$$

根据上述定义可知，求职者在 t 时期找到工作的概率 $q_t - q_{t-1} = \alpha(1-\alpha)^{t-1}$，把（6.16）和（6.17）中的 p_t 和 q_{t-1} 分别代入（6.15），可得：

$$W = \bar{w}h \sum_{t=1}^{\infty} (\frac{1}{1+\rho})^t - \frac{\bar{w}(h-b)}{1-\alpha} \sum_{t=1}^{\infty} (\frac{1-\alpha}{1+\rho})^t \tag{6.18}$$

因此，

$$W = \frac{\bar{w}}{\rho}(\frac{\alpha(w^0, \hat{w})h(w^0, \hat{w}) + \rho b}{\rho + \alpha(w^0, \hat{w})}) \tag{6.19}$$

式中，$\alpha(w^0, \hat{w})$ 和 $h(w^0, \hat{w})$ 分别由（6.12）和（6.13）来决定，利用（6.14）和（6.15）可得：

$$\frac{\partial W}{\partial w^0} = \frac{wf(w^0)}{\rho[\rho + \alpha(w^0, \hat{w})]^2} * \{\alpha(w^0, \hat{w})[h(w^0, \hat{w}) - w^0] - \rho[w^0 - b]\} \tag{6.20}$$

y^0 的最优值必须满足：

$$\alpha(w^0, \hat{w})[h(w^0, \hat{w}) - w^0] = \rho[w^0 - b] \tag{6.21}$$

这就是求职者的搜寻均衡条件，根据该式可以看出：当求职者搜寻到一

个工资水平为 w^1 的职位，如果接受该职位，则以后每个时期都获得 w^1 的收入；如果拒绝，则下一个时期的收入为失业补贴金。因此，拒绝当前工作继续搜寻的成本为 $w^1 - b$，继续搜寻的收益为 $\alpha(w^0, \hat{w})[h(w^0, \hat{w}) - w^1]$；如果下一期收入与当前收入差异的现值 $\alpha(w^0, \hat{w})[h(w, \dot{w}) - w^1]/\rho$ 超过了寻找下一个工作的成本 $w^1 - b$，则求职者拒绝收入为 w^1 的职位。

（二）劳动力市场分割、信息完善与工作搜寻

1. 劳动力市场分割对搜寻行为的影响

劳动力市场分割对搜寻行为的影响主要体现在失业持续期和保留工资两个方面：

（1）劳动力市场分割与失业持续期

根据前面对劳动力市场分割界定，它对失业持续期的影响主要通过两个途径实现：

第一，不同劳动力市场中收益差距。劳动力市场分割的一个重要表现就是不同劳动力市场的收入水平差异比较大，这里以二元劳动力市场理论为例加以说明。该理论把劳动力市场分为主次两个劳动力市场，与次要劳动力市场相比，主要劳动力市场的收入水平和人力资本收益率较高，工作条件较好、社会保障和福利体系完善，个人的发展空间较大，这些可以看成劳动者在主要劳动力市场就业获得的综合收益。而且，主要劳动力市场失业概率低，从平均收入角度来考虑，这些市场上就业者终身收入会比次要劳动力市场上的更高。表 6.3 给出了根据 "2002 年中国城镇居民生活调查" 数据，对主要和次要劳动力市场收入差距的估算结果。从中可以看出，在 1998 年，主次劳动力市场之间的年收入相差为 764 元，相差比例为 8.99%，而到了 2002 年，这两个数字则分别变为 2150.92 元和 19.79%，这也与中国近年来收入差距的扩大趋势相一致。

表 6.3 1998—2002 年中国主要和次要劳动力市场的收入差异

年份	1998	1999	2000	2001	2002
主要劳动力市场年均收入（元）	9274.87	9831.19	10828.07	11981.79	13018.70
次要劳动力市场年均收入（元）	8509.99	8997.334	9671.53	10591.43	10867.78

年份	1998	1999	2000	2001	2002
主要劳动力市场与次要劳动力市场的年均收入差距（元）	764.88	833.85	1156.54	1390.36	2150.92
主要劳动力市场高于次要劳动力市场年均收入的比例	8.99%	9.27%	11.96%	13.13%	19.79%

资料来源：根据"2002 年中国城镇居民生活调查"数据计算，其中，主要劳动力市场包括"党政机关"和"事业单位"、"中央、省国有独资企业"、"地方国有独资企业"、"城镇集体所有制企业"以及"国家控股企业"，次要劳动力市场包括"城镇私营企业"、"其他股份制企业"、"农村私营企业"、"农村个体"和"其他"。2002 年的平均值是 2002 年全年处于就业状态的劳动力的全部收入的平均值；1998—2001 年的数据是被调查者回忆的数据，为了保证其在此期间也处于就业状态，在计算年均收入时，只选择了那些在 2002 年全年就业并且没有失业经历的样本。

在所有劳动力市场收益相等的情况下，求职者将在整个劳动力市场上进行搜寻；当劳动力市场收益存在差异时，求职者首先会把收入比较高的主要劳动力市场作为搜寻空间，这样一来，其搜寻的空间就缩小了一大部分。

第二，劳动力市场分割产生的进入成本。分割的存在增加了劳动力的流动成本，在转轨时期，这些成本集中体现在从次要劳动力市场向主要劳动力市场流动的过程中，造成这些成本的因素有：①雇佣者对求职者的个体特征实施的差异性标准，比如性别、年龄、受教育水平等；②相关的制度安排，比如，进入某些单位必须具有当地城市户口或者暂住证、婚育证、健康证等；③一些单位在用工总量和调节上存在刚性，这些单位包括行政机关、事业单位和带有计划色彩的国有企业等单位。行政和事业单位一般实行定岗定编，雇佣总量相对固定，此类单位要想增加员工，则必须要等出现空岗后才能实现，国有企业在近年实行了力度较大的改革，在经营中引入了市场机制，员工流动性有所增强，但计划和政府干预的色彩依然程度不同地存在，在大规模的国有企业改革后①，员工"只进不出"的现象在某些企业依旧程度不同地存在。进入成本的存在缩小了求职者的搜寻空间，减少了求职者的

---

① 经过"抓大放小"的改革后，目前的国有企业多数为大中型国有企业，而且有许多属于垄断行业，从劳动力市场分割的角度看，这些企业具有典型的主要劳动力市场特征，其进入成本上比一般企业更高。

可得职位。

把劳动力市场分割所产生的收入差异和流动成本结合起来考虑，则更容易理解分割市场对失业持续期的影响：一方面，主次劳动力市场存在收入差异，导致求职者倾向于在主要劳动力市场搜寻工作；另一方面，高昂的进入成本又使得这种差异得以维持，进入障碍越大，差异存在的可能性就越大。二者结合起来，大大缩小了求职者期望的搜寻空间，要想得到岗位，求职者就必须花费更长的时间进行搜寻，从而失业持续期被延长。

用 β 代表劳动力市场分割程度，$G(\beta)$ 表示劳动力市场分割条件下的可得职位系数，$0 < G(\beta) < 1$，劳动力市场分割越严重，则可得职位系数就越小，即 $G'(\beta) < 0$。相应地，可得职位比例 $k = \int_a^w f(w)\,dw$ 变为：

$$k_1 = G(\beta)P_r(w \leqslant \hat{w}) = G(\beta)\int_a^y f(w)\,dw \tag{6.22}$$

求职者找到合适岗位的概率变为：

$$\alpha_1 = Pr(w^0 \leqslant w \leqslant \hat{w}) = G(\beta)\int_a^w f(w)\,dw - \int_a^{y^0} f(w)\,dw \tag{6.23}$$

与没有劳动力市场分割的情况相比，$\alpha_1 < \alpha$，因此，失业持续期 $1/\alpha_1$ 要大于 $1/\alpha$。

（2）劳动力市场分割与保留工资

劳动力市场分割对保留工资的影响分为两个方面：

第一，劳动力市场分割与求职者之间的保留工资差异。造成劳动力市场分割的因素很多，最为常见的两个就是户籍和性别。户籍来源于制度的设计，性别是天生的个体差异。从劳动力市场分割看，户口的差异会导致求职者保留工资的差异。在城市劳动力市场上，通常会按照户籍来设定职位的准入权，农村户口的劳动力只能从事一些脏累差的工作，而收入水平高、就业稳定的企业和行业通常只向城市户口的劳动力开放。对于这种情况，城乡劳动者是知道的，因此，在设定自己的保留工资时，他们会以自己能够进入的市场为参考，这样就造成了城乡劳动力保留工资的差异，性别差异的影响与此类似。

第二，转换成本与保留工资。由于劳动力市场分割的存在，当求职者在不同劳动力市场间流动时，除了正常的工作搜寻成本外，还要承担劳动力市场分割带来的额外成本①，这种成本会减少求职者在劳动力市场上的工作转换次数。当一个岗位的收入和工作环境不能满足求职者的要求而需要转换时，他就必须在工作转换的收益和成本之间权衡，劳动力市场分割越严重，转换成本越高，则其流动的可能性就越小。从终身收益考虑，一个理性的求职者肯定希望他的起始工资越高越好，表现在工作搜寻行为中，就是劳动市场分割越严重，保留工资越高。

2. 信息完善对搜寻行为的影响

对一个求职者来说，搜寻的结果取决于两个方面：一是市场上客观存在的可得职位的数量，可得职位越多，则越容易就业；二是这些职位信息的可得性，这取决于搜寻者的个人努力和市场信息的透明度和传递速度。从劳动力市场的角度看，劳动力市场的信息环境越完善，职位信息的透明度越高、传播速度越快，则求职者所获得信息就越多，找到工作的概率就越高。比如，实施"工作银行"（job banks）的政策可以增加求职者获得信息的概率，降低求职者的搜寻成本，从而尽快地找到工作（Theresa J. Devine，Nicholas M. Kiefer，1991）。这里使用工作到达率来表示市场信息完善程度对求职者搜寻的影响，所谓工作达到率，是单位时间内求职者所能获得信息的数量，假定它只受劳动力市场信息环境的影响，而不取决于求职者的个体差异。② 令工作到达率的函数为 $\lambda(i)$，其中，i 表示劳动力市场的信息完善程度，$\partial \lambda / \partial i > 0$，相应地，求职者就业概率为：

$$\alpha_2 = \lambda(i) Pr(w^0 \leq w \leq \hat{w}) \tag{6.24}$$

该式意味着，劳动力市场信息越完善，求职者再就业的概率越高，从而失业持续期 $1/\alpha_2$ 就越短。把劳动力市场分割因素考虑进来，求职者再就业的概率就变为：

$$\alpha_3 = \lambda(i) \left[G(\beta) \int_a^{\hat{w}} f(w) dw - \int_a^{w^0} f(w) dw \right] \tag{6.25}$$

借助该式，我们可以考察劳动力市场分割和信息完善程度对求职者再就

---

① 这里主要指工作转换成本。

② 在早期的工作搜寻理论中，工作达到率被当成一个外生的常数。后来的研究者又把它看作一个随机过程并被内生化为求职者搜寻努力、个体差异的函数。本书的目的是考察劳动力市场信息完善程度的作用，因此将其假定为外生的。

业概率的影响：劳动力市场分割程度越强，劳动力市场的可得职位越少，再就业概率越低，从而失业持续期越长；对于准入权不同的搜寻者来说，越有可能进入收入水平高的市场，保留工资越高，再就业概率就越低；劳动力市场信息越完善，工作到达率越高，再就业概率越高，从而失业持续期越短。这些结论是从劳动力市场运行与微观主体搜寻行为的角度展开的，如果把失业者当成经济体中一个典型搜寻者，那么，上述结论在宏观经济中的表现就是，劳动力市场分割越严重，失业率越高；劳动力市场信息越完善，失业率越低。下一节将使用我国的宏观统计数据，分析劳动力市场运行对就业波动的影响。

第三节　基于中国宏观数据的实证研究

劳动力市场运行机制是一个包括工资形成机制、劳动力流动、信息充分等多重含义的概念。从劳动力市场发育的角度讲，信息是一个基础性的条件。劳动力市场信息的完善，对于劳动力供需双方快速、高效地实现匹配具有关键性的作用，相关研究也证明了信息在劳动力流动和就业中的作用（巨文辉，2005；闵维方、丁小浩、文东茅、岳昌君，2006；曾湘泉，2006）。因此，本章将使用劳动力市场信息的相关指标，对劳动力市场信息完善程度与失业率的关系进行计量研究。考虑到中国劳动力市场分割的现状和特点，本章还将在计量模型中加入劳动力市场分割的变量，同时分析劳动力市场分割和发育对就业的影响。

扩大就业有多个方面，一是新增就业；二是已就业人群中失业人群再就业。在研究视角上，本书从失业的角度来分析劳动力市场运行与就业的关系，关注的重点是劳动力市场运行改变对失业波动的影响。

一、模型设定和数据选择

失业的影响因素有多个，对这些因素的研究一般可以分为两种：一是直接考察失业和相关因素的关系（蒲艳萍，2006）；二是从影响就业的因素切入，一般来说，当某些因素导致就业减少时，失业状况相应地变坏。综合这两个方面的研究，可以把影响失业变动的因素归结为经济增长、技术进步、体制变迁、经济发展模式、产业结构、外商直接投资、技术进步、劳动力市场分割等（王诚，1996；李培林，2000；齐建国，2000；张本波，2002；张车伟、蔡昉，2002；龚玉泉、袁志刚，2002；李红松，2003；钱永坤、宋学锋、董靖，2003；蔡昉、王德文，2004；姚战琪、夏杰长，2005；陈祯，2006；牛润霞，2006；沙文兵、陶爱萍，2007）。

考虑到数据的可得性以及研究的目的，本书选取了劳动力市场信息完善、劳动力市场分割、经济增长、产业结构、外商直接投资五个变量作为失业率的影响因素。劳动力市场信息是本章的关键解释变量，根据前述关于中国劳动力市场信息环境变化的主要特征，这里选择职业介绍机构数、职业介绍机构人数、网民比例三个指标。前两个指标对应于职业介绍服务对劳动力市场信息完善的贡献，网民是反映网络信息技术发展的指标。经济增长由人均 GDP 来表示，产业结构用第三产业占 GDP 的比重来表示，外商直接投资用各地区外商直接投资占全国外商直接投资的比例表示，劳动力市场分割用国有企业职工占全体就业人员的比例来表示，各个指标的选择标准和含义见稍后的变量说明。

在模型的设定上，本章采用半对数线性回归模型，具体形式如下：

$$\ln unemployment = \beta_0 + \beta_1 x_1 + \beta_2 x_2 + L + \beta_k x_k + \varepsilon \qquad (6.26)$$

左边是城镇登记失业率的对数，右边 β_0 为常数项，β_1、β_2、L、β_k 是需要进行估计的系数，x_1、x_2、L、x_k 包括职业介绍服务机构数、职业介绍从业人数、各省市网民比例、经济增长、第三产业比重、外商直接投资、劳动力市场分割、年份虚拟变量。

本章所使用的数据由 1997—2005 年各省市的相关指标组成，属于计量研究上的面板（panel）数据分析。数据来源主要有两个方面：第一，历年出版的《中国统计年鉴》和《中国劳动统计年鉴》。其中，经济增长、第三产业比重、外商直接投资、劳动力市场分割指标来自 1998—2006 年的《中国统计年鉴》或根据《中国统计年鉴》的相关数据估算，职业介绍机构数和职业介绍机构人数两个指标分别来自 1998—2000 年的《中国劳动统计年鉴》和 2001—2006 年的《中国统计年鉴》。第二，中国互联网络信息中心每年发布的《中国互联网络发展状况统计报告》，网民比例来自该报告。1997 年，经原国务院信息化工作领导小组办公室和中国互联网络信息中心工作委员会研究，决定由中国互联网络信息中心联合四个互联网络单位来实施中国互联网络发展状况的统计工作。从 1998 年起中国互联网络信息中心每年 1 月和 7 月推出该统计报告。中国互联网络发展状况统计调查依据统计学原理，同时参照国际惯例，主要采用抽样调查、网上计算机自动搜索和网上联机调查等三种方式来完成。以此了解中国上网用户的分布、基本情况、特征等概括性参数，发布中国上网用户对互联网的使用情况、行为习惯以及对有关热点问题的看法和倾向等信息。[①]　在每年发布的《中国互联网络发展状况统计报告》中，在每一年的调查中，通过多选题目的形式，让用户回答了从互联网获取信息的种类，包括社会文化信息、电子书籍、科技教育信息、金融保险信息、房地产信息、汽车信息、求职招聘信息等，每一年的信息分类不同，但基本上都有求职招聘信息这个选项。从结果看，选择该项的比例大致在 20%—30%，因此，本书选择各地网民数量占全国网民的比例这一指标来衡量劳动力市场信息发展程度。在每年两次的发布报告中，第一次发布的报告所使用数据是在上一年年底统计的，因此，以每一年第一次发布的数据作为上一年的统计指标。

下面是各变量定义和说明：

失业率，这里使用当年城镇登记失业率。在中国，失业率包括官方公布的城镇登记失业率和一些学者通过调查获得的调查失业率两类。对于前者，由于种种原因，其统计的准确性受到了学者一定程度的质疑并从多个角度提出了修正的方法（王诚，1996；Solinger，2001；蔡昉，2004；岳希明，2005），调查失业率在一定程度上克服了这个问题，但是缺乏连续性和系统性。考虑到数据获得的可能性和系统性，这里选择使用城镇登记失业率。

职业介绍机构，使用本省市当年的职业介绍机构数量来表示，由于职业介绍是公共就业服务的一项重要职能，因此，此指标和下面的职业介绍从业人数从一定程度上可以用来考察公共就业服务对失业率的影响，但是需要说明的是，这里使用职业介绍机构数量和职业介绍人数包括非公共就业部门的数字。

---

① 　中国互联网络信息中心：《"中国互联网络发展状况统计调查"介绍》，见 http：//www.cnnic.net.cn/index/0E/00/11/。

职业介绍从业人数，指本省市职业介绍的从业人数。

网民比例，指各省市当年网民数量占全国网民总数的比例，这一指标用来考察劳动力市场信息发展程度对失业的影响。中国互联网络信息中心对网民的定义为：平均每周使用互联网至少1小时的中国公民。每年发布的《中国互联网络发展状况统计报告》只汇报了这一比值而没有汇报各省市当年网民的绝对数量。

劳动力市场分割，这里使用国有企业职工占全体就业人员的比例。[①] 按照预期，一个地区的劳动力市场分割越严重，则失业率越高，对应在该指标上就是，国有企业职工比例越小，失业率越低。

外商直接投资，本省市当年外商直接投资数量占全国的比例。考虑到历年数值的可比性，这里选取了各省市外商投资数量占全国的比例，以避免不同年份价格上涨因素所导致的名义值波动。

人均GDP，该指标用来估算经济增长对失业的影响。为了消除价格上涨因素对GDP统计上带来的影响，本书使用GDP平减指数对当年各省的人均GDP进行了平减，基期为1978年。具体方法为：

$$GDP \ 平减指数 = \frac{\dfrac{2005年当年价（名义值）}{GDP2005年指数}}{\dfrac{1978年当年价（名义值）}{GDP1978年指数}} = \frac{2005年当年价}{GDP2005年指数}$$

$$\times \frac{GDP1978年指数（100）}{1978年当年价}$$

GDP当年真实值 = 当年价名义值 / GDP平减指数

第三产业比重，各省市当年第三产业产值占GDP比例，这个指标用来估算产业结构对失业率的影响。

表6.4给出了相关变量的统计性描述：

---

① 与此指标联系在一起还有市场化这个概念，从另外一个角度讲，国有企业就业人员比例的减少意味着市场化的发展，比如樊纲、王小鲁、张立文（2001）曾使用非国有企业的就业人员数量表示劳动力市场化指数。当然，市场化和分割本身就是一个问题的两个方面，市场化的发展在一定程度上意味着劳动力市场分割的减弱。

表 6.4　相关变量的描述性统计

变　量	定　义	平均值	标准差	最小值	最大值	样本数
被解释变量						
城镇登记失业率对数	各省市城镇登记失业率×100后取对数	5.81	0.33	4.09	6.61	268
解释变量						
职业介绍机构数	各省市当年职业介绍机构数（个）	1043.64	652.88	32	2945	270
职业介绍机构从业人数	各省市当年职业介绍机构从业人数（万人）	0.31	0.18	0.0276	1	266
网民比例	各省市年末网民人数占全国网民人数的比例	0.03	0.04	0	0.36	270
劳动力市场分割	各省市国有职工占全体就业人员的比例	0.17	0.11	0.054	0.79	270
外商直接投资	各省市当年外商直接投资占全国的比例	0.03	0.05	0.0001	0.2919	270
经济增长	各省市当年人均 GDP（元）	3348.33	3418.87	673.9	26807.79	270
第三产业比值	各省市第三产业占 GDP 的比例	0.33	0.08	0.1698	0.5870	270
dumy_ 1998	若年份为 1998 年，则取值 1；否则取值 0	0.11	0.31	0	1	270
dumy_ 1999	若年份为 1999 年，则取值 1；否则取值 0	0.11	0.31	0	1	270
dumy_ 2000	若年份为 2000 年，则取值 1；否则取值 0	0.11	0.31	0	1	270
dumy_ 2001	若年份为 2001 年，则取值 1；否则取值 0	0.11	0.31	0	1	270
dumy_ 2002	若年份为 2002 年，则取值 1；否则取值 0	0.11	0.31	0	1	270
dumy_ 2003	若年份为 2003 年，则取值 1；否则取值 0	0.11	0.31	0	1	270
dumy_ 2004	若年份为 2004 年，则取值 1；否则取值 0	0.11	0.31	0	1	270

续表

变　量	定　义	平均值	标准差	最小值	最大值	样本数
dumy_ 2005	若年份为 2005 年，则取值 1；否则取值 0	0.11	0.31	0	1	270

资料来源："职业介绍机构数"和"职业介绍机构从业人数"中 1997—1999 年的数据来自《中国劳动统计年鉴》，2000—2005 年的数据来自历年《中国统计年鉴》；"网民"来自中国互联网络信息中心发布的《中国互联网络发展状况统计报告》（1998—2006 年）；"外商直接投资"来自中宏数据库；"经济增长"和"第三产业比值"来自历年《中国统计年鉴》并根据相关数据计算而得。

二、经验结果分析

根据 Hausman 检验的结果，回归方程适合固定效应模型，表 6.5 给出了回归结果。从该结果看，具有以下几点：

第一，职业介绍机构数量对城镇登记失业率的影响为正，这说明随着职业介绍机构数量的增加，城镇登记失业率会上升。职业介绍机构每增加 1 个，城镇登记失业率会上升 0.01%。

第二，职业介绍机构从业人数对城镇登记失业率的影响为负，这意味着，随着职业介绍从业人数的增加，城镇登记失业率会下降。职业介绍从业人数每增加 10 人，城镇登记失业率会下降 0.05%。

第三，网民比例对城镇登记失业率的影响为负，随着各省市网民比例的提高，其城镇登记失业率降低。本地区网民占全国网民的比例每增加 0.01，则本省市城镇登记失业率降低 1.37%。

第四，外商直接投资对城镇登记失业率的影响为负，但没有通过显著性检验。

第五，经济增长对城镇登记失业率的影响为正，这意味着，经济增长不但没有减少城镇登记失业率，反而会增加城镇登记失业率。人均 GDP 每增加 1 万元，城镇登记失业率上升 0.01%。

第六，第三产业比重对城镇登记失业率的影响为负，但没有通过显著性检验。

表 6.5 失业率回归方程（1）

变量名称	系数
职业介绍机构数	0.0001 ** (0.0001)
职业介绍机构从业人数	−0.5264 *** (0.2015)
网民比例	−1.3725 *** (0.4826)
外商直接投资	−0.6876 (0.6873)
经济增长	0.0001 *** (0.0000)
第三产业比重	−0.4140 (0.9471)
劳动力市场分割	0.1165 (0.2779)
dumy_ 1998	−0.1287 *** (0.0425)
dumy_ 1999	−0.0892 ** (0.0449)
dumy_ 2000	−0.0374 (0.0478)
dumy_ 2001	0.0698 (0.0516)
dumy_ 2002	0.1498 *** (0.0580)
dumy_ 2003	0.1546 *** (0.0550)
dumy_ 2004	0.1338 ** (0.0575)
dumy_ 2005	0.1257 ** (0.0588)
Obs	264
R-squared	0.1164
F	12.59

注：＊＊＊表示在1%的水平上显著，＊＊表示在5%的水平上显著，＊表示在10%的水平上显著。表中系数下面的括号里面是稳健的标准误，因变量为失业率的对数。

第七，劳动力市场分割对城镇登记失业率的影响为正，但该变量的系数没有通过显著性检验。

第八，从年份虚拟变量看，与1997年相比，1998—2000年三年的系数符号为负，这说明，与1997年相比，这三年的城镇登记失业率是相对较低的，而在2002—2005年这五年，回归系数的符号均为正，说明这五年的城镇登记失业率高于1997年。但2000年和2001年的系数没有通过显著性检验，因此这两年与1997年没有显著性差异。

与研究预期不同的是，职业介绍机构数量和职业介绍从业人数两个变量对城镇登记失业率的影响一正一负，按照理论预期，这两个系数符号都应该为负。关于这一点，可以从职业介绍的职能和工作特征来理解。实际上，职业介绍工作不仅要有机构，而且还要有相应数量的工作人员。随着各地职业介绍服务信息建设的发展，一些工作可以通过机器和技术手段完成，但是，求职者中很多人的受教育水平比较低，在信息技术的使用上还需要专门的人员帮助。而且，由于职业介绍工作的特殊性，一些工作内容，比如职业指导、信息甄别、信息更新、供需双方匹配等工作还需要人工来完成，因此，职业介绍作用的发挥，离不开充足的人员配备。

由此可以发现，要考察职业介绍在就业和再就业中的作用，更为理想的办法是考察职业介绍人员和机构配备比，为了行文的方便，这里把这一指标简称为"职业介绍平均从业人数"。该指标的计算方式是，各省市职业介绍从业人数除以当地职业介绍机构数量。该数值越大，说明当地的职业介绍机构人员配备越充足，职业介绍在求职中所发挥的作用就越大。当然，职业介绍作用的大小还取决于职业介绍机构的管理水平、人员素质等。考虑到数据的可得性，这里就使用人员机构配备比这一指标作为衡量一个地区职业介绍发展的指标，分析其对失业率的影响。模型依旧使用半对数线性回归方程，解释变量包括职业介绍服务机构平均从业人数、各省市网民数量、经济增长、第三产业比重、外商直接投资、劳动力市场分割以及年份虚拟变量。

根据Hausman检验的结具，回归方程适合采用固定效应模型，表6.6给出了回归结果。从回归结果看，具有以下几点：

第一，职业介绍机构平均从业人数对城镇登记失业率的影响为负，这意味着，随着职业介绍机构单位从业人数的增加，城镇登记失业率会下降。职业介绍机构平均从业人数增加 1 人，城镇登记失业率会下降 2.03%。

第二，网民比例对城镇登记失业率的影响为负，随着各省市网民比例的提高，其城镇登记失业率降低。本地区网民占全国网民的比例每增加 0.01，本省市的城镇登记失业率降低 1.36%。

第三，外商直接投资对城镇登记失业率的影响为负，但没有通过显著性检验。

表 6.6　失业率回归方程（2）

变量名称	系　　数
职业介绍人员机构比	−0.0203 ** （0.0098）
网民比例	−1.3639 *** （0.4844）
外商直接投资	−0.3854 （0.6790）
经济增长	0.0001 *** （0.0000）
第三产业比值	−0.2226 （0.9471）
劳动力市场分割	0.0671 *** （0.2772）
dumy_ 1998	−0.1301 *** （0.0426）
dumy_ 1999	−0.1000 ** （0.0444）
dumy_ 2000	−0.0559 （0.0465）
dumy_ 2001	0.0439 （0.0493）
dumy_ 2002	0.1353 *** （0.0559）
dumy_ 2003	0.1349 *** （0.0541）
dumy_ 2004	0.1147 *** （0.0569）

续表

变量名称	系　数
dumy_ 2005	0. 1065 * （0. 0584）
Obs	264
R-squared	0. 1305
F	11. 94

注：＊＊＊表示在 1% 的水平上显著，＊＊表示在 5% 的水平上显著，＊表示在 10% 的水平上显著。表中系
　　数下面的括号里面是稳健的标准误，因变量为失业率的对数。

第四，经济增长对城镇登记失业率的影响为正，这意味着，经济增长不但没有减少城镇登记失业率，反而会增加城镇登记失业率。人均 GDP 每增加 1 万元，城镇登记失业率上升 0.01%。

第五，第三产业比重对城镇登记失业率的影响为负，但没有通过显著性检验。

第六，劳动力市场分割对城镇登记失业率的影响为正，即本省市劳动力市场分割程度越高，城镇登记失业率越高。在这里，劳动力市场分割使用的是本地国有企业职工占总就业人数的比例。国有企业职工的比例增加 1 个百分点，城镇登记失业率上升 6.71%。

第七，从年份虚拟变量看，与 1997 年相比，1998—2000 年三年的回归系数符号为负，这说明，与 1997 年相比，这三年的城镇登记失业率是相对较低的，而在 2002—2005 年这五年，回归系数的符号均为正，说明这五年的城镇登记失业率高于 1997 年。但 2000 年和 2001 年的系数没有通过显著性检验，因此这两年与 1997 年没有显著性差异。

三、相关问题的进一步的讨论

根据第二节的分析，劳动力市场分割越严重，失业率越高。本章前面使用"国有企业职工占全体就业人员的比例"对这一结论进行了验证，并得出了符合理论预期的结论。但是，正如第三节关于劳动力市场分割指标选择的讨论所言，劳动力市场分割具有多维特征，因此这里将使用另外一个指标对上述结论进行验证。

　　这里选择的劳动力市场分割指标是"城镇劳动力供给中直接从农村招聘人员的比例"。从劳动力市场分割的角度来说，城乡劳动力流动（主要是从农村流向城市）存在着户籍、用工等一系列制度障碍，当这种障碍的力量逐步减少时，则农村剩余劳动力向城市转移的规模和速度就会得到释放，表现在城市劳动力供给结构上，就是农村劳动力的比重增加。因此，本节选择"城镇劳动力供给中直接从农村招聘人员的比例"作为劳动力市场分割指标。计量方程为：

$$\ln \textit{unemployment} = \beta_0 + \beta_1 x_1 + \beta_2 x_2 + L + \beta_k x_k + \varepsilon$$

　　左边是城镇登记失业率的对数，右边 β_0 为常数项，β_1、β_2、L、β_k 是需要进行估计的系数，x_1、x_2、L、x_k 包括职业介绍服务机构数、职业介绍从业人数、各省市网民数量、经济增长、第三产业比重、外商直接投资、劳动力市场分割、年份虚拟变量。除了劳动力市场分割外，其他变量的选取、定义和数据来源均与第三节第一部分中的一样。方程中的劳动力市场分割指标就是"城镇劳动力供给中直接从农村招聘人员的比例"，该比例根据 1998—2005 年《中国劳动统计年鉴》的相关数据计算而来。在历年的《中国劳动统计年鉴》中，给出了各省市城镇劳动力供给的总量和构成情况，在构成中列出了"从农村直接招收人员"这一项，用该指标除以城镇劳动力的供给总量就得到了本节所使用的劳动力市场分割指标。在计量方法上，以各省市的统计数据为基础进行 Panel 回归。

　　从全国城镇劳动力中直接从农村招收的比例看，在 1997—2001 年之间有所波动，这可能与当时的国有企业大改革有关，在下岗失业人员的就业压力下，许多地区采取了一些保护本地城镇居民就业的措施，抑制了农村劳动力的转移。从 2001 年开始，这一数字开始呈现上升趋势（见表 6.7）。

表 6.7　1997—2004 年中国城镇劳动力供给情况

年　份	城镇劳动力总数（万人）	直接从农村招收人员数量（万人）	直接从农村招收人员比例（％）
1997	1618.96	99.56	6.15
1998	1512.73	87.06	5.76
1999	1525.36	89.91	5.89

续表

年　份	城镇劳动力总数 （万人）	直接从农村招收 人员数量（万人）	直接从农村 招收人员比例（%）
2000	1665.21	104.07	6.25
2001	1776.91	105.91	5.96
2002	2545.61	170.88	6.71
2003	2896.38	283.27	9.78
2004	3350.69	341.42	10.19

资料来源：根据历年《中国劳动统计年鉴》（1998—2005 年）整理。

表 6.8 给出了相关变量的统计性描述。

表 6.8　相关变量的描述性统计

被解释变量	定义	平均值	标准差	最小值	最大值	样本数
城镇登记失业率 对数	各省市城镇登记失业率 *100 后取对数	5.81	0.33	4.09	6.61	268
解释变量						
职业介绍机构数	各省市当年职业介绍机 构数（个）	1043.64	652.88	32	2945	270
职业介绍机构从 业人数	各省市当年职业介绍机 构从业人数（万人）	0.31	0.18	0.0276	1	266
网民比例	各省市年末网民人数占 全国网民人数的比例	0.03	0.04	0	0.36	270
外商直接投资	各省市当年外商直接投 资占全国的比例	0.03	0.05	0.0001	0.2919	270
经济增长	各省市当年人均 GDP （元）	3348.33	3418.87	673.9	26807.79	270
第三产业比值	各省市第三产业占 GDP 的比例	0.33	0.08	0.1698	0.587	270
城镇劳动力供给 中直接从农村招 聘人员的比例	各省市第三产业占 GDP 的比例	0.07	0.07	0	0.38	240
dumy_ 1998	若年份为 1998 年，则 取值1；否则取值 0	0.11	0.31	0	1	270

续表

		平均值	标准差	最小值	最大值	样本数
dumy_ 1999	若年份为 1999 年，则取值 1；否则取值 0	0.11	0.31	0	1	270
dumy_ 2000	若年份为 2000 年，则取值 1；否则取值 0	0.11	0.31	0	1	270
dumy_ 2001	若年份为 2001 年，则取值 1；否则取值 0	0.11	0.31	0	1	270
dumy_ 2002	若年份为 2002 年，则取值 1；否则取值 0	0.11	0.31	0	1	270
dumy_ 2003	若年份为 2003 年，则取值 1；否则取值 0	0.11	0.31	0	1	270
dumy_ 2004	若年份为 2004 年，则取值 1；否则取值 0	0.11	0.31	0	1	270

资料来源："职业介绍机构数"和"职业介绍机构从业人数"中 1997—1999 年的数据来自《中国劳动统计年鉴》，2000—2005 年的数据来自历年《中国统计年鉴》；"网民"来自中国互联网络信息中心发布的《中国互联网络发展状况统计报告》（1998—2006 年）；"城镇劳动力供给中直接从农村招聘人员的比例"来自历年《中国劳动统计年鉴》（1998—2005 年）；"外商直接投资"来自中宏数据库；"经济增长"和"第三产业比值"来自历年《中国统计年鉴》并根据相关数据估算。

根据 Hausman 检验的结果，回归方程适合固定效应模型，表 6.9 给出了回归结果。从该结果看，具有以下几点：

第一，职业介绍机构数量对城镇登记失业率的影响为正，这说明随着职业介绍机构数量的增加，城镇登记失业率会上升。职业介绍机构从业人数对城镇登记失业率的影响为负，随着职业介绍从业人数的增加，城镇登记失业率会下降。职业介绍平均从业人数每增加 10 人，城镇登记失业率会下降 0.04%。

第二，劳动力市场分割的系数为负。该指标是"城镇劳动力供给中直接从农村招聘人员的比例"，该比例越高，分割程度越低，负的系数说明，劳动力市场分割程度越低，则失业率越低。从回归结果看，城镇劳动力供给中直接从农村招聘人员的比例增加 1 个百分点，城镇登记失业率降低 47.07%。

表 6.9　失业率回归方程（3）

变量名称	系数
职业介绍机构数	0.0001 * （0.0001）
职业介绍机构从业人数	−0.3784 * （0.2259）
网民	−0.7909 （0.5109）
外商直接投资	−0.8284 （0.7664）
经济增长	0.0001 *** （0.0000）
第三产业比重	−0.4484 （1.1296）
劳动力市场分割	−0.4707 * （0.2598）
dumy_ 1998	−0.1381 *** （0.0429）
dumy_ 1999	−0.0993 ** （0.0452）
dumy_ 2000	−0.0515 （0.0482）
dumy_ 2001	0.0527 （0.0527）
dumy_ 2002	0.1560 *** （0.0548）
dumy_ 2003	0.1442 *** （0.0537）
dumy_ 2004	0.1163 ** （0.0562）
Obs	236
R-squared	0.0949
F	11.63

注：＊＊＊表示在 1% 的水平上显著，＊＊表示在 5% 的水平上显著，＊表示在 10% 的水平上显著。表中系数下面的括号里面是稳健的标准误，因变量为失业率的对数。

第三，网民比例、外商直接投资、第三产业比重的回归系数没有通过显著性检验，说明三者对失业没有显著影响。

第四，从年份虚拟变量看，与1997年相比，1998年和1999年回归系数的符号为负，这说明，与1997年相比，这两年的城镇登记失业率是相对较低的，而在2002—2004年这三年的回归系数的符号均为正，说明这三年的城镇登记失业率高于1997年。但2000年和2001年的系数没有通过显著性检验，因此这两年与1997年没有显著性差异。

考虑到职业介绍机构的配备对职业介绍机构效率的影响，这里使用"职业介绍机构单位从业人数"为解释变量，重新对失业率方程进行了回归分析，结果如表6.10所示：

第一，"职业介绍机构平均从业人数"对失业率的影响为负，说明职业介绍机构效率越高，则失业率越低。职业介绍机构平均从业人数增加1人，则失业率降低1.83%。

第二，劳动力市场分割的系数为负。该指标是"城镇劳动力供给中直接从农村招聘人员的比例"，该比例越高，分割程度越低，负的系数说明，劳动力市场分割程度越低，则失业率越低。从回归结果看，城镇劳动力供给中直接从农村招聘人员的比例增加1个百分点，城镇登记失业率降低48.36%。

第三，经济增长对失业率影响为正，这说明经济增长不会降低失业率，人均GDP增加100元，则失业率增加1%。

第四，网民比例、外商直接投资、第三产业比重的回归系数没有通过显著性检验，说明三者对失业没有统计意义上的显著影响。

第五，从年份虚拟变量看，与1997年相比，1998年和1999年的回归系数符号为负，这说明，与1997年相比，这两年的城镇登记失业率是相对较低的，而在2002—2004年的回归系数的符号均为正，说明这三年的城镇登记失业率高于1997年。但2000年和2001年的系数没有通过显著性检验，因此这两年与1997年不具有显著性差异。

表 6.10 失业率回归方程 (4)

变量名称	系数
职业介绍机构平均从业人员数	-0.0183 * (0.0110)
网民比例	-0.8060 (0.5098)
外商直接投资	-0.6289 (0.7587)
经济增长	0.0001 *** (0.0000)
第三产业比重	-0.1372 (1.1259)
劳动力市场分割	-0.4836 * (0.2563)
dumy_ 1998	-0.1376 *** (0.0428)
dumy_ 1999	-0.1108 *** (0.0444)
dumy_ 2000	-0.0714 (0.0467)
dumy_ 2001	0.0231 (0.0501)
dumy_ 2002	0.1281 *** (0.0519)
dumy_ 2003	0.1235 ** (0.0525)
dumy_ 2004	0.0979 * (0.0555)
Obs	236
R-squared	0.0876
F	10.83

注: ***表示在1%的水平上显著,**表示在5%的水平上显著,*表示在10%的水平上显著。表中系数下面的括号里面是稳健的标准误,因变量为失业率的对数。

第四节　本章小结

根据本章的研究结果，可以发现：

一、劳动力市场信息完善程度与失业率负相关，市场信息越完善，失业率越低

从劳动力市场信息指标看，职业介绍从业人数和职业介绍机构平均从业人数的回归系数均为负数，并且通过显著性检验，说明二者的增加有助于降低失业率。而职业介绍机构的系数为正且通过显著性检验，说明职业介绍机构数量的增多不利于失业的减少。网民数量的增多有助于降低失业率，说明网络信息对失业状况的改善起到了积极的作用，但是在部分方程中，该变量的系数没有通过显著性检验，说明它的稳健性还不太强。

关于职业介绍机构数与失业率正相关，而职业介绍机构平均从业人数与失业率负相关的现象，可以从两个方面来理解：一是职业介绍本身就是伴随着我国近年来大规模的下岗失业而产生的，从某种程度上讲，它是在失业人员对公共服务需求增加的背景下发展起来的；二是信息完善的条件和职业介绍机构的职能。关于后者，这里稍做分析。就劳动力市场来说，信息完善具有两层含义：

1. 劳动力市场的信息数量的增多和传递速度的加快

信息量越多，信息的传播越透明、传播速度越快，求职者在单位时间内获得的职业信息越多，从而越能更快地找到工作。这种逻辑是假定市场信息都是有效信息，如果信息中虚假或者过时信息增多，那么求职者不一定就能提高再就业的效率，这就涉及下面所说的信息处理问题。

2. 有效信息的含量

它包括信息使用者对获得信息的甄别筛选、使岗位空缺信息与自身的信息实现最优匹配等。求职者信息处理能力越高、处理速度越快，获得的有效信息量就越多，职业介绍服务的职能除了提供信息外，还能帮助求职者和雇主有效地处理信息。因此，职业介绍作用的发挥，不仅仅取决于职业介绍机构的数量，而且还需要有足够的人员配备，如果职业介绍从业人员不足，则

其作用会大大降低。

从中国的职业介绍发展看如表 6.11 所示：1995—2006 年，职业介绍机构数从 29930 个增加到了 37450 个，增加了 7520 个，增长比例为 25.13%；职业介绍机构人数从 1996 年的 7.77 万人增加到了 2006 年的 12.32 万人，10 年间增加了 4.55 万人，增加比例为 58.56%。但是，从职业介绍机构平均从业人数看，最高年份也没有超过 4 个人，而在职业介绍从业人员人均服务求职人员数方面，由 1996 年的 152 人上升到了 2006 年的 384 人。这说明，尽管职业介绍机构服务在最近 11 年间取得了很大进展，但是人员配备、人均服务求职人员数上面，尚有很大的提升空间。

根据曾湘泉（2006）提供的数据，中国职业介绍服务机构中，每名职业介绍工作人员服务对象的数量是发达国家的 2—40 倍。在 20 世纪 90 年代中期，日本全国共有公共职业安定所 479 家，分所 120 家，平均每个公共职业安定所工作人员为 20 人，这些职业安定所的主要功能就是职业介绍和雇佣保险服务（劳动部信息中心，1994）。在公众对公共就业服务需求不断增加、就业服务质量要求日益提高的情况下，加大职业介绍投入，增加职业介绍从业人员就显得更加重要。

表 6.11　1995—2006 年中国职业介绍机构和从业人员概况

年　份	本年末职业介绍机构个数（个）	本年末职业介绍机构人数（万人）	本年登记求职人数（万人）	职业介绍机构平均人数（人）	人均服务求职人员数（人）
1995	29930	—	1597.12	—	—
1996	31322	7.77	1178.20	2.48	152
1997	33469	8.37	1859.80	2.50	222
1998	35449	8.89	1184.30	2.51	133
1999	30242	8.53	1600.00	2.82	188
2000	29024	8.67	1991.67	2.99	230
2001	26793	8.40	2439.50	3.14	290
2002	26158	8.50	2684.20	3.25	316
2003	31109	9.70	3060.20	3.12	315
2004	33890	10.70	3582.80	3.16	335

年　份	本年末职业 介绍机构个数 （个）	本年末职业 介绍机构人数 （万人）	本年登记 求职人数 （万人）	职业介绍 机构平均人数 （人）	人均服务 求职人员数 （人）
2005	35747	11.20	4128.90	3.13	369
2006	37450	12.32	4735.90	3.29	384

资料来源：历年《中国统计年鉴》（1996—2007 年），中国统计出版社。

二、经济增长与失业率的变动呈正向变动，第三产业的发展对失业率没有显著影响

扣除数据统计准确性的问题，可以从三个方面理解这一问题：首先，在经济增长的过程，由于要素价格扭曲，资本价格相对劳动力而言比较低，加上宏观财政政策支出偏向资本密集型基础设施和产业、劳动力市场分割等因素，形成了 20 世纪 90 年代和 21 世纪初资本偏向型的发展模式，使得经济增长对就业拉动的作用减小；其次，经济增长本身就是一个产业结构不断调整的过程，在这一过程中，必定会出现经济调整所导致的摩擦性失业。而且，在这一过程中，产业结构调整的速度还比较快，从表 6.12 中可以看出，1978 年，第一、第二、第三产业就业人员的比重分别为 70.5%、17.3%、12.2%，而到了 2006 年，第一、第二、第三产业就业人员的比重则分别变为 42.65%、25.2%、32.2%。这种快速的产业结构调整，更加剧了摩擦性失业。最后，在产业结构调整过程中发展起来的第三产业，本身就是一个新型产业不断扩张的过程，这种产业在吸纳新生劳动力方面的能力是比较强大的，但对于那些没落产业调整所产生的失业者来说，其吸纳能力则比较弱，加上失业者自身积累起来的人力资本具有一定的专有性（赖德胜、孟大虎，2006）[1]，因此，在以产业结构迅速调整为基础、资本偏向型的发展模式下，经济增长和第三产业的发展并不一定会降低失业率。

此外，从不同年份失业率的变动看，在 2000 年和 2001 年以后，每年的失业率都高于 1997 年，除了失业统计口径发生变化外，也与上述三个原因有关。

---

① 赖德胜、孟大虎：《专用性人力资本、劳动力转移与区域经济发展》，《中国人口科学》2006 年第 1 期。

三、劳动力市场分割越严重，失业率越高

这也从宏观层面验证了劳动力市场分割与失业持续期的关系。从中国劳动力市场的发展过程看，一方面，劳动力市场的需求方逐步由国有企业、集体企业等为主转变为以非公有制企业和单位为主，需求主体结构的变化大大增加了劳动力需求方在用人方面的自由权，使企业更能按照利润最大化的原则调整员工的数量和结构；另一方面，求职者在劳动力市场的制度管制逐步放松的情况下，可以根据自身的人力资本等资源禀赋，选择适合自己的雇主，并根据实际工作情况不断调整自己的就业预期，通过流动的方式来实现个人效用的最大化。这样，在整个经济趋向均衡增长的过程中，劳动力市场也就会向着充分就业的均衡点靠近。

第　七　章

特殊群体的就业问题研究

本章论述特殊群体的就业问题。随着经济社会的发展和就业形势的变化，特殊群体的就业问题日渐成为我们关注的对象，特殊群体主要包括大学生、农民工、残疾人、妇女等群体。本章主要关注大学生、失地农民和残疾人的就业问题。大学生的就业问题主要在 1999 年以后，随着高校招生规模的不断扩大而出现的；失地农民的就业问题主要在改革开放以后，随着工业化、城市化进程的不断加快，农民失去了赖以生存的土地之后而面临的二次择业问题；残疾人既是特殊群体，又是弱势群体，残疾人的就业问题一直存在，随着社会文明的进步，残疾人的就业问题已成为构建和谐社会的重要标志。总的来说，研究上述三个特殊群体的就业问题，就能够反映我国特殊群体的就业现状和目前存在的主要问题，通过这些研究有利于揭示特殊群体的就业特点，便于我们制定可行的长期和短期就业政策。

第一节　我国大学毕业生的就业问题研究

1999 年，我国开始了新一轮的高等教育大规模扩展，这一举措产生的直接效果，就是改变了我国高等教育的"精英化"格局，极大地提高了城乡适龄人口接受高等教育的机会。到 2010 年，中国高等教育毛入学率已达 26.5%，比 1999 年提高了 16.5 个百分点。[①] 这就意味着，1999 年，高等教育学龄人口中，每 10 个人中，才有一个是大学生；而到了 2010 年，至少

---

① 数据来源于教育部在其官方网站公布的相应年份的"教育统计数据"。

每 4 个人中，就有一个是大学生。同时，与美国、印度、韩国等国家一样，伴随着高等教育的大规模扩展，我国大学毕业生的就业也出现了困难。

针对我国大学生就业问题，已有大量文献投入智力资源开展了研究，并产出了一批很有价值的实证研究成果，其中，尤以曾湘泉（2004）、周俊波和岳昌君（2004）、岳昌君等（2004）、赖德胜等（2008）、吴要武和赵泉（2010）等人的工作最为出色。除了吴要武和赵泉（2010）之外，上述几个实证文献对扩招以来我国大学生就业问题的研究，均基于即将毕业的应届大学生微观问卷调查数据进行，这种研究设计的优势在于，能够发现影响大学生就业的重要因素有哪些，从而有利于推出相应的政策建议。然而，其固有的缺陷也是明显的：第一，无法使我们从总体上掌握大学毕业生供给数量和结构的实际变化。例如，分学历层次和院校类型来看，扩招以来，哪个层次和类型的大学生数量增加速度最快？相应地，这种变化对大学生就业的总体形势又会产生何种影响？利用微观问卷数据恐怕很难回答。第二，由于这些研究所关注的对象多是某一年度的应届大学毕业生，因此，无法总体考察大学生就业状况的变化。第三，由于这些研究只关注应届大学毕业生这一劳动力增量变化，没有将增量变化与已有的劳动力存量的数量、结构结合在一起来考虑，因此也无法帮助我们判断：扩招是否显著改变了我国就业人口的学历结构；扩招以来，新增大学毕业生的就业在城乡、行业、职业、地区间的分布发生了什么样的变化。也就是说，有两个重要问题还无法回答：目前我国的大学生数量是太多了，还是太少了？扩招使哪些行业、职业和地区受惠最大？缺乏对这些问题的总体把握，无疑会在很大程度上限制后续的高等教育发展政策和大学生就业政策的合理制定。基于这种判断，我们认为，要想从总体上把握扩招以来我国大学毕业生的供给和配置状况，回答人们关心的一些重要问题，利用公开的统计年鉴数据进行实证研究是十分必要的。

一、高校扩招以来大学毕业生的供给：数量和结构的变化

（一）供给数量的变化

要对历年大学毕业生数量进行统计，首先必须确定采用何种统计口径。

目前，被社会公众和学界广泛引用的大学毕业生数据来源于教育部，但这一数据的统计口径过窄——只包括全国普通高等学校的毕业生，没有将成人、网络、自考等类型的学历教育纳入统计范围，这显然会低估每年的毕业生数量。世界银行从 2000 年开始也对我国大学毕业生数量进行统计，其统计口径虽然名义上是各种类型的高等学历教育，但实际上主要包括普通、成人这两种类型。我们认为，应当对所有类型的高等学历教育进行统计，才能完整地展现我国高等教育的实际发展情况，而且，这一口径与我国现行的高等教育毛入学率计算公式的统计口径也是一致的。

表 7.1 列出了 2001—2009 年我国大学毕业生的供给情况。[①] 可以看出，扩招的确推动了我国大学毕业生数量的快速攀升，到 2009 年已高达 960 多万人，比 2001 年增长了 2.48 倍。分学历层次看，增幅最大的并非公众普遍认为的本科生（增长了 3.98 倍），而是研究生（增长了 4.49 倍），增幅最小的大专层次也增长了 1.69 倍。为了将本章的统计结果与教育部、世界银行的数据进行对比，表 7.2 报告了分别按三种不同口径统计的结果，容易发现，本章的统计结果不但远高于教育部的数据，而且也高于世界银行的数据，这表明统计口径不同会造成大学毕业生统计结果有很大差异。我们认为，本章的统计结果应该能更真实准确地反映扩招后我国高等学历教育的变化情况。

表 7.1 2001—2009 年我国大学毕业生供给数量的变化

单位：人

年 份		2001	2002	2003	2004	2005	2006	2007	2008	2009
合计		2765291	3968793	4461858	5754204	6604323	6497993	8032193	8982958	9634305
研究生	合计	67567	80841	111047	150777	189728	255902	311839	344825	371273
	博士	12867	14638	18806	23446	27677	36247	41464	43759	48658
	硕士	54700	66203	92241	127331	162051	219655	270375	301066	322615

① 本章收集和报告的数据的起止年份基本上都是 2001—2009 年。这是因为 2002 年是扩招后第一批大专、研究生学历大学生毕业的年份，2001 年被视为扩招前的情况用来加以对比，2009 年是可获得的最新数据年份。

续表

年 份		2001	2002	2003	2004	2005	2006	2007	2008	2009
本科	合计	873459	124032C	1660580	2317597	2840385	2793804	3421975	3896984	4346726
	普通本科	567839	655763	929598	1196290	1465786	1726674	1995944	2256783	2455359
	成人本科	143984	229072	386142	540356	555799	218303	674890	684506	865421
	网络本科	—	1224	6332	211728	392310	436707	377161	403824	405549
	自考本科	161636	354261	338508	369223	426490	412120	373980	551871	620397
大专	合计	1824265	2647632	2690231	3285830	3574210	3448287	4298379	4741149	4916306
	普通专科	468484	681546	947894	1194862	1602170	2048034	2481963	2862715	2855664
	成人专科	786626	945907	1207216	1355796	1112090	596860	1089510	1006438	1078472
	网络专科	—	3068	5301	181987	367317	448410	451064	497698	577972
	自考专科	479402	939904	366026	398888	378965	270707	208116	372900	403085
	学历文凭考试	—	28273	99671	110559	94202	76377	60844	—	—
	电大注册视听生	89753	48934	64123	43738	19466	7899	6882	1398	1113

资料来源：历年《中国统计年鉴》及教育部官方网站公布的历年"教育统计数据"。

表 7.2　本章统计结果与教育部、世界银行数据的比较

单位：万人

数据来源	2001	2002	2003	2004	2005	2006	2007	2008	2009
教育部	110.4	141.8	212.2	280.0	338.0	413.0	495.0	559.0	611.0
世界银行	180.5	194.8	—	397.9	500.4	562.2	587.3	707.1	771.7
本书	276.5	396.9	446.2	575.4	660.4	649.8	803.2	898.3	963.4

注：教育部数据来源于其官方网站公布的历年"教育统计数据"；世界银行数据来源于世界银行"教育统计数据库"。

（二）供给结构的变化

1. 学历结构的变化

扩招以来，我国大学毕业生学历结构的变化十分明显：2001—2009 年，大专学历毕业生占比由 65.97% 下降到 51.03%，而本科占比由 31.59% 上升到 45.12%，研究生占比由 2.44% 上升到 3.85%（见图 7.1），总体上呈现本科、研究生学历毕业生占比逐年增加，大专学历占比相对下降的态势。随着高等教育规模扩展学历结构逐步升级的这一变化规律，与世界上多数国家的高等教育发展轨迹是一致的。这一规律，可能反映了经济发展对更高学历层次大学生的需求，也可能只是单方面反映了受教育者对更高学历层次的追求（本章的分析表明，我国大学毕业生学历结构的这种变化，并非是需求拉动的）。不管怎样，本科、研究生层次学历大学毕业生的快速上涨，势必会对高等教育劳动力市场产生相应的冲击。

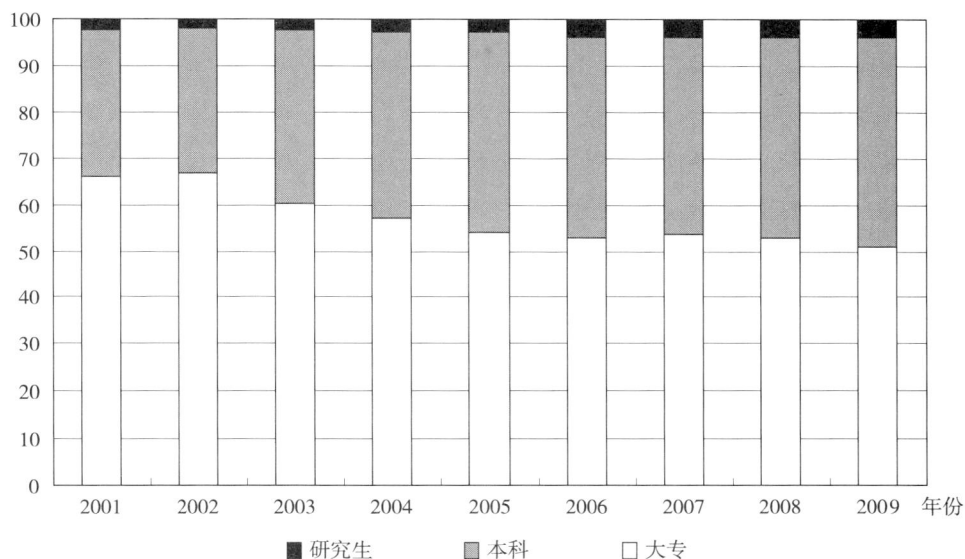

图 7.1　2001—2009 年我国大学毕业生学历结构的变化（%）

2. 学科结构的变化

一种颇为流行的观点认为，近些年文科生之所以就业难，主要原因是招得太多（与理工科相比）[1]，然而，我们的统计结果并不完全支持这一观点。总体看来，理工科专业规模扩展的步伐并不比文科专业慢，二者基本上是同步的，而且近年来同步增长的趋势更为明显：2001 年，理工科大学毕业生占全部大学毕业生的比重为 54.96%，经历了几年的轻微下降后，从 2005 年开始理工科大学毕业生占比一直稳定在 50% 左右。分学历层次来看，在博

---

[1]　理工科指理学、工学、农学、医学等四个学科，其余为文科。

士和本科层次，理工科大学毕业生占比有所下降，硕士层次基本稳定，而在大专学历层次，其占比甚至是在逐年上升的。

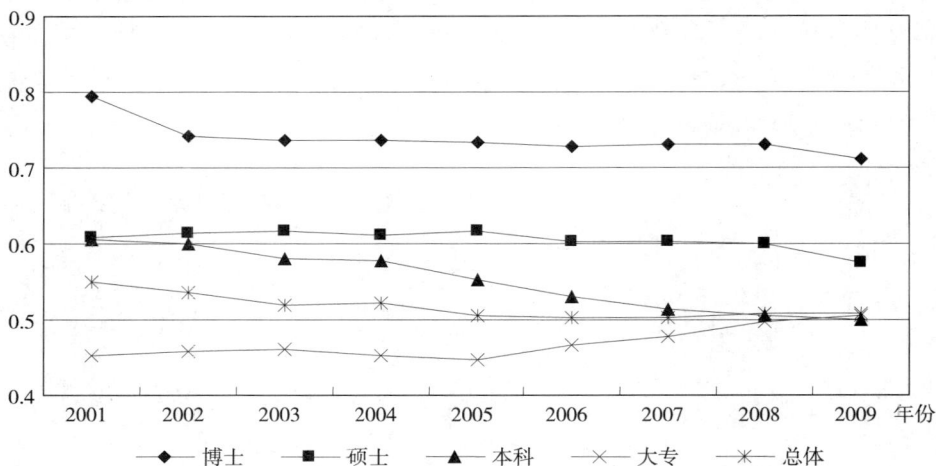

图 7.2　2001—2009 年理工科大学毕业生占比的变化

3. 培养院校结构的变化

培养院校结构，是指在当年毕业的大学生中，各类型院校培养的毕业生所占比重状况。可以将我国的高等院校划分为三种类型：本科院校，大专（高职）院校，其他院校（包括独立学院和分校大专班等）。一般认为，由于本科院校通常拥有更为悠久的传统和丰富的办学经验，师资力量相对更强，办学经费相对也更充裕一些，所以培养的毕业生质量应该更高。在我国现行的高等教育统计中，有普通本、专科大学毕业生培养院校类型的信息。描述性统计结果表明（见图 7.3），扩招以前，绝大多数的大学毕业生都是由本科院校培养的（占 73%），而到了 2009 年，只有一半的毕业生来自本科院校。与之相对，大专（高职）院校培养的毕业生占比则增长很快，9 年来增长了将近 20 个百分点。另外，其他院校培养的毕业生所占比重变化不大。这一结果与人们的经验感受也是一致的，同时在一定程度上也解答了社会公众的一个疑惑：为什么高等教育发展了，现在的大学毕业生质量却好像比以前要差了？

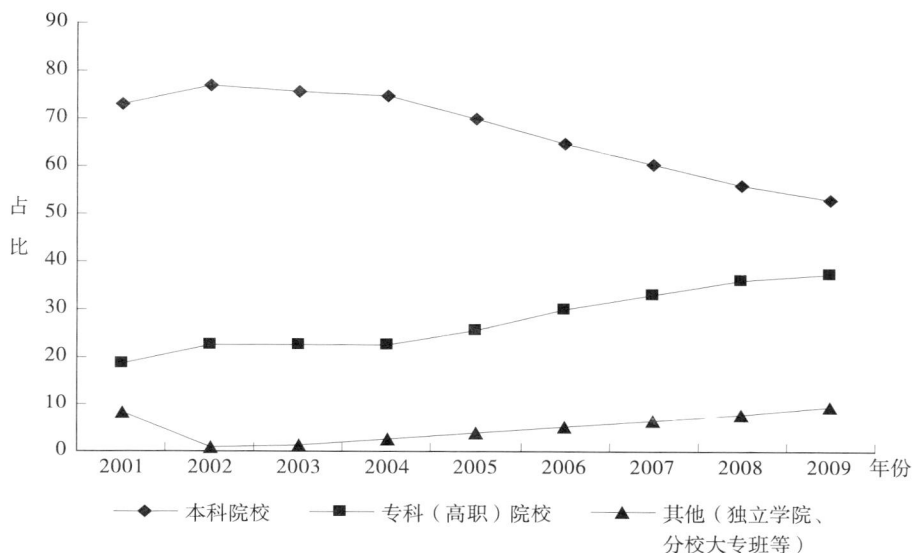

图 7.3 2001—2009 年普通本、专科毕业生培养院校结构的变化 （%）

4. 举办者结构的变化

按举办者类型，可以将我国的高等院校划分为三类：中央部委所属院校，地方所属院校，民办院校。受数据可得性的限制，我们同样基于普通本、专科毕业生数据来分析扩招以来举办者结构的变化。观察图 7.4，容易发现，2001—2009 年，地方所属院校培养的毕业生占比基本没有变化，相当稳定：每 10 个毕业生中，就有 8 个来自地方所属院校。而中央部委所属院校毕业生占比则快速下降，民办院校毕业生占比快速上升，二者总体上则呈现此消彼长的变化态势。这一结果表明，扩招的直接受益者是地方院校和民办院校。有得必有失。雇主们都知道，在这三类高校中，中央部委所属院校培养的毕业生质量最高，因此对这一群体有很高的需求，但是其供给却在相对萎缩，所以中央部委所属院校培养的毕业生不会遇到很大的就业问题。相反，地方院校和民办院校的毕业生却会受同群效应的影响，在就业中遇到很大困难。同时，上述统计结果也有明显的政策含义：由于地方院校的毕业生是高等教育劳动力市场最大的供给方，那么要想大力提高我国高等教育质量，重点就应当关注这一群体。

年份

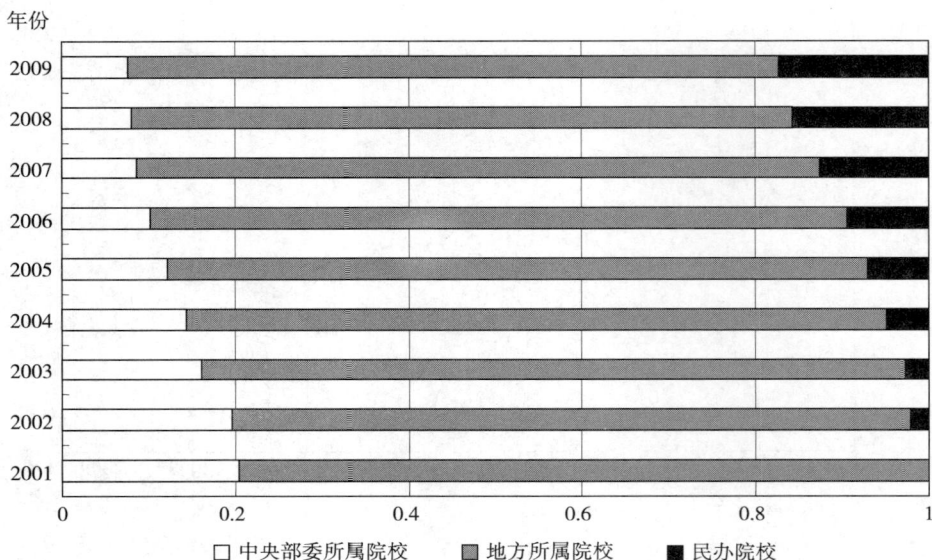

图 7.4　2001—2009 年普通本、专科毕业生举办者结构的变化

二、劳动力市场的需求变化及其对大学生就业的影响

在上一部分，我们细致展现了扩招以来我国大学毕业生供给数量和结构的变化，同时简单分析了这种变化可能会对大学生就业产生的影响。下面我们就看一下近年来我国劳动力市场需求的实际状况又是怎样的，对大学生就业又造成了何种影响。

（一）劳动力市场对各学历层次劳动力的需求变化情况

中国人力资源市场信息监测中心对全国约 100 个城市的公共就业服务机构市场供求信息进行的统计分析表明，2001—2011 年间，初中及以下、高中文化程度岗位空缺与求职人数的比率①呈不断上升趋势，市场需求量较大；大专及以上文化程度 2001—2006 年岗位空缺与求职人数的比率波动中略有上升，2007 年以来趋于下降，大专及以上文化程度劳动者的市

---

① 岗位空缺与求职人数的比率=需求人数/求职人数，即求人倍率，表明市场中每个求职者所对应的岗位空缺数。如 0.8 表示 10 个求职者竞争 8 个岗位。

场需求量趋于减少（见图 7.5）。也就是说，与扩招以来我国各学历层次大学毕业生供给迅速增加的状况相对，劳动力市场对大学毕业生的需求却相对下降，这不可避免会造成大学生就业出现困难。而且，从图 7.5 中也能看出，劳动力市场对大学毕业生的需求受经济周期的影响很大，表现为2008—2009 年受国际金融危机影响求人倍率大幅度下降，2009 年降至最低（0.76）。而随着国际经济的复苏，从 2010 年开始，对大学毕业生群体的求人倍率逐渐增加，但截至 2011 年第一季度，仍然只达到 0.92 的水平。与之相对，劳动力市场对初中及以下高中文化程度劳动力的需求却一直很旺盛，且基本不受经济周期的影响。截至 2011 年第一季度，初中及以下、高中文化程度劳动力的求人倍率分别为 1.21、1.14，远高于大学毕业生。

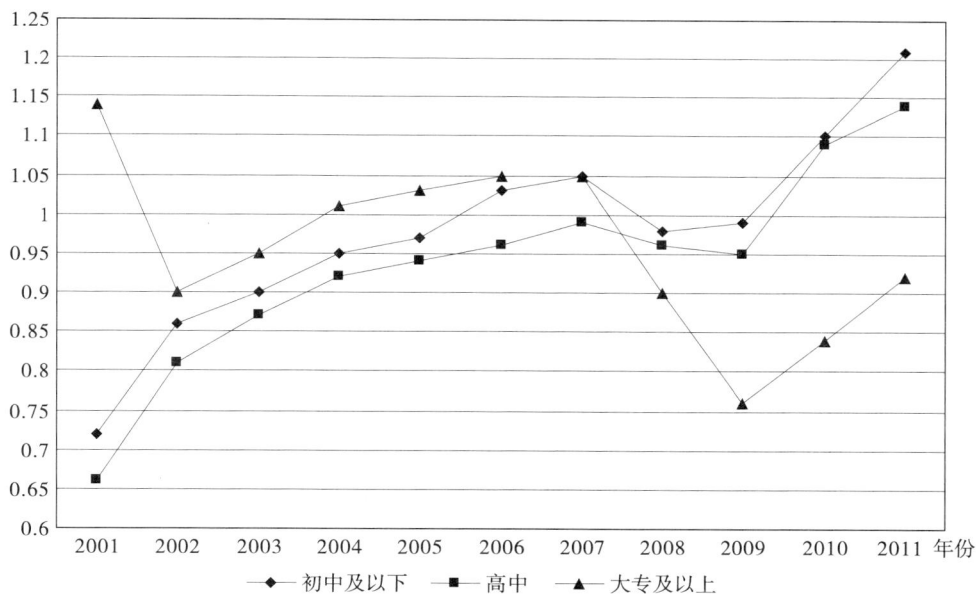

图 7.5　城镇劳动力市场按受教育程度分组的岗位空缺与求职人数的比率的变化

（二）大学毕业生的初次就业率的变化

扩招以来，我国大学毕业生供给迅速增加，然而，对大学生的需求却趋于下降，劳动力市场中出现了明显的大学生就业难问题。在 1996—2010 年这十余年间，我国大学毕业生数量增加了 6.24 倍，而初次就业率则降低了 21.5 个百分点（见表 7.3），结果，至毕业时未能实现就业的大学毕业生数量迅速增加，从 2006 年开始就已突破百万大关。细致观察 2001 年以来初次就业率指标的变化情况，容易发现有两个年份的数值变化出现异常，即 2002 年和 2009 年。我们知道，2002 年是扩招后第一批大专、研究生学历大学生毕业的年份，由于劳动力市场还来不及应对突然出现的如此大规模的大学毕业生涌入，就业率大幅度下降；之后，由于劳动力市场开始作出调整，政府和高校也在不断出台推动大学生就业的政策，从 2003 年开始初次就业率就一直稳定在 70% 以上的水平，但是 2009 年初次就业率却又降低，再次印证了高等教育劳动力市场对大学毕业生的需求会受到经济周期的影响的判断。

表 7.3　1996—2010 年普通高等学校毕业生数量和就业状况

年份	1996	1997	1998	1999	2000	2001	2002	2003	2004	2005	2006	2007	2008	2009	2010
毕业生数（万人）	87.0	87.6	87.7	90.2	100.9	110.4	141.8	212.2	280.0	338.0	413.0	495.0	559.0	611.0	630.0
就业率（%）	93.7	97.1	76.8	79.3	82.0	70.0	64.7	70.0	73.0	72.6	70.0	70.0	70.0	68.0	72.2
未就业数（万人）	5.3	2.4	19.3	17.6	18.2	33.1	26.7	56.3	64.6	84.1	123.9	134.3	153.6	195.5	175.1

资料来源：毕业生数量数据来源于教育部官方网站的历年"教育统计数据"；就业率指标为普通高校毕业生初次就业率，1996—2006 年的就业率数据来源于赖德胜、孟大虎等著：《中国大学毕业生失业问题研究》，中国劳动社会保障出版社 2008 年版，第 2 页；2007—2010 年的就业率数据来源于相应年份的《中国教育报》。

三、扩招以来我国大学毕业生的就业分布状况

前文已述，已有的关于大学生就业问题的研究文献多数只关注应届大学毕业生这一劳动力增量变化，没有将增量变化与已有的劳动力存量的数量、结构结合在一起来考虑，因此也无法帮助我们判断：扩招是否显著改变了我国就业人口的学历结构；扩招以来，新增大学毕业生的就业在城乡、行业、职业、地区间的分布发生了什么样的变化。因此还无法回答：目前我国的大学生数量是太多了，还是太少了？扩招使哪些行业、职业和地区受惠最大？

在这一部分，我们集中对这些问题进行解答。

（一）新增大学毕业生对就业人口学历结构的影响

从图 7.6 可以看出，总体来看，新增大学毕业生进入劳动力市场①，对就业人口学历结构的影响有限。2001 年，拥有大专以上学历的就业人员占全部就业人员的比重为 5.60%，而到了 2009 年，这一占比升至 7.43%，9年来只增加了 1.83 个百分点。其原因在于，虽然近年来我国每年的大学毕业生数量庞大，居世界第一，但是这几百万大学毕业生规模，与我国庞大的就业人口存量相比（2009 年我国就业人员数量为 7.80 亿人），仍然可以说是微不足道的。同时，与相似国家相比，我国大学学历就业人口占比也是很低的。在表 7.4 中，我们列出了金砖国家以及一些转轨国家、东亚国家、人口大国的情况，可以发现，在可比国家中，除了印度、印尼以外，我国大学学历就业人口占比是最低的。

上述结果表明，扩招并未显著改变我国就业人口的学历结构，目前我国的大学生数量仍然不是太多了，而是太少了。

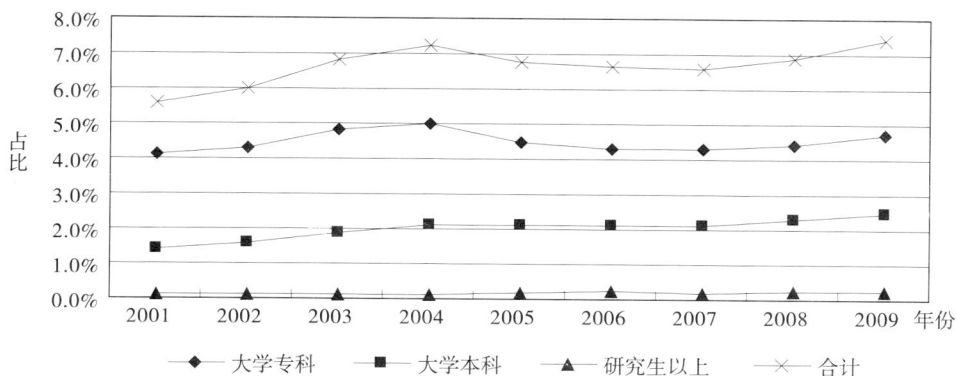

图 7.6 全国就业人口中各学历人员占比（2001—2009 年）

---

① 需要注意的是，我们这里所指的新增大学毕业生，既包括全日制学习的情况，也包括在职读书、学历层次提高的情况。

表 7.4 世界部分国家大学学历就业人口占比情况

单位:%

	金砖国家					转轨国家			东亚国家			人口大国		
	中国[①]	巴西	印度[③]	俄罗斯	南非	匈牙利	波兰	捷克	日本	韩国	新加坡	美国	巴基斯坦	印尼
2001	5.6	—	4.5	24.8[④]	11.9	16.5	12.9	11.6	35.5	24.9	37.9	58.9[④]	21.1[④]	—
2007	7.4	8.6[②]	5.8	52.5	13.4	20.6	21.5	14.4	39.9	35.0	23.7	61.1	22.9	6.5

注:①中国数据为本章估算所得,分别是 2001 年和 2009 年数据;②2006 年数据;③印度数据基于 Bar-
　　ro-Lee（2010）数据库估算,为 2000 年和 2010 年数据;④2002 年数据。
资料来源:世界银行数据库。

（二）大学毕业生就业的城乡分布

扩招并未显著改变我国就业人口的学历结构。那么,扩招以来,新增大学毕业生的就业在城乡、行业、职业、地区间的分布又有着怎样的变化,是继续收敛,还是已经开始展现不断发散的状态? 我们先来看大学毕业生就业的城乡分布是否发生了明显的变化。由图 7.7 容易看出,从 2002—2009 年,虽然期间有所波动,但是就业于城镇部门的大学毕业生所占比重一直高达 88%左右,并没有呈现向农村部门发散的趋势。那为什么在大学生就业出现明显困难的条件下,大学生仍表现出强烈的城市就业倾向? 截至目前,中国的城乡分割仍然十分明显,获取各种形式的分割性收益,是大学生就业偏好于城市的直接诱因;然而,更深层次的原因可能在于,作为一个典型的大学毕业生,经过了长达 10 多年城市指向的教育体制的培养,无论是在价值观念、知识储备还是生活方式上都更适合在城市工作,因为他们长期以来自然而然地形成了城市专用性人力资本,由于在农村就业并不具有比较优势,体现不出作为大学生的核心竞争力,所以城市专用性人力资本的存在将强化大学生就业偏好于城市的倾向（孟大虎,2009）。

（三）大学毕业生就业的行业、职业和地区分布

接下来,我们分别从行业、职业、地区这三个角度来看一下扩招以来大学生就业分布的变化情况,主要关心的问题是:大学毕业生的就业分布是更集中还是更发散了,即如果将大学毕业生视为一种资源,那么这一资源分配的均等程度如何。很自然地,我们想到了利用基尼系数指标来衡量这一资源

年份

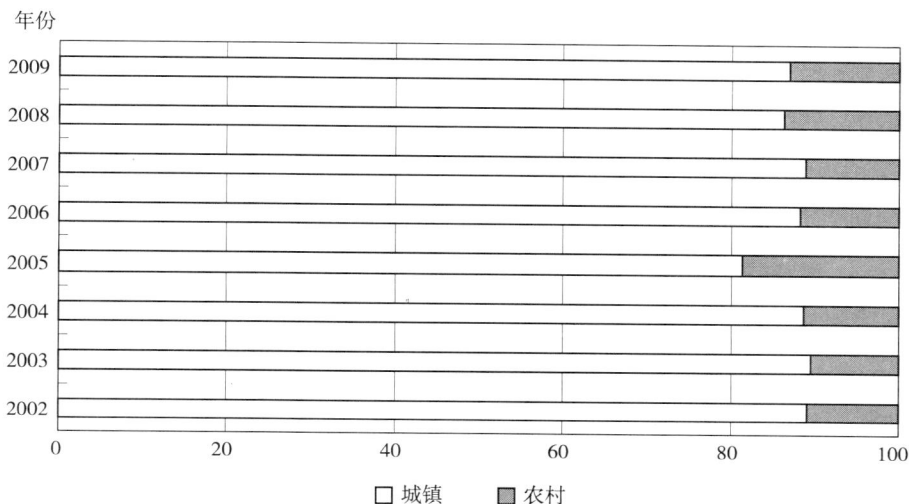

□ 城镇　■ 农村

图 7.7　2002—2009 年大学毕业生在城乡间的分布

分配的均等化程度。

　　我们计算了 2002—2009 年我国大学毕业生就业分布的行业基尼系数、职业基尼系数、地区基尼系数①，为节省篇幅，表 7.5 只列出了 2002 年和 2009 年的计算结果。观察表 7.5 可以看出：第一，整体上呈现职业基尼系数 > 行业基尼系数 > 地区基尼系数的状况，表明在中国现阶段，大学生就业分布呈现职业和行业不平等程度更高（就业分布更集中）、地区间分布的不平等程度更低一些（就业分布更发散）的趋势；第二，对大学毕业生总体而言，从 2002 年到 2009 年，行业基尼系数有较大幅度的上升，职业基尼系数轻微下降，而地区基尼系数基本保持不变，说明大学毕业生的就业分布在行业上更加集中、职业上日益离散，地区集中度则比较稳定；第三，分学历层次来看，不同学历群体的就业分布呈现不同的变化趋势。对大专学历群体而言，职业、地区基尼系数都在下降，尤其以职业基尼系数的下降最为明

　　① 之所以从 2002 年开始统计，是因为 2001 年按受教育程度分的全国就业人口职业构成、行业构成数据缺失。另外，由于缺失按受教育程度分的全国就业人口行业构成数据，我们用城镇就业人口行业构成数据来代替。由于高达 88% 的大学毕业生都在城镇部门就业，这种替代应当不会对结果造成很大影响。

显，鲜明地体现了这一群体的就业分布越来越离散的特点；对于本科学历群体来说，职业基尼系数有所下降，但行业、地区基尼系数在上升，说明这一群体的就业分布仍继续向集中化发展；而研究生就业分布的行业、职业、地区基尼系数则一致地呈不断上升的趋势，尤其是在行业分布上表现得最为明显，表明研究生学历人员就业选择的集中度仍在加速提高；第四，分析各基尼系数在同一年份不同学历群体中变化的情况，可以发现总体上呈现研究生 > 本科 > 大专的情况，说明无论是在行业、职业还是地区分布上，研究生学历人员的就业集中度都更高，这也与经验观察一致。

表 7.5　2002—2009 年我国大学毕业生就业分布的行业、职业、地区基尼系数

	行业基尼系数		职业基尼系数		地区基尼系数	
	2002 年	2009 年	2002 年	2009 年	2002 年	2009 年
总　体	0.511	0.551	0.529	0.500	0.373	0.374
大　专	0.495	0.522	0.515	0.455	0.369	0.357
本　科	0.529	0.557	0.610	0.570	0.399	0.410
研究生	0.550	0.619	0.643	0.663	0.608	0.613

　　以上我们利用基尼系数指标衡量了大学毕业生就业分布的均等化程度，同时，人们可能也想了解，大学生更多地倾向于在哪些行业、哪些职业和哪些地区就业，随时间变化的趋势又如何，下面我们来观察这方面的情况。

　　首先，从总体上看，在全部 20 个行业中，吸纳大学毕业生最多的三个行业，在 2002 年是教育，公共管理和社会组织，卫生、社会保障和社会福利业，这三个行业吸引了 46.0% 的大学毕业生；在 2009 年是教育、公共管理和社会组织、制造业，吸引了 53.8% 的大学毕业生，表明大学毕业生就业的行业分布不断趋于集中。分学历来看，不管是大专、本科还是研究生学历层次，就业的集中度都越来越高，且行业分布也日趋一致。在 2002 年，按就业量排序，三个学历层次毕业生就业去向排名前两位的都是教育、公共管理和社会组织这两个行业，而排名第三位的则有所不同，分别有制造业，卫生、社会保障和社会福利业，科学研究、技术服务和地质勘查业；到了2009 年，不管是何种学历，排名前三位的都是教育、公共管理和社会组织、

制造业这三个行业。这里，还需要特别指出的一点是，我们发现2009年制造业已成为吸引大学生就业最多的行业之一，这对于我国实现由"制造大国"向"制造强国"乃至向创新大国转变，具有重要意义。

其次，分析历年的数据可以发现，我国大学毕业生从事的职业非常集中，绝大多数都从事"专业技术人员"、"办事人员和有关人员"这两个职业，然而，分学历层次来看变化趋势又有所不同。具体地说，2002—2009年，大专、本科学历人员中从事这两个职业的比例有所下降（分别下降了14.1和4.8个百分点），其中大专学历下降得最为明显；研究生学历人员中从事这两个职业的比例持续增大，由70.1%上升到83.7%。

最后，在地区层面，对大学毕业生整体而言，2002年他们优先选择在北京、广东、山东就业，这三个省份聚集了全国大学毕业生总量的26.4%，而到了2009年，排名前三位的省份更是聚集了全国28.3%的大学毕业生总量，同时，排名前两位的省份还未变，第三位由上海所取代。具体分学历来看，2002年吸纳大专学历人口就业最多的三个省份山东、河南、广东，共吸纳了全国1/4的大专人口就业，而到了2009年这一比例有所下降，共吸纳了全国1/5的大专人口就业，排名前三位的省份变为广东、浙江、河南，这表明随着经济发展和主要劳动力市场就业竞争日益加剧，大专毕业生就业的地区分布也逐渐分散。对本科学历人员的统计分析发现，2002年他们最倾向于在广东、河南、北京就业，这三地本科学历就业人口占全国本科学历就业人口的24.1%；到2009年，排名前三位的省份变为北京、浙江、广东，所占比例也轻微上升到26.1%，从就业倾向和所占比例来看，变化都不大。对于研究生学历人员而言，我们发现扩招后这一群体就业的地区分布日趋集中，2002年吸纳研究生学历人口就业最多的三个省份北京、广东、浙江，共吸纳了全国36.4%的研究生人口就业，而到了2009年，位列前三的北京、上海、广东将这一比例提高到了42.7%，增幅十分明显。

四、结论与政策建议

基于公开的统计年鉴数据，本章利用描述性统计方法分析了扩招以来我国大学毕业生的供给与配置状况，得出如下几点结论：第一，从供给结构来看，本科、研究生学历毕业生占比逐年增加，大专学历占比相对下降；学科结构发展比较平衡；大专（高职）院校和地方所属院校培养的毕业生占比快速上升，这隐含着质量下滑的风险。第二，与扩招以来我国各学历层次大学毕业生供给迅速增加的状况相对，劳动力市场对大学毕业生的需求却相对下降，这造成了大学生就业出现了困难，而且，与其他群体相比，大学毕业生群体的就业更容易受经济周期的影响。第三，扩招并未显著改变我国就业人口的学历结构，与金砖国家以及一些转轨国家、东亚国家、人口大国相比，目前我国的大学生数量仍然不是太多了，而是太少了。第四，扩招并未改变大学毕业生偏好于城镇部门就业的倾向，就业于城镇部门的大学毕业生所占比重一直相当高，并没有呈现向农村部门发散的趋势。第五，大学毕业生在行业、职业、地区间的分布，仍然呈现很高的集中性，但是近年来也表现出一定的发散趋势。

上述研究结论的政策含义是十分明显的：一方面，应该继续扩大我国高等教育的规模，提高高等教育质量，改善大学毕业生的供给结构；另一方面，通过适当干预来改善大学毕业生的配置状况是十分必要的，政府应当继续出台相应政策，打破劳动力市场的制度性分割，引导大学毕业生到西部、到农村、到紧缺行业和职业就业。同时，我们还认为，目前更为重要的是，应当认真思考已经积累的这些人力资本，到底对中国意味着什么，应当如何使用和发挥这些人力资本的作用，从而更好地为经济发展服务。尤其是不能因为大学生就业出现了一定困难，就一味地责备扩招。美国、印度等国在20世纪六七十年代也出现过高等教育的大规模扩展，也存在明显的知识失业现象。但这些国家也认识到，高等教育人口的快速增加，也意味着使用这一要素的成本也更为便宜，从而进行产业结构调整来大量使用这一相对便宜、高质量的生产要素。今天的美国成为创新大国、印度成为软件强国，可以说与多年以前的高等教育大规模扩展不无关系。

第二节　我国失地农民的就业问题研究

失地农民是指在农村城市化进程中，由于城乡建设征占农用土地（包括耕地、园地、林地、牧草及其他农用地等）所产生的失去土地集体所有权或经营权的农业人口。从实际情况来看，城乡建设征占农用地存在两种情况：一是国家征地，农民完全失去农地集体所有权和经营权；二是城乡建设占而未征农地，农民失去农地经营权。失地农民失去土地大致可分为四种用途：国家征用农村集体土地进行基础设施、公共事业等建设，把农村集体土地变为国有，从农民手里拿走了土地；按照城市规划，政府要求农民在集体土地上进行绿化，土地虽然仍属于农民集体所有，但是农民实际上失去了对于土地的支配；村和社区占用集体土地进行非农产业建设开发，原来务农的那部分农民不能继续从事农业生产；开发商根据城市规划，通过法定程序将农用地变为建设用地进行非农开发，农民由此失去土地。

从新中国开始工业化至 20 世纪 90 年代初期，失地农民只是小范围内的现象，而且对于当事人来说，失地更多地被视为一种帕累托改进，农民最关注的是户籍"农转非"与招工安置，这一问题并没有得到社会的普遍性关注；当我国进入大规模城市化加速发展阶段以后，随着失地农民群体范围的扩展与失地问题严重程度的加深，这一问题逐渐引起了社会各界的高度关注。据国务院发展研究中心课题组提供的数据显示，到 2001 年全国失地农民已超过 3500 万，据劳动和社会保障部预测，"十一五"期间我国每年新增被征地农民 300 万（赵蓓蓓，2005；孙华平、黄祖辉，2008；高志敏、崔铭香，2009）。到 2009 年，高志敏（2009）和鲍海君（2010）等学者认为全国失地农民已近 5000 万人。预计到 2030 年，全国将有近 1.1 亿失地农民（姚先国、盛乐，2004；宋全成，2009；张媛媛、贺利军，2004；刘声，2009），预计近 8000 万人失地农民处于既失地又失业的状态（孔祥智、王志强，2004；陈世伟，2007；喻明明、吴志伦，2010；宋斌文，2004）。随着建设社会主义新农村、城乡统筹与和谐社会发展战略的提出，确保失地农民在获得合理补偿的基础上，如何解决失地农民的就业成为失地农民问题的核心。

一、我国失地农民的总体情况分析

（一）我国失地农民的总量估计

关于中国目前耕地的失地数量及失地农民的数量与规模，由于统计口径和统计方法的差异，不同学者与统计机构所得出的统计结果也有所出入。中国社科院 2011 年 7 月发布的《2011 年中国城市发展报告》指出，目前中国失地农民的总量已经达到 4000 万—5000 万人左右，而且仍以每年约 300 万人的速度递增，预估到 2030 年时将增至 1.1 亿人左右。① 国土资源部的研究课题《21 世纪我国耕地资源前景分析和保护对策》指出，在严格控制的前提下，2001—2030 年全国年均建设占用耕地不低于 180 万亩，20 年间将达 3600 万亩，因此 2001—2030 年 30 年间将新占用耕地 5450 万亩，新增失地农民 7800 万人；② 根据国务院批准实施的《1997—2010 年全国土地利用总体规划纲要》，到 2010 年中国共计安排非农建设占用耕地 1850 亩，其中 90% 以上为农村集体土地，按照目前全国人均耕地水平测算，将新增约 1200 多万被征地农民。我们根据《中国国土资源公报》公布的统计数据（见表 7.6），以人均耕地 1.4 亩计算，1985—2008 年间（2009 年和 2010 年《中国统计年鉴》显示，2009 年《第二次全国土地调查》数据正在处理中，数据暂缺）我国完全失地或半失地农民的数量应该在 12016.59 万人。

表 7.6　改革开放以来我国耕地面积变化以及失地农民规模

年份	年末实有耕地面积（公顷）	年内新增耕地面积（公顷）	年内减少耕地面积（公顷）	年内净减耕地面积（亩）	失地农民数量（万人）
1985	96846.3	590.5	1582.9	15111000	1079.36
1986	96229.9	491.9	1108.3	9246000	660.43
1987	95888.7	476.3	817.5	5118000	365.57
1988	95721.8	477.8	644.7	2503500	178.82
1989	95656.0	451.7	517.3	987000	70.50
1990	95672.9	484.3	467.4	−253500	−18.11
1991	95653.6	468.7	488.0	289500	20.68
1992	95425.8	510.9	738.7	3417000	244.07
1993	95101.4	408.0	732.4	4866000	347.57
1994	94906.0	513.9	708.6	2920500	208.61
1995	94973.9	686.7	621.0	−985500	−70.39
1996	130039.2			2978250	212.73

---

① 王珏：《中国失地农民年增 300 万》，《文汇报》2011 年 8 月 9 日，http：//paper.wenweipo.com。

② 高政：《我国失地农民社会保障研究》，人民网，http：//theory.people.com.cn/GB/40557/49139/49143/3544656.html。

续表

年份	年末实有耕地面积（公顷）	年内新增耕地面积（公顷）	年内减少耕地面积（公顷）	年内净减耕地面积（亩）	失地农民数量（万人）
1997	130039.1			2041500	145.82
1998	129642.1	309.4	570.4	3915000	279.64
1999	129205.5	405.1	841.7	6549000	467.79
2000	128243.1	603.7	1566.0	14436000	1031.14
2001	127615.8	265.9	893.3	9409500	672.11
2002	125929.6	341.2	2027.4	25293000	1806.64
2003	123392.2	343.5	2880.9	38061000	2718.64
2004	122444.3	345.6	1146.0	12004500	857.46
2005	122082.7	306.7	594.9	5424000	387.43
2006	121800.0	367.2	582.8	4000500	285.75
2007	121735.2		195.8	610500	43.61
2008	121715.9			290000	20.71
小计					12016.59

注：失地农民数量=年内净减耕地面积（每亩）/1.4，1.4表示每征收1.4亩就有1个失地农民产生。
资料来源：历年《中国统计年鉴》和《中国国土资源公报》，1996年年内净减耕地面积是根据该年后三年的净减耕地面积平均数替代。

（二）我国失地农民区域分布

从区域分布来看，我国非农建设占用耕地主要集中在城郊和经济发达地区。我们根据2007年和2008年《中国统计年鉴》数据（见表7.7），发现2008年沿海地区失地农民增长的速度最快，广东和上海当年产生的失地农民数量占居全国榜首。我们根据北京市1996年至2007年的统计年鉴数据，发现北京地区在这12年间，城市化率①提高了18.6个百分点，年均递增1.55个百分点，耕地面积减少了167.6万亩，年均递减13.97万亩。根据2007年底北京地区耕地面积减少的数量进行推算，北京市完全失地和半失

――――――――――

　　① 本章采用郑勤华博士（2006）论文中关于城市化的定义：城市化是人口向城市集中，城市人口数量增加，以及城市在其外延和内涵上的扩展等过程的综合，表现为人口、地理、经济和社会结构等方面的变迁。

地人数累计已达 119. 71 万人左右。①

关于失地农民规模的个案研究还有，张强（2004）对北京市通州区进行调查，1999—2002 年农业用地总面积减少 32.1%，其中国家征地占22.7%，集体用地占 77.3%。在调查的 101 个行政村中，涉及征地的 37 个村，其中 1/4 以上的农民失地。国家统计局 2003 年在全国开展了失地农民的调查，调查以人均耕地面积 0.3 亩以下的农户为主要对象，中国非农建设占地主要集中在人多地少的经济发达地区，农民失地情况同样也集中在人多地少的发达地区。据沿海 12 省、市、区的一项调查，仅 2000—2001 年共征地 246.9 万亩，其中耕地 171.4 万亩，失地农民 236 万人。②

表 7.7　2007—2008 年全国耕地面积及失地农民数量变化明显的地区排名

地　区	2007 年末耕地面积（公顷）	2008 年末耕地面积（公顷）	2007 年与 2008 年耕地面积比较（公顷）	2007 年至 2008 年失地农民数量估计（万人）
广　东	2847.7	2830.7	17.0	18.21
上　海	4487.5	4485.3	15.6	16.71
黑龙江	4659.8	4658.8	8.3	8.89
重　庆	6072.4	6072.1	3.2	3.43
福　建	4763.8	4763.8	3.0	3.21
四　川	232.2	231.7	2.7	2.89
天　津	1333.1	1330.1	2.6	2.79
贵　州	259.6	244.0	2.2	2.36
甘　肃	443.7	441.1	1.0	1.07
北　京	5535.0	5534.6	0.5	0.54

资料来源：2007—2008 年《中国统计年鉴》。

二、我国失地农民的就业状况

正如我国失地农民的数量一样，失地农民的就业状况到目前为止并没有

---

① 按人均占有土地 1.4 亩计算，那么失地农民的数量等于耕地面积（亩）减少的数量除以 1.4。

② 段应碧：《切实保护失地农民的土地权益》，《经济日报》2004 年 6 月 16 日。

具体的统计，学者们关于失地农民就业问题的研究大多是基于小规模的社会调查。从前人的研究结论来看，失地农民的就业率普遍偏低，失业率偏高。如《2005 年中国就业报告》的个案调查数据显示，在就业年龄段的失地农民，只有 23% 的被有关部门安置就业，其余的自谋职业，而自谋职业的失地农民中，有 41% 的找不到工作。在全部失地的农民中，64.5% 的失地农民没有就业。同时，报告也显示，无论在东部沿海经济发达地区，还是中西部经济欠发达地区，失地后应就业而未能就业的人数均超过半数。

北京师范大学"实施扩大就业的发展战略研究"课题组为了深入了解失地农民的就业状况，也采用个案分析方法，调查区域选择城市化水平较高、失地农民数量较多、具有典型代表性的特大型城市——北京地区。课题组于 2009 年初对北京地区失地农民进行了大规模入户调查。为了比较分析，同时对相同年龄段的北京城市居民和郊区农民开展了调查。① 北京居民就业状况调查共计下发有效问卷数量 2611 份，其中失地农民问卷 367 份，占有效问卷的 14.06%，郊区农民问卷 640 份，占有效问卷的 24.51%，城市居民问卷 1604 份，占有效问卷的 61.43%。北京居民就业状况调查主要选取北京市近郊区县，包括海淀、朝阳、丰台、石景山、昌平、大兴、顺义、通州、房山等区域。为了便于统计分析，我们把北京地区分为两个部分：中心城区和近远郊区。北京中心城区包括六个区，即西城区、东城区、朝阳区、丰台区、石景山区、海淀区，中心城区以外的区县为近远郊区。包括门头沟区、房山区、通州区、顺义区、昌平区、大兴区等。

调查样本中，中心城区失地农民样本 96 例，郊区样本为 268 例。男性样本占总样本的 85.01%，女性样本为 14.99%，样本平均年龄 46.6 岁，受教育程度小学及以下所占比例为 6.94%，初中所占比例为 48.6%，高中或中专所占比例为 30%，大专所占比例为 8.06%，本科及以上所占比例为 6.94%。政治面貌为党员的比例为 12.02%。

---

① 问卷中以有无失地为标准，把样本分为失地农民和非失地居民，然后按失地农民所在区域把失地农民分为郊区失地农民和中心城区失地农民；非失地居民按户籍分为郊区农民和城市居民。这样分类主要是便于统计分析。

（一）失地农民有正规工作的比例不高，稳定性差

1. 失地农民样本的就业率

调查样本中，失地农民继续务农的比例为 26.22%，个体经营的比例为 16.14%，有正规工作的比例为 31.99%，待业在家的比例为 14.41%，其他形式就业的比例为 11.24%。统计数据说明，失地农民非正规就业的比例很高，达 60.01%（见图 7.8），说明失地农民的就业还缺乏长期性和稳定性。

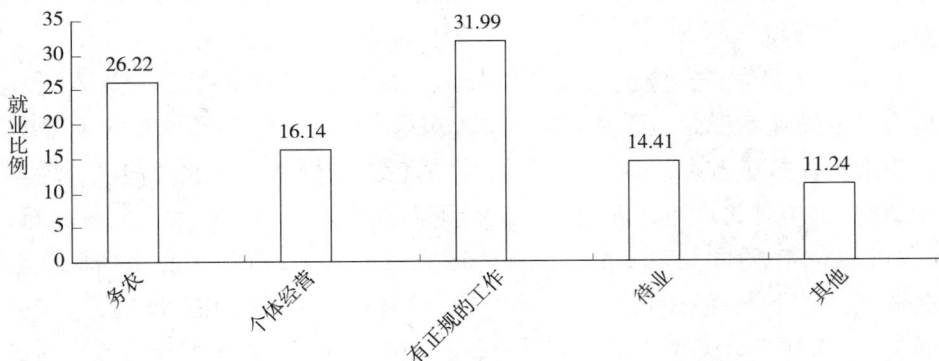

图 7.8　失地农民样本的就业情况统计（%）

2. 失地农民与城市居民和郊区农民就业情况的比较

调查结果显示，失地农民、城市居民和郊区农民在不同就业领域的就业率存在显著差异，特别是失地农民与城市居民之间。总体来看，城市居民正规就业的比例最高，高达 75.11%，而失地农民正规就业的比例只有 31.99%，不到城市居民的一半。失地农民待业的比例也明显高于城市居民（见图 7.9）。

3. 失地农民就业行业偏低，主要在第三产业就业

调查结果显示，目前北京地区失地农民在农、林、牧、渔业行业的就业率为 20.91%，在交通运输业、仓储和邮政业的就业率为 15.59%，在制造业的就业率为 11.03%，在建筑业的就业率为 9.89%。通过访谈了解到，失地农民在交通运输业中，多半是从事出租车业务，包括开黑车；大多数失地农民从事体力劳动，而高端产业，如金融保险业、教育卫生等事业单位、政府机关社团和研究机构等行业的就业比例相对较低（见图 7.10）。

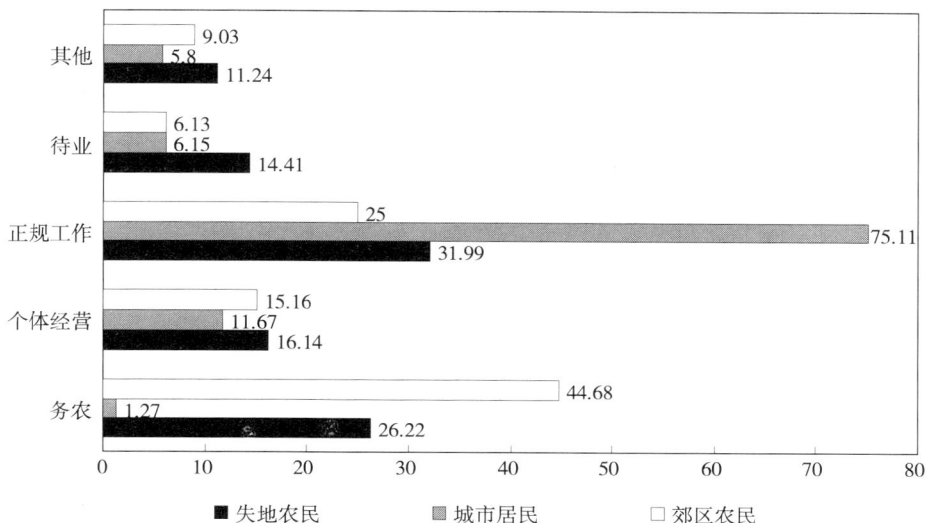

图 7.9　北京地区不同类型居民样本就业情况的比较

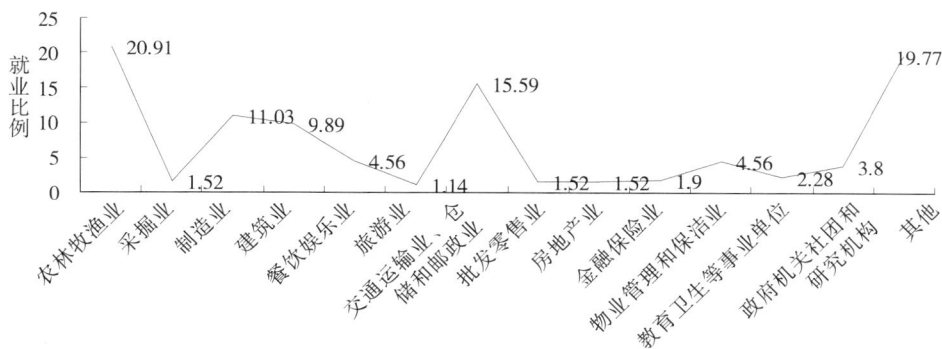

图 7.10　北京地区失地农民样本就业行业统计（％）

　　如果把失地农民的就业行业按第一、第二、第三产业进行分类，分类标准参见《国民经济行业分类》（GB/T4754—2002）①，北京地区失地农民在

---

　　①　根据《国民经济行业分类》（GB/T4754—2002），三次产业划分范围如下：第一产业是指农、林、牧、渔业。第二产业是指采矿业，制造业，电力、燃气及水的生产和供应业，建筑业。第三产业是指除第一、第二产业以外的其他行业。第三产业包括：交通运输、仓储和邮政业，信息传输、计算机服务和软件业，批发和零售业，住宿和餐饮业，金融业，房地产业，租赁和商务服务业，科学研究、技术服务和地质勘查业，水利、环境和公共设施管理业，居民服务和其他服务业，教育，卫生、社会保障和社会福利业，文化、体育和娱乐业，公共管理和社会组织，国际组织。

第一、二、三产业的就业比例分别为 20.91%、27.00% 和 52.09%，这说明，失地农民主要在第三产业就业（见图 7.11）。

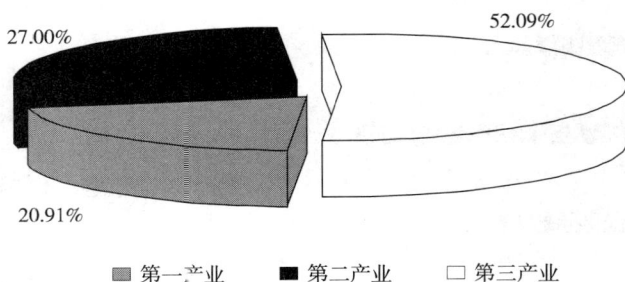

图 7.11　失地农民样本在第一、第二、第三产业的就业情况统计

4. 按照就业单位性质统计，失地农民主要在非国有企业就业

（1）失地农民的就业单位统计

根据图 7.12 所示，北京地区失地农民在个体经营企业和私营企业就业的比例为 42.97%，在国有企业就业的比例为 20.70%，在其他企业就业的比例为 17.19%，在乡镇村企业/集体企业就业的比例为 15.23%，在外资企业就业的比例为 1.95%，在合资企业就业的比例为 1.95%。说明失地农民主要在个体经营企业、私营企业和国有企业就业，在外资企业和合资企业就业的比例很小。

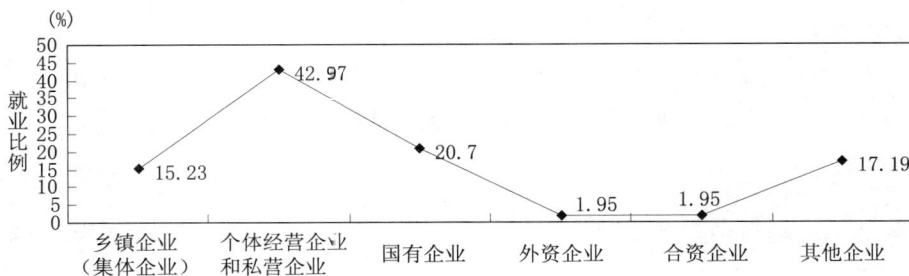

图 7.12　失地农民样本的就业单位性质统计

（2）中心城区与郊区失地农民在就业单位上的比较

根据图 7.13 所示，郊区和中心城区失地农民在乡镇企业（集体企业）就业的比例为 14.36% 和 17.81%，在个体经营企业和私营企业就业的比例为

45.86%和36.99%，在国有企业就业的比例为14.92%和32.88%，在外资企业和合资企业就业的比例都较低，中心城区失地农民在外资企业的就业比例为零。通过比较发现，郊区失地农民在乡镇企业（集体企业）就业的比例低于中心城区失地农民，而在个体经营企业和私营企业就业的比例明显高出中心，高出的比例达8.87个百分点。中心城区失地农民在国有企业就业的比例明显高于郊区失地农民。上述调查结果说明，中心城区失地农民主要在国有企业和个体/私营企业就业，两者的就业比例相当，郊区失地农民主要在个体/私营企业就业。

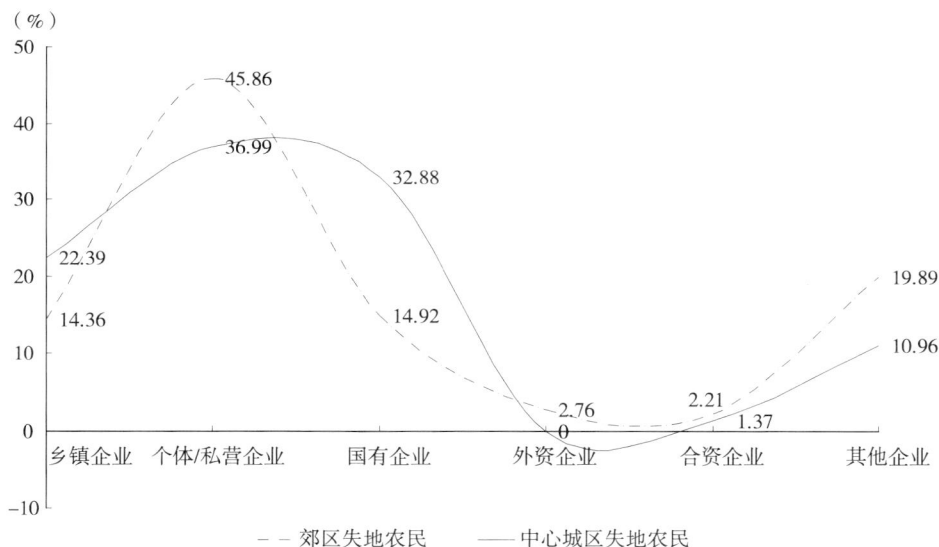

图7.13　郊区与中心城区失地农民样本就业单位性质的比较

5. 失地农民做临时工的比例居高不下，就业缺乏稳定性

目前北京地区失地农民主要是担任普通工作人员、做临时工/打短工和自我创业，就业比例分别为35.66%、22.09%和13.18%，还有很少一部分失地农民在党政机关，事业单位担任干部，比例仅为3.49%。上述数据说明，22.09%的失地农民做临时工或打短工，说明他们就业存在较大的不稳定性（见图7.14）。

6. 失地农民的收入状况

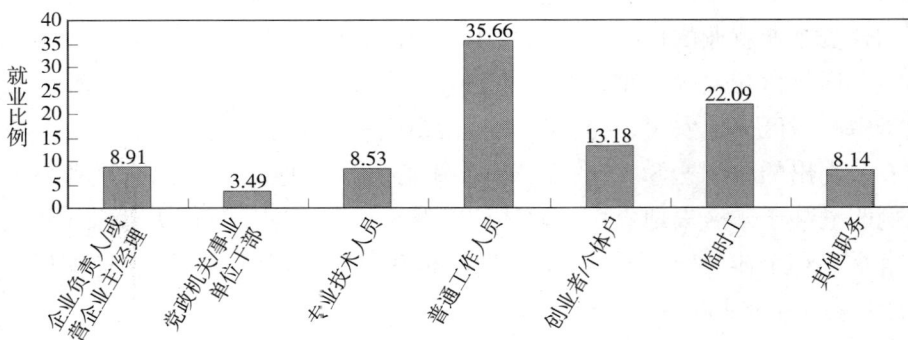

图7.14 失地农民就业岗位统计（%）

（1）失地农民之间收入差异显著

分析失地农民的收入差距问题，主要从两个层面进行，一是工资收入，二是家庭收入。这两个层面能够反映失地农民的主要收入状况。

在工资收入方面，我们的调查结果显示，20.52%的失地农民样本的月工资水平在1000元以下，其平均工资为694.20元；33.85%的月工资水平在1000—1999元之间，平均月工资为1229.38元；7.18%的月工资水平在5000元以上，平均月工资为7000元。这说明失地农民自身之间的工资收入差异显著，最高平均工资是最低平均工资的9.08倍（见表7.8）。

表7.8 北京地区失地农民样本月工资收入统计表

月工资水平（元）	调查人数（人）	平均工资（元）	所占比例（%）
1000以下	49	694.20	20.52
1000—1999	31	1229.38	33.85
2000—2999	55	2100.00	22.92
3000—4999	37	3297.30	15.52
5000以上	16	7000.00	7.18

在家庭月收入方面，失地农民样本的家庭月收入在1000元以下的家庭占调查总数的22.44%，平均家庭收入为653.19元（包括未就业家庭）；家庭月收入在1000—1999元之间的比例为23.30%，平均家庭收入为1327.62元；家

庭收入在 2000—2999 元之间的比例为 22.16%，平均家庭收入为 2142.56 元；家庭月收入在 5000 元以上的比例为 14.2%，其平均收入为 8238.00 元（见表 7.9）。调查结果显示，家庭月收入在 5000 元以上失地农民的平均收入是家庭月收入在 1000 以下失地农民的 12.61 倍，两者差距非常显著。

表 7.9　北京地区失地农民样本家庭月收入统计表

月工资水平（元）	调查人数（人）	平均工资（元）	所占比例（%）
1000 以下	79	653.19	22.44
1000—1999	81	1327.62	23.30
2000—2999	77	2142.56	22.16
3000—4999	66	3379.67	17.05
5000 以上	50	8238.00	14.20

（2）失地农民家庭月收入与农村居民相近，与城市居民差异显著

调查结果显示，失地农民家庭当前月收入为 2741.13 元，当地农民为 2681.58 元，城市居民（非失地）为 4610.57 元（见表 7.10）。仅从数据看，失地农民当前家庭月收入略高于当地农民，但考虑到失地后生活成本较高等因素，其实际可支配收入反而低于当地农民，更远低于北京市城市居民，北京市城市居民当前家庭月收入为失地农民的 1.68 倍。

表 7.10　失地农民、城市居民、郊区农民样本平均月工资收入统计

居民类型	平均值（元）	标准差（元）	人数（人）
失地农民	2741.13	1962.0978	241
城市居民	4610.57	3337.3352	1137
郊区农民	2681.58	2240.3294	331

7. 失地农民生活水平的变化

生活水平是反映失地农民生活质量的一项重要指标。调查结果显示，41.89% 的失地农民认为征地后比征地前生活状况"有所下降"和"明显下降"，29.39% 认为征地前后生活没有变化，28.71% 的认为征地后比征地前生活状况明显提高或有所提高。总体来说，大部分失地农民认为征地后的生

活水平是下降的（见图 7.15）。

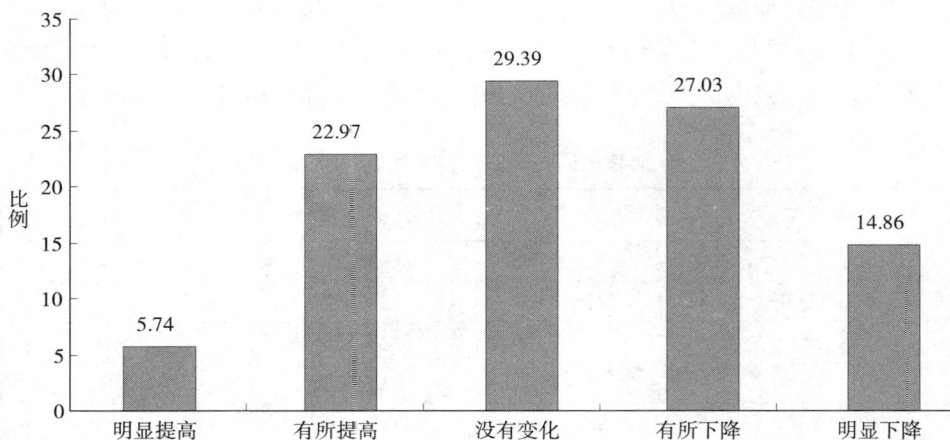

图 7.15 失地农民样本征地前后生活水平的变化（%）

三、影响失地农民就业的主要因素分析

（一）失地农民在求职过程中，人力资本发挥了一定的作用

1. 失地农民受教育程度与其就业机会之间正相关

人力资本要素中，受教育程度是最重要的指标之一。调查结果显示，初中及以下、高中或中专、大专及以上受教育程度的失地农民，有正规工作的比例分别为 36.96%、40.54% 和 75.86%，说明受教育年限越长，有正规工作的比例越高。在待业的失地农民中，学历越低，待业率越高（见表 7.11）。

表 7.11 失地农民样本受教育程度与就业情况交叉统计

单位:%

就业情况	受教育程度		
	初中及以下	高中或中专	大专及以上
务农	21.74	18.92	3.45
个体经营	20.65	25.68	10.34
有正规工作	36.96	40.54	75.86
待业	13.04	10.81	0
其他	7.61	4.05	10.34

2. 失地农民职业培训与就业机会之间正相关

调查结果显示,失地农民样本参加过职业培训的比例为 39.20%,没有参加过职业培训的比例为 60.80%。参加过职业培训的失地农民当中,52.56%的有正规工作,8.97%的在家待业,未接受过职业培训的失地农民有正规工作的比例为 38.46%,待业的比例为 11.11%。比较说明,接受过职业培训的失地农民有利于他们就业(见表 7.12)。

表 7.12　失地农民样本职业培训与就业之间的交叉统计

单位:%

就业情况	职业培训情况		百分比
	接受过职业培训	未接受过职业培训	
务农	8.97	23.93	17.95
个体经营	19.23	22.22	21.03
有正规工作	52.56	38.46	44.10
待业	8.97	11.11	10.26
其他	10.26	4.27	6.67

3. 失地农民身体健康状况与就业之间正相关

考核人力资本要素的另一个重要指标是身体健康状况。我们的调查结果显示,身体健康的失地农民在正规单位就业的比例为 47.79%,身体健康状况一般的失地农民在正规单位就业的比例为 36.73%,身体不太健康的失地农民在正规单位就业的比例相对较低,比例为 30%;在待业的群体中,身体越好的失地农民待业率越低,反之结果相反。调查结果表明,身体健康状况对失地农民就业起到一定的促进作用(见表 7.13)。

表 7.13　失地农民样本健康状况与就业情况交叉统计

单位:%

就业情况	身体健康状况		
	健康	一般	不健康
务农	15.44	22.45	30

续表

就业情况	身体健康状况		
	健康	一般	不健康
个体经营	22.06	20.41	10
有正规工作	47.79	36.73	30
待业	8.09	12.24	30
其他	6.62	8.16	0

（二）失地农民在求职过程中，社会资本发挥着明显作用

失地农民社会资本是通过社会网络以及嵌入社会网络所获得的成员身份而获得的调动稀缺资源的能力。

社会资本是一个人拥有的所有社会关系网络总和，也是其拥有的一种资源，在个人搜寻工作的过程中，这种资源能对个人获得工作的可能性产生影响；社会资本在劳动力市场上的作用是传递职位空缺的信息，每个人拥有的社会资本的数量是不一样的，且每个社会关系中"朋友"获得空缺信息的能力是不一样的，即社会资本的质量是不一样的。在劳动者就业过程中，社会资本对就业的影响表现为以下几个方面：①社会资本有利于求职者获得就业信息，帮助求职者节省信息搜寻成本。②社会资本能为自谋职业者实现就业提供巨大帮助。自谋职业者多数采取灵活就业的方式，个人所拥有的社会关系网络能对自谋职业者产生非常重要的作用。③社会资本有利于保持劳动者就业岗位的稳定。如在工作单位，与领导层保持密切的关系，自身的工作就会相对稳定，而且工作职位较易提升，而与其他同事搞好人际关系，可避免工作中被排挤，也可使他在激烈的工作岗位中不致失去工作。

关于社会资本的研究可分为个体视角与群体视角两种范式，如可比较林（Lin，1999，2001）和蒲南（Putnam，1993，1995）的不同观点。个体视角强调了社会资本对个体性的单位（这既包括个人，也可以包括个体性的组织，如企业）获得经济成就的重要性，而按照群体视角的观点，社会资本主要与群体而不是个人有关，它是指特定群体所拥有的带有公共性质的资源。这种资源可以用于改善群体的生活状态，提高群体的福利。这一观点可以自然引申至户籍制度之中。在中国，户籍制度造成城市内部劳动力市场的分割（蔡昉等，2001），扩大了收入差距（蔡昉等，2004；陆铭、陈钊，2004），户籍制度对信任带来负面的影响（汪汇，2008），给不同户籍的人群给予不同的福利，因此本章引用"户籍"作为社会资本的一个研究变量。同时本章把学者们较为公认（张其仔，1997；符平，2003，朱国宏等，2002；边燕杰、丘海雄，2000；陈健民、丘海雄，1999）的"社会关系"和"政治面貌"作为本章评价失地农民社会资本状况的指标。因此，文中作者采用"政治面貌"、"社会关系"作为社会资本变量来分析社会资本对失地农民就业的影响。

1. 失地农民样本政治面貌与就业机会之间的关系显著

调查结果显示，在失地农民中，党员失地农民在正规单位的就业比例远高于非党员失地农民，高出 33.68 个百分点，说明政治面貌与拥有正规工作之间存在明显的正相关关系。在待业的失地农民中，党员的比例仅为 5%，而非党员失地农民的待业率高达 14.58%，非党员失地农民的待业率比党员失地农民高出 9.58 个百分点。上述数据说明，失地农民政治面貌是否为"党员"对其就业机会的影响显著（见表 7.14）。

表 7.14 失地农民样本的政治面貌与就业机会交叉统计

单位:%

就业情况	政治面貌		百分比
	党员	非党员	
务农	10.0	28.47	26.22
个体经营	10.0	17.71	16.77
有正规工作	62.5	28.82	32.93
待业	5.0	14.58	13.41
其他	12.5	10.42	10.67

2. 失地农民的社会关系对其就业机会产生直接影响

根据图 7.16 所示，失地农民通过"政府提供就业岗位"、"亲戚朋友介绍就业岗位"、"个人能力获得就业岗位"的比例分别为 23.03%、43.64% 和 33.33%。经比较发现，在上述三种求职途径中，失地农民通过"亲戚朋友获得就业岗位"的比例最高,其次是通过"自己能力获得就业岗位",最后是通过"政府提供就业岗位"。失地农民通过"政府提供和亲戚朋友介绍获得就业岗位"的比例累计达 66.67%,这说明失地农民主要是通过社会关系获得就业岗位。

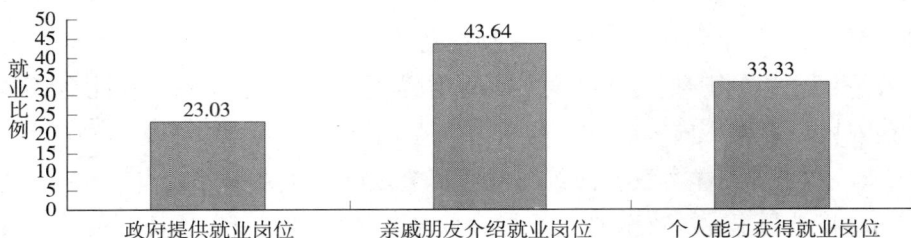

图 7.16 失地农民样本的求职途径统计（%）

为了进一步分析失地农民求职途径对其就业的影响,我们对失地农民求职途径与就业状况进行综合分析,结果表明,政府提供就业岗位的失地农民,64.29% 为正规工作;通过亲戚朋友求职的,46.53% 为正规工作;凭借个人能力求职的,18.18% 为正规工作。这也说明,通过政府提供就业岗位和亲戚朋友介绍求职的,大部分失地农民能够获得一份正规工作;通过个人能力求职的,失地农民主要从事个体经营。在待业的人群中,既没有社会关系,又没有求职能力的失地农民,其待业率相对较高(见表 7.15)。

表 7.15 失地农民样本求职途径与就业状况交叉统计

单位:%

就业情况	求职途径		
	政府提供就业岗位	亲戚朋友介绍工作	个人能力获得工作
务农	17.86	26.73	20.20
个体经营	7.14	10.89	37.37
有正规工作	64.29	46.53	18.18
待业	5.36	5.94	10.1
其他	5.36	9.9	14.14

3. 未就业失地农民期望求职途径统计

调查结果显示，未就业失地农民主要期望通过"政府提供就业岗位"和"亲戚朋友介绍获得就业岗位"，期望通过"政府提供就业岗位"的比例达 72.58%，期望通过"亲戚朋友介绍获得就业岗位"的比例为 14.52%，这两类求职途径的比例累计达 87.1%。期望通过"职业介绍所"、"电视报纸"、"通过招聘市场（非网络）"和"其他途径"获得就业岗位的比例累计达 12.9%。特别值得关注的是，失地农民都没有选择通过"网络求职"，这说明目前失地农民很少通过网络渠道求职（见图 7.17）。

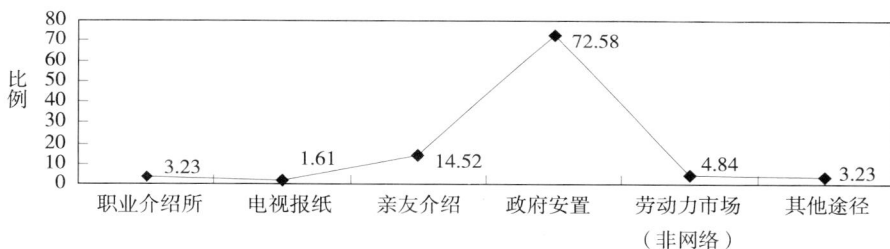

图 7.17　失业失地农民样本期望求职途径统计（%）

（三）失地农民社会保障体系不健全，增加了他们的就业压力

1. 失地农民的养老保障体系不健全

调查结果发现，在失地农民养老保障方面，39.64%的没有任何养老保障，30.63%的自购养老保险，25.83%的享受城镇和市区居民养老待遇，3.90%的参与其他保险模式。在失业失地农民中，62.06%的没有任何养老保障，20.69%的自购养老保险，12.65%的享受城镇和市区居民养老待遇；在已就业的失地农民中，31.71%的没有养老保障，34.15%的自购养老保险，30.49%的享受城镇和市区居民养老待遇。调查结果说明，未就业失地农民没有养老保障的比例明显高于已就业失地农民（见表 7.16）。

表 7.16 失地农民样本养老保障与就业情况交叉统计

单位:%

养老保障情况	失业失地农民	已就业失地农民	所占比例
没有任何养老保障	62.06	31.71	39.64
自购养老保险	20.69	34.15	30.63
享受城镇和市区居民养老保障	12.65	30.49	25.83
其他保险	4.60	3.66	3.90

为进一步了解失地农民的养老保障情况,我们将失地农民与城市居民和郊区农民进行比较,结果发现失地农民"没有任何养老保障"的比例与郊区农民相当,与城市居民差距明显;在"享受城镇和市区居民养老保障"方面,城市居民明显高于失地农民和郊区农民(见表 7.17)。

表 7.17 失地农民、城市居民和郊区农民养老保障情况统计

单位:%

养老保障情况	失地农民	城市居民	郊区农民
没有任何养老保障	39.64	11.72	37.19
自购养老保险	30.63	19.57	40.17
享受城镇和市区居民养老保障	25.83	65.62	17.52
其他保险	3.90	3.10	5.12

2. 失地农民主要享有农村合作医疗,与城市居民的医疗保障相比,还存在明显差异

在失地农民医疗保障方面,调查结果显示,65.18%的失地农民享受农村合作医疗,18.75%的失地农民享受城镇和市区居民医疗保险待遇,12.80%的失地农民自购医疗保险,3.27%的失地农民参与其他形式保险。其中,在已就业的失地农民中,61.14%的享受农村合作医疗,21.45%的享受城镇和市区居民医疗保险待遇,14.17%的自购医疗保险,3.24%的参与其他保险。在未就业失地农民中,76.41%的享受农村合作医疗,11.24%的享受城镇和市区居民医疗保险待遇,8.99%的自购医疗保险,3.37%的参与其他保险;未就业失地农民享受农村合作医疗的比例明显高于已就业失地农

民，没有任何医疗保障的比例高于已就业失地农民（见表7.18）。

表7.18　失地农民样本医疗保障与就业情况交叉统计

医疗保障情况	无工作比例	已就业比例	总比例
自购医疗保险	8.99	14.17	12.80
农村合作医疗	76.41	61.14	65.18
享受城镇和市区居民医疗保障	11.24	21.45	18.75
其他保险	3.37	3.24	3.27

为进一步了解失地农民的医疗保障情况，我们将失地农民与城市居民和郊区农民进行比较，调查结果发现，失地农民"农村合作医疗"的比例略低于郊区农民，但是明显高于城市居民；城市居民主要"享受城镇和市区居民医疗保障"，比例达66.89%，而失地农民的比例仅为18.75%，比城市居民低48.14个百分点，说明失地农民失去土地后，并没有享有与城市居民同等的医疗保障（见表7.19）。

表7.19　失地农民、城市居民和郊区农民医疗保障情况统计

单位:%

医疗保障情况	失地农民	城市居民	郊区农民
自购医疗保险	12.80	11.98	15.35
农村合作医疗	65.18	15.27	76.57
享受城镇和市区居民医疗保障	18.75	66.89	4.79
其他保险	3.27	5.86	3.30

3. 失地农民的最低生活保障和失业保险区域差异很大

在失地农民最低生活保障方面，北京地区失地农民的最低生活保障标准因所在区县不同而存在差异。例如，2009年北京市房山区农村每月最低保障标准为170元，大兴区为200元。2006年以前，北京市各区县农村最低保障标准差异更大，如朝阳区：2880元/年，海淀区：2880元/年，丰台区：2280元/年，门头沟区：1200元/年，房山区：1200元/年，密云县：970元/年等。

在失业保险方面，我们的调查结果显示，北京市中心城六区失地农民享有失业保险待遇，而在京市近郊各区县的失地农民几乎没有失业保险。其他学者（雷寰，2005）对北京市近郊的调查结果与我们的调查结果一致。

（四）失地农民自身因素影响了就业

1. 自身条件限制了二次就业

年轻失地农民文化程度较高，一般能自行就业，关键是那些年龄在40岁以上的农民，他们是失地农民就业的主体，可他们的文化程度普遍较低，技能单一，学习能力差，又缺少专业技能培训，这些因素极大地制约了失地农民岗位转换的能力。目前的调查结果显示，北京地区失地农民平均年龄在47岁左右，55.54%为初中及以下文化程度，30%为高中或中专文化程度，8.5%的人有专业技能。这些硬件指标与北京市城市居民和外来农民工差异明显，在竞争激烈的劳动力市场上，自然处于劣势地位，从而降低了失地农民的就业率。

2. 失地农民"等、靠、要"思想严重

调查中发现，由于政策等原因导致失地农民被动失地后，16.47%的失地农民"等"当地政府和居委会安排工作，送岗位到家，49.53%的失地农民"靠"政府能够提供社会保障，只有28.84%的失地农民希望政府安置就业；26.95%的失地农民向地方政府"要"教育培训，苦、脏、累工作不能干，高技能、搞创业不愿干，正是这些就业观念使失地农民的就业之路更加狭窄。

四、结论与政策建议

本章首先对我国失地农民总量和所在的区域进行了总体分析，然后以北京地区为个案，对北京地区失地农民的就业情况开展抽样调查，从人力资本、社会资本和社会保障的视角分析失地农民的就业情况。纵观本章节，可得出如下主要结论：失地农民的就业率较低，他们的主要就业领域在第三产业，且在非国有企业，主要担任普通工人和临时工；失地农民之间收入差异明显，与城市居民之间差异显著，与郊区农民的收入水平相当。通过分析原因发现，失地农民人力资本因素对其就业有一定的促进作用，不过社会资本对其就业的作用更为明显，失地农民社会保障体系不健全，增加了失地农民

的就业压力，自身因素也制约了他们的二次就业。针对失地农民目前存在的主要问题，本章给出的建议如下：第一，完善失地农民劳动力市场的运行机制，充分发挥市场机制的作用，发挥人力资本在劳动力市场竞争中的决定性作用；第二，建立城乡统一的劳动力市场，加速就业信息的共享，实现就业信息及时有效传递；第三，以创业带就业，以规范保就业。鼓励失地农民兴办新型服务业和私营企业，政府提供优惠政策，做好失地农民创业服务工作，为失地农民提供一条顺畅的融资渠道；第四，建立和完善城乡统一的社会保障制度，降低失地农民的就业压力；第五，转变思想，提高认识，加强失地农民就业培训，提高其就业能力，帮助失地农民重拾二次择业的信心和决心。

第三节　残疾人就业服务体系的构建

根据联合国的数据统计，世界上任何时候都存在大约 10% 的残疾人口（Mont，2004）。然而，这个数值可能还低估了残疾对整个社会的影响。因为如果残疾人没有完全融入社会经济生活，那么他们就会把这个额外的成本转嫁给他们的家庭。比如残疾人需要亲人更多的照顾，因而会挤占其家人在其他生产活动上所花费的时间，降低劳动生产产出。乌干达的一项研究表明，有残疾人的家庭不仅可能更贫穷，而且这些家庭的孩子就学比率也较低（Hoogeveen，2004）。此外，即使没有残疾的人也可能存在致残的风险，有研究表明我国残疾人致残因素是以后天获得性残疾为主，非传染病致残占了很大比重（崔斌、陈功、郑晓瑛，2009）。因此，将残疾人、家庭和残疾人政策整合起来考虑对社会的每一个人来说都有好处。但政策制定者在制定残疾人政策时往往会将残疾人这个群体同其他社会群体分开来看，就残疾人而论残疾人，因而制定出的政策可能会体现出一种分割的思想，这不利于残疾人完全融入整个社会。

一般而言，残疾人政策有两个主要目标，一是收入保障，另一个是尽可能地让残疾人融入社会中去。只要整个社会具备了一定的经济基础，那么实现收入保障的目标就较为容易，比如可以直接给予残疾人现金和实物。食物充足、住房和卫生保健等这些物质基础可以确保残疾人过上像样的生活，把他们从贫困和忧虑中解放出来。这一目标的实现有赖于建立和完善残疾人的社会保障体系。而完全融入社会，允许残疾人最大限度地参与到社会、经济生活中去，则是比实现收入保障更高一级的目标。如果能够消除那些阻止残疾人参与劳动力市场的障碍，不仅能提高残疾人的生活质量，而且从总体来看还可以提高整个社会的生产能力、降低失业率、减少残疾人对政府转移支付的依赖。这一目标的实现需要政府构建一个合理的残疾人就业服务体系。上述两个目标有时是相互矛盾的，因为以残疾人完全参与社会生活为目的的政策通常会降低社会安全网的保护程度，对残疾人而言会有更多的风险。另一方面，保障收入的政策又可能会成为残疾人参与劳动力市场的阻碍。因此，政策制定者所面临的挑战是，既能确保残疾人过上像样的生活，同时还要提供支持和激励来促进残疾人实现充分就业。

目前大多数 OECD 国家对残疾人政策的关注点已经从收入保障转移到经济生活的融合上来了。在我国，要加快这种转变，还必须加深对残疾本质的认识。残疾，不仅仅是一种医学意义上客观存在的状况，在某种程度上而言它是残缺的身体、社会与政策环境之间相互作用的结果。如果一个社会的氛围和文化能够容纳不同类型残疾人的特殊需要的话，那么残疾对个人和社会所造成的影响将被较大程度的限制，从而使社会更加和谐。为此，我们需要营造这种氛围和文化，而通过残疾人实现就业达到融入社会经济生活则是一条合适的途径。因此构建一个完整而合理的就业服务体系是政府相关部门需要完成的重要工作，而就业政策又是其中最重要的一环。

一、国际上促进残疾人就业的政策工具

发达国家的残疾人就业政策主要集中在收入支持、就业计划和康复计划三个方面（廖娟，2008）。对于大多数国家而言，政府促进残疾人就业的做法大致可分为以下三种：法规管制型政策、平衡型政策和替代型政策。

法规管制型政策是对雇主指定某种法律上的义务来直接影响他们的行为。其目标是通过要求雇主雇用残疾人从而影响劳动力市场的需求方。按比例就业是一种典型的法规管制型政策，如果企业不按照某种比例雇用残疾人，就会被要求交罚款。另外一种法规管制型政策是反歧视法，通过一些法律、法规的实施来促进残疾人就业是世界上很多国家的做法。加拿大和美国

的反歧视法规定，如果劳动者是因残疾而影响其雇用、解雇，或者雇主拒绝为残疾人提供工作的配套设施，残疾人可以向法庭提起控诉。

平衡型政策是专为劳动力市场的残疾人增加竞争力而设计的。这种政策假定残疾人进入劳动力市场时是缺乏生产力的，因而他们需要更多的培训和工作启动成本。平衡型政策的措施包括工资补贴、职业康复、完善工作场所配套设施的基金和支持性就业（如增加工作教练）等。由此可见，这种政策使劳动力的需求方（雇主）减少了雇用残疾人的额外成本，同时在供给方面又增加了残疾人的生产力，因而可以视作一种促进劳动力需求平衡的政策。

与法规管制和平衡型政策不同的是，替代型政策暗含残疾人不能完全参与开放劳动力市场的假定，或者认为这至少是残疾人就业困难的一个重要方面。替代，指的是庇护性就业或是安排残疾人在公共或私人部门的特殊岗位就业。

如果实行的是单独以法规管制为基础的政策，那就意味着政策制定者认为残疾人有权利去开放的劳动力市场就业，他们与非残疾人之间的劳动生产率差距不大，他们参与劳动力市场的成本小，容易被私人部门吸纳。我们也可以称这种政策为政府主导型的政策，因为不管是制定法律、法规，要求用人单位按比例雇用残疾人，都带有强制性质，由政府参与管理。如果残疾人和非残疾人之间的生产率差距较大的话，平衡型政策就足以保证将雇主负担的由这种差距所产生的额外成本通过政府财政补贴的方式转移到全体公民身上，从而增加雇主雇佣残疾人的积极性。这种政策通过市场调节的方式来促进残疾人就业，政策制定者希望通过市场机制发生作用。如果残疾人和非残疾人二者之间的生产率差距过大，以至于政策制定者认为对开放的劳动力市场提供替代会使残疾人就业更经济有效时，替代型政策就成为一种很好的选择。它的主要形式是通过政府购买的方式实现残疾人的就业，如开发和购买公益性岗位，安排残疾人到特殊岗位就业等。

对替代型政策有一些反对的声音。反对者认为这种政策对残疾人而言是一种分割，且认为这种分割会降低残疾人的社会地位。他们还认为，如果不能进入开放的劳动力市场，就会阻碍完全融入经济生活所必需的社会和工作技能的发展。将残疾人与非残疾人分割的这些政策，比如庇护性就业，可能会阻碍非残疾人了解残疾人的才能和困扰，加深对残疾人的误解，不利于残疾人身心的健康发展。

除了以上这些政策工具之外，也可以采用直接的现金或实物补偿，以及支付保险费等措施。但这些现金福利计划在提高残疾人生活水平的同时可能会对残疾人就业造成负面激励。大量研究也证明了伤残补助的水平、申请这种补助的人数与残疾人劳动参与率的下降之间存在着反向关系。

虽然各个国家对促进残疾人就业采用了不同的政策和途径，但目前大多数 OECD 国家已经从补偿性政策转到了融合政策。这体现了发达国家已经能够更加全面地看待残疾人就业问题。

二、我国现行的残疾人就业政策及其问题

在法律法规政策方面，我国政府先后制定了《中华人民共和国残疾人保障法》、《残疾人就业条例》和《残疾人就业保障金管理暂行规定》，各省级人大也制定了《保障法实施办法》。这些法律法规的实施为促进残疾人就业起到了非常重要的作用（赖德胜、赵筱媛等，2008）。从计划经济到市场经济，我国的经济体制开始发生转变，残疾人就业政策也随之发生了一些变化。在计划经济时期，集中就业是我国政府安排残疾人就业的主要途径。安排残疾人在福利企业集中就业，是解决残疾人就业问题的主要形式。这实际上是一种庇护性的就业模式，属于替代型就业政策，这种政策会使残疾人与非残疾人之间产生隔离，不利于残疾人完全融入社会经济生活。分散按比例就业是联合国组织倡导、有关国际公约规定和国际社会普遍采取的残疾人就业原则。从 20 世纪 90 年代开始，在国家法律和优惠政策扶持下，我国也实行了按比例就业的政策，残疾人劳动就业贯彻集中与分散相结合的方针，以多渠道、多种形式迅速发展起来，残疾人就业工作进入了一个全新时期。我国按比例就业的法规在政策执行的具体过程中，残疾人就业服务机构和基层残联通过对辖区内残疾人和社会单位进行调查、登记，获得有劳动能力残疾人与用人单位岗位情况信息，然后向用人单位推荐合适的残疾人，安排双方面议，签订劳动合同。在此过程中，残疾人和用人单位都有选择的自主权。按比例就业也是一种法规管制型政策，它将残疾人分散地安排到各种企业和单位中，在一定程度上促进了残疾人融入社会经济生活。这表明，我国的残

疾人就业政策实际上正在从分割逐步走向融合。

2008 年 3 月 28 日，中共中央、国务院《关于促进残疾人事业发展的意见》中指出："依法推进按比例安排残疾人就业，鼓励和扶持兴办福利企业、盲人按摩机构、工（农）疗机构、辅助性工厂等残疾人集中就业单位，积极扶持残疾人自主择业、自主创业。多形式开发适合残疾人就业的公益性岗位。党政机关、事业单位及国有企业要带头安置残疾人。完善资金扶持、税费减免、贷款贴息、社会保险补贴、岗位补贴、专产专营等残疾人就业保护政策措施。"由此可以看出，政府倡导的残疾人就业政策仍然是以按比例就业为主，其他政策为辅的方针。但其中也突出了鼓励兴办福利企业、辅助性工厂等集中就业模式，以及鼓励政府机关通过购买公益性岗位等方式促进残疾人就业。这些政策的出发点都是以促进残疾人就业为目标的，但根据上一节的分析我们知道，这样的政策可能会将残疾人同整个社会分割开来，达不到促进残疾人完全融入社会经济生活的目的。

通过上述分析我们知道，不管是按比例就业、集中就业，还是政府提供就业岗位，都是通过影响劳动力市场的需求方来得以实现的。可以发现，我国目前所实施的残疾人就业政策中，同时从供给和需求两个方面来促进残疾人就业的政策，即平衡型政策较少。单方面地影响劳动力的需求方并不足以保证雇用双方都能满意，比如雇主因为是被法律法规强制而雇用残疾人，因而不会改变残疾人生产率低的看法，残疾人也可能因为自己的劳动能力未能得到提高而对目前的雇用并不满意。平衡型政策的目标除了要减少雇主雇用残疾人的成本之外，还要提高残疾人的就业能力，从而达到需求与供给的均衡。其形式主要包括，对用人单位进行工资补贴，提供完善残疾人工作场所配套设施的基金，提供职业康复训练，实行支持性就业，如安排个性化的就业辅导等。但从目前来看，我国的残疾人就业政策在这些方面还较为薄弱。

三、对构建残疾人就业服务体系的思考

促进残疾人就业并不是我们政策的终极目标，政策的深层次目标应该是使残疾人能够完全融入社会经济生活，从而减少残疾对整个社会的影响。从上述分析中可知，促进残疾人就业融合的政策目标应该是，在提供一个可接受的合理的生活标准的基础上，鼓励残疾人积极参与劳动力市场。为保证此

目标的实现，我们需要建立一个完善的残疾人就业服务体系。既然让残疾人积极就业是为了促进融合，那么构建促进残疾人就业的服务体系就应该从整体着眼，而不应只从局部考虑。这就要求政策制定者有一种融合的观念，而非分割的思想；同时，也不能将残疾人看成一个孤立的群体，而应当将其与家庭、社会联系起来看待。而在政策制定时，也应当秉承全局的思想，不能只关注就业政策，而忽视它与其他政策的关联。这样，在促进残疾人就业的同时才可以使他们完全融入社会经济生活。因此，我们认为，构建残疾人就业服务体系需从以下两方面来考虑。

第一，从提高残疾人的就业能力方面建设就业服务体系，重点加强平衡型政策的实施，如职业康复和培训、支持性就业等。大多数残疾人由于自己身体条件限制，总体文化程度偏低，且缺乏一技之长，难以就业（赖德胜、廖娟、刘伟，2008）。据了解，目前有许多残疾人之所以得不到就业，最主要的原因还是缺乏劳动技能。因此，在普及残疾人义务教育的同时，要加强残疾人职业教育和培训，技能是就业之本。

加强残疾人的职业康复和培训工作。职业康复和培训作为一种平衡型政策，对劳动力市场的供给方产生作用，它能最大限度地提高残疾人的生产率。根据国际劳工组织对职业康复的定义："康复是一个持续的、协调的过程，包括提供职业服务。如：职业指导、职业训练、展能就业（selective placement），使残疾人能够获得并保持适合自己的职业。"由此可见，该过程包含很多方面，如评估工作能力和资质，职业咨询、短期和长期培训、工作安排服务、职业生涯规划咨询等到。此项政策致力于提高残疾人的能力以增加他们在开放的劳动力市场中的就业机会。但到目前为止，我国对残疾人的职业康复和培训工作相对来说还较为薄弱，缺乏专业的职业指导、职业训练等。因此，相关部门应加强对此项工作的开展，以从根本上提高残疾人的生产率，从而使他们能够顺利地在开放的劳动力市场就业，达到融入社会的目的。

发达国家的支持性就业政策是用来帮助残疾人更好地融入工作场所和环境的。它由一系列不断发展的支持性服务构成，这些服务使残疾人在完成自己的工作任务的同时，还能在工作中得到更好的锻炼。工作教练（Job coach）是支持性就业计划的典型代表，他为残疾人提供个性化的服务，使残疾人能够以一个适合自身条件的步调来学习。在未来发展过程中，如果条件允许，我国也可以像发达国家一样，为残疾人提供个别或分组的工作教练。工作教练对完善残疾人就业服务有很大帮助，因为他们不仅能为残疾人提供现场培训，而且还可以及时发现残疾人对工作环境方面的需求，并将这种需求告知雇主促进其改善残疾人的工作环境。这种政策的实施既能提升残疾人的就业能力，同时还能为非残疾人创造出就业岗位（工作教练这一职业）。此外，支持性就业服务内容还包括交通服务、辅助工具、特殊的工作培训等，所有的这些服务都是为了提高残疾人的生产力而设计的。既然雇主关心的是残疾人和非残疾人之间生产力的差距，那么为了抵消掉这个差距，政府还可以提供给雇主工资补贴、税收减免等一些财政激励，促进其雇用残疾人。

第二，采用法规管制型政策、平衡型政策和替代型政策的合理组合，并结合残疾人的社会保障制定合理的政策实施标准，保持残疾人的就业动力。一个完整、合理的残疾人就业服务体系，应该是上述几种类型政策的组合，只有将这些政策组合进行合理实施，才可能保证让社会接受残疾人、让残疾人融入社会。在现阶段，我国残疾人的基本生活条件还没有完全得到保障，因此建立覆盖全体残疾人基本的社会保障是我们要完成的主要任务。但在制度设计之时，政策制定者除了要关注残疾人现阶段的状况外，还应从长远来考虑制定一个合适的标准，既可以保障残疾人基本的生活，同时这种保障又不能降低他们的就业积极性。当然，在制定这个标准之前，还应区分重度残疾和一般残疾。对重度残疾人而言，他们已经丧失了大部分的劳动能力，最好采用托养服务的政策。对一般残疾人而言，他们有一定的劳动能力，能进入劳动力市场工作。因此，对他们的保障标准不宜过高，过高了他们不愿意进入或回到劳动力市场工作；也不宜过低，太低了不能保障基本的生活。如何选择一个适合的保障标准，是政策制定者关注的重点问题，也是能否完成政策融合目标的关键。

法规型政策是基础，平衡型政策是重点，替代型政策是补充，残疾人社会保障是关键，只有找到这些政策的有效组合，将就业服务体系与社会保障服务体系有机结合在一起，才可能建设一个从全局出发的、比较完善的、合理的残疾人服务体系，从而促进残疾人融入社会经济生活，建立一个残疾人和非残疾人完全融合的和谐社会。

四、本章小结

本章主要研究了大学生、失地农民和残疾人这三个特殊群体的就业情况，重点讨论了这三个群体目前的就业特点以及存在的主要问题。大学生的就业问题主要体现在数量上存在供求失衡的矛盾，结构上存在区域供需不平衡的矛盾（大学毕业生偏好于发达城市和城镇部门就业，不愿到偏远和农村部门就业）；失地农民的就业问题主要体现在失地农民的就业率偏低，他们主要在私营企业就业，绝大部分是担任普通工人和临时工，在失地农民就业市场上，人力资本因素对其就业有一定的促进作用，社会资本对其就业起关键作用，66.67%的失地农民是通过社会关系获得就业岗位；残疾人的就业问题我们主要集中在残疾人的就业政策研究上，目前我国残疾人就业政策从集中就业转变到目前的以按比例就业为主，以多种就业方式为辅，实现了从分割到融合的过渡，但目前存在平衡型政策不够完善，职业康复和培训、支持性就业较为薄弱等问题。本章各节分别结合不同特殊群体的就业问题提出了一些相应的政策启示，为解决我国特殊群体的就业问题起到了抛砖引玉的作用。

第　八　章

中国扩大就业的政策演变与路径选择

　　本章首先回顾了新中国成立以来各个时期扩大就业的政策演变过程，分析了各个时期就业战略的不同特征和作用。研究认为，为了落实扩大就业的发展战略，实现充分就业，保证经济快速发展与扩大就业双重目标的实现，进而促进经济社会协调发展，真正做到发展为了人民、发展依靠人民、发展成果由人民共享，就必须着眼长远、立足当前、落实好以下几项任务：一是数量增加是基础，保证质量；二是和谐劳动是前提，依法落实；三是促进创业是手段，政策扶持；四是提高素质是方法，转变观念；五是制度完善是保证，注重保障。根据"十二五"及未来十年的就业形势分析，结合扩大就业发展战略目标和任务，要实现扩大就业，需要从量质齐升、和谐劳动、促进创业、提高素质、制度完善五个方面来落实。

第一节　我国扩大就业政策的演变

一、计划经济时代的扩大就业政策（1949—1977 年）

（一）计划经济时代的扩大就业政策的基本结构

　　1949 年中华人民共和国的成立，标志着我国历史进程的根本性变革，社会经济进入了新民主主义时期，开始向社会主义过渡。旧中国山河破碎，战乱频仍，整个国民经济和社会发展几乎处于一穷二白的阶段。新中国成立伊始，百废待举，由于历史原因，当时国内存在着大量的失业人员，其中包括因为战乱失去生计的工人和城市手工业者、国民党溃兵、旧政权服务人员等。为了安定社会，恢复生产，分步骤妥善安置无业、失业人员是新生政权面临的紧迫任务之一。我国计划经济时代的就业政策由此开始逐步建立、发展。

随着国民经济建设逐步恢复并被纳入国家计划轨道，无秩序的劳动力布局和结构日益不适应当时的现实需求。对于劳动就业的干预成为政府经济工作的重要职责，就业问题也被纳入了国家计划统筹的范围，统一劳动力资源的招收，并按照国民经济部门、地区和行业的需求进行有计划、有组织的调配。计划经济时代的劳动政策表现为三大支柱："固定工"、"统包统配"和"城乡分割"。三个政策支柱各自有其政策起点和发展脉络，但在发展中互相交织、互相作用，最终形成了成熟、完整的计划经济时代的就业扩大政策体系。

"固定工"劳动政策的标志性起点是 1952 年，中央人民政府政务院《关于劳动就业问题的决定》（以下简称《决定》）。该《决定》承认了"城市中伴随着经济改组而来的新的失业半失业问题及因生产改革、社会改革、土地改革、组织起来而显现出来的城乡剩余劳动力"，但是在性质判断上认为"是前进中不可避免的一时的困难"，与"失业问题本质上是完全不同的"。《决定》正式以文件的形式提出了：有计划地把城乡大量的剩余劳动力充分应用于生产事业及其他社会事业中来，并进而逐步做到统一调配劳动力。同时《决定》要求一切公私企业对于富余劳动力应采取"包下来"的政策，私营企业仅可以在转业、紧缩业务和歇业的时候申请解雇职工。在新中国成立之初，失业人口庞大，对于旧政权的公教人员和四大家族控制下的官僚资本主义企业职工采取"包下来"的政策，严格限制对于职工的辞退行为是非常必要的，一方面可以维护在职劳动者的根本利益，保障他们获得基本的生活；另一方面可以减少失业人群，保证社会稳定。但是所谓"包下来"的政策运用行政手段对于企业劳动需求进行调控，干预了企业用人自主权，造成职工进入单位后近乎"只进不出"，捧上了铁饭碗，最终演化为"固定工"政策。

几乎在同一时间，"统包统配"政策开始发端。1953 年 8 月，当时的劳动就业委员会、内务部和劳动部联合下发了《关于劳动就业的报告》（以下简称《报告》），《报告》收缩了用人单位的自主选择权，规定：各单位如招聘的工人、职员数量较大时，应向所属劳动部门申请，并由劳动部门负责介绍、选择和录用，在招工人数较少的时候可以自行组织招聘、录用。1955年，劳动部确定了"统一管理，分工负责"的原则，即在劳动力招收和调配问题上，由劳动主管部门统一管理，企业的劳动人事部门则只是单纯的执行机构。具体而言包括：机关事业单位可以自行组织，但是要报当地劳动部门备案，企业招工则直接由劳动部门负责；企业之间的劳动力流动调剂主要在本系统内进行，由系统内的行政主管部门负责，跨系统和跨地区的劳动力流动调剂则由上级劳动主管部门负责。"统一管理，分工负责"的劳动管理制度，进一步削弱了企业事业单位的用人自主权。但在当时劳动部门收归的是企事业单位固定工的用人权利，各个单位对于临时用工还拥有自主选择权。然而1957年国民经济建设已经出现了冒进的倾向，各个单位盲目上马项目，增加指标，为了完成生产任务大规模从农村招聘临时工人，从而导致该年新增职工数量远远超出国家计划。为了控制招工行为，国务院发出专项通知，将临时工的招工指标的审批权收归本行业中央主管部门或者省、市、自治区政府。由此，企业事业单位的用工权力进一步集中，政府对于劳动力资源的调配权力进一步扩大，政策的覆盖范围包括当时城镇所有新增劳动就业人口，形成了"统包统配"制度。在"统包统配"制度下，几乎所有城镇劳动者都可以通过政府机构安排获得一份工作，这是实现计划经济时代低失业率的重要政策杠杆。

在新中国成立之初运用行政手段吸纳城市富余劳动力，逐步消除城市就业的同时，政府开始从体制上限制农村剩余劳动进城务工。自1952年开始，中共中央和政务院多次以文件的形式要求地方政府劝阻农村劳动力盲目入城。另一方面，禁止各单位自行在农村招收工人。国务院于1955年8月发布了《市镇粮食定量供应暂行办法》，对于非农户口人员粮食凭票定量供应。从而从制度上终止了粮食的自由交易，也为劳动力跨地区、跨城乡流动设置了难以突破的壁垒。1958年1月，全国人大颁布了《中华人民共和国户口登记条例》，以法律的形式确立了城乡二元分割的户籍制度。《登记条例》规定：居民因私跨地区、跨城乡迁移必须拥有迁移证件；跨户口所在地区外出超过三个月，必须向户口登记机关申请。《户口登记条例》以法律的方式严格禁止劳动力的自由流动，从而由二元化的户籍制度导致了二元化就业制度，城市和农村劳动就业之间完全隔绝，城市与城市之间、乡村与乡村之间的交流也极其有限。限制农村劳动力向城市流动，从政策路径来看，其出发点是为了是稳定城市就业水平，缓解失业压力。但是结合当时的经济社会背景分析，限制劳动力流动是国家将劳动力纳入计划轨道，实现按照经济计划需求统一调配劳动力的供给的必然选择，户籍制度是实现这一政策目标的技术性工具。

在当时的农村广泛实行集体就业制度，新中国成立初期农民开始组建"互助组"、"初级合作社"、"高级社"。1958 年开始的"大跃进"运动在农村的表现是集体化步骤加速，各地纷纷从高级社向人民公社过渡。从此"人民公社"是一种"政社合一"的组织形式，但它并不仅仅负责基层的行政事务，而是一个集合经济、政治、文化乃至军事的统一体。在人民公社体制下，农民的生产劳动时间和生产劳动内容都由本生产队负责，农民必须在规定时间出工，做被安排的工作，不再有任何的自主选择权。生产队除了上缴公粮和其他应履行的义务外，财务自我平衡。农民劳动报酬的分配实行工分制度与供给制度相结合。供给部分主要是指口粮和一些农产品，工分则在财务年底转化为货币。人民公社制度通过行政干预的方式实现了农村的充分就业，并控制了农村剩余劳动力向城市的转移。根据传统的二元经济模型，当一国工业化水平升高的时候，劳动力会从生产率低水平的部门向生产率高水平的部门转移，但是在我国计划经济时代的工业化进程中，这种劳动转移潮流并没有产生。

所谓"统包统配"、"固定工"和城乡二元化制的就业扩大政策，是计划经济下体制的重要组成部分，反映了当时的社会发展和经济体制的客观要求。在以计划为主导配置资源的经济体制下，生产目标由中央计划编制机关确定并层层分解下达，再根据已经确定的生产目标调配人、财、物，企业没有自主经营、自负盈亏的自主权，只是实现国家计划的执行机构。在这种体制下，所有生产要素的配置以满足生产能力为标准，因此需要政府按照计划目标安排人员数量、结构的配置。通过这一套政策体系，在恢复国民经济，满足发展建设需要的同时，实现了我国城镇地区劳动者的充分就业，其积极作用不容否定（见表 8.1）。

表 8.1 1949—1957 年我国失业与就业情况

年 份	城镇失业人数（万人）	城镇失业率（%）	当年就业人数（万人）
1949	474.2	23.6	—
1950	437.6	—	36.6
1951	400.6	—	37.6
1952	376.6	13.2	24.0
1953	332.7	10.8	43.9
1954	320.8	10.5	11.9
1955	315.4	10.1	5.4
1956	212.9	6.6	102.5
1957	200.4	5.9	12.5

资料来源：国家统计局社会统计司：《中国劳动工资统计资料（1949—1985）》，中国统计出版社 1987 年
　　　　版，第 109 页；姚裕群：《走向市场的中国就业》，中国人民大学出版社 2005 年版，第 133—
　　　　197 页。

（二）计划经济时代的扩大就业政策的不足

和大部分计划经济时代的公共政策一样，完全政府主导的劳动调控政策
也造成了很强烈的负面作用。

首先，对于工资福利分配产生了明显的挤出效应。当时中国经济发展的
重要制约条件是资本的缺乏，如果单纯地依靠市场机制引导经济自由发展，
那么必然会导致有限的经济产出被大量消费，资本积累相对不足，经济发展
速度缓慢。因此我国在计划经济时代制定政策的时候，在积累与消费的权衡
之间更加倾向于前者，这种政策意图非常明显地体现在当时的工资政策上。
在当时就业扩大政策之下，政府政策不仅完全调配劳动的需求和供给，也直
接决定着劳动力要素的价格。我国当时实行类似于全国统一的工资体系，工
人为"八级工资"制度，机关事业单位工作人员为"二十四级工资"制度。
决定工资等级的主要依据是行政级别，同一级工资之间除了受到所在地区、
行业等影响略有调整外，总体差别不大。各个单位没有权决定工资标准、工
资级差和调整机制，一般而言职工在工资序列上只存在上升空间，几乎没有
下降的可能。因此这样一种统一化的工资政策并不是劳动报酬的精确反映，
而是平等化的福利保障安排。由于职工的努力程度和劳动禀赋差异不能在工

资回报中得到反映，表现为极强的平均主义和大锅饭，所以职工从中得不到激励，不利于调动个体积极性。虽然收入分配公平，保证人人有饭碗，但是这种公平却是建立在低效率和不可持续上面的。

其次，企业用工的单通道流动损害效率。当时的劳动政策对于符合条件的人员，不论生产工作是否需要，一律予以安排工作。职工一旦成为所谓"固定工"之后，单位用工"只进不出"，既不能辞退，又不能给予降职等惩罚，造成了一个岗位几个人工作，背离了劳动力资源的最优配置规律，造成企业人浮于事，冗员严重，劳动生产率下降。

再次，城乡就业二元化结构显失公平。在新中国成立之初，受到苏联计划经济取得巨大成就的影响，参考了中国近代以来工业屡弱屡受侵略的惨痛教训，结合当时复杂的国际政治经济格局，我国确定了优先发展工业，尤其是重工业的路线。重工业多为资本密集型产业，在我国资本相对不足的情况下，就需要增加其他部门的资本提取，以援助重工业的发展，这就是我国长期以来实行的"以工补农"政策。这直接导致了对于农业产业的投入相对不足，在生产资料不充分的情况下，为了维持既定的产出就需要增加劳动力的投入，降低资本的有机构成，客观上就要求将农民继续留在土地上，限制劳动力从农村向城市的流动。固化的城乡二元就业结构导致农民缺乏基本的劳动选择权利，除了极少的招兵、招工的机会之外，他们几乎没有可能进入城市寻找一份收入更高、保障更好的工作，去追求更美好的生活，只能从事农业劳动，他们创造的产值的相当部分又被国家提取作为工业经济发展的基金。因此，虽然在计划经济下，农村也不存在所谓失业人口，但是他们无疑是被相对剥夺的一代，受到了显著的不公平待遇。

最后，劳动力缺乏必要的流动。劳动力的合理流动是实现劳动力资源最优配置的基础，是劳动力价值最大化的表现。但是在计划经济体制下，劳动力如何配置由国家进行人为调控，劳动力的需求、供给并不是价格信号，劳动者偏好和企业现实需求的反映。劳动力地区间、产业间、部门间、就业状态间、企业间乃至工作间的转移只是因为国家计划和生产任务的需要，并不能优化劳动力资源配置结构，带来整体经济效率的改进。

（三）计划经济时代的扩大就业政策的调整

1958 年，"大跃进"运动正式开始，其中重要的政策内容就是"大炼钢铁"。于是各地区、各部门、各单位高炉蜂起，对于劳动力的需求也大大增加了。这时候企业劳动用工权力如果继续由中央集中管理，已经不符合当时的社会经济环境的要求，于是开始将各个地区、部门的新增职工计划指标的审批权下放给各个省、市、自治区。结果因为缺乏统筹安排，各个单位新招收了大量农民工，全国职工总人数激增。据统计，1958 年至 1960 年，全国净新增职工人数达 2868 万人，其中农民工高达 2000 万人。[①] 大部分新增工人都是临时合同工性质。职工人数的增加产生的直接后果是城镇人口增长超出预计，生活必需品的需求大大超出计划，加剧了因粮食减产造成的粮食和副食品等供应紧张。随着"大炼钢铁"的风潮过去，企业中冗员问题开始凸显，劳动生产率下降。为了缓解城市生活必需品供应压力，平稳度过困难时期，从 1961 年开始中央决定精简职工，并鼓励部分城镇人口，包括毕业即将安置工作的城镇知识青年上山下乡。到 1964 年实现减少城镇人口 2500 万人，精简职工 2000 多万人。[②] 大部分被精简的人员被安置到农村，从事农业生产。

　　对计划经济时代就业政策另一个大的外生影响是知识青年上山下乡运动。知识青年上山下乡运动萌芽于 1954 年，受"左"倾思想影响，当时的决策者在教育问题上片面地强调教育与生产劳动相结合，于是在这样的思想指导下，1954 年，中共中央批发了教育部党组拟定的《关于解决高中和初中毕业生学习与从事生产劳动问题的请示报告》（以下简称《报告》），《报告》提出，高中和初中毕业生在将来只能有一小部分升学深造，绝大部分将上山下乡从事生产劳动。之后有关部门又多次通过下发文件、树立典型、党报宣传等方式鼓励知识青年上山下乡，并由专门的机构，即内务部移民局负责此事。1961 年因精简职工的需要，开始大规模动员应届毕业生上山下乡。这期间城镇知识青年上山下乡人数约为 129 万人。在"文化大革命"期间，上山下乡运动达到高潮。1968 年毛泽东在《人民日报》上发表指示"知识青年到农村去，接受贫下中农的再教育，很有必要"。随即上山下乡

---

　　① 胡鞍钢、程永宏、杨韵新等：《扩大就业与挑战失业——中国就业政策评估（1949—2001 年）》，中国劳动社会保障出版社 2002 年版，第 48 页。

　　② 胡鞍钢、程永宏、杨韵新等：《扩大就业与挑战失业——中国就业政策评估（1949—2001 年）》，中国劳动社会保障出版社 2002 年版，第 48 页。

运动成为一种强制性的社会动员，这一政策一直持续到 1978 年。到底有多少知识青年参加了上山下乡运动，目前没有官方的准确统计，据学界估计总数在 1200 万到 2000 万之间。[①] 上山下乡政策是一项我国计划经济时代劳动领域的重要社会实践运动，其主要政策初衷之一是缓解业已严峻的城镇就业压力。因为在"固定工"政策和"统包统配"政策的影响下，城镇企业普遍处于人员超载状态，进一步吸纳新增劳动就业人口的能力有限，因此需要采取措施对符合分配条件的应届毕业生予以分流。正如政策宣传所言：我们也有两只手，不在城里吃闲饭。从缓解就业压力的角度分析，上山下乡运动实现了其政策目标。但是这一政策负面影响极其严重，整整一代人失去了接受正规教育的机会，宏观上造成了社会各行业的人才断层，据统计，我国"文化大革命"期间少培养了 100 多万大专毕业生和 200 多万中专毕业生，社会人才奇缺。[②] 从微观角度看，对每个知青而言，上山下乡运动导致了个体人力资本投资不足，缺乏在现代工业化社会就业的能力。同时，像所有计划经济下的政策一样，上山下乡政策在行政调控的末端缺乏细致可操作的安排，发生了知青生活困难，乃至被迫害等各种问题。

针对劳动就业政策在实践中暴露出来的问题，1957 年，当时的劳动部有关领导试图对这一政策体系进行改革，依据"统筹兼顾，适当安排"的原则，对于企业用人实行劳动合同化管理，允许企业经营者根据企业的实际经营状况和职工的工作表现辞退职工，也允许职工在一定范围内进行流动，选择适合自己的企业和岗位。这种改革设想得到了当时部分中央领导同志的支持，刘少奇同志 1958 年曾在中央政治局扩大会议上提出应实行"固定工"和"临时合同工"两种用工制度。并且指出"固定工"只能减少，不能增加。对于"临时合同工"则强调"亦工亦农，能进能出"，实际上是要部分打通城乡二元就业结构的壁垒。但是这种改革并没有获得广泛的认同，推进过程缓慢。1964 年劳动部试图将两种就业制度推广至全国，但是没有成功。1966 年爆发的"文化大革命"彻底扼杀了劳动制度的改革，"临时合同工"制度被指责为"复辟资本主义"，1971 年"临时合同工"制被正式

---

① 张曙：《"文革"中的知识青年上山下乡运动研究评述》，《当代中国史研究》2009 年第 2 期。

② 杨东平：《中国教育公平的理想与现实》，北京大学出版社 2006 年版，第 77 页。

取消，一直到改革开放后的 20 世纪 80 年代才开始恢复。

二、有计划的商品经济时期的扩大就业政策（1978—1992 年）

（一）政策变迁概述

1978 年 12 月 28 日，中国共产党第十一届三中全会召开，这是我国现代历史上划时代意义的事件，也是我党历史上意义深远的伟大转折。在政治上，十一届三中全会意味着对过去二十年"左"倾错误的"拨乱反正"，全党和全国的工作重心转移到社会主义经济建设上来，以此为起点，我国进入了改革开放的伟大历史阶段。十一届三中全会之后，我国经济体制改革开始启动。

改革的突破点是农村，在 1978 年 11 月，安徽小岗村农民自发进行包产到户的试点，标志着我国农村集体就业制度开始瓦解。几乎同时，在城市经济体制改革也在缓慢进行。城市企业是产品的生产者和流通的承担者，企业的效率是否能够充分发挥，企业职工的积极性、主动性和创造性是否能被调动，是城市经济体制改革所需要解决的关键问题。在计划经济体制下，企业蜕化为行政计划的执行部门，丧失了自己的独立性和自主性，价值规律被完全摒弃，集中表现为企业活力不足，生产效率低下，因此经济体制改革首当其冲的就是改革城市的企业。

在 1992 年完全确立建立社会主义市场经济体制之前，我国企业改革大致可以分为两个阶段。第一阶段是 1979 年到 1984 年，是早期的探索阶段。这阶段的标志性政策包括：1979 年提出的扩大企业经营自主权的"放权让利"政策，1982 年推行的工业经济责任制和 1983 年、1984 年两次推行的"利改税"政策。这阶段的企业改革表现出以下两个特点，其一是承认价值规律在资源配置过程中的作用，但仍然以计划经济为主体，市场成分只起到辅助作用。其二就是扩大企业的经营自主权，并将企业绩效与职工收入挂钩，开始在一定范围内突破全国统一化的工资体系。实践表明，因为信息不对称和约束机制不足，有限的市场化改革反而导致企业经营管理上发生严重的短视行为，改革效果与预期发生背离。

我国国有企业改革的第二阶段始于 1984 年 10 月 20 日召开的十二届三中全会，会议通过了《中共中央关于经济体制改革的决定》（以下简称《决定》），加快以城市为重点的整个经济体制改革的步伐。《决定》首次提出：计划经济与商品经济并不是对立的，计划经济是社会主义公有制基础上的有计划的商品经济。这标志着价值规律已经得到充分的承认，市场机制的作用也被基本认同，国家的计划调控反而相对弱化，居于次要的辅助地位。这一阶段的标志性政策是承包经营责任制。

经济体制改革也意味着传统劳动就业体制的改革，随着国有企业改革的推进，计划经济时代的劳动就业制度也逐步市场化。和企业改革的进程类似，劳动就业制度改革也大致可以分为两个阶段：第一阶段是 1980 年到 1986 年，改革的重点是统包统配制度，企业获得了一定的招工和用工自主权，并承认了个人具有自谋职业的劳动选择权。这一阶段也对"固定工"制度改革作出了探索，进行了劳动合同试点。第二阶段则是从 1986 年到 1992 年，改革的主要对象是固定工制度，采取的方式包括搞活固定工制度和试行全员劳动合同制。

（二）对"统包统配"政策的调整

在运行将近 30 年之后，"统包统配"政策的固有缺陷开始逐渐暴露。"统包统配"政策的特征是由国家统一调配和安置新增劳动力。从微观层面而言，这将导致单位对于需要安排的劳动者不论在生产中是否需要，一律接受，进而产生大量冗员。从宏观层面而言，将导致我国劳动力就业结构分布呈现出严重的不合理态势：单一所有制经济一家独大，几乎所有城镇劳动者都只能在公有制单位就业，就业渠道十分狭窄。

长期执行优先发展重工业的战略导致了人力、财力和物力相应的倾斜，但是重工业是资本密集型产业，统计表明，计划经济下在轻工业部门每亿元投资可以创造就业岗位 1.8 万个，在重工业部门等量投资只能创造 6000 个就业岗位，大量可能的就业机会因此而失去。从 1952 年到 1980 年，我国对于重工业的累计投资为 3742 亿元，同期轻工业投资仅为 394 亿元。如果实现均衡投资，可以新创造就业岗位 2008.8 万个，实际创造就业岗位与之相比减少了 40%。① 同时受"文化大革命"的影响，国民经济濒临崩溃，企业吸纳新增劳动力的能力已经被消耗殆尽，大量应安排的青年无法安排，只能

---

① 冯兰瑞、赵履宽：《中国城镇的就业和工资》，中国人民大学出版社 1982 年版，第 10 页。

待业。到改革开放初期，"统包统配"政策积累的矛盾到了难以为继的地步，就业矛盾极其严峻。据统计，1978 年城镇待业职工人数 530 万人，1979年这一数字上涨到 567 万人，此外 1978 年、1979 年两年返城知青即达到 650 万人，1979 年城镇累计待业人员 1500 万人，登记失业率达 5.4%。[①] 因此，"统包统配"的就业制度已经不适应现实需要，不仅不能进一步扩大就业，反而成为新增劳动力就业的障碍，必须对这一政策进行改革，改变劳动就业问题上的不合理现象，实现就业促进。

改革的起点是 1980 年 8 月召开的全国劳动就业工作会议。会议承认当前存在着双重就业压力，即需要就业的人员过多和在职冗员过多。这实际上提出了需要改革的目标不仅是"统包统配"政策，还包括传统就业扩大政策的另一个支柱——"固定工"政策。但是会议强调造成就业矛盾的主要原因还是"统包统配"制度。为了改革"统包统配"的弊端，会议提出了"三结合"的就业方针，即在国家统筹规划和指导下，实行劳动部门介绍就业、自愿组织起来就业和自谋职业相结合的方针。这里所说的劳动部门介绍就业，是指企业、事业单位根据计划指标，在劳动主管部门的管理下进行招工，即对于原来的国有和集体企业，继续维持由国家调配管理劳动力的政策。自愿组织起来就业是指尚未就业的人员可以自愿出资组织起各种集体经济单位来实现就业。自谋职业是指尚未就业人员可以在国家法律允许范围内从事个体工商服务业。"三结合"就业方针的突破在于，打破"统包统配"政策"一公独大"的单一就业渠道，允许集体经济和个体私有经济发展，实现多种渠道、多种所有制解决就业问题，为促进就业政策打开了新的突破口。到 1980 年底，1979 年之前的待业人员已经全部安置完毕。

"三结合"方针是希望通过丰富就业渠道来解决就业问题，没有从根本结构上对于"统包统配"制度进行调整，反而在原来国有和集体企业继续保持这种劳动管理形式，并没有打破原有劳动就业机制上的不合理。因此，进一步改革迫在眉睫。1981 年 10 月 17 日，中共中央和国务院出台了《关于广开门路，搞活经济，解决城镇就业问题的若干规定》（以下简称《规定》），这个规定明确提出，要把解决就业问题和调整所有制结构、产业结

---

① 　高书生：《中国就业体制改革 20 年》，中州古籍出版社 1998 年版，第 4 页。

构密切结合起来，即将劳动就业制度改革作为我国经济体制改革的一部分。要继续采用"三结合"的思路，广开就业门路，努力办好集体经济，发展个体工商业。要改革国营企业的劳动制度，逐步消除"大锅饭"和"铁饭碗"的弊病，实行多种形式的用工制度，逐步做到人员能进能出。允许企业在符合一定条件的情况下辞退职工。《规定》对于改革"统包统配"制度提供了基本原则，但是并没有提出具体措施。

1983 年 2 月，劳动人事部颁布了《关于招工考核择优录用的暂行规定》，开始从招工和用人两个本质的层面调整传统就业制度。《暂行规定》要求，全民所有制单位在计划内招工时要对工人进行德智体全面考核，根据择优录取的原则录用。《暂行规定》还对于招工范围、招工考核内容和录用办法等具体措施作出了规范。《暂行规定》和之前的制度相比有几个政策上的调整：其一是将一定的招工考核权力下放给招工单位，招工单位可以组织考试，确定录取人员；其二是明确了新职工的试用期，试用期为三个月，试用期过后用工单位可以根据职工的表现选择留用或者辞退。这些改革表明，全民所有制单位开始被赋予一定的用工自主权。

1986 年 10 月 1 日，由国务院发布的《国营企业招用工人暂行规定》开始实施。《暂行规定》废除了"统包统配"制度下长期存在的"子女顶班"和"内部招聘"，要求招工工作面向社会，公开招收，全面考核，择优录取。《暂行规定》是对"统包统配"制度的重要改革，它扩大了企业的招工用人自主权，基本上打破了过去由劳动主管部门统一招收新职工，再统一分配的做法。《暂行规定》依然要求招工必须限定在国家劳动工资计划指标之内，招工计划需要国家和地区劳动主管部门审批。国家对于企业劳动管理继续保持着很强的宏观控制力，但在微观层面上进行放权搞活，这样的制度安排与当时提出的"有计划的商品经济"的经济体制改革思路是一致的。

（三）对于"固定工"制度的调整

在"固定工"制度下，职工并不是完全的终身就业，但是企业辞退职工的条件非常苛刻，需要经过职工代表大会讨论决议。由于一般情况下，企业无权辞退职工，导致职工产生了强烈的"搭便车"心理，工作积极性下降，劳动纪律松弛。同时由于工人能进不能出，企业无法对人员数量和结构进行有效的调整，造成冗员过多，而急需人才又受制于编制限制，短期难以增补。"固定工"制度成为影响企业劳动效率和生产效率的重要原因。

对于"固定工"制度改革的最早是自发产生的，经济体制改革启动后，我国企业的所有制构成结构也发生了变化，出现了农村集体投资的乡镇企业、外商投资企业、港澳台资企业、合资企业，在这些具有私有制经济成分的企业中，出于经济效率和管理方式的考虑，广泛使用劳动合同制。为了对这种用工方式进行规范，国务院1980年7月颁布了《中外合资经营企业劳动用工管理规定》（以下简称规定），《规定》要求：合营企业职工的雇佣、解雇和辞职，生产和工作任务，工资和奖惩，工作时间和假期，劳动保险和生活福利，劳动保护，劳动纪律等事项，通过订立劳动合同加以规定。1984年1月，为了进一步下放合营企业的劳动管理自主权，劳动人事部发布了《中外合资经营企业劳动管理规定实施办法》（以下简称《实施办法》），《实施办法》赋予了合营企业管理方根据职工表现解雇、处分职工的权力。乡镇企业和合营制企业自发的劳动合同用工试点，从外围突破了陈旧的"固定工"制度限制，为下一步国有和集体企业用工制度改革，提供了宝贵的经验。

早在1981年，决策者就决心进行国有和集体企业用工制度改革，打破单一的"固定工"用工制度，改变企业冗员严重的局面。在《关于广开门路，搞活经济，解决城镇就业问题的若干规定》中提出：要实行合同工、临时工、固定工等多种形式的用工制度，逐步做到人员能进能出，之后全国部分地区开始进行劳动合同制的试点。1983年2月，劳动人事部发布《关于积极试行劳动合同制的通知》，明确以劳动合同制的办法，打破"铁饭碗"，改变"大锅饭"的弊端。要求在所有新招收职工中，逐步试行劳动合同制，通过新人新办法、老人老办法的方式，实现过渡。

经过几年准备，1986年7月，国务院正式发布了《国营企业试行劳动合同制暂行规定》（以下简称《暂行规定》），规定要求：企业在国家劳动工资计划指标内招用常年性工作岗位上的工人，除国家另有特别规定者外，统一实行劳动合同制。用工形式，由企业根据生产、工作的特点和需要确定，可以招用五年以上的长期工、一年至五年的短期工和定期轮换工。不论采取哪一种用工形式，都应当按照本规定签订劳动合同。企业招用一年以内的临时工、季节工，也应当签订劳动合同。《暂行规定》的适用范围为企业新招聘计划内正式职工和临时工，对于原来的在编职工依然继续保留固定工制度，实际产生了企业用工"双轨制"。"双轨制"承认了老一代职工的既得权益，为顺利推进改革提供了稳定的环境。但是劳动用工"双轨制"的弊端也是非常突出的，在同一企业，同一车间乃至同一工段之间，两种身份的职工因为薪酬、奖惩条件等待遇问题产生了大量的矛盾和摩擦，在"双轨制"框架下，同工种不同待遇的问题无法得到根本性的解决。同时，从比例上来看，大部分职工仍然保留有固定工身份。据统计，截至 1986 年底，我国全民所有制单位中合同制职工人数为 524 万，占全民所有制单位职工总人数的 5.6%，城镇集体所有制单位的合同工人数仅为 100 万人。[1]

作为用工制度改革的配套政策措施，国务院先后于 1982 年 4 月和 1986 年 9 月颁布了《企业职工奖惩条例》和《国营企业辞退违纪职工暂行规定》，根据两个文件的规定．在职工严重违反劳动纪律、玩忽职守导致严重后果、工作不负责任等情况下，企业有权力对于职工予以处分、辞退乃至除名。通过在用工方面赋予了企业更大的自主权，来提高职工效率，增强企业活力。这两个政策的适用范围不仅包括合同制工人和临时工，还包括固定工，从而第一次将现有固定工作为改革对象，固定工不再是能进不能出、干好干坏一个样的"铁饭碗"，为下一步实行搞活固定工制度打下了政策基础。

早在 1984 年，一些地区为了解决劳动用工"双轨制"衍生出来的矛盾，就开始着手进行搞活固定工制度的试点。1987 年 9 月，劳动人事部专门为此召开了全国搞活固定工制度试点工作会议，会议提出搞活固定工制度是发展社会主义商品经济的需要，是经济体制改革的需要。会议明确了将搞活固定工制度作为这一时期劳动制度改革的主要内容，将以固定工为主的用工制度，逐步向多种用工形式并存的劳动合同制转变。在搞活方式上，可以采取多种形式，诸如择优上岗，合同化管理和劳动组合。所谓择优上岗，是指要求固定工与合同制职工一起参加考核，考核合格者方可上岗，不合格者则待岗。合同化管理是指在企业内部实行全员合同制，通过签署岗位责任合

---

① 胡鞍钢、程永宏、杨韵新等《扩大就业与挑战失业——中国就业政策评估（1949—2001 年）》，中国劳动社会保障出版社 2002 年版，第 59 页。

同规范固定工。优化劳动组合是指按照择优上岗的原则，通过企业内部招聘组成新的劳动组织，即由企业生产部门领导自主选择工人，在职工自愿的基础上组成劳动集体，以实现各种人、财、物的优化合理配置，充分发挥劳动力和生产设备的效率。为了使优化劳动组合取得成效，企业会与优化后的生产部门签订合同，落实权利和责任。

1992 年，我国对企业用工制度的改革继续深化，从单纯的搞活固定工制度发展到试行全员合同制，自新中国成立以来就开始实行的固定工制度逐渐瓦解。1992 年 2 月，劳动部发布《关于扩大实行全员劳动合同制的通知》（以下简称《通知》）。《通知》强调了实行全员劳动合同制对于发展社会主义有计划的商品经济，对于促进国营企业发展，对于保障维护职工利益三方面的重要作用。《通知》要求所有省、市、自治区和计划单列市都应该选择一两个市（县）试行全员劳动合同制，各行业主管部委也应选择若干企业实行全员劳动合同制。所谓全员劳动合同，即签订劳动合同的范围不仅包括新入职职工，还包括过去的固定工，拥有干部身份的企业管理人员等，从而取消了劳动用工双轨制。

为了推进市场化改革、增强企业活力、提高经济效率，1992 年 7 月，国务院发布实施了《全民所有制工业企业转换经营机制的条例》（以下简称《条例》）。这一条例赋予了企业生产经营自主权利，在 14 项自主权利中，就包括劳动用工权、人事管理权和工资奖金分配权。《条例》关于劳动用工的规定包括：企业按照面向社会、公开招收、全面考核、择优录用的原则，自主决定招工的时间、条件、方式、数量。企业从所在城镇人口中招工，不受城镇内行政区划的限制。企业按照面向社会、公开招收、全面考核、择优录用的原则，自主决定招工的时间、条件、方式、数量。企业的招工范围，法律和国务院已有规定的，从其规定。企业从所在城镇人口中招工，不受城镇内行政区划的限制。企业有权决定用工形式。企业可以实行合同化管理或者全员劳动合同制。企业可以与职工签订有固定期限、无固定期限或者以完成特定生产工作任务为期限的劳动合同。企业和职工按照劳动合同规定，享有权利和承担义务。企业有权在做好定员、定额的基础上，通过公开考评，择优上岗，实行合理劳动组合。企业有权依照法律、法规和企业规章，解除劳动合同，辞退、开除职工。同时，《条例》赋予了在规定工资总额内企业自主制定工资和奖金分配制度、分配形式的权利，从而打破了全国统一化的工资体系，实现了多劳多得，促进了劳动力资源的供给。《全民所有制工业企业转换经营机制的条例》是一部承上启下的法规，在行文形式上还具有一定的计划经济色彩，在内容上则完全尊重市场机制对劳动资源的配置作用。根据《条例》规定，除了招收农村户籍劳动者尚存在障碍之外，企业几乎拥有市场化机制下一切的用工自主权。

（四）消除城乡就业隔离的政策调整

计划经济时代就业扩大政策体系的第三个支柱是"城乡就业隔离"，通过户籍制度排斥农村户口的劳动者在城镇地区就业，从而减缓就业安排压力，实现城镇地区"零失业"。在农村则实行集体就业制度，农村劳动力被安排在生产队进行农业生产，一切都需要服从组织安排，不能随意选择自己的劳动部门和生产内容，也不能自行入城工作。党的十一届三中全会之后，农村地区经济体制改革开始破冰，集体经济逐渐解体，到了1981年，全国绝大部分地区已经实行了各种家庭联产承包责任制。经济体制改革使得生产资料和劳动者更加紧密地结合起来，极大地激发了农村地区的生产力，过去在农业生产中广泛存在的"出工不出力"等效率低下的现象，被杜绝了。改革在释放生产力的同时，也产生了大量的富余劳动力。但在计划体制下，企业从农村招工有着严格的限制，于是如何消化新产生的富余劳动力，成为决策者需要及时解决的问题。在当时城镇就业压力沉重，不可能允许农村劳动者大规模流入的情况下，国家开始通过大力发展乡镇企业来解决农村劳动力就业问题。为此，中央出台一系列政策，对乡镇企业给予税收、融资、产品流通等各项优惠，旨在鼓励乡镇企业发展。随着乡镇企业的蓬勃兴起，大批农村劳动力开始由农村到城镇的转移，到1988年，乡镇企业就业人数已达9545万人。①

农村劳动力的跨城乡、跨地区流动对户籍管理制度提出了挑战，严格的户籍限制已经不适应劳动力转移的现实环境，为此我国开始逐步放松户籍约束。1984年10月，国务院发布了《关于农民进入集镇落户问题的通知》

---

① 林汉川、夏敏仁：《农民就业转型的模式与对策研究》，武汉大学经济与发展研究中心研究论文。

（以下简称《通知》），《通知》规定：凡在集镇务工、经商和从事服务业的农民及其家属，在集镇有固定住所，有经营能力，或在乡镇企事业单位长期务工，可以准予落常住户口，但口粮自理。《通知》部分消除了农民跨城乡、跨地区流动的户籍障碍，标志着我国对劳动力进行人为分割的户籍管理制度开始发生变革。但总的来说，和这一时期"统包统配"、"固定工"制度的改革成就相比，对于城乡二元就业结构的改革是非常初步的和不彻底的，户籍制度只是做了有限调整，城镇企业跨城乡招工的权力依然由劳动主管部门控制，阻碍劳动力自由流动的制度性障碍还广泛存在。

三、市场经济体制建立时期的扩大就业政策（1993—2000 年）

（一）政策变迁的背景

1992 年 10 月，党的十四大胜利召开，这是在我国经济体制改革过程中一次具有划时代意义的会议。会议上江泽民同志做了题为《加快改革开放和现代化建设步伐，夺取有中国特色的社会主义事业的更大胜利》的报告，报告明确提出我国经济体制改革的目标是建立社会主义市场经济体制。这标志着我国经济体制改革将更为全面、深刻、彻底。1993 年 11 月召开的党的十四届三中全会通过了《中共中央关于建立社会主义市场经济体制若干问题的决议》（以下简称《决议》），《决议》清晰勾画了社会主义市场经济体制的基本框架：社会主义市场经济体制是同社会主义基本制度结合在一起的。建立社会主义市场经济体制，就是要使市场在国家宏观调控下对资源配置起基础性作用。《决议》也对企业改革提出了新的任务，要求进一步转换国有企业经营机制，建立适应市场经济要求的、产权清晰、权责明确、政企分开、管理科学的现代企业制度。建立现代企业制度，是发展社会化大生产和社会主义市场经济体制的必然要求，也是我国国有企业改革的方向。

现代企业制度的特征有如下表现：其一，产权关系明晰，企业中的国有资产所有权属于国家，企业拥有包括国家在内的出资者投资形成的全部法人财产权，成为享有民事权利、承担民事责任的法人实体。其二，企业以其全部法人财产，依法自主经营，自负盈亏，照章纳税，对出资者承担资产保值增值的责任。其三，出资者按投入企业的资本额享有所有者的权益，即资产受益、重大决策和选择管理者等权利。企业破产时，出资者只以投入企业的资本额对企业债务负有限责任。其四，企业按照市场需求组织生产经营，以提高劳动生产率和经济效益为目的，政府不直接干预企业的生产经营活动。企业在市场竞争中优胜劣汰，长期亏损、资不抵债的应依法破产。其五，建立科学的企业领导体制和组织管理制度，调节所有者、经营者和职工之间的关系，形成激励和约束相结合的经营机制。

社会主义市场经济体制要求与之相匹配的市场化的劳动就业制度，与之相关的政策必须进行充分彻底的调整。首先，现代市场经济体制下要求使用合同制的形式规范劳动关系，因此必须彻底改革固定工制度，实行全员劳动合同制。其次，彻底打破统包统配制度，完善劳动力市场建设。最后，打破城乡就业隔离，实现劳动力根据市场需求和个人意愿自由流动。

（二）实行劳动合同制，建立现代劳动关系

现代企业制度需要与之相适应的劳动力与生产资料的组合方式，关键在于全面彻底地改革固定工制度，实现以劳动契约的方式管理劳动关系，即全员劳动合同制。劳动部于 1993 年 12 月提出了《关于建立社会主义市场经济体制时期劳动体制改革总体设想》，认为建立健全劳动关系调整制度的基础是劳动关系的法制化。要积极进行劳动制度改革，推行全员劳动合同制，促进企业与职工劳动法律关系的建立，加强劳动合同管理。要求"八五"期间，在三分之二以上地区的各类企业和职工中全面实行劳动合同制，使劳动关系的建立初步走上法制化轨道；"九五"期间，初步建立与社会主义市场经济体制相适应的劳动用工制度，在全国各类企业全部职工中实行劳动合同制度，使劳动关系走上法制化轨道。

根据这一改革思路，有关部门迅速采取措施，通过宣传引导、行政要求、监督检查等各种方式推广劳动合同制，纳入劳动制管理的企业范围迅速扩大，不仅包括合同制管理推行较好的外商投资企业、合资经营企业，还包括国有企业的固定工、集体企业、乡镇企业和个体工商户。到 1994 年底，全国全面实行劳动合同制的（县）市已达 300 多个，全员劳动合同制体系基本确立，因为之前改革不彻底而产生劳动用工双轨制问题开始得到初步解决。

随着经济体制改革逐渐深化，我国非公有制经济快速发展，公有制经济单位也在加快转换经营机制，开始建立现代企业制度，由此也带来了更加复杂和多样化的劳动关系。在这种深刻变化的背景下，单纯的行政法规在调整和维护劳动关系各方主体的合法权益方面显得力不从心，公信力和强制力明显不足，因此需要制定一部《劳动法》来维护各个相关主体，尤其是劳动者的合法利益不受侵害，维护用人单位和劳动者之间和谐稳定的劳动关系。同时，制定《劳动法》调节各种劳动关系也是建立社会主义市场经济的需求。在市场经济体制下，市场将成为配置劳动资源的基础性手段，随着经济体制改革的不断深入，我国劳动就业领域市场机制的作用日渐增强，劳动力开发、配置和使用都体现着价值规律，从而要求用法律的形式来规范劳动关系主体的行为和权利、义务，劳动力市场秩序。

1994 年，全国人大将《劳动法》列入了当年的立法计划。同年 7 月，《劳动法》正式颁布。《劳动法》的颁布标志着我国劳动就业政策进入了一个新的阶段，摆脱了单纯依靠行政规章的行政化管理，而向由专门的法律协调劳动就业及其与之相关社会关系的法制化管理迈进。劳动法对于劳动用工的规范包括以下几个方面的内容。

其一，明确了劳动合同是劳动者与用人单位确立劳动关系、明确双方权利和义务的协议，建立劳动关系应当订立劳动合同。同时，对劳动合同订立的原则、形式、内容、期限以及解除劳动合同的条件等，都作出了相应的规定。

其二，从法律上明确了用人单位濒临破产进行法定整顿期间或者生产经营状况发生严重困难，经过一定程序可以裁减人员。劳动者不能胜任工作等情况下，用人单位可以单方面解除劳动合同。

其三，规定了政府的就业促进责任：国家通过促进经济和社会发展，创造就业条件，扩大就业机会；地方各级人民政府应当采取措施，发展多种类型的职业介绍机构，提供就业服务；保证劳动者就业不因民族、种族、性别、宗教信仰不同而受歧视，保护妇女、残疾人等弱势群体的平等就业权利。

《劳动法》一方面以法律的形式明确了企业享有招工用人、劳动管理的自主权；另一方面限定了国家对于劳动就业的干预内容和干预力度，国家不能继续以计划经济时代行政包办的方式来促进就业，而必须尊重市场机制对于劳动资源配置的基础作用，政府责任在于对市场失灵的地方进行调控。在宏观上，通过财政和货币政策，促进经济发展，使劳动需求增加，实现就业扩大。在微观领域，政府的干预集中在对就业困难群体的帮扶。

《劳动法》颁布之后，为了贯彻其中关于劳动合同管理的有关内容，1994年8月，劳动部发布《关于全面实行劳动合同制的通知》（以下简称《通知》）。《通知》指出，《劳动法》中关于"建立劳动关系必须订立劳动合同"的规定是劳动制度改革的一项重大举措，是建立社会主义市场经济劳动制度的必然要求，因此各地区要积极贯彻实施，促进全员劳动合同制度的建立和运行。《通知》对于实行劳动合同制的时间表作出了明确规定：具有较好的改革环境和基本具备实施条件的地区，如广东、海南、福建、上海、北京、浙江、山西、吉林、山东、河南、四川等省市，要在1995年年底全面实行劳动合同制；其他省市要在1995年年底实现80%以上的企业和职工实行劳动合同制，到1996年上半年实行全员劳动合同制。同时要求，签订的劳动合同其约定内容必须和《劳动法》规定的相一致。这些措施极大地推进了企业用工制度的改革进程，到1996年5月底，全国企业已经签订劳动合同的职工达到9556万人，占职工总人数的88.7%。到1997年年底，已经有10728.1万名城镇职工实行劳动合同制，占职工总数的97.5%。[1]劳动合同制的全面建立标志着计划经济时代固定工制度的彻底终结，企业和劳动者之间可以根据生产需要和自主意愿确定工作期限，解决了计划经济时代职工只进不出，企业冗员严重的问题，促进了劳动力资源的有效流动，是建立市场化的劳动就业机制的重要组成部分。

（三）彻底打破统包统配制度，完善劳动市场建设

计划经济时代，劳动力资源配置实行"统包统配"的方式，国家对机关、事业单位和企业工作人员实行高度集中的计划管理，统一计划、统一招收、统一调配。随着计划经济向市场经济转轨逐步完成，劳动行政部门对于劳动力如何使用的微观管理职能渐渐弱化，市场开始在资源配置过程中发挥基础性的作用。市场经济体制中要素市场的重要组成部分是劳动力市场，在经济体制改革的过程中必须建立相应的劳动市场机制替代计划体制，来实现劳动力资源供求双方的交易。

---

① 高书生：《中国就业体制改革20年》，中州古籍出版社1998年版，第73页。

在社会主义改造尚未完成之前，我国曾短暂存在过劳动力市场，20 世纪 50 年代，在劳动行政部门下设有职业介绍所，此外因为当时还存在自发的个体经济，因此在一些城市自发的劳动力市场。随着统包统配制度的确立，劳动力资源的配置逐渐纳入行政调配，依靠需求和供给调节劳动力配置的市场机制不复存在，劳动力市场也就消失了。最早恢复劳动市场的驱动是城镇的就业压力，原国家劳动总局于 1978 年 7 月向国务院务虚会议提交的《关于劳动工资的汇报提纲》中提出："建议在大中城市组建劳动服务公司，统一管理社会劳动力，统一调节职工余缺。"同年 9 月，为了解决日益显性化和尖锐化的城镇待业人员问题，时任国务院副总理的李先念在国务院务虚会议上指出：要成立劳动服务公司，负责介绍待业人员就业，从事机械修理、饮食服务、房屋维修、城市绿化、幼儿抚育等工作。由此，为了实现扩大就业的政策目的，劳动服务公司开始出现并迅速发展。到 1980 年，全国共成立了 831 个劳动服务公司，组织待业人员就业 150 万人，其中正式就业 45 万人。[①] 劳动服务公司是劳动主管部门下属的事业单位，在公司下面又往往管理着一家或者几家具有集体经济性质的劳动服务或者生产服务单位。劳动服务公司采取行政管理和经济手段相结合的办法，组织城镇待业青年，开辟生产、服务门路，并进行职业培训，创造就业条件。

1980 年"三结合"就业方针被提出并贯彻实施，"三结合"方针要求待业人员"自愿组织起来就业"，据此劳动服务公司机制得到了进一步的发展，1982 年 9 月，劳动人事部发出《〈关于劳动服务公司若干问题的意见〉的通知》，对于如何办好劳动服务公司，发挥其作用提出了指导性意见。1984 年 11 月，全国劳动就业服务公司指导中心成立。到 1985 年末，全国各级各类劳动服务公司迅速发展到 45659 所。[②] 劳动就业服务公司的基本任务是对待业人员实行就业安置，按当时报纸的说法"劳动服务公司安置了孩子、稳定了老子、减少了乱子"，从这一政策有着很强的扩大就业职能。从实践表现来看，劳动服务公司的扩大就业工作也是成功的，从 1979 年到

---

① 孙兴伟：《走过希望的田野，回望来时的足迹——30 年后再回首劳动服务公司的发展轨迹》，《中国劳动保障报》2008 年 11 月 12 日。

② 孙兴伟：《走过希望的田野，回望来时的足迹——30 年后再回首劳动服务公司的发展轨迹》，《中国劳动保障报》2008 年 11 月 12 日。

1990 年，劳动服务公司累计安置了 1600 多万名城镇待业人员就业，承担了同期全国就业安置任务的近 20%，占城镇集体所有制企业总安置人数的 30%。劳动就业服务公司机制虽然有一定劳动市场色彩，但是国家计划管理仍然起到主导作用。1984 年 8 月，西安市成立了西安市技术工人开发交流服务中心，在部分技术工人的流动方面引进市场机制，由供需双方直接见面洽谈，这是改革后建立现代意义上劳动力市场机制的最早实践。

在 1993 年党的十四届三中全会上，通过了《中共中央关于建立社会主义市场经济体制若干问题的决定》（以下简称《决定》），《决定》明确提出：改革劳动制度，逐步形成劳动力市场的目标。从而正式将劳动力市场作为社会主义市场经济的重要组成部分，发展完善劳动力市场机制也就成为劳动就业体制改革的重要内容。在 1993 年 12 月劳动部制定的《关于建立社会主义市场经济体制时期劳动体制改革总体设想》（以下简称《设想》）中，将"市场机制在劳动力资源开发利用和配置中起基础性作用，通过市场实现充分就业和劳动力合理流动"作为改革后目标模式的基本内涵。《设想》认为，劳动力市场是生产要素市场的重要组成部分，是按照市场规律对劳动力资源进行配置和调节的一种机制。因此要通过培育和发展劳动力市场，带动劳动领域的各项改革，推动劳动事业的全面发展。培育和发展劳动力市场的目标模式，应该是建立竞争公平、运行有序、调控有力、服务完善的现代劳动力市场。所谓竞争公平，是指要打破统包统配的就业政策，破除妨碍劳动力的不同所有制之间流动的身份界限，劳动者自主择业、自主流动，企业自主用人，劳动力供求主体之间通过公平竞争、双向选择确立劳动关系。建立公平竞争的劳动力市场，还包括要逐步打破城乡之间、地区之间劳动力流动的界限。所谓运行有序，是指要为劳动力市场制定一整套法规，建立良好的运行秩序，劳动关系的建立、调整和终止，通过劳动合同法律形式来进行。所谓调控有力，是指要制定劳动力资源开发利用规划，引导劳动力市场运行方向，通过劳动监察保证劳动力市场的良好运行，并通过经济的、法律的以及必要的行政手段调控劳动力供求总量和供求结构。所谓服务完善，是指要建立完整的劳动力市场服务和保障体系。主要包括社会保险体系、就业服务体系、职业技能开发体系、统计信息服务体系、劳动法律咨询服务体系、劳动安全监察体系、宏观调控体系等，为各类企业和全社会劳动者提供优质高效服务和社会保障。

《设想》对于如何培育和发展劳动力市场，提出了具体的步骤：要求"八五"后期实施重点突破，逐步消除劳动力市场发育的主要障碍，加快培育市场主体，基本实行自主用工和自主择业。同时积极建立服务保障体系，推动公平竞争，初步建立市场秩序。在"九五"时继续培育市场主体，基本取消统包统配，进一步放开城乡界限，取消职工身份界限，扩大公平竞争范围，进一步规范市场运行秩序，争取在 20 世纪末基本形成现代劳动力市场体系的雏形。《设想》提出的"两步走"设计，成为劳动力市场建设和发展的基本战略指针。

为了贯彻落实好关于劳动力市场建设和发展的有关思想，有关部门采取了一系列措施以促进劳动力市场的建设。1994 年 8 月，中组部和人事部印发《加快培育和发展我国人才市场的意见》（以下简称《意见》）。《意见》指出，培育和发展人才市场是我国建立社会主义市场经济体制的一项重要任务，但我国当前人才资源并没有得到合理的利用，要解决这一问题，充分开发和利用我国的人才资源，根本出路在于加快培育和发展人才市场。要尽快制定人才市场运行需要的基本政策法规，在大中城市普遍建立人才市场场所，建立和发展地区人才信息网络，扶持专业人才市场的发展，建立区域性人才市场。到 2000 年之前，在全国范围内初步建成功能完善、机制健全、法规配套、指导及时、服务周到的人才市场体系。1995 年 11 月，劳动部发布了《职业介绍规定》，对职业介绍机构的性质、开办条件、监管、职能作出了规定，由此来规范职业介绍行为，促进劳动者和用人单位之间的双向选择。1996 年 10 月，劳动部又发布了《关于企业职工流动若干问题的规定》，对于劳动就业体制改革过程中，新出现的企业职工流动行为进行规范。

1999 年 5 月，党的十五届四中全会审议通过了《中共中央关于国有企业改革和发展若干重大问题的决定》。《决定》在重申加快国有企业体制改革，建立和完善现代企业制度的同时，对下一步劳动力市场的发展提出了要求。要积极发展和规范劳动力市场，逐步建立市场导向的就业机制，作为国有企业改革的重要保障机制。

在这些政策措施的推动下，我国劳动力市场发展迅速，取得了比较显著的成绩。全国基本建立了职业介绍制度，劳动者可以自主择业，企业可以自主用工。在此过程中，形成了比较完备的劳动力市场法律法规体系。到 2000 年，我国已有劳动保障部门开办的职业介绍机构 20262 所，劳动保障部门指导下开办的各类职业介绍机构 8762 所，各个职业介绍机构全年成功实现职业介绍 975 万人次，其中劳动保障部门职业介绍机构成功介绍工作 707 万人次。

（四）再就业工程

"下岗职工"是一个具有鲜明中国特色和转型时期时代特色的历史名词。1996 年，国家统计局与劳动部将"下岗职工"定义为：由于用人单位生产和经营状况等原因，已经离开本人的生产或工作岗位，但仍与用人单位保留劳动关系的职工，俗称"二无人员"。1998 年 3 月国家统计局和劳动部对"下岗职工"概念进一步修正为：因企业生产和经营状况等原因，尚未与企业解除劳动关系，在原单位已无工作岗位，且未再就业的职工，即俗称的"三无人员"，原企业无工作岗位，未解除劳动关系，未再就业。修正后的定义口径比较精准地反映了"下岗职工"群体的经济社会状态，然而要对这一概念以及由此产生的下岗职工再就业工程进行充分的把握，需要简要回溯下岗职工问题产生原因。

20 世纪 80 年代，随着经济体制改革的深化，计划经济时代传统的劳动就业制度已经不适应现实需要，企业普遍开始施行搞活"固定工"制度的试点，优化劳动组合是主要的试点方式之一。所谓优化劳动组合是指按照择优上岗的原则，通过企业内部招聘组成新的劳动组织，即由企业生产部门领导自主选择工人，在职工自愿的基础上组成劳动集体，以实现各种人、财、物的优化合理配置，充分发挥劳动力和生产设备的效率。在这种试点政策下，一些劳动效率较低、技能不熟练的职工没有被吸纳入任何一个劳动集体，虽然人还在企业上班，却没有任何实际的工作内容可以做，这些人被称为"待岗职工"。因为当时固定工制度还没有完全废除，待岗职工仍然是企业的固定制职工，基本工资照常发放，只是没有相应的工作岗位安排。待岗职工的出现标志着计划经济时代庞大的隐性失业人口，开始逐渐显性化。

到 20 世纪 90 年代，经济体制改革的目标明确为建立社会主义市场经济体制，相应地，劳动就业制度改革也进一步深化，企业在劳动用工等问题上的自主权扩大。20世纪90年代初期，一些地方的企业开始对不适合生产、工作岗位的职工调离工作岗位，但并不安排新的工作岗位，也不发放基本工资。这种政策在当时没有统一的名称，有的地方被称为"停薪留职"，在有的地方被称为"厂内待业"，还有"放长假"、"两不找"等通俗的称呼。20世纪90年代中期之后，我国国有企业开始逐步建立现代企业制度，自主经营，自负盈亏，过去计划经济时代的隐性失业问题进一步显性化，大批职工被从原岗位分离，1994年我国国有企业下岗人员180万，另有待岗职工300万，下岗问题开始成为一项突出的经济社会问题，受到了全社会的关注。

为了解决国有企业下岗职工就业问题，使他们重新走上工作岗位，中央和有关部门出台了一系列促进再就业的政策。1993年4月，国务院出台了《国有企业富余职工安置规定》。《规定》提出安置富余职工工作中，应当遵循安置政策法规，以企业自行安置为主要渠道，以社会帮助安置为辅助渠道，同时注意保障富余职工基本生活。《规定》中对企业自行兴办第三产业等安置职工渠道，提供了税收减免的政策激励。

随着国有企业改革力度的加大，企业职工下岗人数日增，尤其在一些老的重工业基地城市，下岗职工待业问题不仅是影响国有企业改革的经济问题，同时成为影响稳定的社会问题、政治问题。面对严峻的形势，劳动部于1994年开始，在上海、沈阳、青岛、成都、杭州等30个城市进行下岗职工再就业工程试点。试点工作取得了初步成果，1995年1月，劳动部向国务院提交了《关于实施再就业工程的报告》，其内容包括试点情况和进一步工作计划。《报告》经国务院同意，在全国贯彻实施。《报告》认为，再就业工程政策的参与主体包括政府、企业、劳动者和其他方面，政策手段包括政策扶持和就业服务，政策路径为企业安置、个人自谋职业和社会帮助安置三种，政策目标为帮助下岗6个月以上的职工和生活困难的企业富余职工实现再就业。《报告》对下一步再就业工作的开展提出了规划，再就业工作将分为三个阶段展开。第一阶段为准备阶段，时间为1995年，主要工作内容是总结30个试点城市取得的经验，并基于经验的基础上指导各地制订适合地区情况的再就业实施方案。第二阶段为全面实施阶段，时间为1996年到1998年，主要工作内容为贯彻落实有关政策，健全相关制度，采取各项措施使再就业工程取得明显成效。第三阶段为总结完善阶段，时间为 1999 年，主要工作内容为系统总结再就业工程所取得的经验，对政策措施予以考察完善，从而逐步形成下岗职工再就业的新机制。通过这三阶段的努力，力争从 1995 年开始，在 5 年内让 800 万下岗职工参加再就业工程。

1995 年 9 月，党的十四届五中全会召开，会议通过了《中共中央关于制定国民经济和社会发展"九五"计划和 2010 年远景目标的建议》，对于经济体制转型过程中，下一步国有企业改革的任务和部署作出了规划。在"九五"期间，要使大多数国有企业初步建立现代企业制度，实现自主经营、自负盈亏、自我发展、自我约束。要对国有企业实行战略性改组，搞好大的，放活小的，择优扶强，优胜劣汰，形成兼并破产、减员增效机制。国有企业改革的深化，现代企业制度的逐步建立，企业兼并破产的出现，减员增效方针的实施，都必然意味着会有更多的职工被打破"铁饭碗"，成为企业富余人员，被下岗分流。1998 年开始，国有企业开始三年改革攻关，力争摆脱经济困境，在深化改革的同时实现扭亏为盈，大量国企走上减员增效、企业改制的道路，我国下岗职工人数激增，下岗问题非常突出。1998 年年初，下岗职工人数为 691.8 万人，当年新增 562.2 万人；1999 年结转上年下岗职工 610 万人，当年新增 618.6 万人；2000 年结转上年 652 万人，当年新增 444.6 万人，三年共发生下岗 2137 万人。[①]

面对新的形势，下岗再就业的工作力度需要进一步加强，于是在积极推进国有企业改革的同时，一系列关于再就业工作的政策也作为改革的配套措施同时出台。1995 年 5 月，国家经贸委发布《关于 1995 年深化企业改革搞好国有大中型企业的实施意见》，要求选择百家大中型国有企业进行现代企业制度试点，试点内容之一就是精减企业富余人员，实现减员增效。为了配合改革，同年劳动部和国家经贸委联合发布了《关于配合企业深化改革试点做好失业保险工作的通知》，要求妥善做好试点企业的职工安置工作。对失业职工和企业富余职工，一方面可以领取失业保险待遇，另一方面鼓励进行开发性安置，即由企业兴办第三产业安置，在工商、税收、场地、信贷和资金扶持等方面将提供优惠政策。1997 年 3 月，国务院发布了《国务院关

---

① 人力资源和社会保障部：《劳动社会保障统计公报》1998—2000 年。

于在若干城市试行国有企业兼并破产和职工再就业有关问题的补充通知》，重申了妥善安置破产企业职工的要求，要各个试点城市根据当地的具体情况，从社会保障和劳动就业两个渠道入手，关心国有企业破产职工生活，积极开拓就业门路，建立再就业服务中心。同月，八届人大五次会议开幕，李鹏同志在做《政府工作报告》时提出，要建立再就业基金，为因减员增效而从国有企业分流下岗的职工再就业提供资金支持。同年9月，党的十五大召开，江泽民同志在题为《高举邓小平理论的伟大旗帜，把建设有中国特色社会主义事业全面推向21世纪》的报告中提到，要实行鼓励兼并、规范破产、下岗分流、减员增效和再就业工程。从而将再就业工程作为经济体制改革和发展战略的组成部分之一。为贯彻十五大会议有关精神，1998年6月，国务院发布了《关于切实做好国有企业下岗职工基本生活保障和再就业工作的通知》，一方面承认了国有企业职工下岗问题突出而严峻，另一方面明确要求要采取积极措施，保障职工基本生活，大力实施再就业工程。为了稳定职工生活，《通知》要求，如果双职工家庭双方在同一企业的，不要安排双方同时下岗；不在同一企业的，如果一方已下岗，另一方所在企业不要安排其下岗。同时各地要自下而上地建立再就业服务中心体系，组织下岗职工参加职业指导和再就业培训，引导和帮助他们实现再就业。要加大政策扶持力度，不断拓宽新的就业领域，实现多渠道分流安置和再就业。1998年8月，劳动和社会保障部、国家经贸委、财政部、教育部、国家统计局、中华全国总工会联合下发了《关于加强国有企业下岗职工管理和再就业服务中心建设有关问题的通知》，《通知》要求国有企业职工下岗必须符合规定程序，对于符合条件的下岗职工，要由就业服务中心发放"下岗职工证明"，凭证明方可享受相应的再就业服务和政策优待。同时《通知》还对再就业服务中心的建立和运作做了规范。

　　下岗职工大部分都是原来企业职工中劳动技能较差，文化水平较低，不足以适应日渐现代的工作环境和生产技术的一部分人。因此，对于下岗职工进行培训，使之具备胜任新的工作的能力，成为实施再就业工程的重要任务。1998年初，劳动部制订了"三年千万"的再就业培训计划。即动员社会各方面力量充分参与，实行政府指导和扶持、个人自学、企业组织、社会帮助等多方主体相结合的方针。到2000年底，经过3年努力，"三年三千万"培训计划取得了预期效果，累计培训下岗职工 1200 万人。[①]

通过一系列的再就业政策支持，下岗职工问题得到了有效缓解，相当一部分国有企业分流和下岗职工重新走上工作岗位。1997 年实现下岗职工再就业 433 万人，1998 年为 609.9 万人，1999 年为 492 万人，2000 年为 361 万人。[②] 其他尚未实现就业的下岗职工，绝大部分已进入再就业服务中心，接受各种再就业培训和指导。

（五）农村劳动力就业促进

在上一阶段的改革过程中，城乡分割的就业格局于 1984 年开始出现松动，但总体而言，就业隔离制度并没有从根本上触动，改革步伐比较缓慢。1992 年，党的十四大提出了建立社会主义市场经济体制的改革目标。人为分割的城乡二元化就业结构与市场化配置劳动力资源所要求的资源自由流动存在内生的冲突，因此中央有关部门开始采取政策，放松对农村劳动者的就业限制，促进农村劳动力流动。在 1993 年 12 月，劳动部《关于建立社会主义市场经济体制时期劳动体制改革总体设想》中，提出逐步打破城乡之间劳动力流动障碍，进一步放开城乡界限。针对当时农村劳动力大规模涌入，加剧城市就业压力的问题，《设想》中也明确要求要根据经济发展的情况，采用有效措施调节劳动力在城乡之间、地区之间的合理流动，使劳动力的配置适应区域经济发展的需要，实现宏观层次上的劳动力供求平衡。

1994 年 11 月，劳动部发布《农村劳动力跨省流动就业管理暂行规定》，对于用人单位跨省招用农村劳动力和农村劳动力跨省流动就业行为进行规范，以引导农村劳动力有序跨地区流动。《暂行规定》要求用人单位不得在本地区直接招收外省农村劳动力，跨省招收农村劳动力需符合一定的行政程序，并接受劳动就业主管部门的统筹管理和监督检查。跨省流动的农村劳动者在外出前，需在本地劳动就业机构登记并领取外出就业登记卡，到达用人单位后需领取当地劳动就业部门颁发的外来人员就业证。证、卡合一生效，简称流动就业证。

《暂行规定》在制度上允许了农村劳动者跨省就业，并提供了相应的制

---

① 人力资源和社会保障部：《劳动社会保障统计公报》2000 年。
② 人力资源和社会保障部：《劳动社会保障统计公报》1998—2000 年。

度支持。但是在内容上对于企业跨省从农村招聘和农村劳动者跨省就业做了比较繁复的规定，对于双方的自主性也有很多限制，这表明了决策者一方面承认农村劳动力流动是符合改革需要的发展趋势，本身也有着很强的积极意义，但是面对流动所产生的一系列矛盾和问题，诸如加剧城市就业压力、流出盲目、影响农村生产等问题，还是希望通过行政计划手段进行约束调节，市场化的流动机制并没有充分建立。

在农村劳动力流动的过程中，户籍制度是制约他们的最大障碍，因为户籍并不是单纯的居住地证明，而意味着本地教育、养老、医疗等一系列公共服务和社会保障产品享受的限制。随着改革的深化，束缚劳动力流动的户籍制度也开始进一步放松。1997 年 6 月，公安部发布《关于小城镇户籍管理制度改革的试点方案》，允许农村户口的人员，在小城镇已有合法稳定的非农职业或者已有稳定的生活来源，同时有了合法固定的住所后居住已满两年的，且符合一定的限制条件，可以办理城镇常住户口。1998 年 8 月，劳动部又发布了《关于解决当前户口管理工作中几个突出问题的意见》，对于符合一定条件的新生婴儿，分居夫妻和投靠子女的老人等四类人员在城市落户问题予以许可。

在这一时期，城乡统筹就业的试点也开始进行。城乡统筹就业是指彻底打破二元化的就业机制，实现城镇劳动者与农村劳动者在就业问题上统一市场。建立完善的覆盖城乡的劳动保障、劳动信息和职业培训体系，逐步形成统一、开放、竞争、有序的城乡劳动力市场，充分发挥市场机制配置劳动力资源的基础性作用。通过市场价格的调节机制、供求信息的引导机制、社会化培训的支撑机制，促进劳动力在城乡间合理有序流动。2000 年 10 月，劳动和社会保障部、农业部、国家计委等七部门联合发出通知，要求开展城乡统筹就业试点，在沿海和经济发达地区、部分具备条件的中西部地区，选择一些中小城市和县城开始试点，目标即在于取消城乡就业方面的不合理界限，逐步实现城乡劳动力市场的一体化。

四、完善市场经济体制时期的扩大就业政策（2001 年至今）

（一）政策制定背景

1978 年党的十一届三中全会，拉开了我国经济体制改革的序幕。1992

年召开的党的十四大，正式将建立社会主义市场经济体制作为我国经济体制改革的目标。经过 20 余年的改革实践，到 21 世纪初，我国社会主义市场经济体制框架初步建立，市场在经济运行和资源配置中，开始比较大地发挥基础性作用。但是总的来说，当时的社会主义市场经济体制发育程度比较低，非常不完善、不健全。计划经济时代的残留与市场经济体制之间的内生性矛盾依然存在。在经济体制转轨的过程中又有了一些新问题，新矛盾逐渐暴露。同时市场经济体制本身也不是固化的，而是随着经济发展、科学技术的进步而不断的创新与完善。因此从历史唯物主义的视角出发，经济体制改革所取得的成就是巨大的，但这一成就是发展过程中的成绩，建设社会主义市场经济体制仍然是一个尚未完成的历史过程。

2002 年 10 月，中国共产党第十六次代表大会胜利召开。江泽民同志在大会上做了《全面建设小康社会，开创中国特色社会主义事业新局面》的报告。报告肯定了我国经济体制改革所取得的巨大成就：国有企业改革稳步推进，公有制经济进一步壮大。个体、私营等非公有制经济较快发展。市场体系建设全面展开，社会主义市场经济体制已经初步建立。报告同时指出，我国正处于并将长期处于社会主义初级阶段，人民生活虽然总体达到小康水平，但现在达到的小康还是低水平的、不全面的、不平衡的小康，人民日益增长的物质文化需要同落后的社会生产之间的矛盾仍然是我国社会的主要矛盾，经济体制尚不完善，巩固和提高目前的小康水平，还需要长时间的奋斗。

报告提出了全面建设小康社会的发展目标。全面建设小康社会的核心是以经济建设为中心，不断地解放和发展生产力，这就对经济体制改革的进一步完善提出了要求。为贯彻落实党的十六大提出的建成完善的社会主义市场经济体制和更具活力、更加开放的经济体系的战略部署，深化经济体制改革，促进经济社会全面发展，2003 年 10 月，党的十六届三中全会通过了《中共中央关于完善社会主义市场经济体制若干问题的决定》。《决定》为下一步如何在发展中完善业已初步建立的社会主义市场经济体制，指明了方向。

完善社会主义市场经济体制，其基本任务包括：完善以公有制为主体、多种所有制经济共同发展的基本经济制度，建立有利于逐步改变城乡二元经济结构的体制，形成促进区域经济协调发展的机制，建设统一开放竞争有序的现代市场体系，完善宏观调控体系、行政管理体制和经济法律制度，健全就业、收入分配和社会保障制度，建立促进经济社会可持续发展的机制。深化经济体制改革，必须以邓小平理论和"三个代表"重要思想为指导，全面落实十六大精神，解放思想、实事求是、与时俱进，坚持社会主义市场经济的改革方向，坚持尊重群众的首创精神，坚持正确处理改革发展稳定的关系，坚持统筹兼顾，坚持以人为本，树立全面、协调、可持续的发展观，促进经济社会和人的全面发展。

（二）扩大就业基本方针的提出

在党的十六大报告中，将扩大就业政策作为经济体制改革的重要内容之一。报告完整地阐述了扩大就业政策的内涵：要千方百计扩大就业，不断改善人民生活。就业是民生之本，扩大就业是我国当前和今后长时期内重大而艰巨的任务。国家要实行促进就业的长期战略和政策，各级党委和政府也必须把改善创业环境、增加就业岗位作为重要的政府职责。要广开就业门路，积极发展劳动密集型产业。对提供新就业岗位和吸纳下岗失业人员再就业的企业给予政策支持。引导全社会转变就业观念，推行灵活多样的就业形式，鼓励自谋职业和自主创业。完善就业培训和服务体系，提高劳动者就业技能。依法加强劳动用工管理，保障劳动者的合法权益。高度重视安全生产，保护国家财产和人民生命的安全。

2003年10月，在党的十六届三中全会上通过的《中共中央关于完善社会主义市场经济体制若干问题的决定》中，对扩大就业政策又有了进一步的阐述，提出要深化劳动就业体制改革。把扩大就业放在经济社会发展更加突出的位置，实施积极的就业政策，努力改善创业和就业环境。坚持劳动者自主择业、市场调节就业和政府促进就业的方针。鼓励企业创造更多的就业岗位。改革发展和结构调整都要与扩大就业紧密结合。从扩大就业再就业的要求出发，在产业类型上，注重发展劳动密集型产业；在企业规模上，注重扶持中小企业；在经济类型上，注重发展非公有制经济；在就业方式上，注重采用灵活多样的形式。完善就业服务体系，加强职业教育和技能培训，帮助特殊困难群体就业。规范企业用工行为，保障劳动者合法权益。

自此，"扩大就业"的提法开始广泛地应用于公共政策的话语范式中，扩大就业政策也成为我国民生领域的基本公共政策指针之一。并且随着我国党的执政理论和建设理论不断完善，扩大就业政策的内涵也不断丰富。

党的十七大提出了要坚持以人为本，树立全面、协调、可持续的发展观。在党的十八大会议上，对科学发展观进行了丰富和贯彻，并成为我国社会主义建设的指导思想。科学发展观是党的几代中央领导集体关于发展的重要思想的继承和发展，是马克思主义关于发展的世界观和方法论的集中体现，是同马克思列宁主义、毛泽东思想、邓小平理论和"三个代表"重要思想既一脉相承又与时俱进的科学理论，是我国经济社会发展的重要指导方针，是发展中国特色社会主义必须坚持和贯彻的重大战略思想。

科学发展观理论全面深化和丰富了扩大就业的政策内涵。科学发展观的核心是"以人为本"，即要求关注和解决好民生问题。就业是民生之本，实践扩大就业政策，实现充分就业，关系到社会的公平正义，符合让大多数人分享改革发展成果的取向和目标，因此扩大就业政策体现了科学发展观的本质要求。其次，扩大就业政策为科学发展提供了可持续的健康动力支持。就业状况的好坏直接影响着整个社会有效需求程度，而有效需求又是经济增长的主要推动力量。失业将导致消费性需求不足，进而会压低物价，影响投资需求，从而使经济增长速度放缓。只有实施扩大就业政策，努力解决就业问题，才能让社会成员普遍的收入水平和消费能力得到提高，为科学发展提供有效的动力支撑。最后，扩大就业政策是实现"以人为本"的重要手段。就业是人们生活的核心之一，是人们维持生活，融入社会，实现自我价值的手段，也是社会赖以发展延续的基础。反之，如果失业率攀升，对失业者而言将产生巨大的经济、心理和个体发展障碍，对于社会而言，将激发矛盾，引起动荡，也会影响每个社会成员的利益。因此一个以人为本的政府，一个负责任和时刻将人民的利益放在第一位的政党，必然要选择扩大就业政策来解决民生问题，来维护和保障人民的利益。

在党的十六大报告中，将"社会更加和谐"作为经济社会发展的重要目标提出。在党的十六届四中全会上，进一步明确了建设社会主义和谐社会的任务。社会和谐是中国特色社会主义的本质属性，构建社会主义和谐社会是中国特色社会主义事业的重大战略任务。2006 年 10 月，党的十六届六中全会上通过了《中共中央关于构建社会主义和谐社会若干重大问题的决定》，将"社会就业比较充分"作为社会主义和谐社会的目标之一。在党的十八大报告中，推动实现更高质量的就业、建设社会主义和谐社会、全面建成小康社会成为未来十年我国社会主义建设的重要目标。

社会主义和谐社会理论被完整、系统地阐述，也进一步丰富和深化了扩大就业的政策含义。实施积极的就业政策，发展和谐劳动关系是社会主义和谐社会的内在要求。把扩大就业作为经济社会发展和调整经济结构的重要目标，实现经济发展和扩大就业良性互动。大力发展劳动密集型产业、服务业、非公有制经济、中小企业，多渠道、多方式增加就业岗位。实行促进就业的财税金融政策，积极支持自主创业、自谋职业。健全面向全体劳动者的职业技能培训制度，加强创业培训和再就业培训。深化户籍、劳动就业等制度改革，逐步形成城乡统一的人才市场和劳动力市场，完善人员流动政策，规范发展就业服务机构。强化政府促进就业职能，统筹做好城镇新增劳动力就业、农村富余劳动力转移就业、下岗失业人员再就业工作，加强大学毕业生、退役军人就业指导和服务。扩大再就业政策扶持范围，健全再就业援助制度，着力帮助零就业家庭和就业困难人员就业。完善劳动关系协调机制，全面实行劳动合同制度和集体协商制度，确保工资按时足额发放。严格执行国家劳动标准，加强劳动保护，健全劳动保障监察体制和劳动争议调处仲裁机制，维护劳动者特别是农民工合法权益。

（三）构建扩大就业政策的法制基础

依法治国是我们党和国家的一项基本治国方略。扩大就业政策作为我国公共政策体系的重要内容，将其逐步纳入法制化轨道，是依法治国的应有之义。2007 年 8 月 30 日，全国人大常委会审议通过了《中华人民共和国就业促进法》，次年 1 月 1 日，《就业促进法》正式施行。

《就业促进法》的颁布和实施标志着我国就业扩大政策法制化的新时代正式开启了。

其一，《就业促进法》为扩大就业政策提供了法制支持。多年来，我国就业扩大政策一直采用行政规章的形式颁布，实践表明，这些政策为解决就业问题发挥了巨大的作用。但是在实际工作中，行政规章因为有其临时性，从而导致扩大就业政策缺乏长效机制。法规的强制性不足，一些基层存在对于政策执行不力的情况。《就业促进法》将扩大就业的政策措施上升为法律，并有相应的责任追求机制，将有力促进各项政策的落实。其二，通过《就业促进法》，实现了各项扩大就业政策措施制度化。行政法规会根据宏观经济社会形势及时调整，具有很强的灵活性，但这也造成了有些规定缺乏稳定机制，变更随意。《就业促进法》以法律的形式规范了政府、用人单位和劳动者的权利、责任、义务，将各自的行为以制度的形式固定下来，保证了各项政策措施的规范。

《就业促进法》其基本目标是为了促进就业，促进经济发展与扩大就业相协调，促进社会和谐稳定。在责任主体方面，《就业促进法》明确了国家把扩大就业放在经济社会发展的突出位置，实施积极的就业政策，坚持劳动者自主择业、市场调节就业、政府促进就业的方针，多渠道扩大就业。一方面承认了市场在配置资源过程中的基础性作用，尊重劳动者自主择业的权利；另一方面强调了政府在扩大就业领域所应负有的责任，即要充分发挥政府在扩大就业中的重要职责，切实采取有效措施，努力增加就业机会，提高劳动者就业能力，提供就业服务，为劳动者就业创造积极条件，改善就业环境，实现扩大就业。具体而言，政府应该承担以下六个职责：通过发展经济和调整产业结构增加就业机会；培育和完善统一开放、竞争有序的劳动力市场，并对市场进行监管；鼓励开展就业服务，完善公共就业服务机制；加强职业教育和职业培训；建立健全就业援助制度，对就业困难人员提供重点扶持和帮助；从产业、财政、税收、金融、投资、贸易等各方面提供政策支持，来实现扩大就业。

从立法意义而言，《就业促进法》是一部事关民生的法律，是一部关系社会和谐的法律。一方面，《就业促进法》体现了促进社会公平正义的价值理念。社会主义和谐社会是一个民主法治、公平正义、诚信友爱、充满活力、安定有序、人与自然和谐相处的社会，公平正义是和谐社会的基本条件。《就业促进法》明确了每个人平等地享有就业权利，通过立法形式在就业领域保障基本公平，反对歧视。同时《就业促进法》规定了政府在保障就业权方面所需要承担的社会责任，赋予了政府维护社会公平正义的职责。另一方面，《就业促进法》的核心立法价值——保障就业权，是构建社会主义和谐社会的现实基础。就业是民生之本，就业权是核心权利，涉及每个人的根本利益，因此就业权是否实现直接关系着和谐社会的构建。就业保障权的实质在于保障就业权利平等，《就业促进法》对于就业困难群体要提供扶持帮助，促进其就业权利充分实现，是对社会公平正义的促进，是构建社会主义和谐社会的基础工程。

（四）对就业困难人员的帮扶

所谓就业困难人员，是指持《再就业优惠证》的"4050"（男年满 50 周岁、女年满 40 周岁以上至法定退休年龄，计算至 2007 年底之前）且仍未实现再就业的人员、夫妻双下岗双失业人员、"零就业家庭"成员、残疾下岗失业人员、享受城市居民最低生活保障且失业一年以上的城镇其他登记失业人员。就业困难人员因为自身能力、知识和先天禀赋的不足，在市场经济条件下依靠自身努力实现就业非常困难，因此需要公共政策给予帮助倾斜，以保证他们平等就业权利的实现。

在完善市场经济体制时期，对于就业困难人员的帮扶成为我国就业扩大政策的重要内容。中共中央和国务院于 2002 年 9 月联合下发了《关于进一步做好下岗失业人员再就业工作的通知》。《通知》一方面肯定了过去一个阶段下岗职工再就业工程取得的巨大成就，同时指出我国当前就业方面的主要矛盾是劳动者充分就业的需求与劳动力总量过大、素质不相适应的矛盾，下岗职工再就业问题成为矛盾的集中凸显点。因此为了确保社会稳定，深化改革和促进发展营造良好的氛围，必须采取切实措施进一步做好下岗失业人员再就业工作。《通知》同时对如何完善和落实促进再就业的扶持政策作出了规定：鼓励下岗职工自谋职业和自主创业，对于从事个体经营类的下岗职工可以享受 3 年免税、免行政事业性收费的优惠扶持，地级以上城市和各个省自治区直辖市政府要建立下岗事业人员贷款担保基金；鼓励服务型企业吸纳下岗失业人员，符合一定条件的，可以免税或者按比例减税。2002 年 11 月，劳动和社会保障部、国家计委、国家经贸委、人民银行等 11 部委联合发布《关于贯彻落实中共中央国务院关于进一步做好下岗失业人员再就业工作的通知若干问题的意见》，对于就业扶持政策的对象认定、管理和政策的具体操作做了明确规定。

这些扩大就业措施取得了显著效果，大量下岗失业职工，尤其是 4050 下岗人员实现了再就业（如表 8.2 所示）。到 2007 年末，全国基本解决下岗职工再就业问题，完成了国有企业下岗职工基本生活保障制度向失业保险制度并轨,"下岗"一词基本退出历史舞台。

表 8.2 2002 年至 2005 年下岗职工再就业情况

单位:万人

年份	当年下岗职工再就业数	当年 4050 下岗职工再就业数	年末下岗职工总数	年末进入再就业服务中心人数
2002	120	—	410	338
2003	440	150	260	—
2004	510	140	153	92
2005	510	130	61	61
2006	505	147	—	—

资料来源:2002 年至 2007 年度劳动和社会保障事业发展统计公报。

就业困难人员的另一个重要的组成部分是残疾劳动者。因为我国比较充沛的劳动供给,社会上普遍存在的歧视心理和残疾劳动者自身身体条件的限制,在多重因素的作用下残疾人就业难问题异常突出。根据 2006 年第二次全国残疾人抽查统计,我国尚有 858 万有劳动能力、达到就业年龄的残疾人没有实现就业,而且每年还将新增残疾人劳动力 30 万人左右。

为了解决残疾人的就业问题,扩大残疾人的就业参与,早在 1990 年,我国就通过《残疾人保障法》对残疾人的劳动就业权利予以保护。要求发挥政府保障和促进残疾人就业的主导作用;健全完善各级残疾人就业服务机构,提供针对性的就业服务;加强残疾人职业教育和培训,提高残疾人技能水平和就业创业能力。在 2004 年颁布的《就业促进法》中明确规定:国家保障残疾人的劳动权利。各级人民政府应当对残疾人就业统筹规划,为残疾人创造就业条件。用人单位招用人员,不得歧视残疾人。《就业促进法》同时规定,对于安置残疾人员达到规定比例或者集中使用残疾人的企业和从事个体经营的残疾人给予税收优惠的政策性支持。

2007 年 2 月,国务院发布《残疾人就业条例》,对残疾人就业工作作出了专门规定。《条例》又一次重申了我国对于残疾人就业问题的基本态度:国家鼓励社会组织和个人通过多种渠道、多种形式,帮助、支持残疾人就业,鼓励残疾人通过应聘等多种形式就业。禁止在就业中歧视残疾人。同时,《条例》对于残疾人就业扶持政策一些执行细则,作出了明确。规定用人单位安排残疾人就业的比例不得低于本单位在职职工总数的 1.5%。用人单位安排残疾人就业达不到其所在地省、自治区、直辖市人民政府规定比例的，应当缴纳残疾人就业保障金。集中使用残疾人的用人单位中从事全日制工作的残疾人职工，应当占本单位在职职工总数的 25% 以上，方可享受政策优惠。

《残疾人就业条例》及其他相关政策的颁布和实施，极大地促进了残疾人就业状况的改善，切实惠及了全国 8000 万残疾人及其家人，促进了我国就业扩大政策的开展乃至经济社会的和谐、稳定发展。据中国残联统计，"十一五"期间，全国城镇新增残疾人就业 179.7 万，城镇实际在业残疾人达到 441.2 万。农村 1749.7 万残疾人通过参加生产劳动和多种形式就业增加了收入。

（五）应对国际金融危机，稳定就业

2008 年第四季度，国际金融危机突然爆发。金融危机的不良影响在全球范围内传导，对我国的直接冲击就是影响了就业形势的稳定，大量出口加工型企业收到外贸订单减少的影响，不得不减产减员，乃至停业破产。城镇新增就业人数快速下滑，2008 年末城镇登记失业率回升至 4.2%。

为了稳定就业形势，党中央和国务院审时度势，洞察全局，把就业问题摆在了经济工作中更加突出的位置，全方位地稳定、促进就业。温家宝同志在 2009 年 3 月所做的政府工作报告中明确提出：中央政府将安排 420 亿元资金，实施更加积极的就业促进政策，千方百计扩大就业。中央和有关部门迅速制定并实施了一系列"保就业"的政策措施，具体而言，这些就业扩大政策包括以下六个方面。

其一，努力扩大内需，通过发展促就业。以"保增长"的战略为核心，在外贸出口受限的情况下，立足扩大本国内需来拉动经济增长。一方面，上马事关国计民生的重大项目，通过增加政府投资带动经济增长，吸收剩余劳动力。另一方面，通过税收减免、社会保险补贴等政策工具鼓励支持服务业、中小企业等劳动密集型产业发展，引导市场自发增加劳动需求，解决就业问题。

其二，为企业减负，保证企业在困难时期不裁员、少裁员。对我国广大企业而言，金融危机的直接冲击是企业产品需求减少，订单不足。企业在利润下降的情况下为了维持财务平衡，不得不降低成本，缩减人员开支。因此只有减轻企业的经济负担，才能帮助企业渡过难关，稳定企业现有岗位。为此，人力资源和社会保障部、财政部与税务总局三部门联合发布了《关于采取积极措施减轻企业负担稳定就业局势有关问题的通知》，通过五项措施"援企稳岗"：允许企业缓缴各项社会保险费；阶段性地降低城镇职工基本医疗保险、工伤保险、失业保险、生育保险费率；对于不裁员或者少裁员的困难企业，可以由失业保险基金给予社会保险补贴和岗位培训补贴；困难企业开展在岗培训不足的部分，就业专项基金给予适当支持；妥善解决困难企业因裁员产生的经济补偿问题。

其三，增加政策扶持力度，以创业促进就业。2008 年 10 月，国务院转发人力资源和社会保障部、发改委、教育部等 11 部委《关于促进以创业带动就业工作的指导意见》。《意见》认为创业是市场经济下实现就业的重要形式，要增强政策支持和服务保障，优化创业环境，鼓励和扶持更多劳动者创业。应通过放宽市场准入，改善行政管理，强化政策扶持，拓宽融资渠道等四个方面入手，改善创业环境；应通过加大培训力度，提高培训质量，建立孵化基地来强化创业培训，提高创业能力；应通过健全服务组织，完善服务内容，提供用工服务来为创业者提供优质的公共服务；应通过强化政府责任，完善工作机制，营造良好氛围来推动以促进创新带动就业工作顺利开展。

其四，针对高校毕业生、返乡农民工和城镇就业困难人员等特殊群体，专门出台政策，重点扶持。2009 年 1 月，国务院办公厅下发了《关于加强普通高等学校毕业生就业工作的通知》，要求将高校毕业生的就业摆在当前就业工作的首位。并提出一系列的政策措施，扩宽高校毕业生的就业门路，鼓励高校毕业生到基层、中西部和中小企业就业，同时鼓励和支持毕业生自主创业，鼓励骨干企业和科研单位吸纳高校毕业生就业。2008 年 12 月，国务院办公厅发布《切实做好当前农民工工作的通知》，针对因部分企业生产经营困难所带来的农民工集中返乡问题，要求采取多种措施促进农民工就业，同时大力支持农民工返乡创业。对于城镇就业困难人员、零就业家庭等群体，也有专门的就业扶助政策提供支持。

其五，充分发挥职业培训对于就业的促进作用。2009 年 1 月，人力资源和社会保障部、发改委与财政部三部委联合下发《关于实施特别培训计划的通知》。《通知》要求，要在科学发展观的指导下，考虑受金融危机影响的劳动者的现实就业需求，依托各类职业培训机构和技工院校，大力开展具有针对性的职业技能培训，以进一步提高劳动者的自身素质，增强他们就业、再就业和创业的机会与能力。考虑到不同劳动者的需求差异，《通知》要求着力开展四类培训：针对困难企业职工，主要开展技能提升培训和转岗培训，以实现稳定就业；针对返乡农民工，主要开展职业技能培训和创业培训，帮助他们重新就业或者返乡创业；对于各类失业人员，主要开展中短期技能培训，促进他们尽快就业；对于新增劳动力，则通过储备技能培训来提高他们的劳动能力。培训经费由各级劳动保障部门与财政部门协调，予以保证。特别培训计划取得了巨大的成功，仅 2009 年当年，全国就开展各类培训 3000 万人次。

其六，加强公共就业服务机制，全面做好就业服务工作。一方面继续发挥基层就业平台的日常就业服务保障功能，及时为劳动者提供所需的服务。另一方面针对金融危机时期的现实需要，大力开展各项专项就业服务工作。例如 2009 年春季开展的一年一度的"春风行动"，将活动主题定位为：就业服务、技能服务和权益维护。

在这一套扩大就业政策组合的支持下，面对全球性的金融海啸，我国就业局势基本稳定。一方面城镇新增就业人数在 2009 年开始企稳回升，另一方面高校毕业生、返乡农民工等重点人群就业稳定。虽然金融危机对于就业的负面影响尚未消除，就业扩大政策对于稳定就业，减少失业，应对经济波动的显著性作用开始逐步显现。

（六）城乡统筹就业

早在 2000 年，我国就开始城乡统筹就业的试点工作。在我国国民经济和社会发展"十一五"规划中，正式将城乡统筹就业，建立一体化的劳动市场作为"十一五"时期的一项重要任务。所谓城乡统筹就业，是指彻底打破计划经济遗留下来的劳动就业二元分割的格局，统一本地劳动者、外地劳动者、城镇劳动者、农村劳动者的劳动用工管理。保证劳动者在不同职业、行业、工作地点、城乡之间自主、合理地流动，从而进一步加强完善劳动力市场机制在配置资源上的基础性作用。城乡就业统筹是落实科学发展观的具体体现，是构建社会主义和谐社会的基础性要求，是进一步深化劳动力市场改革的重要内容。

科学发展观的根本方法是统筹兼顾。为深入贯彻落实科学发展观，坚持统筹兼顾的根本方法，党的十六届三中全会提出了"五个统筹"的要求，统筹城乡发展是其中的重要内容。富余劳动力从农村向城市转移，是生产力发展的必然结果，是经济社会进步不可避免的趋势。科学发展观要求我们正视这种发展的结果，顺应这种发展趋势，采取切实措施，做好城乡劳动力的合理流动与配置，充分调动起劳动力积极性与创造性，实现劳动力资源的最优效率状态，反过来进一步促进发展。过去的二元化就业结构为劳动力自由流动设置了人为的屏障，使大量农村剩余劳动力不能脱离土地，与生产资料有效结合，从而转化为新的生产力，成为经济社会发展的阻碍。因此落实科学发展观，实现科学发展，就要做到城乡统筹就业，建立一体化的劳动市场，实现城乡劳动就业合理、自由、有序发展。

构建社会主义和谐社会的重要前提和基本特征是公平正义。公平正义的特征要求社会各方面利益得到妥善协调，社会公平和正义得到切实维护和实现。二元分割的劳动就业制度对农村劳动者就业选择进行了诸多限制，实际上侵害了他们的平等就业权利，丧失社会公平。因此加快农村富余劳动力转移，建立统一的劳动力市场，实行平等的劳动就业权利，是构建社会主义和谐社会的基础性要求。

由于我国二元化的劳动就业格局形成已久，实现统筹城乡就业不可一蹴而就，而应该选取就业工作基础较好、管理服务能力较强、改革创新积极性高的地区进行试点，从而稳步推进改革。在国务院的领导下，由原劳动和社会保障部牵头，与发改委、财政部、农业部共同组成了统筹城乡就业试点工作指导小组。2006 年 5 月，指导小组制定了《统筹城乡就业试点工作指导意见》，选取了北京朝阳区、吉林长春市等 48 个地区和城市，作为统筹城乡就业的试点地区。

《指导意见》明确了城乡统筹就业的目标为：建立城乡一体化的劳动力市场，实现城乡劳动者平等就业，促进城乡劳动者比较充分的就业。为实现这一目标，先后实施了一系列支持性政策。

其一，建立健全就业管理组织体系和就业管理制度，统筹规划和管理城乡就业工作。各级政府建立了就业工作联席会制度，将农村劳动力的就业问题摆到了重要位置，积极稳步地促进农村劳动力向非农产业和城镇转移就业。对于城乡就业工作，统一管理，统筹规划。同时废除或者改革包括户籍制度在内的各项针对农村劳动者和外来劳动力的就业限制。2009 年 12 月，中央经济工作会议明确提出：要把解决符合条件的农业转移人口逐步在城镇就业和落户作为推进城镇化的重要任务，放宽中小城市和城镇户籍限制。2010 年 5 月，国务院转发发改委《关于 2010 年深化经济体制改革重点工作意见的通知》，要求深化户籍制度改革，加快落实放宽中小城市、小城镇特别是县城和中心镇落户条件的政策。进一步完善暂住人口登记制度，逐步在全国范围内实行居住证制度。同年 6 月，国务院批准的《国家中长期人才发展规划纲要（2010—2020)》进一步提出"逐步建立城乡统一的户口登记制度"。长期制约城乡劳动市场一体化的制度性障碍将在可以预期的时间内被消除。

其二，将就业培训体系覆盖城乡，加强对于城乡劳动者，尤其是农村劳动者的职业培训。和城镇劳动力相比，农村劳动力在受教育程度、科学文化素质、职业技能等"软件"领域存在着诸多不足，面对市场竞争会处于弱势。而城乡统筹就业的目标要求在推进农村劳动力向城市转移，实现平等就业的同时，促进比较充分的就业。因此，各地区纷纷采取措施，建立制度，对于有进城务工意愿的农民工进行培训，提升他们的职业技能，使他们更好地适应市场经济下的竞争环境。例如苏州市平江区开展的"新生代农民工城市融入萤火虫计划"，由政府出资买单，向农民工提供培训，帮助他们在城镇实现就业。

其三，建立覆盖城乡的公共就业服务体系，为劳动者就业、再就业、转移就业提供有效服务。各地为实现城乡统筹就业的要求，纷纷将公共就业体系的服务范围覆盖城乡，对城乡劳动者公平待遇。南京市在 2005 年就提出，把进城就业的农村劳动力纳入公共就业服务体系，各级公共职业介绍机构免费为农村劳动力提供就业服务。在 2007 年 12 月召开的"全国推进统筹城乡就业试点工作座谈会"上，宝鸡市有关负责人强调了健全基层公共就业服务网络，将公共就业服务延伸至社区和乡镇对于促进城乡充分就业的重要作用。南宁市政府办公厅 2007 年 12 月发布了《关于进一步完善城乡公共就业服务体系的实施意见》，要求完善平台建设，进一步夯实城乡公共就业服务基础。

其四，完善企业劳动用工制度。在各类全面推进劳动合同制度管理，针对农民工劳动合同签订率低，合法权益容易受到侵害的问题。劳动和社会保障部、建设部和全国总工会 2005 年 4 月发布了《关于加强建设等行业农民工劳动合同管理的通知》，要求用人单位使用农民工，必须依法签订书面合同。之后劳动保障部多次开展"签约行动"，严格开展督促检查，努力提高劳动合同签订率。为让农民工了解自己的基本权利，防止在工作或寻找工作过程中遭受不法侵害，劳动和社会保障部每年编写《农民工维权手册》，免费发放给农民工，让他们在城镇实现顺利就业、合法就业、安心就业。

第二节　中国就业政策评价：1998—2008 年

从消极就业政策到积极就业政策的转变，标志着中国政府以更为积极的姿态来处理就业问题。估算结果表明，1998—2008 年，我国政府为落实就业政策累计支出 6169.67 亿元，其中用于落实消极就业政策的支出为 4144.06 亿元，落实积极就业政策的支出为 2025.61 亿元。实证分析发现，落实积极就业政策的支出和落实消极就业政策的支出与下岗失业人员的再就业之间存在长期稳定关系，落实积极就业政策的支出每变动1%会导致下岗失业人员的再就业数量同向变动0.27%，说明我国政府用于促进就业的支出的确对再就业工作显示出了积极作用；而落实消极就业政策的支出每变动1%将引起下岗失业人员的再就业数量反向变动 1.05%，这一结果表明落实消极就业政策的支出吸引了更多的失业下岗人员加入失业保险体系，同时发挥出了一种"社会稳定器"的功能。

一、问题的提出

中国从 1997 年开始实施的以"减员增效"为主题的国有企业攻坚改革，带来了突发性的大规模下岗失业问题，为此，国家出台了以"三条保障线"为主要内容的消极就业政策（Passive Labor Market Policies，PLMPs）。

2002 年积极就业政策（Active Labor Market Policies，ALMPs）[1] 正式出台，标志着中国政府转而以更为积极的姿态来处理就业问题。那么，这些政策实施以来，公共财政和相关部门为落实就业政策的支出规模有多大，就业政策的实施效果特别是积极就业政策实施效果又如何，无疑需要总结和评价。这也是"十二五"期间进一步调整就业政策、使积极就业政策取得更大成效的前提和基础。

自积极就业政策在瑞典率先实施以来，国外便出现了大量的评价文献。从已有的研究看，关于劳动力市场政策评估的方法大体包括四类：微观经济层面的计量分析、宏观或者总体效果分析、定性分析和成本收益分析。这些评价的对象以欧盟国家为主，研究内容可以概括为两个方面：

一是积极就业政策的总体影响，即积极就业政策对宏观就业水平的影响。坎佛斯等人（Calmfors，Forslund and Henmstrom，2002）使用瑞典 20 世纪 90 年代以来以来的数据，分析了瑞典积极劳动力市场政策的效果，并将之与其他 OECD 国家同期的数据进行了对比。他们发现，积极的劳动力市场政策可能降低了公开失业率，但同时也使得正规就业岗位减少了。综合来看，20 世纪 90 年代的积极劳动力市场政策从短期来看并非是一种有效的劳动力市场政策，而应当更强调它在长期内稳定地降低失业率的作用。伊斯坦瓦（Estevão，2003）使用 15 个工业化国家的面板数据，分析了积极劳动力市场政策的作用。实证结果表明，在控制了制度、国别差异、经济增长因素的情况下，积极的劳动力市场政策提高了经济部门的就业率。在这些政策中，对岗位创造的直接补助政策的效果最为明显。佛宁（Finn，2003）通过四个独立的案例研究，对英国的劳动力市场政策进行了综合分析，认为这些政策是通过就业服务中心把以前被动的就业服务转换为在个体劳动者和劳动力市场项目之间发挥积极作用，因此，这些政策在很大程度上属于积极的劳动力市场政策，针对年轻人的"青年新政"（NDYP）是其中最为典型的一类[2]，尽

---

[1] 国外习惯使用"积极劳动力市场政策"或"消极劳动力市场政策"的表述。而我国政府和学界则习惯于使用"积极就业政策"或"消极就业政策"的表述。本章并不做明确的区分。

[2] 英国就业政策效果的研究主要集中在"青年新政"（NDYP）上，它是英国政府为失业 6 个月以上的青年提供的综合性计划，启动于 1998 年 4 月，其目标在于帮助青年人找到永久性工作并提高他们的长期就业能力。参见杨伟国：《转型中的中国就业政策》，中国劳动社会保障出版社 2007 年版，第 286 页。

管这一政策存在许多问题，但是在提高对长期失业青年的就业服务质量方面已经取得了很大进步，并且增加了他们就业的机会。坎弗斯（2004）分析了积极劳动力市场政策在德国和瑞典等国家的实际应用和效果，发现积极劳动力市场政策的作用主要是，让长期失业者与劳动力市场保持较为紧密的联系，维持劳动参与率。总体来看，不能对积极的劳动力市场政策抱有太高的期望，一些就业补助项目对个人来说是好的，但这是以减少常规就业岗位为代价的，培训项目没有此类挤出效应，但是其效率低下。通过对比瑞典等不同国家的积极劳动力市场政策的效应，一个明显的结论是，积极劳动力市场政策的重点应该由各种培训和长期的就业补助项目转向直接提高匹配过程效率的政策，包括强化就业指导、加强就业办公室和工作搜寻者的联系、提高失业者工作搜寻需求以及制订针对失业者的个性计划等。

二是借助微观计量经济学的方法，对积极就业政策的某项具体措施对就业的影响进行评估。鲁博娃和万奥斯（Lubyova and Van Ours，1999）使用来自斯洛伐克共和国20个地区的数据，分析了社会和公共利益岗位创造和对失业工人再培训两类政策对失业者找到一份正规工作的作用。研究结果表明，在考虑选择性偏差的情况，进入积极劳动力市场政策提供的临时性工作岗位有利于失业者日后找到一份正规工作，在临时性岗位就业后，找到正规工作的概率提高了150%。琼节（Jongen，2003）借助MIMIC模型分析了荷兰就业补助政策的效果，根据他们的分析，虽然对私人部门的就业补助可以带来就业和产出的边际增长，但是在公共部门却可以导致更大的就业总量增长。卡林和理查德森（Carling and Richardson，2004）利用1995—1999年瑞典登记失业工人的统计数据[①]，分析了瑞典8项劳动力市场政策在缩短参与者失业持续期的相对效率。结果发现，参与有补贴的工作经历计划和公司提供在职培训的计划的效果好于学校课堂的职业培训项目；参与项目时间的长短对各项政策的效果没有明显影响；在不同人群之间和不同技能的人群之间，各项政策的相对效果是类似的。赛尼斯（Sianesi，2008）分别探讨了瑞典6项积极就业政策在长期和短期内对失业者就业概率的影响。结果表明，

---

① 该数据库从1991年开始建立，1995年1月1日后数据库中关于劳动力市场政策或项目的信息较以前更为丰富。

积极就业计划与正规工作越相似，效果就越明显。其中就业补助政策的效果最好，其次是培训者顶替项目（trainee replacement，即就业工人请假接受教育期间，其工作岗位由一个失业者来顶替），而培训则长期的效果较好。相反，缩减工作量或者时间以及另外两项工作实践计划则更像是失业保险金的重复。

中国实施积极就业政策以来，国内外一些学者也开展了尝试性的效果评价研究。赵曼、喻良涛（2007）在总结分析我国就业支出特点的基础上，构建了我国就业支出绩效评价的指标体系。刘燕斌、马永堂（2007）分析了财政对就业投入的实施效果和面临的挑战，指出要建立公共财政对就业投入的长效机制，加强就业资金使用和管理的制度建设，加大有关统计、分析和预测等基础性工作，建立一套科学、合理的就业再就业资金运作模式，使就业再就业资金在筹集、使用和管理等方面做到有指标、有措施、便于操作和评估考核。针对积极就业政策的完善问题，刘社建、李振明（2007）指出，财政政策有必要为扩大就业创造良好的宏观环境，要构建促进就业的财政投入机制，确保各级政府用于财政支出的份额，完善促进就业的社会保障政策，发挥失业保险促进就业的应有作用。杨宜勇（2007）认为，积极就业政策对中国十分必要，但存在着目标人群的排他性、政策力度不够等问题，因此，要前移积极劳动力市场政策的重心，深化体制改革、全面促进城乡劳动力市场一体化，构建协商机制、全社会共同促进就业工作，减少就业歧视、增进劳动力市场的公平，树立普惠意识、加强对新增就业人口中弱势群体的关注和就业扶持等一系列对策。对于具体的就业政策，比达尼和拉里（Bidani & Leary，2002）利用微观数据对武汉和沈阳的再就业培训计划做了就业效果评价，发现培训计划的再就业效应和收入效应均不明显。王海港等（2009）则使用珠三角地区农民和就业状况调查的数据，分析了职业培训对村民非农收入的影响。结果表明，培训参加者的收益甚至要低于从村民中随机挑选的村民的平均收益。

综合国内外的研究，积极劳动力市场政策在西方发达国家的历史比较长，相应的政策评价成果也比多。国内研究主要集中在积极就业政策内容的讨论上，在政策效果的评价中以对就业支出、受惠人群规模、就业状况的描述性统计分析为主，系统的定量研究比较缺乏。因此，本章拟采取国际成熟的定量分析方法，对中国积极劳动力市场政策的效果进行全面系统的评估，主要目标包括三个：一是揭示和总结 20 世纪 90 年代末期以来中国就业政策转变的宏观背景；二是通过对就业支出的梳理，细致估算我国政府 1998—2008 年这 11 年间在消极就业政策和积极就业政策方面的支出规模；三是利用估算数据对 1998—2008 年就业政策的实施效果进行评价。

结构安排如下：第二部分对我国政府 1998—2008 年这 11 年间在就业方面的支出进行细致估算；第三部分实证分析就业政策的实施对下岗失业人员再就业的影响；第四部分是结论和政策建议。

二、我国政府落实就业政策支出的宏观描述：1998—2008 年

在这一部分，我们利用统计描述方法，细致归纳总结我国政府 1998—2008 年这 11 年间在就业方面的支出。我们不但统计了我国政府在消极就业政策方面的支出（主要用于对失业人口进行收入补助），还统计了在积极就业政策方面的支出。在积极就业政策方面的支出统计中，不仅统计了公共财政用于就业的支出，还统计了另外四项：①税务系统已落实的再就业减免税额（以下简称"税收优惠"）；②工商系统落实再就业优惠政策减免的工商管理行政性收费数额（简称"工商管理行政性收费减免"）；③全国各金融机构发放的下岗失业人员小额担保贷款数额（简称"小额担保贷款"）；④国资委系统的国有大中型企业实施主辅分离辅业改制，安置富余人员享受的企业所得税减免额（简称"主辅分离辅业改制减免税"）。从已有文献来看，有的研究只统计了某一年份用于积极就业政策的全口径支出（刘燕斌、马永堂，2007），还有一些研究只统计了历年来公共财政用于积极就业政策方面的支出（刘晓凤，2008），这显然无法支持我们从总体上把握就业支出状况。因此，我们全面考察了我国政府用于就业方面的支出，对各支出类别的变化趋势、就业支出总额等基本情况进行了数据收集和归纳总结。同时，这些数据也构成了我们进行就业支出绩效评价的基本前提。

（一）在消极就业政策方面的支出

我国政府用于落实消极就业政策方面的支出有三项：失业保险金、国有企业下岗职工基本生活保障补助和城市居民最低生活保障费，这些支出的目的主要是对下岗失业人口进行收入补助，以维持这一群体的基本生活。需要

特别说明的是为什么要将"城市居民最低生活保障费"项目计入消极就业政策方面的支出。我国政府建立低保制度的目的，是为了保障城镇贫困人口的基本生活。这些贫困人口的身份，既可能是下岗失业人员，也可能是在职人员、退休人员或其他群体。但我们发现在实际支出中，下岗失业人员及其家属是低保制度救助的主要群体。从 2002 年开始，可以从《民政事业发展统计报告》中查询到享受城市低保待遇的人员构成状况。经测算，我们发现在 2002—2008 年低保救助人员中，可以明确界定为下岗和失业身份的人员（2007 年以后被界定为登记失业人员和未登记失业人员身份）所占比例平均为 40.44%，这还不包括下岗人员和失业人员的家属。如果将这两类人员的家属包括进去，那么所占比例可能会更高。鉴于此，将"城市居民最低生活保障费"项目计入消极就业政策方面的支出是合适的。

这三项支出数据均可从相应年份的《中国财政年鉴》中直接获得，列于表 8.3 中。

失业保险金：失业保险，是国家和社会为暂时失去职业、又没有其他收入来源的人员提供基本生活保障，并通过职业培训、职业介绍等手段帮助其实现再就业的社会救助制度。改革开放以后，国务院曾在 1986 年和 1993 年针对国有企业职工相继颁布实施了《国营企业职工待业保险暂行规定》、《国有企业职工待业保险规定》。而 1999 年 1 月颁布实施的《失业保险条例》则将制度覆盖到所有城镇企事业单位及其职工。2006 年，根据《劳动和社会保障部、财政部关于适当扩大失业保险基金支出范围试点有关问题的通知》（劳社部发［2006］5 号），东部 7 省（市）（北京、上海、江苏、浙江、福建、山东、广东）进行了扩大失业保险基金支出范围的试点。试点省（市）尝试在职业培训补贴、职业介绍补贴项目之外，将失业保险基金用于社会保险补贴、岗位补贴和小额担保贷款贴息等支出项目，以充分发挥失业保险促进就业的功能。当时将试点时间暂定为 3 年。2009 年，国务院决定继续在试点省（市）延长该政策。

1998 年全年失业保险金发放人数为 158.10 万人，共发放了 20.40 亿元，年人均发放 1290 元；之后，每年失业保险金发放人数快速增加，到 2004 年达到峰值（753.50 万人）；2008 年全年失业保险金发放人数为 542.50 万人，共发放了 139.50 亿元，是 1998 年的 6.84 倍。年人均发放额为 2571 元，与

1998 年相比增长了近一倍。1998—2008 年累计发放失业保险金 1106.60 亿元。

国有企业下岗职工基本生活保障补助：1998 年我国开始全面实施国有企业下岗职工基本生活保障和再就业工程，各地相继建立了再就业服务中心。从 2000 年开始，部分地区开展了国有企业下岗职工基本生活保障向失业保险并轨工作，企业新的裁员不再进入再就业中心。到 2005 年底，各地并轨工作已基本完成（孙志筠，2008）。因此，国有企业下岗职工基本生活保障补助的发放是从 1998 年开始，在 2005 年底截止（见表 8.3 第三列）。8 年来，累计发放了 1376.88 亿元。从变化趋势来看，1998—2001 年补助支出额呈快速增长态势，2001 年支出了 225.36 亿元，为历年最高；2000—2002 年每年的支出额都在 200 亿元以上，2003—2005 年则维持在 170 亿元左右的水平上。2006 年，该项补助基本实现了和失业保险金的并轨。这也意味着从 1998 年开始专门为国有企业下岗失业职工建立的一套再就业保障制度退出了历史舞台。

城市居民最低生活保障费：我国的城市居民最低生活保障线工作，最早是由上海于 1993 年探索开展。1995 年，全国仅有 20 多个城市建立了最低生活保障线。[①] 这一工作在 1996 年得到了突破：有 101 个城市建立了社会最低生活保障制度。[②] 1999 年 10 月，国务院颁布《城市居民最低生活保障条例》，到 1999 年底，全国城镇基本上都建立了城市居民最低生活保障制度。

观察表 8.3 第四列可以发现，1998—2008 年，我国城市居民最低生活保障费支出水平呈单调递增变化趋势，2008 年的支出水平是 1998 年的 43.48 倍。从享受低保人数来看，1998 年共覆盖 184 万人，之后快速增长，从 2002 年开始连续七年保持在救济 2000 万人以上的水平，到 2008 年底，全国共有 1110.5 万户、2334.8 万城市居民得到了最低生活保障，是 1998 年救济人数的 12.69 倍。11 年来，累计发放低保资金 1660.58 亿元。

将上述三项加总，可知我国政府 1998—2008 年用于消极就业政策方面的支出额为 4144.06 亿元。1998 年用于消极就业政策方面的支出只有

---

① 参见《1995 年民政事业发展统计报告》。
② 参见《1997 年民政事业发展统计报告》。

122.10 亿元，2008 年的支出水平是 524.70 亿，增长了 329.73%，年均增长 32.97%。

表 8.3　落实消极就业政策的支出（1998—2008 年）

单位：亿元

年　份	失业保险金	国有企业下岗职工基本生活保障补助	城市居民最低生活保障费	小　计
1998	20.40	92.84	8.86	122.10
1999	31.90	127.86	17.95	177.71
2000	56.20	204.45	26.48	287.13
2001	83.30	225.36	45.74	354.40
2002	116.80	206.36	101.63	424.79
2003	133.40	168.66	160.63	462.69
2004	137.50	172.77	178.83	489.10
2005	132.40	178.58	198.21	509.19
2006	125.80	—	241.01	366.81
2007	129.40	—	296.04	425.44
2008	139.50	—	385.20	524.70
总计	1106.60	1376.88	1660.58	4144.06

资料来源：相应年份的《中国财政年鉴》。

（二）在积极就业政策方面的支出

以 2002 年 9 月党中央、国务院下发的《关于进一步做好下岗失业人员再就业工作的通知》（中发［2002］12 号）为标志，我国开始正式实施积极的就业政策。在落实积极就业政策的政府支出中，不但包括公共财政提供的就业补助资金，而且还包括相关部门为促进就业再就业实行的各种税费减免等其他形式的投入。由于其他形式的投入变得越来越重要，逐渐显现出长效性和制度化的特征（刘燕斌、马永堂，2007），所以对这些数据进行收集无疑也是十分必要的。如果财政就业补助之外的投入数额很小，那么忽略它们不会有大的影响；但是如果这些数额较大，就不能忽略，否则会在很大程度上低估我国政府用于积极就业政策方面的支出。从数据可得性来看，"财政就业补助"的数据质量是最好的，可以从《中国财政年鉴》上直接查到；

绝大部分年份的"工商管理行政性收费减免"数据，也可以从工商总局发布的《我国个体私营经济发展基本情况》中获得；但是，"税收优惠"、"小额担保贷款"、"主辅分离辅业改制减免税"这三项数据的可得性就不理想，或者只能查到个别年份的数据，或者只能得到一些加总数据，于是，我们相应采取了移动平均法、内插法、倒推法等方法进行了估算。

1. 财政就业补助

财政就业补助资金对就业的支持作用体现在四个方面：一是用于提高劳动者职业技能和就业能力，包括职业介绍补贴、职业培训补贴、职业技能鉴定补贴；二是用于扶持劳动者自主创业，体现为小额贷款担保基金和小额担保贷款贴息；三是对就业困难人员进行特定补贴，包括社会保险补贴、公益性岗位补贴、特定就业政策补助；四是用于扶持公共就业服务。该支出项已作为专项支出正式列入国家财政预算。从表 8.4 第二列可以看出，2003 年之前财政就业补助支出额很小，累计只有 35.14 亿元；从 2003 年开始，支出额大幅增长，到 2008 年已高达 410.79 亿元。

1998—2008 年，财政就业补助累计支出 1552.47 亿元；其中，2002—2008 年正式实施积极就业政策以来已累计支出 1528.71 亿元。

2. 税收优惠

实际上，1994 年税制改革以来，税务部门就已经针对就业和再就业工作中的薄弱环节，出台了一些税收优惠政策。2002 年以后，为了鼓励和扶持下岗失业人员自谋职业、自主创业，国家又出台了一系列税收优惠政策。[①] 各项税收优惠政策原定于 2008 年底截止，后来又决定延长到 2009 年底。据国家税务总局统计，截至 2008 年底，全国共有 680 万左右下岗失业人员享受到税收优惠政策，累计减免税收 157 亿元。[②]

经过大量的数据搜索努力，我们只获得了四个可信度较强的税收优惠加总数据：2002 年 9 月至 2003 年 9 月税收减免额为 19.99 亿元[③]；截至 2004

---

① 具体的税收优惠政策实施细则见国家税务总局网站。

② 《再就业税收优惠政策惠及 580 万下岗职工》，见 http://www.gov.cn/fwxx/sh/2009-03/31/content_ 1272971. htm。

③ 参见《国家税务总局就再就业税收优惠政策等答记者问》，见 http://news.sina.com.cn/c/2003-09-26/13191821878. shtml。

年 6 月底税务部门已落实再就业减免税额 107.29 亿元，减免税务登记工本费用 3632 万元[①]；截至 2007 年第二季度累计减免税 130 亿元[②]；截至 2008 年底累计减免税收 157 亿元。于是，在控制总量的前提下，我们采用了移动平均法、类推法对各年度税收减免额进行了估算，具体情况见表 8.4 第三列。

从上可以看出，除了 2002 年的税收减免额较低外（因为政策优惠只覆盖当年 9—12 月共四个月的时间），其他年份保持在 20 亿元以上的规模，比较稳定。2002—2008 年累计减免税收 157 亿元。

3. 工商管理行政性收费减免

为落实积极就业政策，国家工商总局规定，对持《再就业优惠证》从事个体经营的（国家限制的行业除外），自工商机关批准其经营之日起，对涉及工商部门的登记类、管理类、证照类的收费减免，具体包括免收个体工商户注册登记费、个体工商户管理费、集贸市场管理费和经济合同示范文本工本费，期限最长不超过 3 年。后来，该项政策的享受群体又扩大至转业军人、大学毕业生等群体。该项政策执行期限同样是截止到 2008 年底。

2005—2008 年各年份的"工商管理行政性收费减免"数据，可以直接从工商总局发布的《我国个体私营经济发展基本情况》中获得。此外，我们还搜索到两个信息：2003 年至 2006 年上半年，全国工商系统共支持、办理 907 万名下岗人员在个体私营领域实现再就业，落实再就业优惠政策免收行政性收费 28.44 亿元（方烨，2007）；自 2003 年实行下岗职工再就业优惠政策至 2006 年底，全国工商系统共支持 1018 万名下岗失业人员在个体私营经济领域实现再就业，免收行政收费约 34 亿元[③]。基于以上数据和信息，我们利用移动平均法估算得到 2003 年和 2004 年的数据，具体情况见表 8.4 第四列。

---

① 数据来源于厉征：《再就业税收优惠过百亿元》，《中国税务报》2004 年 8 月 6 日。

② 数据来源于《税务总局有关负责人就促进就业相关税收政策答中国政府网网民问》，见 http://www.gov.cn/zwhd/2008-05/15/content_ 975146. htm。

③ 数据来源于《加强监管 优化服务 积极引导 个体经济在平稳发展中健康前行》，见 http://www.saic.gov.cn/ywdt/gsyw/zjyw/xxb/200703/t20070305_ 42080. html。

2003—2008 年，累计减免工商管理行政性收费 50. 28 亿元，其变化趋势呈"两头小、中间大"的状态。其中，2005—2007 年这三年的数额比较稳定，规模在 11 亿元左右。

4. 小额担保贷款

我国的小额担保贷款制度，专门针对自谋职业和自主创业的下岗失业人员群体设计，由政府建立担保基金，提供财政贴息。目前，贷款发放对象已由国有企业下岗失业职工扩大到国有企业所办集体企业下岗职工、享受城市最低生活保障且失业一年以上的城镇其他登记失业人员、城镇复转军人、自愿到西部地区及县级以下的基层创业的高校毕业生、持有劳动保障部门核发的失业登记有效证明的其他城镇登记失业人员以及吸纳下岗职工达到一定比例的劳动密集型小企业。据央行统计，截至 2009 年 4 月末，全国金融机构累计发放小额担保贷款 256. 4 亿元，扶持就业困难人员超过 100 万[1]。

各年度的小额担保贷款数据基本上都不直接可得，且多为加总数据，散见于央行相关部门负责人接受采访或各种小额担保贷款会议的新闻报道中。我们筛选出了以下八个可信度较高的信息，作为估算的基础：①2003 年发放 8. 06 亿元[2]；②到 2003 年底，发放 12 亿元左右[3]；③2004 年发放 18. 8 亿元（刘燕斌、马永堂，2007）；④截至 2006 年 3 月末，累计发放 55. 56 亿元[4]；⑤截至 2006 年 9 月末，累计发放 74. 46 亿元[5]；⑥截至 2007 年 5 月末，累计发放 103 亿元[6]；⑦2002 年—2008 年 5 月，累计发放额达 175 亿元，近三年来每年的发放额都超过 40 亿元（徐思佳，2008）；⑧截至 2009

---

① 数据来源于田俊荣：《进一步做好金融促进就业工作——访中国人民银行金融市场司司长穆怀朋》，《人民日报》2009 年 5 月 25 日。

② 数据来源于王晓欣：《小额担保贷款：支持再就业大有作为》，《金融时报》2004 年 5 月 1 日。

③ 数据来源于《财政部李勇副部长在小额担保贷款电视电话会议上的讲话》，见 http：//www.lm. gov.cn/gb/news/2004-07/07/content_ 38922. htm。

④ 数据来源于《发挥好小额担保贷款政策的作用 积极推动创业促就业》，见 http：//www.pbc.gov. cn/detail_ frame.asp? col = 2020&id = 36&isFromDetail = 1。

⑤ 数据来源于《全面推动小额贷款 促进扩大就业再就业》，见 http：//finance. sina. com. cn/g/ 20061122/12131055954. shtml。

⑥ 参见《中国人民银行金融市场司司长穆怀朋谈金融支持就业再就业》，见 http：//www.pbc.gov. cn/showaccdoc.asp? col = 100&id = 2388。

年 4 月末，累计发放 256.4 亿元。利用前三个信息，很容易得到 2002—2004 年各年份的数据。为了得到其他年度的数据，我们同样利用了趋势类推法、移动平均法等方法进行了估算。估算结果见表 8.4 第五列。

估算结果表明，2002—2008 年小额担保贷款共计发放了 229.28 亿元。其中，2004 年之前每年的发放额较小，从 2005 年开始有了明显的增加，至 2008 年已达到年发放额 66.28 亿元的水平。

5. 主辅分离辅业改制减免税

2002 年，为鼓励有条件的国有大企业在结构调整、重组改制和主辅分离中，通过多种方式分流安置企业富余人员，原国家经贸委等八部门下发了《关于印发〈国有大中型企业主辅分离辅业改制分流安置富余人员的实施办法〉的通知》（国经贸企改〔2002〕859 号），对符合条件的改制企业给予免征 3 年所得税的待遇。该项政策原定 2005 年截止，之后也延至 2008 年底。截至 2007 年底，全国共有 1299 家国有大中型企业实施主辅分离辅业改制，分流安置富余人员 233.8 万人。

这方面数据的可得性是最差的。我们只获得了三个有价值的信息，均来自于国资委门户网站：截至 2004 年 9 月底，享受税收减免共计 1.1 亿元左右；截至 2005 年 6 月底，已享受减免税收优惠 1.77 亿元；截至 2006 年 3 月底，共免税 6.5 亿元。于是，我们采用了移动平均法进行了估算，结果见表 8.4 第六列。估算结果表明，可能由于在初始年份主辅分离辅业改制工作还未有效推进，减免税额很小，随着这项工作的大规模展开，从 2005 年开始，减免税额明显增大。累计减免税 36.58 亿元。

加总上述五项，可知我国政府 1998—2008 年用于积极就业政策方面的支出额为 2025.61 亿元，其中财政支出 1552.47 亿元，其他形式的投入也高达 473.14 亿元，约占 1/4 的份额。与 1998 年相比，2008 年用于积极就业政策方面的支出增长了 79.23 倍；即便与 2002 年比，也增长了 23.25 倍。我们认为，由于表 8.4 中的一些数据为估算所得，因此各年份的支出水平可能与实际有出入，但加总数据应当是比较准确的，可以从总体上反映我国政府用于积极就业政策的支出状况。

表 8.4   落实积极就业政策的支出（1998—2008 年）

单位：亿元

年　份	财政就业补助	税收优惠	工商管理行政性收费减免	小额担保贷款	主辅分离辅业改制减免税	小　计
1998	6.48					6.48
1999	4.12	—	—	—		4.12
2000	6.35	—	—	—		6.35
2001	6.81	—	—	—		6.81
2002	11.38	6.12	—	3.94	—	21.44
2003	99.24	20.67	3.77	8.06	0.60	132.34
2004	130.12	23.27	7.69	18.80	0.72	180.60
2005	160.91	35.56	11.93	41.08	3.57	253.05
2006	345.37	20.78	10.60	38.25	6.43	421.43
2007	370.90	28.44	10.25	52.87	10.61	473.07
2008	410.79	22.16	6.04	66.28	14.65	519.92
总计	1552.47	157.00	50.28	229.28	36.58	2025.61

资料来源：财政就业补助数据来自于《中国财政年鉴 2008》和《中国统计年鉴 2009》。

　　总支出：将历年用于消极就业政策和积极就业政策方面的支出加总，就可以描绘出我国政府在就业支出方面的总体状况（见表 8.5）：1998—2008年，累计支出 6169.67 亿元。除个别年份外（2006 年），每年用于就业方面的支出增幅都在两位数。而且，在 2005 年之前，用于消极就业政策方面的支出远大于积极就业政策的支出，近年来这两类支出之间则相差不大。

表 8.5   落实就业政策的总支出（1998—2008 年）

单位：亿元

年　份	消　极	积　极	总支出	年增幅
1998	122.10	6.48	128.58	—
1999	177.71	4.12	181.83	41.41%
2000	287.13	6.35	293.48	61.40%
2001	354.40	6.81	361.21	23.08%
2002	424.79	21.44	446.23	23.54%

续表

年　份	消　极	积　极	总支出	年增幅
2003	462.69	132.34	595.03	33.35%
2004	489.10	180.60	669.70	12.55%
2005	509.19	253.05	762.24	13.82%
2006	366.81	421.43	788.24	3.41%
2007	425.44	473.07	898.51	13.99%
2008	524.70	519.92	1044.62	16.26%
总计	4144.06	2025.61	6169.67	

（三）就业支出占财政支出、GDP 的比重及与国际水平的比较

为了反映我国政府就业支出的相对水平，我们计算了两类就业支出及总支出占财政支出、GDP 的比重（见表 8.6）。可以看出，与绝大多数经合组织国家就业支出占财政支出和 GDP 的比重都在 3% 和 1% 以上的状况相比，我国显然还有很大差距。值得注意的是，无论是从就业支出占财政支出的比重还是占 GDP 的比重来看，从 2004 年开始都体现为一种单调下降的趋势。

表 8.6　就业支出占财政支出、GDP 的比重（1998—2008 年）

单位:%

年份	就业支出占财政支出的比重			就业支出占 GDP 的比重		
	消　极	积　极	总支出	消　极	积　极	总支出
1998	1.13	0.06	1.19	0.14	0.01	0.15
1999	1.35	0.03	1.38	0.20	0.00	0.20
2000	1.81	0.04	1.85	0.29	0.01	0.30
2001	1.87	0.04	1.91	0.32	0.01	0.33
2002	1.93	0.10	2.03	0.35	0.02	0.37
2003	1.89	0.54	2.43	0.34	0.10	0.44
2004	1.72	0.63	2.35	0.31	0.11	0.42
2005	1.50	0.75	2.25	0.28	0.14	0.42
2006	0.91	1.04	1.95	0.17	0.20	0.37

续表

年份	就业支出占财政支出的比重			就业支出占 GDP 的比重		
	消　极	积　极	总支出	消　极	积　极	总支出
2007	0.85	0.95	1.80	0.17	0.18	0.35
2008	0.84	0.83	1.67	0.17	0.17	0.34

三、就业政策的实施对下岗失业人员再就业的影响：实证分析

基于本章上一部分估算出的数据，我们运用时间序列分析法对就业政策的实施与下岗失业人员再就业之间关系进行实证分析。

（一）变量选取

1. 被解释变量（REEMPLOYMENT）

本章的实证分析目标是考察我国政府用于就业方面的支出对再就业产生的影响，而自 20 世纪 90 年代末出台的各项就业政策的主要惠及群体是下岗失业人员，因此我们选取历年的下岗失业人员再就业数量作为被解释变量。数据来源于 1998—2008 年各年度《劳动和社会保障事业发展统计公报》或《人力资源和社会保障事业发展统计公报》，单位是万人。

2. 解释变量

（1）落实积极就业政策方面的支出（ALMP）

指 1998—2008 年我国政府用于落实积极就业政策的全口径支出。这一数据为本章估算所得（见表 8.3），单位为亿元。

（2）落实消极就业政策方面的支出（PLMP）

指 1998—2008 年我国政府用于落实消极就业政策的支出。这一数据同样也为本章估算所得（见表 3.3），单位为亿元。

（二）数据处理

由于严格为正的变量的条件分布常常具有异方差或偏态性，对它们取对数形式则能缓和甚至消除这方面的问题，[1] 也可以消除时间序列变量的非平

---

① 参见 J.M.伍德里奇：《计量经济学导论：现代观点》，中国人民大学出版社 2003 年版，第 177 页。

稳性，因此我们对 REEMPLOYMENT、ALMP、PLMP 等三个变量取了对数。变量的描述性统计结果见表 8.7。

表 8.7 变量的描述性统计

变 量	观测值个数	均 值	标准差	最小值	最大值
LnREEMPLOYMENT	11	5.99	0.48	4.79	6.41
LnALMP	11	4.02	1.99	1.42	6.25
LnPLMP	11	5.85	0.47	4.80	6.26

（三）对变量 LnREEMPLOYMENT、LnALMP、LnPLMP 进行平稳性检验

由于很多宏观经济变量的时间序列都是非平稳的（Enders，1995），对非平稳时间序列数据进行统计推断时会出现伪回归，因此在研究变量之间关系之前必须考虑时间序列的平稳性问题。我们通过 ADF 检验法（Mills，1999）来检验 lnGDP、lnimp 和 lnexp 序列的平稳性。在 ADF 检验中我们选取存在截距项的模型形式，通过比较 AIC 值，我们选择变量滞后 1 期。表 8.8 计算了样本区间内时间序列单位根检验的 ADF 统计量，△表示差分算子，*、**和***分别表示 1%、5% 和 10% 的显著水平。检验结果表明，在 5% 和 10% 的显著性水平下，这些序列在二阶差分下都是非单位根过程，即进行差分变换后这些变量都是平稳的，因此可以推断它们都是 2 阶单整的 I（2）过程（详见表 8.8）。

表 8.8 时间序列的单位根检验

序 列	ADF	AIC	临界值	平稳性
LnREEMPLOYMENT	−1.887	1.469	−4.297 *	不平稳
△lLnREEMPLOYMENT	−2.820	1.968	−4.421 *	不平稳
△²lLnREEMPLOYMENT	−4.018	2.660	−3.321 **	平 稳
LnALMP	−0.413	2.194	−4.297 *	不平稳
△LnALMP	−2.506	2.045	−4.421 *	不平稳
△²LnALMP	−3.316	2.638	−2.801 ***	平 稳

序　列	ADF	AIC	临界值	平稳性
Ln*PLMP*	−3.587	−0.877	−4.297 *	不平稳
△Ln*PLMP*	−1.919	−1.111	−4.421 *	不平稳
△²Ln*PLMP*	−3.626	0.305	−3.321 **	平　稳

（四）协整分析

由于变量 LnREEMPLOYMENT、LnALMP、LnPLMP 都是 2 阶单整过程，运用两步检验法（即 EG 检验）检验 LnREEMPLOYMENT 与 LnALMP、Ln-PLMP 是否协整，首先建立如下方程：

$$\ln REEMPLOYMENT = \alpha + \beta_1 \ln ALMP + \beta_2 \ln PLMP + \varepsilon$$

回归模型的估计结果如下（参数估计下面对应的数字为 t-统计量）：

$$\ln REEMPLOYMENT = 11.037 + 0.266\ln ALMP - 1.045\ln PLMP + \hat{\varepsilon}$$
$$(6.245)　(3.323)　　　(-3.073)$$

$$R^2 = 0.598 \qquad F = 5.944$$

上述回归方程估计残差序列 $\hat{\varepsilon}$ 如下：

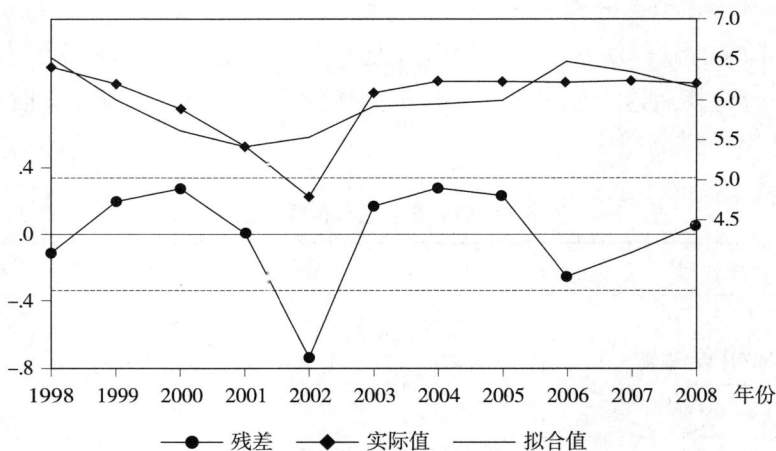

图 8.1　残差序列 $\hat{\varepsilon}_t$ 随时间变动趋势

对残差序列 $\hat{\varepsilon}$ 作平稳性检验，根据 AIC 准则，我们选取滞后 1 期的影响时滞，ADF 检验结果见表 8.9。检验结果表明，在 5% 的显著性水平下，序列 $\dot{\varepsilon}$ 拒绝存在单位根的原假设，因此我们可以认为残差序列 $\dot{\varepsilon}$ 是平稳序列，这表明 LnREEMPLOYMENT 与 LnALMP、LnPLMP 之间具有协整关系，即存在一种长期的均衡关系。

表 8.9　残差序列 $\dot{\varepsilon}$ 的单位根检验

序列	ADF	AIC	临界值
$\dot{\varepsilon}_t$	−3.963	2.51	−3.321 **

注：** 表示 5% 的显著水平。

需要特别说明的是，我们在协整检验之前，曾对 LnREEMPLOYMENT、LnALMP、LnPLMP 这三个变量进行了 Granger 因果关系检验，但并没有通过检验。我们推测，主要原因是因果关系检验对滞后长度很敏感，而本章的样本容量长度不够（只有 11 年），所以无法检验出它们之间的关系。但是，对这三个变量做协整检验时，却通过了检验，这就说明在下岗失业人员再就业与落实积极就业政策的支出、落实消极就业政策的支出之间存在长期均衡关系。

从上述协整分析结果，我们可以发现，落实积极就业政策的支出与下岗失业人员的再就业、落实消极就业政策的支出与下岗失业人员的再就业之间存在协整关系，即落实积极就业政策的支出显著促进了下岗失业人员的再就业，而落实消极就业政策的支出，在客观上起到了阻抑再就业的效果。具体来说，落实积极就业政策的支出每变动 1% 将导致下岗失业人员的再就业数量同向变动 0.27%；落实消极就业政策的支出每变动 1% 将引起下岗失业人员的再就业数量反向变动 1.05%。

四、相关结论和讨论

本章的估算结果表明，1998—2008 年，我国政府为落实就业政策累计支出 6169.67 亿元。用于落实消极就业政策的支出为 4144.06 亿元，用于落实积极就业政策的支出累计 2025.61 亿元，其中财政支出 1552.47 亿元，其他形式的投入也高达 473.14 亿元，约占 1/4 的份额。而且，促进就业的支出增长速度很快，在2005年之前，用于积极就业政策的支出远小于用于消极就业政策的支出，近年来这两类支出之间则相差不大。但无论是从就业支出占财政支出的比重还是占GDP的比重来看，从2004年开始都表现为一种单调下降的趋势。

同时，本章利用时间序列分析法实证检验了就业政策的实施对下岗失业人员再就业的影响，发现落实积极就业政策的支出和落实消极就业政策的支出与下岗失业人员的再就业之间存在长期稳定关系，落实积极就业政策的支出每变动1%会导致下岗失业人员的再就业数量同向变动0.27%，这表明我国政府用于促进就业的支出的确对再就业工作显示出了积极作用；落实消极就业政策的支出每变动1%将引起下岗失业人员的再就业数量反向变动1.05%，这与对东欧转轨国家的一些同类研究的结果是一致的（Burda and Lubyova，1995；Boeri and Burda，1996；Puhani，1999）。① 其原因在于随着失业保险制度的不断完善，越来越多的失业下岗人员表现出自愿加入该制度"保护伞"下的意愿。而排除在失业保险制度之外劳动者数量越少，对劳动者的伤害和影响社会稳定的因素就越少，这正是发挥消极就业政策"社会稳定器"功能的必要举措。不仅如此，完善失业保险还会产生一定的促进就业的效果。例如，我国失业保险基金并非只有消极救济这个单一功能，《失业保险条例》本身就规定了可以有职业培训补贴、职业介绍补贴这两项支持就业的项目，而且在实践中，近些年很多地区都通过学习上海的经验②，扩大了失业保险基金促进就业的支出范围，这些探索在2006年被中央政府以在东部7省（市）试点的方式得到了事后承认。

基于上述研究，我们提出如下相关政策建议：

第一，尽快建立积极就业政策的效果评价体系。建立效果评价机制是进一步推进积极就业政策的前提。从国外的情况来看，积极就业政策在不同的国度、不同的市场环境下实施效果有较大的差异，甚至积极就业政策内部的

---

① 当然，也有一些研究发现ALMP对就业没有显著影响，甚至有负的影响。详细的结果，可参见普汉尼（Puhani，2003）的综述。

② 上海的做法是：失业保险基金由市劳动保障局按照"三三制"的原则统一使用，即三分之一用于发失业救济金和下岗职工基本生活费，三分之一用于促进就业的各项服务，三分之一用于劳动力市场建设和社区社会保障服务中心的经费补助。

各种具体措施实施效果也有很大的区别。科学准确地建立积极就业政策效果评价体系，有利于掌握政策的资金利用效率，了解实施政策的着力点，弥补政策的空白点和弱点，避免人员和资金的浪费。因此，尽快建立相应的评价体系，是建立健全积极就业政策体系的重要环节。

第二，完善积极就业政策的框架体系是制定就业政策的重点。一是不断扩大积极就业政策的覆盖面，尽快将全体劳动者纳入实施范围。自积极就业政策实施以来，其服务对象一直是城镇失业下岗职工，虽然以后逐步将农民工、大学生等群体纳入进去，但不少人特别是农民工群体中的大多数仍无法享受到该政策的全面服务。因此，扩大政策覆盖面是当务之急。二是明确政府在劳动力市场当中的地位和作用。国外的研究表明，由政府主导的积极就业并非是解决就业问题的"万灵药"，要坚持市场在劳动力配置中的主体地位和作用，形成政府"有形的手"和市场"无形的手"有效配合。三是加强实施积极就业政策的组织建设，增加人员配备。完善从中央到地方、社区的各级劳动组织体系建设，解决基层社区人员缺乏的问题。

第三，加大积极就业政策的财政扶持力度，扩大就业扶持资金的筹集渠道。要警惕近年来就业支出占 GDP 比重下降的趋势，努力提高就业支出占 GDP 的比重。目前我国政府的就业支出占 GDP 的比重只有 0.34 左右，和实施积极就业政策的发达国家平均 2% 的水平相比相差甚远。随着我国财政实力的不断增强，政府有能力也有义务不断增加用于就业方面的支出。除公共财政资金之外，应大力鼓励民间机构和资金进入就业服务领域，开办多种形式的职业介绍所和劳务中介机构。从多方面增加落实积极就业政策的支出，以实现就业的可持续增长。

第四，改善失业保险基金的支出结构，完善失业保险促进就业的功能，并根据劳动报酬水平的实际变化调整居民最低生活保障费的发放标准。建立失业保险制度的根本目的，既要重视保障失业人员的基本权益，还要鼓励他们实现再就业，因此应当及时推广东部 7 省（市）扩大失业保险基金促进就业的支出范围的试点经验，完善失业保险促进就业的功能；同时，我国最低生活保障费的发放对象有相当比例都是有就业能力的居民，为避免"低保"水平过高对工作搜寻形成的"负激励"，要根据劳动报酬水平的变化及时调整最低生活保障费的发放标准。

第三节　未来扩大就业的战略路径选择

就业问题不仅是民生之本，也是安国之策，不仅是保障和改善民生的头等大事，而且是经济社会发展的优先目标。劳动力资源是一个国家争取社会经济发展的重要资源。在一定条件下，劳动力的充分利用必将对经济的有效增长和社会的长期稳定产生重要作用。如何扩大就业，充分利用劳动力资源是一个全球面对的现实难题。1995 年在哥本哈根的联合国《社会发展问题世界首脑会议行动纲领》① 中专门一章来谈及"扩大生产性就业和降低失业率"，其中明确提出要确定就业在制定政策中的中心地位，要"把扩大生产性就业置于国家持续发展战略和经济社会政策的中心"；"持续经济增长和可持续发展以及扩大生产性就业应该携手并进。"

我国是一个发展中国家，人口众多是一个基本国情，如何扩大就业，充分利用劳动力资源也一直是政府最为关心并重点解决的社会经济问题之一。改革开放以来，随着国民经济的持续快速发展，我国在解决和安置就业方面取得了很大的成绩，但劳动力供大于求的局面仍然存在，结构性就业矛盾依旧突出，经济结构调整，产业结构升级，节能减排、低碳经济所引起的就业问题也给我们带来新的挑战，在这些过程中，要解决突出矛盾，不能不把扩大就业摆在经济社会的重要位置。

数以亿计农村劳动力向城镇转移的就业压力问题，特殊人群的扩大就业问题等等，就业问题总量之大、矛盾之复杂，是任何国家以往都未曾遇到过的。为此，我国高度重视就业工作，制定实施了一系列方针政策来解决就业问题，就业在发展战略中的位置也逐渐提升，尤其是将就业的定位由过去的"促进充分就业"的政策方针进一步提升到"实施扩大就业的发展战略"的高度，这不仅是与国际接轨的指导思想，而且也充分体现了国家对就业这个"民生之本"的重视程度。

就业具有经济和社会的双重效应。从经济角度来看，劳动者作为劳动这

---

① 联合国社会发展问题世界首脑会议《社会发展问题世界首脑会议行动纲领》，丹麦哥本哈根，1995 年 3 月 12 日。

一生产要素的载体，通过就业参与生产经营活动，在获得个人收入，维持生计，改善生活的同时，也在创造着社会财富，促进着经济稳定快速发展；从社会的角度来看，劳动者通过就业参与社会公共生活，不仅在工作过程中实现了自身的尊严和价值，而且还是促进社会和谐稳定的必要条件。扩大就业，充分利用劳动力资源不仅是重大的经济问题，也是重大的政治问题；不仅是现实的紧迫问题，也是长远的战略问题，因此，将解决就业问题提升到战略的高度在"十二五"时期，且未来十年都将不会改变，如图 8.2 所示。

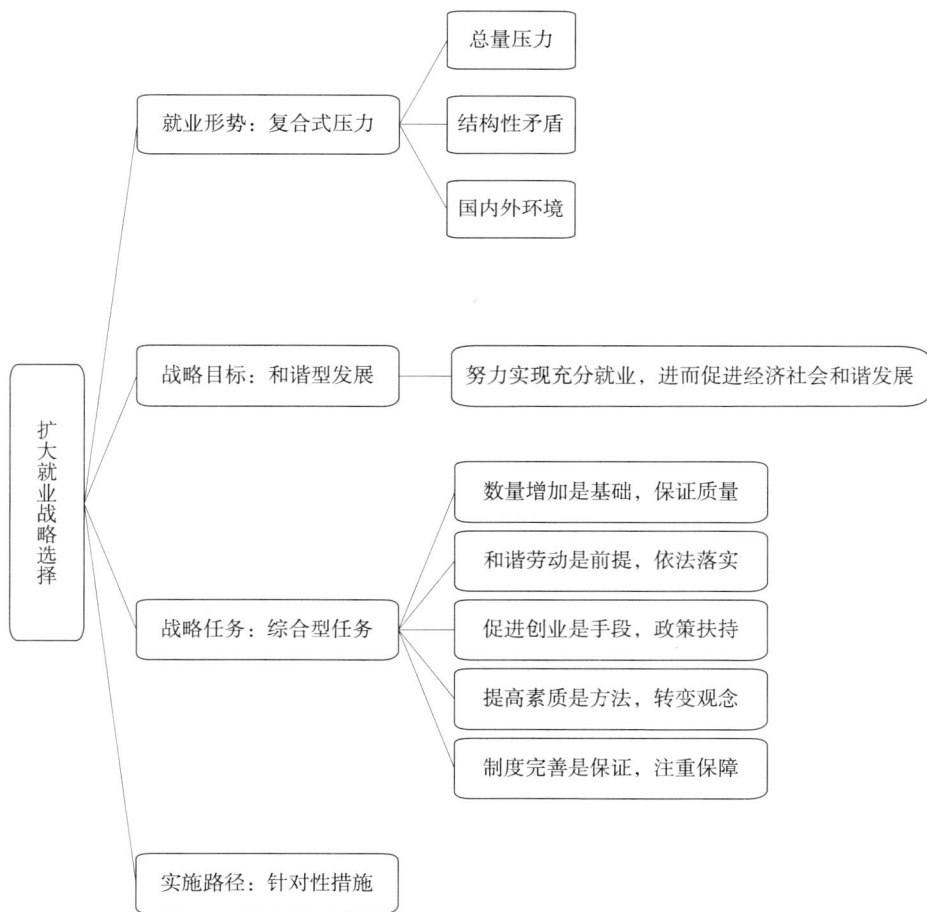

图 8.2　扩大就业的战略选择

一、未来十年的就业形势分析：复合式压力

"十二五"及未来十年将是我国社会经济发展的又一个关键时期。我们既要看到，随着改革开放的深入推进和科学发展观的贯彻落实，我国就业工作在"十一五"期间取得了明显成效，就业规模持续扩大，就业结构不断优化，积极的就业政策进一步完善，保持了就业局势的总体稳定。5年间，城镇新增就业5771万人，年均1100多万人；农村富余劳动力向非农产业转移就业达到4500万人，解决了大量农村富余劳动力的就业问题；普通高校毕业生累计2700万人，就业保持稳定；对农民工进城务工建立了培训、就业、维权"三位一体"的工作模式，2010年末，全国农民工总数达2.42亿人，其中外出务工1.53亿人。在面临国际金融危机冲击和严重自然灾害影响的复杂背景下，城镇登记失业率控制在4.3%以内，就业局势保持总体稳定，应当说是来之不易的。[①] 同时，我国综合国力大幅提升，人均国内生产总值超过4000美元；人民生活明显改善，是城乡居民收入增长最快的时期之一；国际地位和影响力明显增强，国内生产总值跃居到世界第二位等等。[②] 这些不仅充分显示了中国特色社会主义的优越性，展示了改革开放的力量，而且为我国就业在包括"十二五"时期的未来十年的持续健康发展奠定了坚实的基础。

同时我们也要看到，国内外社会经济形势的不断变化，尤其是在金融危机带来的世界经济的不稳定、发达国家不断实施的贸易壁垒、外商直接投资（FDI）等国际环境影响下，劳动力供需不平衡的总量压力仍然存在，在产业、区域、行业、城乡等方面的结构性就业矛盾依旧突出，未来十年，作为世界上人口最多的发展中国家，复合式压力将成为就业将所面临的基本情况，扩大就业仍然会是社会经济发展的重要任务。

（一）未来十年劳动力供需不平衡的总量压力分析

人口，是经济生活的出发点和落脚点，是形成经济学上劳动力供给的基础，即使并非所有人口都形成劳动力供给。构成劳动力供给的人口是劳动年

---

① 梁杰：《专访人力资源和社会保障部部长尹蔚民〈继续把充分就业放在优先位置〉》，《人民日报》海外版2011年4月19日，见http://www.workercn.cn。

② 朱之鑫：《"十一五"期间我国取得重大成就主要体现在五方面》，中国经济网，2011年3月6日。

龄人口，它是指在一定年龄范围内具有劳动能力的人口，劳动年龄人口的年龄界限一般都由国家规定。由于各国社会经济条件不同，劳动年龄的范围也不同。从劳动力供给来看，未来十年，我国人口总量和劳动年龄人口总量仍将处于持续增长的阶段。根据国家人口发展战略研究报告的预测，到 2020 年总人口将达到 14.5 亿人，2033 年前后达到峰值 15 亿人左右。劳动年龄人口数量庞大且保持增长态势，到 2016 年，我国 15—64 岁劳动年龄人口将达到峰值 10.1 亿人，比发达国家劳动年龄人口的总和还要多，到 2020 年仍高达到 10 亿人左右；15—59 岁劳动年龄人口将于 2013 年达到峰值 9.32 亿人，到 2020 年达到 9.30 亿人左右。庞大的劳动年龄人口，使扩大就业和减少失业成为当前和今后长时期重大而艰巨的任务。详见图 8.3。

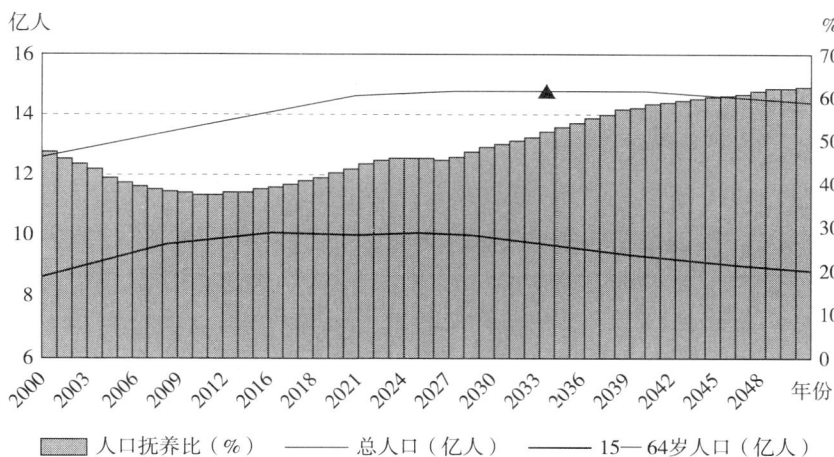

图 8.3　未来我国总人口、劳动年龄人口及人口抚养比预测

资料来源：国家人口发展战略研究课题组：《国家人口发展战略研究·人口发展预测》课题，人口计生委，2007 年 1 月 11 日。

　　劳动力供给为劳动年龄人口乘以劳动力参与率，劳动力参与率的因素是经济活动人口占劳动年龄人口的比重。作为衡量劳动人口参与社会劳动程度的指标，它一方面受个人保留工资、家庭收入规模以及性别年龄等个体特征的影响；另一方面社会保障的覆盖率和水平、劳动力市场状况等经济社会环境，也影响个人的劳动力供给选择，进而影响整体劳动力参与率。理论上，随着居民家庭收入水平的提高，少数人会自愿退出劳动力市场，此外，社会保障制度的进一步完善，也会使得不少老年就业者的就业愿望降低，退出劳动力市场。因此，从趋势上看，虽然我国劳动力供给增量开始减缓且将转向负数，劳动力总供给压力将会减弱，我国劳动力参与率也将会下降，但整体上我国劳动力总量供给的压力仍然很大。

　　从劳动力需求来看，经济学认为，劳动力需求是一种引致需求，即由市场（预期）需求旺盛，导致企业增加生产计划，从而追加投资，由此产生相应的劳动力需求，也就是说劳动力需求的增长取决于经济增长。随着我国经济的快速发展，为我国劳动力需求的增长创造了良好的条件，但根据国家统计局公布的相关数据可以看出，我国的就业增长相对滞后于经济增长，即经济的增长不能带来相应的就业扩大，或可说就业弹性较小，详见表 8.10。就业弹性，就是以经济增长（GDP）为自变量，就业量为因变量计算出来的弹性，指在影响经济增长的其他因素不变时，经济增长变化一个百分比引起的就业变化的比率，即经济增长对就业的吸纳能力。就业弹性越大，依靠经济增长拉动就业的作用就越明显；反之，经济增长对就业就不会产生很明显的效果。

表 8.10　2001—2009 年我国的就业弹性变化趋势

年份	就业人数（万人）	GDP（亿元）	就业增长率	GDP 增长率	就业弹性
2001	73025	109655	1.30%	8.3%	0.157
2002	73740	120333	0.98%	9.1%	0.108
2003	74432	135823	0.94%	10.0%	0.094
2004	75200	159878	1.03%	10.1%	0.102
2005	75825	182321	0.83%	9.90%	0.084
2006	76400	216314	0.76%	12.70%	0.060
2007	76990	265810	0.77%	14.20%	0.054
2008	77480	314045	0.64%	9.60%	0.067
2009	77995	340903	0.66%	9.20%	0.072
2010	79000	397983	1.29%	10.3%	0.125

资料来源：人力资源和社会保障部：《劳动和社会保障事业发展统计公报》2001—2009 年、2002—2010 年；新华社、人力资源和社会保障部：《全国城乡就业人员将达 7.9 亿》，2010 年 12 月 26 日；中华人民共和国国家统计局：《中华人民共和国 2005 年国民经济和社会发展统计公报》，2006 年 2 月 28 日；中华人民共和国国家统计局：《中华人民共和国 2010 年国民经济和社会发展统计公报》，2011 年 2 月 28 日。

如果以这十年就业弹性的中位数作为未来十年的就业弹性，并假定保持恒定，以这十年的 GDP 增长率的中位数为 2016—2020 年的 GDP 增长率，按照"十二五"规划的经济发展速度为 7%，那么我们可以大致预测出未来十年我国的劳动力需求，见表 8.11。

表 8.11　未来十年我国劳动力需求预测

年　份	就业弹性	GDP 增长率	就业增长率	劳动力需求（万人）
2011	0.089	7%	0.623%	79492
2012	0.089	7%	0.623%	79987
2013	0.089	7%	0.623%	80486
2014	0.089	7%	0.623%	80987
2015	0.089	7%	0.623%	81492
2016	0.089	9.95%	0.886%	82214
2017	0.089	9.95%	0.886%	82942
2018	0.089	9.95%	0.886%	83677
2019	0.089	9.95%	0.886%	84418
2020	0.089	9.95%	0.886%	85166

根据预测的总需求和总供给，可以计算出未来十年劳动力供求缺口情况。从劳动力供给角度看，我国劳动力供给的"人口红利"在未来十年还会维持，但劳动力供给增量开始减缓且将转向下降，劳动力总供给压力将会减弱，但供大于求的总量矛盾将持续存在。

（二）未来十年劳动力就业面临的结构性矛盾分析

"十二五"时期及未来十年，我国劳动力市场不但存在总量失衡的矛盾，也存在着结构失衡的矛盾，当前部分地区、企业在招工中存在的结构性短缺现象，部分企业"招工难"与部分劳动者"就业难"问题并存，正是就业结构性矛盾的一种具体表现，是经济回升向好背景下，企业用工需求与劳动力供给结构失衡的一种反映。而随着经济结构战略性调整的推进，不论是产业转型升级，还是节能减排、淘汰落后产能等，都将对就业结构产生深刻影响，技能人才短缺问题势必更加凸显，结构性失业问题也会进一步加剧，就业结构性矛盾将会更加复杂。

从产业结构与就业结构来看，就业结构和产业结构的变化具有较强的相关性。一方面，产业结构是指生产要素在各个产业之间的比例构成和它们之间相互依存、相互制约的联系，即一个国家或者地区的资金、人力资源和各种自然资源与物质资料在国民经济各个部门之间配置的状况及其相互制约的方式，包括三次产业之间的比例关系，及其内部各个部门之间的比例关系。产业结构的调整必然带来就业结构的变动，即就业结构在一定程度上取决于产业结构。另一方面，就业结构通常是指国民经济各部门之间所占用的劳动力数量和比例关系，就业结构也会对产业结构产生影响，合理的就业结构对于促进产业结构优化具有重要作用，就业结构与产业结构协调发展是促进就业和经济持续稳定增长的必然要求，产业偏离度就是用来衡量产业结构效益，反映就业结构与产出结构一致性情况的重要指标，指各产业增加值的比重与相应的劳动力比重的差异程度。用公式表示为：结构偏离度＝GDP 的产业构成百分比/就业的产业构成百分比－1。不管从配第—克拉克定理出发，还是从库兹涅茨的经验法则以及西方国家经济结构演进的历史证据上，都表明产业结构与就业结构的变动方向大体是一致的，且经历了一个偏离度由高到低、不断趋向于 0 的过程。

表 8.12　1978—2009 年我国三大产业的产业结构和就业结构分布比例

年份	产业结构（%）			就业结构（%）		
	第一产业	第二产业	第三产业	第一产业	第二产业	第三产业
1978	28.19	47.88	23.94	70.5	17.3	12.2
1979	31.27	47.10	21.63	69.8	17.6	12.6
1980	30.17	48.22	21.60	68.7	18.2	13.1
1981	31.88	46.11	22.01	68.1	18.3	13.6
1982	33.39	44.77	21.85	68.1	18.4	13.5
1983	33.18	44.38	22.44	67.1	18.7	14.2
1984	32.13	43.09	24.78	64.0	19.9	16.1
1985	28.44	42.89	28.67	62.4	20.8	16.8
1986	27.15	43.72	29.14	60.9	21.9	17.2
1987	26.81	43.55	29.64	60.0	22.2	17.8
1988	25.70	43.79	30.51	59.3	22.4	18.3

续表

年份	产业结构（%）			就业结构（%）		
	第一产业	第二产业	第三产业	第一产业	第二产业	第三产业
1989	25.11	42.83	32.06	60.1	21.6	18.3
1990	27.12	41.34	31.55	60.1	21.4	18.5
1991	24.53	41.79	33.69	59.7	21.4	18.9
1992	21.79	43.44	34.76	58.5	21.7	19.8
1993	19.71	46.57	33.72	56.4	22.4	21.2
1994	19.76	46.57	33.57	54.3	22.7	23.0
1995	19.86	47.18	32.86	52.2	23.0	24.8
1996	19.69	47.54	32.77	50.5	23.5	26.0
1997	18.29	47.54	34.17	49.9	23.7	26.4
1998	17.56	46.21	36.23	49.8	23.5	26.7
1999	16.47	45.76	37.67	50.1	23.0	26.9
2000	15.06	45.92	39.02	50.0	22.5	27.5
2001	14.39	45.05	40.46	50.0	22.3	27.7
2002	13.74	44.79	41.47	50.0	21.4	28.6
2003	12.80	45.97	41.23	49.1	21.6	29.3
2004	13.39	46.23	40.38	46.9	22.5	30.6
2005	12.12	47.37	40.51	44.8	23.8	31.4
2006	11.11	47.95	40.94	42.6	25.2	32.2
2007	10.77	47.34	41.89	40.8	26.8	32.4
2008	10.73	47.45	41.82	39.6	27.2	33.2
2009	10.35	46.30	43.36	38.1	27.8	34.1

资料来源：国家统计局：《中国统计年鉴2010》，中国统计出版社2010年版。

　　伴随着经济的持续快速发展，近年来我国的产业结构和就业结构发生了深刻的变化。表8.12显示了1978年以来我国的产业结构和就业结构变化状况。经过多年的改革发展，我国产业结构调整成效显著，首先是第一产业占GDP的比重呈下降趋势。从1978年的28.19%，上升到1982年的最高值33.39%，然后逐年下降到2009年的10.35%，降幅为17.84个百分点。其次是第二产业占GDP的比重比较稳定。从1978年的47.88%到2009年的46.30%，变动区间相对来说不大。还有第三产业占GDP的比重呈上升趋势。从 1978 年的 23.9%上升到 2009 年的 43.36%，上升了 19.46 个百分点。从整个的演变过程看，我国的产业结构演变的总体趋势逐步趋向合理，调整过程基本符合产业结构一般演变规律，但与世界发达国家相比差距仍然很大，主要表现为第一产业和第二产业比重过高而第三产业比重过低，见表 8.13。

表 8.13　2000 年和 2008 年国内生产总值产业构成

国家和地区	第一产业产业结构		第二产业产业结构		第三产业产业结构	
	2000 年	2008 年	2000 年	2008 年	2000 年	2008 年
世界	3.6	3.0	29.2	28.0	67.2	69.0
低收入国家	32.0	24.8	24.1	27.7	44.0	47.5
中等收入国家	11.0	10.1	35.4	36.9	53.6	53.0
中等偏下收入国家	16.8	13.7	39.4	40.8	43.8	45.5
中等偏上收入国家	6.0	6.0	32.0	32.6	62.0	61.4
中低收入国家	11.9	10.5	34.9	36.6	53.2	52.9
高收入国家	1.8	1.4	28.0	26.1	70.2	72.5
中国	15.1	10.7	45.9	47.5	39.0	41.8

资料来源：世界银行 WDI 数据库，转引自中国国家统计局：《国际统计数据 2009》，见 http://www.stats.gov.cn/tjsj/qtsj/gjsj/2009/。

同时，我国的就业结构也发生了较为明显的变化，第一、第二、第三产业的就业结构由 1985 年的 62.4：20.8：16.8 调整为 2009 年的 38.1：27.8：34.1。随着农业现代化程度和劳动生产率的迅速提高，第一产业对劳动力的需求迅速下降，农村富余劳动力大量向外转移，其就业结构变化与产值结构变化方向相同，具体表现为第一产业从业人员所占份额从 1978 年的 70.5%下降到 2009 年的 38.1%，下降了 32.4%，但即使如此，第一产业仍是我国吸纳劳动力最多的产业。其次是第二产业劳动力份额呈上升趋势。改革开放以来，由于政府大大推进工业化进程，第二产业的从业人员所占份额从 1978 年的 17.3%上升到 2009 年的 27.8%。还有第三产业的就业结构与产业结构一样呈大幅上升趋势。第三产业的从业人员所占份额就业比重由 1978 年 12.2%上升到 34.1%，上升了 21.9%。依据世界工业化国家的数据，一般工业化国家的第三产业吸纳的劳动力约占 50%—80%，可见我国第三产业在就业结构中的比重仍然偏低。

通过对我国改革开放以来产业结构与就业结构变动趋势的分析，就产业结构总体情况而言，第一产业趋于下降，第三产业趋于上升，第二产业则基本趋于稳定。与产业结构相比，就业结构变化呈现出与之不相适应的特征，显示出我国就业结构相对于产业结构变动具有一定的不同步性，可见我国目前的结构偏离度仍然比较大，具体见图 8.4。从结构偏离度数值上看，第一产业全部为负值，意味着我国第一产业正在向外排斥劳动力。在 1978 年偏离度达到-0.6，说明我国当时第一产业中已经存在大量剩余劳动力和隐形失业问题。随着中国经济转型的发展，2009 年第一产业结构偏离度达到-0.73，说明第一产业不仅不能进一步吸纳劳动力，而且还成为劳动力的流出部门。从 1978 年到 2009 年，第二产业偏离度一直高位运行，显示出该产业就业人数不足，正在吸纳从其他部门转移出来的劳动力，不过第二产业的结构偏离程度一直处于下降趋势，说明第二产业无法像以前一样吸纳更多的劳动力就业。第三产业的偏离度 2003 年之前基本都大于 0.4。这也意味着第二和第三产业吸纳就业的能力还不高。1978 年第三产业的结构偏离度为0.96，说明其吸纳劳动力严重不足，随着就业人数的增加，到 2009 年其偏离程度为 0.27，第三产业的结构偏离度越来越向零靠拢，即第三产业的产业结构与就业结构趋于均衡状态。

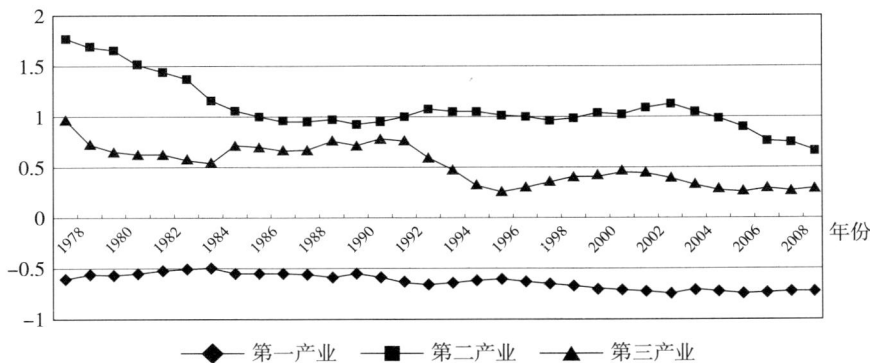

图 8.4 我国 1978—2009 年三大产业的结构偏离度

　　综上可知，我国就业结构和产业结构的结构偏差大并且趋向均衡的速度慢，在一定程度上说明我国劳动就业的困难所在。未来十年，第一产业将继续充当着吸纳就业的蓄水池，对于第一产业而言，只有在其劳动力向第二、第三产业转移的速度高于因劳动力生产率提高所导致的剩余劳动力增加速度时，第一产业的相对劳动生产率才会得以提高，偏离度趋于 0。在新型工业化进程中，第二产业由于其资金和技术的密集趋势不可避免，"十二五"时期增长带动就业的潜力空间整体有限，但具体到产业内部则不同行业具有不同的就业效应，建筑业对就业就有明显的促进作用，因此可以挖掘其产业内部重点行业的就业潜力。第三产业的结构偏离度会在"十二五"时期趋于 0，吸纳就业的能力将得到提升。因此，从结构上看，我国的第三产业是解决就业的主要产业、就业增长的朝阳产业。考虑到我国的产业结构和就业结构将会随着工业化和城镇化的推进加速调整，按照党的十八大的部署，今后我国也将着力调整就业结构，增强发展的协调性，加快发展第三产业，提高第三产业的产值和就业比重，所以第三产业发展趋势如何，对未来十年的就业有着十分重要的意义。

　　从劳动力素质与市场需求来看，导致劳动力市场结构失衡的因素还在于劳动力素质与市场需求的矛盾，即随着经济发展方式转变和产业结构优化升级对劳动者的素质要求越来越高，而由于劳动者素质不适应经济发展的要求，从而导致了新兴产业、高技术行业和技能型职业所需人员供不应求，现代制造业、服务业所需的专业技术和各类技能人才严重短缺，与此同时部分劳动者由于职业技能水平偏低或者与市场需求不匹配而难以找到合适的就业岗位，出现"招工难"和"就业难"的现象同时并存的矛盾。它反映出我国劳动力素质结构还不适应就业市场需求，一方面，劳动力整体素质不高，与发达国家有巨大差距。在人力资源总量上，中国依靠人口众多的优势，在 G20 国家中排名稳居第 1，并远远领先其他国家。这得益于我国高等教育的日渐普及。但更能反映一国人力资本水平的人力资本构成指数却连续五年排在第 18 位，指数值仅是美国的 1/12，日本的 1/10，差距非常大。人力资源素质指数反映了本科学历以上、技能人才、工程师和科学家所占的比重。2004—2008 年，美国、日本一直高居人力资本构成指数的冠亚军，加拿大由第 4 位上升至第 3 位，也有较强竞争力。这说明中国人力资源总量虽大，但是拥有技能人才、工程师和科学家的比例很低，劳动力整体素质不高。[①]
另一方面，劳动力素质既有的培训开发体制落后于劳动力需求。现代社会化
大生产条件下的社会劳动者要能适应劳动市场需求，不仅要拥有较雄厚的一
般科技文化知识，还要掌握特定的专业知识和职业技能，拥有将知识转化为
技能的能力。目前我国的职业技术教育发展滞后，职业技术培训还有待发
展，同时高等教育中也出现一些专业教育与市场需求不匹配的现象。可以预
计，随着经济发展转变和结构升级，这种结构性矛盾在未来十年还会持续，
并可能给扩大就业带来新的课题。

（三）未来十年劳动力就业面临的国内外环境分析

从世界环境来看，一是对外贸易的不乐观。金融危机以后，世界经济逐
步回升，但基础不稳，未来十年仍处在不确定时期，后危机时代也在不断影
响着已经融入世界经济的中国，尤其是影响着对外贸易，使得出口减少，外
向出口型企业发展困难，不少企业吸纳就业的能力下降。2010 年 IMF 的
《世界经济展望》就通过分析指出"许多先进经济体的进口在今后若干年内
仍将低于危机前趋势水平。这对依赖出口带动增长的新兴经济体有显著影
响"。二是 FDI 形势的不确定。金融危机后，中国吸收 FDI 一度出现大幅度
波动，尽管跨国公司仍将中国列为全球最有吸引力的投资地，但受到跨国公
司资金链紧张，以及中国自身经济结构调整、政策变动、劳动密集型产品出
口成本大幅度上升和海外需求下降等多重影响，存量 FDI 大量撤离，沿海一
批外商投资企业关闭或转移到越南、印度等周边国家，减少了劳动力需求。
三是全球贸易保护不断升级。以美国为首的发达国家开始调整自己的需求结
构和消费模式，保护本国市场和就业，使得我国国际贸易争端日益增多，对
我国贸易创造就业产生了不利影响。四是国际地位提升，利于扩展发展空
间。经过这次危机，新兴市场经济国家的地位将有所提升，危机后全球经济
格局将会加速调整，这为我国大力实施"走出去"战略，拓展经济发展空
间和扩大就业将带来战略性机遇。

从国内环境来看，一是宏观经济环境面临形势复杂。欧洲债务危机、人

---

① 中国网：《社科院报告称中国竞争力升至全球第 17 名》，转引自腾讯新闻，见 http://news.qq.
com/a/20101025/000705. htm。

民币升值、劳动力成本上升、节能减排力度加大等多重因素叠加、碰头，中国宏观经济环境面临形势复杂，如果处理不好，下行压力就会明显增大，对扩大就业产生不利影响。二是受世界经济走势等及一些不确定因素的影响，我国经济在未来十年仍有可能出现波动，特定年份或时期出现经济回调并导致特定阶段内失业压力过大的可能性仍然较大。局部地区因不同原因（结构调整、资源枯竭）就业或失业压力也会过大。三是新成长劳动力、失业人员再就业、农业剩余劳动力转移交织在一起，未来五年甚至更长一个时期，劳动力供大于求的矛盾乃将存在，与此同时，人口规模与资源、环境不相适应的矛盾也将日益尖锐。四是 GDP 位居世界第二的经济基础，扩大就业发展战略的确立，《就业促进法》的颁布实施，为未来十年我国扩大就业提供了强大的经济支持和政策鼓励。

总之，在未来十年，国内外宏观经济形势会不断变化，各种社会问题和矛盾还会趋于复杂化、多样化，一些未知的新问题和新挑战也会随时出现，有利条件和不利因素交织在一起，决定了我国未来十年扩大就业的工作将面临着复杂的环境和复合式的玉力，扩大就业的任务也将更加艰巨。

二、战略目标：和谐型发展

"无恒业者无恒产，无恒产者无恒志。"就业是人的最基本权利，它不仅是谋生的手段，是人民群众改善生活的基本前提和基本途径，也是个人融入社会大家庭的基本方式，是共享社会经济发展成果的基本条件，可以说，全面建设小康社会、建设和谐社会，扩大就业是其重要基础，就业问题的好坏关系着亿万人民群众的切身利益，关系着改革发展稳定的大局，关系着实现全面建设小康社会的宏伟目标。只有积极促进就业，落实扩大就业的战略部署，才能创造更多岗位，让广大劳动者安居乐业，解决当前困难群众的生活问题，并通过就业不断增加人们的收入，让人民群众充分分享到经济发展的成果，进而推动经济社会又好又快发展，实现国家长治久安。

为此，十六大以来，党中央将就业作为正确处理改革发展稳定关系的重要内容，要求大力促进就业和再就业，认真做好社会保障工作；把健全就业、收入分配和社会保障制度作为完善社会主义市场经济体制的一项主要任务，将扩大就业放在经济社会发展更加突出的位置。党的十六届六中全会明确，把扩大就业作为经济社会发展和调整经济结构的重要目标，实现经济发展和扩大就业良性互动。在十八大报告中，更是明确地提出了实施扩大就业的发展战略和政策措施；在我国国民经济和社会发展"十二五"规划纲要中也提出实施更加积极的就业政策，千方百计扩大就业创业规模。

　　改革开放30余年来，我国经济保持了高速的增长，有效地带动就业的增加的同时，也存在经济增长方式、产业结构与人力资源开发利用不相匹配的问题，存在重经济轻就业、重数量轻质量的问题，尤其是一些资金密集型行业的发展，虽能带动经济但却没有带动就业的增加，或者虽能发挥低成本劳动力的优势，却无法提升劳动力的就业质量，这样就无法使劳动者通过就业来获得生活的稳定，无法使劳动者通过就业分享社会发展成果。经济发展是解决就业再就业问题的根本出路，但经济发展并不能自动地、必然地解决就业的全部矛盾和问题。就业工作有其内在的规律和独特性质，它既是经济问题，又是社会问题和政治问题。经济增长会带来物质财富增长，也带来就业的增加，但并不绝对会带来更多的就业机会。既要保持经济高速增长，又要保持充分就业，决不是个简单的问题。随着我国工业化、信息化、城镇化、市场化、国际化进程的不断加快，科学技术不断进步，资本在企业生产投入中的比例不断增加，企业改革和调整力度不断加大，这些都会对就业产生重大影响，为此，国家高度重视经济发展与就业的重要关系，提出在实施宏观经济调控、经济结构调整以及安排主要产业布局和重大项目时，优先考虑对扩大就业的影响，将扩大内需促进经济发展与扩大就业相结合，切实把就业工作摆在更加突出的重要位置，突出扩大就业的发展战略，保证经济快速发展与促进就业双重目标的实现。改善民生是经济发展的根本目的。只有着力保障和改善民生，经济发展才有持久的动力，社会进步才有牢固的基础，国家才能长治久安。正如温家宝同志在十一届全国人民代表大会第三次会议所做的政府工作报告中所说"千方百计扩大就业，这是保障和改善民生的头等大事"。

　　所以，实施扩大就业的发展战略，其战略目标就是要坚持就业是民生之本的宗旨，将扩大就业摆在经济社会发展更加突出的位置，通过完善市场就业机制，扩大就业规模，改善就业结构；通过完善支持自主创业、自谋职业政策，加强就业观念教育，使更多劳动者成为创业者；通过健全面向全体劳动者的职业教育培训制度，加强农村富余劳动力转移就业培训；通过建立统一规范的人力资源市场，形成城乡劳动者平等就业的制度；通过完善面向所有困难群众的就业援助制度，及时帮助零就业家庭解决就业困难；积极做好高校毕业生就业工作；通过规范和协调劳动关系，完善和落实国家对农民工的政策，依法维护劳动者权益等措施来最大限度创造劳动者就业和发展机会，最终努力实现充分就业，保证经济快速发展与扩大就业双重目标的实现，进而促进经济社会和谐发展，真正做到发展为了人民、发展依靠人民、发展成果由人民共享。

三、战略任务：综合型任务

就业是民生之本、和谐社会之基。就业问题始终是经济社会发展的重大问题。为了落实扩大就业的发展战略，实现充分就业，保证经济快速发展与扩大就业双重目标的实现，进而促进经济社会协调发展，真正做到发展为了人民、发展依靠人民、发展成果由人民共享，就必须着眼长远，立足当前，落实好以下几项任务。

（一）数量增加是基础，保证质量

我国是世界上人口和劳动力最多的发展中国家，当前就业领域基本情况的一个方面就是人口基数大、劳动力资源数量大、农村劳动力向城镇转移的规模大、困难群体大，就业的总量矛盾十分突出。对此，落实扩大就业发展战略的基础任务就是通过经济发展提供更多的就业岗位，增加就业机会。与此同时，也要关注劳动者的就业质量，1999 年，国际劳工组织提出的"体面就业"的战略目标，已经成为世界各国政府经济和社会政策的重要内容。"体面就业"就是指高质量的就业。国际劳工组织当今的首要目标是，促进女性和男性的自由、平等、安全和享有人的尊严的条件下，获得体面、有效的工作机会。2008 年 1 月 7 日，胡锦涛同志出席"2008'经济全球化与工会"国际论坛，他在开幕式的讲话中就说"让各国广大劳动者实现体面劳动"。

（二）和谐劳动是前提，依法落实

胡锦涛同志在 2010 年全国劳动模范和先进工作者表彰大会上指出，"要

切实发展和谐劳动关系，建立健全劳动关系协调机制，完善劳动保护机制，让广大劳动群众实现体面劳动。"随着改革开放和现代化进程的推进，我国现代型劳动关系的基本框架已经形成。同时应当看到，由于种种历史及现实因素的制约，我国的劳动关系仍然存在着许多明显的不足，不少劳动者的基本权利没有得到应有的保护。在"十二五"及未来十年期间，随着我国城镇化、工业化和经济结构调整进程的加快，以及经济成分多元化和就业形式多样化，劳动力市场的灵活性与稳定性之间的矛盾会更加突出，劳动关系将更趋复杂化，劳动争议增多，协调好利益关系的难度进一步加大。劳动关系不和谐，构建和谐社会将无从谈起，劳动关系矛盾突出，不仅影响着扩大就业战略目标的实现，而且影响着社会的稳定，必须引起足够的重视。因此，扩大就业发展战略目标的一项任务就是创造和谐劳动的市场环境，与此同时，通过法律来监督、治理、落实、解决我国劳资关系问题，逐步杜绝用人单位安排超时加班、拖欠和克扣工资等侵害劳动者合法权益的现象，依法处理劳动争议问题，创造和谐劳动。

（三）促进创业是手段，政策扶持

在"十二五"及未来十年期间，我国就业形势依然严峻，劳动力的就业压力较大，供求总量矛盾和结构性矛盾并存。在总量方面，劳动力资源丰富与各类型单位吸纳劳动力的能力有限之间的矛盾较为突出。在劳动力资源数量稳定增长且现有单位吸纳劳动者潜力较小的情况下，自主创业能够有效增加融入经济循环环节的经济实体数量，并以此扩大经济规模和提升经济发展水平，这是促进就业的较为有效和快捷的途径。在结构方面，促进自主创业可以有效缓解劳动力供求矛盾。[①] 创业企业是社会经济发展中最具创新动力、最活跃的分子。创业者通过自找项目、自主经营、自主创生新产品和新服务，在实现自身就业的同时，能带动更多劳动者就业，进而实现就业的"倍增效应"。同时也要通过政策来支持和鼓励创业，通过政策来创造良好的创业环境。促进以创业带动就业，通过政策支持和服务保障，优化创业环境，鼓励和扶持更多劳动者成为创业者，有利于发挥创业的就业倍增效应，对缓解就业压力具有重要的现实意义，这也是实施扩大就业发展战略的重要

[①]　王明姬：《期待出现一个全民创业的时代》，《中国经济导报》2009 年 10 月 20 日。

任务，是新时期实施积极就业政策的重要手段。

（四）提高素质是方法，转变观念

改革开放以来，我国劳动者队伍的素质有了很大的提高，但是伴随着市场经济发展的社会转型，尤其是经济发展方式的转变、产业结构的优化升级、企业自主创新能力的提高，劳动者的素质不适应市场需求的状况越来越严重，主要表现在劳动者素质跟不上经济结构调整、技术进步和市场变化的步伐，使得结构性用工短缺与结构性冗员并存现象突出，已成为制约我国产业经济结构调整重要因素，也成为妨碍扩大就业发展战略的重要问题。劳动者素质是一个多内容、多层次的系统，包括劳动者的思想观念素质、文化技术素质、身体心理素质等方面，只有深入剖析当前劳动者的综合素质现状及影响因素，重点解决岗位需求与劳动者技能素质不匹配、就业观念不适应的问题，提高劳动者就业能力和就业素质，才能更好地加快经济发展方式转变，促进创新型国家的建设。正如胡锦涛同志在全国人才工作会议发表重要讲话中指出的那样"要努力培养造就数以亿计的高素质劳动者、数以千万计的专门人才和一大批拔尖创新人才，进一步开创我国人才事业新局面，为全面建设小康社会、加快推进社会主义现代化、实现中华民族伟大复兴提供有力人才保证"。"十二五"及未来十年，我国经济发展方式转变和结构调整的压力越来越大，结构调整升级必然对劳动者的素质提出更高的要求。因此加快高技能人才队伍建设步伐，加大职业技能培训力度，转变劳动者就业观念，提高劳动者就业素质，不仅是解决我国就业问题的有效途径，是落实扩大就业发展战略的重要任务，同时也是我国经济社会实现可持续发展的根本举措。

（五）制度完善是保证，注重保障

面对结构调整、经济体制转换、人口增长高峰等一系列就业压力，我国在重新审视国家经济发展战略和增长方式选择的过程中，就业在发展战略中位置逐渐提升，直至实施扩大就业的发展战略。实施扩大就业的发展战略，需要以制度的建立和完善来支持、来保证，比如户籍制度、就业制度、教育制度和社会保障制度等。比如在户籍制度方面，目前户籍制度依然是城乡和地区之间劳动力自由流动，影响劳动力资源合理配置的主要障碍之一，因此要深化户籍制度改革，完善人员流动政策，切实降低劳动力在城乡之间、不同城镇之间以及不同农村地区之间流动的迁移门槛和成本，逐步形成城乡统一的人才市场和劳动力市场。比如在就业制度方面，在《中华人民共和国就业促进法》的规定基础上，切实加强劳动力市场建设，规范劳动者求职、用人单位招聘和职业中介行为；尽快建立覆盖所有失业人员的失业登记制度，加强对登记失业的高校毕业生的服务和管理，完善用人单位招聘人员录用备案制度和就业登记制度等等。同时还要注重保障。一方面，要逐步扩大覆盖范围，提高保障水平，做好不同制度之间的衔接，不仅解决劳动者后顾之忧，使劳动者安心工作，而且也能适应市场经济条件下劳动力流动性的需求。另一方面，不仅要发挥失业保险在劳动者失去工作后对其基本生活的保障作用，还要充分发挥失业保险制度的失业预防功能和就业促进功能，进而促进劳动者就业的稳定和发展。

四、实施路径：针对性措施

根据"十二五"及未来十年的就业形势分析，结合扩大就业发展战略目标和任务，要实现扩大就业，需要从量质齐升、和谐劳动、促进创业、提高素质、制度完善五个方面来落实。

（一）通过完善政府扩大就业政策和选择就业优先的经济发展模式来促进就业的量质齐升

1. 强化政府扩大就业职能，进一步完善政府扩大就业的有效政策措施

在社会主义市场经济体制下，劳动力市场在配置劳动力资源，调节劳动力市场供求方面发挥着基础性的作用。与此同时，各级政府也要充分发挥宏观调控的作用，根据《就业促进法》的要求，把扩大就业作为经济和社会发展的重要目标，纳入国民经济和社会发展规划，并制定促进就业的中长期规划和年度工作计划，进而努力解决好就业这一重大的民生问题。

具体来说，一方面，政府要实行有利于扩大就业的财政保障政策。促进就业是政府的重要职责，也是公共财政投入的重要方向。国家实行有利于促进就业的财政政策，加大资金投入，改善就业环境，扩大就业，县级以上人民政府应当根据就业状况和就业工作目标，在财政预算中安排就业专项资金用于促进就业工作。同时还要调整财政支出结构。当前我国东部地区劳动力供大于求，大量人才处于闲置状态；但是中西部地区特别是西部地区劳动力

供给却非常短缺，高层次人才更是缺乏。农村地区也存在类似的问题。在这种情况下，通过引导劳动力特别是其中的大学生到农村、到西部，不仅能够有效扩大就业总量，而且有利于优化就业结构。在未来 10 年，应该有针对性地调整财政支出结构，以引导劳动力的流动。国家应该增加中西部地区基础设施投资的力度，加大对驻地在中西部地区的各类型产业的财政支持力度，引导劳动力向中西部流动；增加农村基础设施投资的力度，加大对驻地在农村的劳动密集型产业的财政支持力度，引导农民工返乡就业，提高就业质量。对于愿意下农村、去中西部就业的大学生，应给予长期的随经济发展水平调整的财政补贴，其中曾经享受过助学贷款或者拖欠学费的，由财政代偿。

另一方面，政府要实行有利于扩大就业的税收优惠政策。减免税收或行政事业性收费，是促进就业特别是特殊群体就业极为有效的手段。在未来 10 年特别是"十二五"期间，应该做好如下三个方面的工作。[①] 一是对吸纳失业人员或安置残疾人员达到一定标准的企业给予税收上的优惠，在确定是否给予税收优惠政策以及确定优惠水平时，既要考虑吸纳失业人员和残疾人员的总规模，又要考虑所安置人员所占的比重，安置规模在一定水平以上的，可以按照比例划分为若干档次，档次越高，优惠水平越高。二是对大学生、返乡农民工、下岗失业人员、残疾人创办的中小企业，在企业创办初期，免征或者少征营业税、所得税、房产税和城镇土地使用税。三是对于从事个体经营的残疾人和下岗失业人员，免收管理类、等级类和证照类等各项行政事业性收费；对大学毕业生从事个体经营并符合相关政策的，一定期限内免收行政事业性收费。

2. 选择就业优先的经济发展模式，实现经济发展与扩大就业的良性互动

近年来，我国的就业弹性在下降，等量的经济增长所能提供的就业岗位也在逐年减少，经济高增长并没有带来期望中的就业高增长，尤其是我国经济与就业在城乡结构、区域结构、产业结构等方面表现出的不平衡发展态

---

① 杨宜勇：《"十二五"期间进一步完善政府扩大就业的政策体系》，《中国经贸导刊》2009 年第22 期。

势，给就业问题的解决带来了不小的压力。经济增长和就业增长应该是互相促进的，扩大就业的根本途径在于经济发展，两者必须相辅相成、协调发展。扩大就业取决于经济增长和就业弹性，国内外实践表明，经济高增长、资本高投入，并不一定必然带来较高的就业增长，也不会自动地转化为就业机会的扩大。面对劳动力资源丰富、资本短缺的中国国情，面对结构调整、经济体制转换、人口增长高峰的就业压力，面对总量矛盾和结构性就业矛盾并存的就业形势，决定了我国的经济发展战略和增长方式选择应该从过于注重 GDP 增长转向就业优先、强调 GDP 增长对于就业带动效应，实现经济发展与充分就业双赢价值目标的均衡发展模式，努力提高经济增长中劳动力投入的数量与质量，构建内生化就业岗位机制，促进经济发展与扩大就业的良性互动，在经济发展、深化改革、扩大开放与结构调整中切实解决就业问题。具体来说，可以巩固和稳定第二产业，大力扩展中、低端制造业和建筑业，稳步实现产业升级，在发展资本密集、高技术制造业中兼顾劳动密集企业和环节，使第二产业就业份额保持稳中有升；大力发展第三产业，特别是大力发展服务贸易、金融服务业、生产服务业、居民生活服务业等门类广泛的各类服务业，发挥其投入少、就业贡献较大的优势。需要注意在发展经济，扩大就业数量的同时就业质量的提升，尤其是经济促进就业并不是仍要支持那些高能耗、高污染等企业的发展，而是要通过采用先进技术、提高劳动者素质等办法，在实现产业结构的升级和经济的发展的同时，提高劳动力就业数量和质量齐升。

（二）通过发挥工会作用、加快劳动关系协调机制建设和加强劳动争议处理工作来形成和谐劳动关系

和谐劳动关系是企业发展和充满活力的基础，是促进国民经济又好又快发展的重要动力，是社会主义和谐社会的应有之义。推动和谐劳动关系的发展，树立以人为本的科学发展观，建立和谐稳定的社会主义新型劳动关系，切实维护职工的合法权益，实现广大劳动者体面而有尊严的劳动和生活，必须发挥多方面力量，齐抓共管。在未来十年，尤其是"十二五"期间更应遵循《我国国民经济和社会发展"十二五"规划纲要》，健全协调劳动关系三方机制，发挥政府、工会和企业作用，努力形成企业和职工利益共享机制，建立规范有序、公正合理、互利共赢、和谐稳定的劳动关系。全面推行

劳动合同制度，不断扩大集体合同覆盖面。全面推进劳动用工备案制度。规范劳务派遣用工。改善劳动条件，加快劳动标准体系建设，加强劳动定额标准管理。完善劳动争议处理机制，加强劳动争议调解仲裁，加大劳动保障监察执法力度，切实维护劳动者权益。[①]

1. 充分发挥工会作用，维护职工合法权益

加强劳动合同管理，督促企业规范用工行为，维护职工的劳动就业权。积极参与工资集体协商，把职工工资水平的增长作为工资集体协商的重要内容。在安全生产的监督中，促进企业认真落实安全生产责任制，不断改善职工的劳动保护和劳动卫生条件，维护好职工的生命安全和身心健康。畅通职工利益诉求渠道，建立健全工会和企业沟通协商机制，就涉及职工利益的重大问题，代表职工与企业协商对话，争取互利共赢，维护劳动关系和社会和谐稳定。

2. 灵活性与原则性兼顾，加快劳动关系协调机制建设

对《劳动合同法》的实施要努力实现短期政策的灵活性与长期制度建设的原则性及坚定性相兼顾，推动各类企业与职工签订并履行劳动合同。推进集体合同制度，大力开展区域性、行业性集体协商。加强协调劳动关系三方机制的组织建设和制度建设，充分发挥三方机制的作用，促进人力资源市场的各主体都自觉守法。建立用人单位和劳动者的守法诚信制度，加大对拖欠农民工工资等侵害劳动者合法权益行为的查处力度。

3. 注重预防和调解，全面加强劳动争议处理工作

改革现行"一调一裁两审"的劳动争议处理制度，探索建立注重预防和调解、突出仲裁优势和作用的劳动争议处理机制。全面推进劳动争议仲裁机构实体化建设，逐步在市（地）级以上城市以及有条件的县（市、区）建立实体性的劳动争议处理机构。积极推进劳动争议仲裁队伍的专业化、职业化建设。加强劳动争议调解工作，在健全企业劳动争议调解委员会的同时，积极推进区域性、行业性劳动争议调解组织建设。

（三）通过扶持创业，推动中小企业发展来促进自主创业的落实

创业是劳动者通过自主创办生产服务项目、企业或从事个体经营实现市

---

① 谭永生、杨宜勇：《"十二五"时期扩大就业的对策建议》，《调查·研究·建议》2010 年第 1 期。

场就业的重要形式，也是最活跃、最根本、最有效的就业方式。劳动者通过创业，在实现自身就业的同时，吸纳带动更多劳动者就业，促进了社会就业的增加，形成一种"倍增效应"。当前及今后一个时期，我国就业形势依然严峻，劳动力供大于求的矛盾依旧突出，弘扬劳动者的创业精神，依靠劳动者自主创业、自筹资金、自主经营，促进以创业带动就业，有利于发挥创业的就业倍增效应，对缓解就业压力具有重要的现实意义。以创业带动就业工作是实施扩大就业发展战略的重要内容，是新时期实施积极就业政策的重要任务。为了促进以创业带动就业，要做好以下几个方面的工作：首先，要加强创业观念教育，形成创业氛围。使更多的劳动者通过建立自强自立、自主创业、敢于创新的理念，奠定创业的思想基础，通过观念引导，树立典型，发挥"能人"带动效应，帮助更多的人实现就业，在社会上形成尊重创业、尊重失败的氛围。其次，全面落实优惠政策，优化全民创业环境。政府要从鼓励劳动者创业出发，在税费征收、小额贷款、社会保险补贴、经营场地、工商管理等方面给创业者提供更多的方便，降低创业门槛，减少创业成本和风险，营造良好的创业环境。最后，加强创业方向引导，注重创业能力培养。政府有关部门应该加强关注和研究经济、社会发展和群众日益增长的物质文化需求对新的行业和职业的需求，积极指导和帮助劳动者进行创业，为劳动者创业提供良好的信息服务和业务指导。并且引进社会培训机构为创业者提供长期、可持续的创业培训，真正做到帮助创业者提升创业技能和经营管理能力的目的。

中小企业是我国国民经济和社会发展的重要力量，在创造社会财富、增加国家税收、吸纳就业人口、活跃市场经济、方便人民生活等方面，发挥了越来越大的作用。促进中小企业发展，是保持国民经济平稳较快发展的重要基础，是关系民生和社会稳定的重大战略任务。创业具有促进就业的倍增效应，通过创业形成初期的中小企业在吸纳劳动力方面具有重要作用，能够吸纳大部分的劳动力增量和存量转移，缓解就业压力。因此要促进中小企业的发展。首先，完善促进中小企业发展社会化服务体系。要建立健全中小企业服务机构，大力发展为中小企业服务的各类中介组织。鼓励培训、信用担保、技术支持、信息服务、人才培养、管理咨询、市场开拓、国际合作等社会化服务机构的发展，为中小企业和创业者提供良好的辅助服务。其次，加强对中小企业创新能力方面的支持力度。要加大对中小企业技术创新提供支持，重点鼓励中小企业自主开发新产品、新技术，支持中小企业积极采用先进技术、先进生产工艺和设备，提高产品质量。还有，着力解决中小企业融资难问题。建立和完善创业投资机制，支持中小企业投资公司的设立与发展。积极探索对商业银行开展小企业贷款给予贴息支持和风险补偿的有效途径，引导和鼓励金融机构开发适宜中小企业特点的金融产品，促进中小企业发展。

（四）通过进一步发展农村职业教育和培训，加强高等教育与就业的结合来提高就业素质

根据国际国内经验，提高劳动力的人力资本水平是推动经济发展和扩大就业的主要手段。未来十年，随着我国经济发展方式转变和结构调整压力越来越大，结构调整升级必然会对劳动者的素质提出更高的要求。因素质结构不匹配而造成的失业现象，不仅会影响到我国的经济发展，还会对社会的稳定产生影响。所以通过各种途径对劳动力进行培训和教育，提高劳动者就业素质，对于解决我国就业方面市场需求和劳动力素质不匹配的结构性矛盾具有重要作用。

1. 进一步发展职业教育和职业培训，尤其要突出农村职业教育和培训的战略地位

职业教育和职业培训不仅是提高劳动者的就业能力，扩大就业、提高就业质量的重要途径，也是适应我国产业结构优化升级、提升自主创新能力的需要，更是将人口资源转变为人力资源，从而提升整个国民经济社会的创新能力和竞争力的必由之路。未来十年，更要注重发展职业教育和职业培训。首先，要加快形成政府推动、企业主导、行业配合、学校参与、社会支持、个人努力的职业培训工作新格局，全面推动劳动者素质和技能的培养，通过职业教育和培训，促进城乡劳动者就业。其次，继续推动城乡新生劳动力的培训工作，增强其就业竞争能力；加大对转移农村劳动力的培训力度，增强其专项技能，提高城市生存发展能力；加大对失业人员的培训力度，提高其职业转换能力。还有，要突出农村职业教育和培训的战略地位，不断提高农村劳动力的素质，健全农村劳动力职业教育和技能培训体系。素质偏低是影响农村劳动力参与和产业结构升级、科学技术创新、农业劳动生产率提高的

重要阻碍，也是影响农村劳动力转移、适应经济发展的重要方面。因此要适应工业化、城镇化和农村劳动力转移就业的需要，加大对农村职业教育和农民工技能培训的支持力度，逐步将农村义务教育扩大到中等职业学校，形成培训面向市场、机构平等竞争、农民自主选择和政府购买服务的农民工职业培训机制。并且开展不同层次的职业教育和培训，进而满足农村劳动力不同层次的就业需求，使农村劳动力能通过培训学到一技之长，增强就业能力。

2. 加强高等教育与就业的结合，促进以就业为导向的高等教育体系的发展

由于教育体制和市场需求存在一定程度上的脱钩，造成目前大学毕业生的就业能力并不是基于职业路径的需要进行建构与培养的，难以满足人力资源市场的需求，产生就业难的问题。主要表现在一方面随着高等教育体制改革的不断深入，我国的高等教育专业结构得到了一定程度的优化，但是其与经济社会发展之间的不适应性问题仍然比较突出。专业设置得不合理使许多高校无法根据劳动力市场需求的变化及时调整人才培养结构和培养数量，从而导致部分大学毕业生因不适应劳动力市场需求而无法实现就业。另一方面，目前我国的许多高校仍然把通识教育作为教学的主要内容，往往忽略对大学生就业知识的传授、就业技能的培养和就业观念的塑造，造成仅仅掌握书本知识而缺乏就业能力的大学毕业生很难适应劳动力市场的需求，从而导致部分大学毕业生无法实现就业。因此就需要加强高等教育与就业的结合，促进以就业为导向的高等教育体系的发展。高等院校要主动将教育和教学与经济社会发展紧密结合，将人才培养与就业紧密结合，根据经济社会发展以及拉动内需、经济结构调整和产业结构调整的需要，根据工作岗位需求的变化，进一步优化专业结构，在教学过程加强理论与实践的结合，通过理论来指导实践，通过实践来巩固理论，不仅把学生培养成高学历的人才，还要培养成能够将知识转化为技能的专业人才。

（五）通过深化户籍制度改革，统筹城乡就业公共服务，完善城乡社会保障体系和劳动预备制度，建立失业保险与促进就业的联动机制来加强就业方面的制度完善[①]

1. 深化户籍制度改革，加快推进农民工市民化

要加快户籍制度改革，切实降低劳动力在城乡之间不同城镇之间以及不同农村地区之间流动的迁移门槛和成本。要由鼓励农村剩余劳动力进城转向进城农民工市民化（本地化），将稳定就业的进城务工人员和因城镇建设征地而失去承包地的农民转为城镇户籍人口，探索"宅基地换廉租房"等制度创新，将农民工纳入城镇低保、城镇基本医疗和失业救助等社会保障覆盖范围，避免城镇内部出现新的二元结构。

2. 统筹城乡就业公共服务，加强基层劳动就业服务平台建设

整合现有的人才市场和劳动力市场，构建统一的人力资源市场。建立覆盖城乡、布局合理、灵活开放的公共就业服务体系。尤其要加强基层劳动就业服务平台建设，争取在"十二五"期末，每个街道社区、乡镇都建立劳动就业服务中心，每个村建立劳动就业服务点，逐步形成市、乡镇（街道）、村（居委会）三级贯通、面向所有用人单位和劳动者、就业信息到村（居委会）到户、覆盖城乡的就业服务体系。

3. 低起步逐提高，完善城乡社会保障体系

弥补基本制度缺失，低起步、逐提高，全面推行农村居民养老保险制度，对城乡无保障老人实行老年生活补助，健全城乡养老保险体系；继续完善新型农村合作医疗，探索城乡居民一体化的医疗保障模式；加快推行失业保险和工伤保险，为就业者提供平等的失业和工伤保障。扩大各项社会保险制度的覆盖面，重点解决农民工、失地农民、灵活就业者的社会保障问题。逐步提高基本保险的保障水平，合理界定各类人员的待遇差距，增强制度保障水平的公平性。做好制度间的衔接，实施全国统一的社会保险关系转移接续。

4. 完善劳动预备制度，提升青年失业群体的就业能力

继续完善劳动预备制度，力争做到城乡全部新成长劳动力在就业前普遍

---

① 谭永生、杨宜勇：《"十二五"时期扩大就业的对策建议》，《调查·研究·建议》2010年第1期。

接受必要的职业技能培训。加强对青年失业群体的职业培训，提高其劳动技能，使他们适应结构升级对高素质劳动力的需要，帮助其适应用人单位的用工需求最终实现就业。

5. 建立失业保险与促进就业的联动机制，保障城镇失业人员的基本生活

要充分发挥失业保险制度的预防功能和再就业促进功能，充分保障城镇失业人员的基本生活。结合失业人员求职和参加职业培训的情况完善失业保险申领条件，积极探索失业保险基金支出范围，政府需出台完善失业保险制度的规范性文件，合理拓展失业保险制度的定义，重新界定失业保险制度的各项合理功能，规范失业保险基金使用的程序和范围，加强对失业保险基金管理和使用的监管。

主要参考文献

1．蔡昉、王德文：《中国经济增长可持续性与劳动贡献》，《经济研究》1999 年第 9 期。

2．蔡昉、都阳、高文书：《就业弹性、自然失业和宏观经济政策——为什么经济增长没有带来显性就业》，《经济研究》2004 年第 9 期。

3．蔡昉：《发挥好创业带动就业的乘数效应》，《中国社会科学院院报》2008 年 2 月 21 日。

4．蔡兴、莫骄、冯志坚：《中国出口、FDI 与就业关系的区域差异分析——基于东部、中部和西部地区面板数据的检验》，《经济地理》2009 年第 2 期。

5．常建坤、李时椿：《发达国家创业活动和创业教育的借鉴与启示》，《山西财经大学学报》2007 年第 9 期。

6．常进雄：《中国就业弹性的决定因素及就业影响》，《财经研究》2005 年第 5 期。

7．陈安平、李勋来：《就业与经济增长关系的经验研究》，《经济科学》2004 年第 1 期。

8．陈晋玲：《出口波动对我国就业的影响分析》，《北方经济》2007 年第 7 期。

9．陈柳钦：《金融危机对我国就业的影响及其应对之策》，光明网 2009 年 5 月 8 日。

10．陈世伟：《反社会排斥：失地农民和谐就业的社会政策选择》，《求实》2007 年第 3 期。

11．陈映芳等：《征地与郊区农村的城市化——上海市的调查》，文汇出版社 2003 年版。

12．程连升：《超时加班与就业困难：1991—2005 年中国经济就业弹性下降分析》，《中国经济史研究》2006 年第 4 期。

13．崔斌、陈功、郑晓瑛：《中国残疾人口致残原因分析》，《人口与发展》2009 年第 5 期。

14．邓燕萍、刘克纾：《江西就业弹性与劳动力就业增长路径分析》，《江西社会科学》2006 年第 11 期。

15．邓志旺、蔡晓帆、郑棣华等：《就业弹性系数急剧下降：事实还是假象》，《人口与经济》2002 年第 5 期。

16．丁林：《大学生创业教育的几点思考》，《高等农业教育》2007 年第 10 期。

17．丁守海、刘昕、蒋家亮：《中国就业弹性的再估算》，《四川大学学报（哲学社会科学版）》2009 年第 2 期。

18．杜佳慈、王建华：《高新技术产品出口对我国就业结构的影响》，《湖南商学院学报》2005 年第 6 期。

19．范剑勇、颜燕、王加胜：《改革以来就业结构变动及其对经济增长的贡献》，《宏观经济研究》2001 年第 9 期。

20．冯泰文、孙林岩、何哲：《技术进步对制造业就业弹性调节效应的实证分析》，《公共管理学报》2008 年第 10 期。

21．冯煜：《中国经济发展中的就业问题及其对策研究》，经济科学出版社 2002 年版。

22．高建：《全球创业观察中国报告（2007）——创业转型与就业效应》，清华大学出版社 2008 年版。

23．高书生：《中国就业体制改革 20 年》，中州古籍出版社 1998 年版。

24．高炜宇：《出口对中国就业贡献的计量分析》，《上海统计》2002 年第 2 期。

25．龚玉泉、袁志刚：《中国经济增长与就业增长的非一致性及其形成机理》，《经济学动态》2002 年第 10 期。

26．构建社会主义和谐社会重大理论与实践问题课题组：《中央决策层和理论界构建社会主义和谐社会若干重要论述》，中央党史出版社 2006 年版。

27．辜胜阻、肖鼎光、洪群联：《完善中国创业政策体系的对策研究》，《中国人口科学》2008 年第 1 期。

28．郭继严、王永锡：〈中国就业战略研究 2001—2020〉，经济管理出版社 2001 年版。

29．郭克莎、王延中主编：《中国产业结构变动趋势及政策研究》，经济管理出版社 1999 年版。

30．韩纪江、孔祥智：〈城镇化中农民失地的必然性及问题分析》，《经济问题》2005 年第 8 期。

31．韩俊：《如何解决失地农民问题》，《理论参考》2006 年第 1 期。

32．贺艳春、周磊：《出口商品结构改善与就业空间扩张的关系》，《南方经济》2004 年第 11 期。

33．胡鞍钢等：《扩大就业与挑战失业——中国就业政策评估（1949—2001 年)》，中国劳动社会保障出版社 2002 年版。

34．黄祖辉、俞宁：《失地农民培训意愿的影响因素分析及其对策研究》，《浙江大学学报》2007 年第 3 期。

35．惠宁：《中国农村剩余劳动力转移研究》，中国经济出版社 2007 年版。

36．康钧、张时飞：《京郊失地农民生存状况调查报告》，《理论参考》2006 年第 1 期。

37．赖德胜：《劳动力市场分割与大学毕业生失业》，《北京师范大学学报》2001 年第 4 期。

38．赖德胜、廖娟、刘韦：《我国残疾人就业及其影响因素分析》，《中国人民大学学报》2008 年第 1 期。

39．赖德胜、赵筱媛等：《中国残疾人就业与教育现状及发展研究》，华夏出版社 2008 年版。

40．赖德胜、田永坡：〈对中国"知识失业"成因的一个解释》，《经济研究》2005 年第 11 期。

41．赖德胜、田永坡：《当前大学生就业难的成因和政策选择》，《红旗文稿》2009 年第 7 期。

42．赖德胜、李长安：《创业带动就业的效应分析及政策选择》，《经济学动态》2009 年第 4 期。

43．赖德胜等：《中国大学毕业生失业问题研究》，中国劳动社会保障出版社 2008 年版。

44．李宝元等：《人力资源强国之路——中国人本发展战略研究报告》，经济科学出版社 2011 年版。

45．李从容、祝翠华：《我国技术创新对就业弹性影响的实证分析》，《改革与战略》2009 年第 1 期。

46．李红松：《我国经济增长与就业弹性问题研究》，《财经研究》2003 年第 4 期。

47．李培林、张翼、赵延东：《就业与制度变迁——两个特殊群体的求职过程》，浙江人民出版社 2000 年版。

48．李政、赵都敏：《经济学中的创业研究：一个历史性的回顾》，《创业管理研究》2007 年第 3 期。

49．联合国教科文组织：《教育——财富蕴藏其中》，教育科学出版社 1996 年版。

50．梁向东、殷允杰：《对我国产业结构变化之就业效应的分析》，《生产力研究》2005 年第 9 期。

51．廖娟：《残疾人就业政策：国际经验及对我国的启示》，《人口与经济》2008 年第 6 期。

52．刘社建：《和谐社会构建中的就业促进——上海就业研究》，泰山出版社 2005 年版。

53．刘学军：《制度转轨中的发展战略与就业增长》，知识产权出版社 2008 年版。

54．楼培敏：《中国城市化：农民、土地与城市发展》，中国经济出版社 2004 年版。

55．陆梦龙：《经济演进与就业弹性测算——基于变截距模型的分析》，《经济与管理》2007 年第 11 期。

56．马驰、张荣、彭霞：《城市化进程中失地农民就业问题研究》，《软科学》2004 年第 6 期。

57．孟大虎：《专用性人力资本研究：理论及中国的经验》，北京师范大学出版社 2009 年版。

58．莫荣：《就业：中国的世纪难题》，经济科学出版社 1998 年版。

59．蒲艳萍：《产业结构变动对就业增长影响及国际比较》，《现代财经》2005 年第 2 期。

60．齐建国：《2000 年中国经济的最大威胁是就业弹性急剧下降》，《世界经济》2000 年第 3 期。

61．钱纳里等：《发展的型式 1950—1970》，中国财政经济出版社 1989 年版。

62．秦放鸣、彭子芫：《论新疆经济增长与就业弹性》，《新疆大学学报（哲学·人文社会科学版）》2006 年第 5 期。

63．裘雨明：《第三产业就业结构变迁与就业弹性实证分析》，《浙江社会科学》2006 年第 3 期。

64．邵文革、张志坚、唐建勋、吴飞良：《创业教育与创业型人才》，《教育与职业》2003 年第 1 期。

65．汤光华：《对中国经济增长与就业关系的实证研究》，《统计研究》1999 年（增刊）。

66．唐代剑、李莉：《对旅游就业弹性测量的实证研究—— 以浙江省为例》，《旅游科学》2005 年第 2 期。

67．田贵生：《劳动力市场分割对就业弹性的影响》，《河南纺织高等专科学校学报》2005 年第 1 期。

68．托达罗：《第三世界的经济发展》，中国人民大学出版社 1991 年版。

69．万广华、孟全省、孔荣：《作为非正式部门的乡镇企业与就业的关系研究》，《中国人口科学》2006 年第 2 期。

70．王春雷：《促进扩大就业税收政策的路径选择——基于就业弹性方面的考察》，《财经问题研究》2007 年第 12 期。

71．吴要武、赵泉：《高校扩招与大学毕业生就业》，《经济研究》2010 年第 9 期。

72．吴越：《就业弹性系数的国际比较及其政策启示》，《商业时代》2008 年第 5 期。

73．西蒙·库兹涅茨：《现代经济增长》，北京经济学院出版社 1989 年版。

74．向运华、朱娜：《湖北省就业弹性分析》，《科技进步与对策》2005 年第 8 期。

75．许秀川：《就业弹性测算方法的选择及基于我国数据的实证分析》，《西南农业大学学报（社会科学版）》2005 年第 3 期。

76．阎革：《我国就业弹性系数迅速下降的原因》，《广西社会科学》2002 年第 6 期。

77．杨晶、张建华：《国际贸易对城镇就业的影响研究》，《经济经纬》2008 年第 1 期。

78．杨艳萍：《创业教育课程化的框架设计》，《长沙铁道学院学报（社会科学版）》2004 年第 9 期。

79．杨宜勇：《城市创造就业机会与城市就业空间分析》，《管理世界》2000 年第 2 期。

80．杨宜勇等：《大开放的就业：加入 WTO 后的就业探索》，中国水利水电出版社 2004 年版。

81．杨云彦、徐映梅、向书坚：《就业替代与劳动力流动：一个新的分析框架》，《经济研究》2003 年第 8 期。

82．姚裕群：《走向市场的中国就业》，中国人民大学出版社 2005 年版。

83．于法鸣：《建立市场导向就业机制》，中国劳动社会保障出版社 2005 年版。

84．俞会新、薛敬孝：《中国贸易自由化对工业就业的影响》，《世界经济》2002 年第 10 期。

85．余永跃：《中国劳动力资源配置的体制变迁：历史回顾和文献评述》，《中国人口科学》2006 年第 6 期。

86．岳昌君等：《求职与起薪：高校毕业生就业竞争力的实证分析》，《管理世界》2004 年第 11 期。

87．悦光昭：《劳动科学与经济体制》，中国劳动社会保障出版社 2000

年版。

88．曾湘泉：《变革中的就业环境与中国大学生就业》，《经济研究》2004 年第 6 期。

89．张本波：《解读我国经济增长的就业弹性》，《宏观经济研究》2002 年第 10 期。

90．张车伟、蔡昉：《就业弹性的变化趋势研究》，《中国工业经济》2002 年第 5 期。

91．张得志：《中国经济高速增长期的充分就业与失业预警研究》，上海人民出版社 2008 年版。

92．张洪、严丽坤：《云南省城市第三产业就业吸纳力研究》，《开发研究》2004 年第 1 期。

93．张江雪：《我国三大经济地带就业弹性的比较——基于面板数据模型（Panel data model）的实证研究》，《数量经济技术经济研究》2005 年第 10 期。

94．张小建：《中国就业的改革发展》，中国劳动社会保障出版社 2008 年版。

95．张左伟：《改革的地雷阵：下岗与失业》，珠海出版社 1998 年版。

96．赵建国：《经济增长促进就业的实证分析》，《财经问题研究》2003 年第 5 期。

97．郑如霞：《国外创业教育发展状况和发展趋势研究》，《集美大学学报》2007 年第 6 期。

98．周俊波、岳昌君：《大学生就业成本的实证研究》，《教育研究》2004 年第 8 期。

99．周申、李春梅：《工业贸易结构变化对我国就业的影响》，《数量经济技术经济研究》2006 年第 7 期。

100．周申、宋扬、谢娟娟：《贸易自由化对中国工业就业与工资波动性的影响》，《世界经济研究》2006 年第 6 期。

101．Audretsch D.B., Keilbach, M.C.and Lehmann，E. E.（2006），*Entrepreneurship and Economic Growth*，New York：Oxford University Press.

102．Augurzky B.and SchmidtC.（2001），"The Propensity Score：A Means to an End"，*IZA Discussion Papers* No. 271.

103 . Baldwin, John R. (1995), "Innovation: The Key to Success in Small Firms", Analytical Studies Branch Research Paper Series 1995076e, Statistics Canada, Analytical Studies Branch.

104 . Baptista R., Thurik A. R. (2007), "The Relationship between Entrepreneurship and Unemployment: Is Portugal an Outlier?", *Technological Forecasting Social Change*, 74 (1).

105 . Beduwe, Catherine and Jordi Planas (2003), "Educational Expansion and Labour Market", Cedefop Reference Series 39.

106 . Birch, D. (1981), "Who Creates Jobs?", *Public Interest*, Vol. 65.

107 . Caliendo, Marco, Sabine Kopeinig (2005), "Some Practical Guidance for the Implementation of Propensity Score Matching", IZA, *Discussion Paper* No. 1588.

108 . Cornelius, B., Landstrom, H., & Persson, O. (2006), "Entrepreneurial Studies: The Dynamic Research Front of a Developing Social Science", *Entrepreneurship Theory and Practice*, 30 (3).

109 . D. Card and A. Krueger (1994), "Minimum Wages and Employment: A Case Study of the Fast-Food Industry in New Jersey and Pennsylvania", *American Economic Review*, Vol. 84 (4), September.

110 . Daniel Mont. (2004), "Disability Employment Policy", Discussion Paper No. 0413, The World Bank.

111 . Freeman Richard B. (1976), *The Overeducated American*, Academic Press.

112 . Gallagher, Hess C., Stewart H. (1986), "Jobs and the Business-Life-Cycle in the U.K.", *Applied Economics*, (18).

113 . Glenn D. Dudebusch (1989), "An Empirical Disequilibrium Model of Labor, Consumption, and Investment", *International Economic Review*, Vol. 30, No. 3, August.

114 . Hannum Emily and Claudia Buchmann (2003), "The Consequences of Global Educational Expansion", The American Academy of Arts and Sciences.

115 . Hartog, J. (2000), "Overeducation and Earnings: Where We are and Where We Should Go", *Economics of Education Review*, 19 (2).

116 . Hasan, R., Mitra. D. and K. V. Ramaswamy (2003), "Trade Reforms, Labor Regnlations and Labor Demand Elasticities: Empirical Evidence From India", Working Paper 9879, NBER.

117 . Hine, R. and Wright P. (1998), "Trade with Low Economies, Employment and Productivity in U. K. Manufacturing", *The Economic Journal*, 108, September.

118 . Hoogeveen, J. (2004), "Measuring Welfare for Small Vulnerable Groups Poverty and Disability in Uganda", Working Paper No. 0419, The World Bank.

119 . Iyanatul Islam, Suahasil Nazara (2000), "Estimating Employment Elasticity for the Indonesian Economy", ILO.

120 . M. Baker, D. Berjamin, and S. Stanger (1999), "The Highs and Lows of the Minimum Wage Effect: A Time Series-Cross Section Study of the Canadian Law", *Journal of Labor Economics*, 17 (2), April.

121 . McIntosh, Steven (2008), "Education and Employment in OECD Countries", UNESCO: International Institute for Educational Planning.

122 . Orley Ashenfelter and Richard Layard, "Handbook of Labor Ecnomics", *Elsevier Science B.V.*, Vol., 1.

123 . Richard Cantillon (1964), *Essai sur la nature du commerce en general* (*1755*) (Translated by Henry Higgs), New York: Augustus Kelley.

124 . Rumberger R. (1931), The Rising Incidence of Overeducation in the U. S. Labour Market", *Economics of Education Review*, 1.

125 . Shane, Scott (1996), "Explaining Variation in Rates of Entrepreneurship in the United States: 1899-1988", *Journal of Management*, 22 (5).

126 . Silvia Ardagna, Arnamaria Lusardi (2008), "Explaining International Differences in Entrepreneurship: The Role of Individual Characteristics and Regulatory Constraints", NBER Working Paper No. 14012, Issued in May.

127 . Slaughter, M. J. (1998), "What are the Results of Product-Price

Studies and What can we Learn from Their Diferences", Working Paper 6591, NBER.

128 . Smith, James and P. Finis Welch (1978), "The Overeducated American? A Review Article", RAND Corporation.

129 . Stark Oded (1984), "Rural-to-Urban Migration in Less Development Countries: A Relative Deprivation Approach", *Economic Development and Cultural Change*, 32, 3.

130 . Storey D., Steven G. Johnson (1987), Job Creation in Small and Medium Sized Enterprises: Main Report, Luxembourg: Office for Official Publications of the European Communities; Washington, DC: European Community Information Service.

131 . Tim W. (1995), "Enterprise in Higher Education: A Overview from the Department for Education and Employment", *Education & Training*, 37 (9).

132 . Todaro M. P. (1969), "A Model of Labor Migration and Urban Unemployment in Less Developed Countries", *American Economic Review*, 59 (1).

133 . William R. Kerr & Ramana Nanda (2009), "Financing Constraints and Entrepreneurship", Harvard Business School Working Papers 10-013, Harvard Business School.

134 . Xiao-Yuan Dong and Louis Putterman (2000), "Prereform Industry and State Monopsony in China", *Journal of Comparative Economics*, Volume 28, Issue 1, March.

135 . Xing Chunbing andLi Shi (2010), "China's Higher Education Expansion and its Labor Market Consequences", IZA, *Discussion Papers*, No. 4974.

136 . Yang (1997), "Education and off-farm Work", *Economic Development and Cultural Change*, 45.

索　引

主题索引

A

奥肯定律　53

B

半对数线性回归模型　274
比较优势　17,43,103,114,116—118,201,304

C

残疾人　9,10,22,49,293,329—336,355,372,373,416
产业结构　14,16,19,37,39—44,46,49,51,59,74—79,84,85,94,104,115—118,198,204,205,217,248,249,274,276,291,308,347—348,370,398,404—408,411,414,416,417,420,421
城乡统筹就业　43,365,375—377
城镇登记失业率　3,4,6,12,30,35—38,141,274,275,277,278,280—285,287,373,400

城镇化　44,377,408,411,413,421
城镇职工　8,9,30,32,33,46,71,80,81,356,374
出口　2,3,29,30,34,41,43,57,60,86,98—102,105,115,116,120,216,373,409
出口导向型　13,29,30
初次就业率　7,39,161,168,301,302
创业　22,26,34,36—38,46,47,49,122—151,153—159,317,328,329,333,337,367,369,371,372,374,375,386,388,411—413,415,418—420
创业带动就业　23,26,48,49,122—127,129—131,133—135,137—141,143,145,151,153,157—159,374,413,419
创业环境　36,151,156,157,367,374,413,419
创业教育　36,49,140—156
次要劳动力市场　256,258—260,269,270

D

大学扩招　47,181

人 名 索 引

后　记

　　本书是我主持的国家社会科学基金重大项目"实施扩大就业的发展战略研究"（07&ZD044）的最终成果。在付梓之际，很多指导、参与过项目研究的领导、专家、学者逐一出现在脑海里，对他们，我们心存感激。

　　2008年3月，我们召开了项目开题会，全国哲学社会科学规划办公室主任张国祚、人力资源和社会保障部就业促进司司长于法鸣、中国社科院荣誉学部委员赵人伟、全国人大常委、中国社科院人口与劳动经济研究所所长蔡昉、国家发改委社会发展研究所所长杨宜勇、中国社科院《经济研究》编辑部主任王诚、北京市人力资源和社会保障局副局长宋丰景、中国人民大学劳动人事学院院长曾湘泉、全国人大常委、中国人民大学劳动人事学院副院长郑功成、清华大学经济管理学院教授李宏彬、首都经济贸易大学劳动经济学院副院长张琪、浙江大学公共管理学院院长姚先国、复旦大学经济学院院长袁志刚、武汉大学经济发展研究中心副主任简新华、华南师范大学副校长李永杰、日本一桥大学经济学院院长佐藤宏、北京师范大学副校长韩震、北京师范大学经济与资源管理研究院院长李晓西、经济与工商管理学院院长李翀、经济与工商管理学院李实教授、沈越教授等领导和专家、学者参加，对课题的研究框架进行了详细的论证，这保证了项目沿着正确的方向前行。

　　在项目执行期间，课题组每年都要召开多次讨论会，对研究过程中出现的重点难点问题进行研究和讨论，对项目进展进行汇报和沟通。除前述有关专家外，人力资源和社会保障部就业促进司司长刘丹华、副司长王亚栋、副司长张莹、中国社会科学院人口与劳动经济研究所书记、副所长张车伟、国家发改委政策研究室主任施子海、国家统计局人口与就业统计司司长冯乃林、首都经济贸易大学劳动经济学院院长杨河清等都多次参与其中的一些讨论，为项目的顺利完成和本书的编写作出了特殊的贡献。

为保证项目能够接地气，我们进行了多次实地调研和问卷调查。我们先后去了北京、深圳、东莞、南昌、唐山、天津等地的人力资源市场，与有关负责人进行访谈，他们对我们的到来给予了高度重视。比如南昌市人力资源市场总经理祝振平先生不仅参与了我们在北京举行的有关研讨会，更对我们的南昌调研行做了周密安排。与他们的访谈，使我们对中国的就业问题有了更深入的了解和理解。

全国哲学社会科学规划办公室佘志远主任对本项目给予极大的关心和指导，从立项至今，我们多次就项目研究交换意见。全国哲学社会科学规划办公室规划处操小理处长、成果处王武龙处长对我们的研究也极为关心，并多次过问。北京师范大学董奇校长、曹卫东副校长多次参加我们的研讨会，并给我们鼓励和具体指导。北京师范大学社会科学处刘复兴处长、田小刚副处长，经济与工商管理学院张秋兰、武美芳、赵锐等对项目研究给予细致入微的帮助。

各子课题负责人为项目的完成作出了巨大努力，在与他们的合作中，我受益匪浅。作为最终成果，《实施扩大就业的发展战略研究》是大家共同努力的结果，其中，李长安承担了大量的组织协调工作。各章作者分别如下：

前　言　赖德胜

第一章　赖德胜、李长安

第二章　张琪、牟俊霖

第三章　李长安

第四章　孙志军

第五章　曲兆鹏

第六章　田永坡

第七章　孟大虎、王轶、廖娟

第八章　杨宜勇、李长安、安家琦

此外，赵立卫、魏浩、扬娟、李冰、李锋亮、吴克明、武向荣、吴春芳、苏丽锋、包宁、王强、安家琦等人也参与了课题的研究和研讨，夏小溪对项目管理作出了杰出贡献。

本书入选《国家哲学社会科学成果文库》，我非常感谢全国哲学社会科学规划办公室，感谢评审组专家和相关工作人员。同时，我要感谢人民出版社黄书元社长、辛广伟代总编辑、李春生副社长，特别是要感谢吴焰东编辑在编辑过程中所付出的辛勤劳动，他的敬业和耐心，给我留下了非常深刻的印象。

最近几年，因为有国家社科基金重大项目在身，我自己感到特别充实。由于有了这么一个重大项目，与上述提到和没有提到的有关领导、专家、学者就有了亲密接触，这是难得的学习机会，并在学习交流过程中建立起了更加深厚的感情。特别是，研究得越多，越觉得就业是个关系国计民生的重大问题，有待研究的问题也越多，值得为此而继续努力。

再一次感谢。

赖德胜

2013 年 1 月 10 日

责任编辑:吴炽东
封面设计:肖　辉
版式设计:肖　辉　周方亚

图书在版编目(CIP)数据

实施扩大就业的发展战略研究/赖德胜　李长安 等著. -北京:人民出版社,2013.3
(国家哲学社会科学成果文库)
ISBN 978－7－01－011782－9

Ⅰ.①实… Ⅱ.①赖… Ⅲ.①就业问题-研究-中国 Ⅳ.①D669.2

中国版本图书馆 CIP 数据核字(2013)第 037419 号

实施扩大就业的发展战略研究
SHISHI KUODA JIUYE DE FAZHAN ZHANLÜE YANJIU

赖德胜　李长安　等著

人民出版社 出版发行
(100706　北京市东城区隆福寺街 99 号)

北京中科印刷有限公司印刷　新华书店经销

2013 年 3 月第 1 版　2013 年 3 月北京第 1 次印刷
开本:710 毫米×1000 毫米 1/16　印张:29
字数:460 千字　印数:0,001—2,000 册

ISBN 978－7－01－011782－9　定价:90.00 元

邮购地址 100706　北京市东城区隆福寺街 99 号
人民东方图书销售中心　电话(010)65250042　65289539